Herbert Fensterheim / Jean Baer

Sag nicht Ja, wenn Du Nein sagen willst

Orbis Verlag

Titel der amerikanischen Originalausgabe:
Don't say yes when you want to say no,
David McKay Company, Inc., New York

Übersetzung aus dem Amerikanischen von
Christian Röthlingshöfer

© Mosaik Verlag GmbH, München
Sonderausgabe 1993 Orbis
Verlag für Publizistik GmbH, München
Druck und Bindung: Wiener Verlag, Himberg
Printed in Austria - ISBN 3-572-00634-1

Für Harry und Rose

Inhalt

Vorwort des Verfassers 11
›Es hat bei mir gewirkt – es kann auch bei Ihnen wirken‹
von Jean Baer 13

1 Man kann lernen, normal zu sein (und nicht neurotisch) 17

Verhaltenstherapie und Selbstbewußtseinstraining 19
Die selbstbewußte Persönlichkeit 21
Der theoretische Hintergrund des Selbstbewußtseinstrainings 22
Die psychologische Organisation 28
Die neurotische Spirale 32

2 Bestimmen Sie Ihre Selbstbewußtseins-Probleme 41

Typisierung der Personen mit Selbstbewußtseins-Problemen 42
Selbstbehauptung und Aggression 47
Ihre Rechte 52
Nehmen Sie Ihre eigenen Schwierigkeiten unter die Lupe 56
Bestandsaufnahme des Selbstbewußtseins 56
Bestandsaufnahme der Verunsicherungsfaktoren 58
Bestimmen Sie Ihre Selbstbewußtseinsziele 60

3 Das Selbstbewußtseins-Laboratorium 63

Ein Zielprogramm 64
Wie man sich Ziele setzt 65
Verhaltens-Aufgaben 71
Verhaltens-Aufgaben: Unpersönliche Situationen 73
Verhaltens-Aufgaben: Soziale Interaktion 75
Die ›Gefühlssprache‹ 77
Die ST-Methode beim Äußern von Gefühlen 79
Laborübung: Aneignung der Gefühlssprache 83
Nein-Sagen 88
Laborübung: Erlernen des Nein-Sagens 92
Verhaltensprobe 96
Rekonstruktion einer Übungssitzung mit ›*Verhaltensprobe*‹ 100
Laborübung: Einstudierung von Verhaltensweisen 106

4 Wie man sich ein Netz sozialer Kontakte schafft 110

Das befriedigende Netz sozialer Kontakte 111
Das unbefriedigende Netz sozialer Kontakte 112
Der selbstbewußte Mensch und sein Netz sozialer Kontakte 119
Laborübung: Verdeckte Verstärkung 123
Laborübung: Gedankensperre 126
*Ein Leitfaden für Anfänger, wie man mit Zurücksetzungen
fertig wird* 136
Wie man eine enge Beziehung anbahnt 140
Laborübung: Selbstoffenbarung 142

5 Die enge menschliche Beziehung 146

Ein Plan zur Beeinflussung von Verhaltensarten, damit Ihre
Ehe besser funktioniert 149
Laborübung: Verhaltensarten in der Ehe 150

Verhaltens-Verträge zwischen Ehepartnern   153
Laborübung: Kommunikation   159
Laborübung: Entscheidungsverteilung   168
Gefahrensignale   169

6 Die aktive Einstellung zur Sexualität   173

Die Grundlage für Veränderungen   175
Sexuelles Wissen   176
Die aktive Einstellung   185
Wie man den Prozeß des sexuellen Entscheidungsverhaltens
verändert   187
Erste Laborübung zur Sexualität   188
Zweite Laborübung zur Sexualität   191
Weitere Schritte zu aktiver Kommunikation   195
Wie man die Häufigkeit der sexuellen Akte erhöht   196
Dritte Laborübung zur Sexualität   197
Die Sprache der Sexualität   202

7 Selbstbewußtsein durch Selbststeuerung   206

Warum Ihnen die Selbststeuerung mißlingt   209
Die Theorie der Verhaltensänderung   211
Fehlender Einfluß auf Verstärkungen   216
Diskriminative Reize   217

8 Wie man seine eigenen Gewohnheiten ändert   220

Identifizieren Sie die Gewohnheit,
die Sie ändern möchten   221
Schließen Sie eine Art Vertrag, daß Sie Ihr Verhalten ändern
wollen   223

Prüfen Sie die Situation, um festzustellen, ob Sie das unerwünschte
Verhalten erschweren und das erwünschte erleichtern können 225
Ermitteln Sie, welche Folgewirkungen Ihres unerwünschten
Verhaltens dieses verstärken 228
Legen Sie sich die erwünschte Gewohnheit zu 231

9 Verstärkungsmangel = Depression 236

Erste Laborübung bei depressiven Stimmungen 239
Zweite Laborübung bei depressiven Stimmungen 241

10 Wie man schlank wird – und schlank bleibt 245

Die Veränderung von Eßgewohnheiten:
Ein Fünf-Punkte-Programm 248
Machen Sie sich Ihre Eßgewohnheiten klar 248
Bringen Sie die Reize unter Kontrolle 249
Verändern Sie Ihr Verhalten beim Essen 252
Verändern Sie Ihre körperlichen Betätigungen 257
Entwickeln Sie ein System positiver Verstärkungen 259

11 Selbstbehauptung im Berufsleben 264

Typologie des Selbstbewußtseinsmangels im Berufsleben – vom
Zaghaften bis zum Ausgenutzten 267
Das ST und Ihre berufliche Tätigkeit 269
Machen Sie sich Ihre Ziele im Beruf klar 269
Rationale Ziele 270
Neurotische Ziele 273
Seien Sie aktiv! 275
Werden Sie sich über Ihr Können klar! 277
Lernen Sie, Ihre Gespanntheit unter Kontrolle zu bringen 279
Laborübung in Entspannung 280

Praktische Entspannungsübung 283
Lernen Sie, die Angst unter Kontrolle zu bringen 285
Die systematische Desensibilisierung bei Phobien 285
Desensibilisierung in realen Situationen 287
Lernen Sie, gute menschliche Beziehungen herzustellen 290
Ein Leitfaden: Selbstbewußtes Verhalten 291
Laborübung für Frauen 298
Laborübung in Denken und Kommunikation 300
Lernen Sie, mit dem System fertig zu werden 301

12 Die Gruppe

Anhang 313
Vollentspannungsübung 313
Mittlere Entspannungsübung 319

Vorwort des Verfassers

Das in diesem Buch vorgelegte Material stammt aus dreißig Jahren wissenschaftlicher und klinischer Arbeit, von denen die ersten beiden Jahrzehnte der traditionellen psychoanalytischen Methode und das dritte der Verhaltenstherapie gewidmet waren. In beiden Bereichen schulde ich so vielen Professoren, Kollegen, Studenten (und Patienten) Dank, daß es mir unmöglich ist, sie alle aufzuzählen.

Ich möchte meine Dankbarkeit gegenüber Dr. Richard N. Kohl, Professor für Psychiatrie am Medical College der Cornell University und ärztlichem Leiter der Payne Whitney Psychiatric Clinic des New York Hospital, zum Ausdruck bringen, der mit Zuspruch und Förderung zur Bildung meines ›verhaltenstherapeutischen Übungsprogramms‹ und zum Entstehen meiner therapeutischen Klinik in Payne Whitney beigetragen hat.

Zu Dank verpflichtet bin ich auch Dr. Helen S. Kaplan, außerordentlicher klinischer Professorin für Psychiatrie am Medical College der Cornell University und Leiterin des ›sexualtherapeutischen und -pädagogischen Programms‹ an der Payne-Whitney-Klinik – nicht nur wegen ihres kreativen Denkens auf dem Gebiet des Sexualverhaltens und des sachkundigen Ansporns, den sie mir zur Überprüfung meiner Behandlungsmethoden gegeben hat, sondern auch für lange Jahre freundschaftlicher Verbundenheit.

Der verstorbene Dr. Gregory Razran, früherer Präsident des Department für Psychologie am Queens College, bot besonders hilfreiche Unterstützung. Er führte mich zu einem besseren Verständnis der Pawlowschen Prinzipien und ihrer Adaptation an die psychotherapeutische Behandlung. Zusammen mit seiner Ehefrau stellte er auch das Retiro in Florida zur Verfügung, wo Jean und ich dieses Buch zu schreiben begannen.

Wie ich in diesem Buch darlege, ist das Selbstbewußtseinstraining (ST) kein simplifizierendes Konzept, das sich auf Tricktechniken stützt. Richtig durchgeführt, berücksichtigt das ST neurophysiologische Gesichtspunkte, das Verhältnis der betreffenden Person zu anderen im sozialen Umfeld, und die allgemeine psychologische Organisation des Betreffenden. Mein eigenes Denken auf diesem Gebiet verdankt viel dem Einfluß von Andrew Salter, dem New Yorker Psychologen, der allgemein als Vater der modernen Verhaltenstherapie gilt und dessen ungemein kreative Arbeit auf diesem Gebiet ihm große Anerkennung in den Vereinigten Staaten und im Ausland eingetragen hat.

Besonderen Dank möchte ich auch Dr. Arnold Lazarus aussprechen, Professor für Psychologie und Leiter des Psy. D. Program in klinischer Psychologie an der Graduate School für Angewandte und Theoretische Psychologie der Rutgers University; Dr. Richard B. Stuart, Professor am Department für Psychiatrie der University of British Columbia und Präsident der Vereinigung für die Förderung der Verhaltenstherapie; und Dr. Joseph Wolpe, Leiter der verhaltenstherapeutischen Abteilung am Department für Psychiatrie der Temple University School of Medicine. Durch ihre Veröffentlichungen sowie durch briefliche und mündliche Diskussionen mit ihnen haben sie erheblich zu meiner eigenen fachlichen Entwicklung auf dem Gebiet des Selbstbewußtseinstrainings beigetragen.

Meinen tiefempfundenen Dank möchte ich Eleanor Rawson, unserer Redakteurin im Verlag David McKay Co., für das liebevolle Interesse aussprechen, das sie jedem Wort in diesem Manuskript entgegenbrachte.

Vor allem aber gilt meine Dankbarkeit meiner Frau und Mitautorin, die mit ihren sachverständigen Fragen und ihrer hartnäckigen Forderung »Laß die Theorien – sag mir, wie man sie anwenden kann« mich gezwungen hat, in vielem noch klarer zu denken. Sie hat einen großen Anteil an diesem Buch.

Herbert Fensterheim, Ph. D.

»Es hat bei mir gewirkt – es kann auch bei Ihnen wirken«
von Jean Baer

Als ich im vorgerückten Alter von vierzig Jahren heiratete, sagten alle zu mir: »Was du für ein Glück hast!«

Sie hatten recht. Ich bekam einen Mann, der intelligent, sexy, aufrichtig und rücksichtsvoll ist und außerdem ein bißchen wie Yul Brynner aussieht. Das war für mich damals das Wichtigste. Aber was für ein Glück ich wirklich hatte, das ahnte ich damals nicht. Mein Mann, Dr. Fensterheim, ein klinisch tätiger Psychologe, hat sich auf die Verhaltenstherapie spezialisiert, und eine ihrer wichtigsten Formen ist das Selbstbewußtseinstraining (ST).

Menschen ›wie du und ich‹ würden bei mir zuallerletzt annehmen, daß ich irgendeine Form von ST nötig hätte. Ich komme zurecht. In meiner Arbeit habe ich jede Minute mit Schwierigkeiten und drängenden Terminen zu tun, aber ich schaffe es. Leute ›wie du und ich‹ wissen allerdings nicht, daß ich achtzehn Jahre im gleichen Job verbrachte, jeden Tag darauf gefaßt, daß mir gekündigt würde. Noch mehr: Ich träumte nicht mal von einem anderen Arbeitsplatz. Wo kriegst du denn schon eine neue Stellung? sagte ich mir. Wer würde dich denn wollen? Und was wärst du ohne deinen herrlichen Job? *Nichts*, habe ich mir selbst zur Antwort gegeben – und das, obwohl ich im Lauf der Jahre mehrere Leistungsprämien erhalten hatte.

In meinem Privatleben war ich genauso schüchtern. Es gefiel mir, daß alle meine Freunde zu mir kamen, wenn es ihnen dreckig ging. »Du bist der Engel mit der Hühnersuppe«, so nannten sie mich, schon in den Zeiten, bevor Portnoy die mütterliche Glucke seines berühmten Romans beschrieb. Ja, ich kam mit der Hühnersuppe. Wenn sie mit Grippe im Bett lagen, dann saß ich mit meinem selbstgekochten Süppchen da. War ich aber selber krank, dann ließ sich keiner blicken. Das zu verlangen, wäre mir nie eingefallen. Und wenn mich jemand um etwas bat – zum Einkaufen gehen oder ein Abendessen geben, damit eine unverheiratete Freundin einen »neuen Typ« einladen konnte –, konnte ich es ihm nicht abschlagen. Immerfort mußte ich in letzter Minute zu Notlügen greifen, weil ich meine Zusagen nicht einhalten konnte.

Dann, zwei Jahre nach meiner Heirat, wurde alles anders. Eines Tages brach ich in Tränen aus. Herb fragte: »Kann ich dir helfen?« Alle meine Ängste brachen aus mir hervor. »Wir haben eine neue Verlagsleitung. Mich werden sie als erste an die Luft setzen ... Seit zwei Jahren mache ich Recherchen für ein Buch über Paris um die Jahrhundertwende, aber ich müßte dich verlassen und auf ein Jahr nach Paris gehen, wenn ich es schreiben will. Außerdem ist das Thema sowieso zu schwierig für mich ... Meine Freunde stellen immerzu Forderungen an mich ... Meine Familie kritisiert an mir herum ... Manchmal kritisierst auch du mich.«

Herb hörte sich diese Sturzflut von Klagen an. Und dann sagte er, genauso ruhig, wie er sicher mit verstörten Patienten umgeht: »Erst wirkst du so selbstbewußt, aber in Wirklichkeit bist du völlig verunsichert. Du hast eine ganze Menge von Zielen durcheinandergebracht. Du hast das Ziel, daß die Leute dich mögen, mit dem Ziel, daß sie dich respektieren, verwechselt. Du hast dabei einfach vergessen, daß so etwas nur schrittweise geht. Du setzt dich entweder mit all deinen Kräften ein oder wirfst alles hin. Reden wir doch einmal über ein paar Ziele. Was hast du mit deinem Leben vor?«

Ich sagte: »Ich möchte meinen Job wechseln, wieder ein Buch schreiben und ein bißchen Frieden haben. Ich hab' es satt, daß alle an mir herummäkeln.«

Was den Job betraf, so meinte Herb: »Du sitzt jetzt da seit achtzehn Jahren, hast dich nie durchgesetzt, und eingebracht hat es dir nichts als Schufterei! Wenn ihr einen neuen Chef habt, dann kann es dir passieren, daß du rausgesetzt wirst, wenn du dir keine neue Aufgabe für dich ausdenkst. Versuch es doch mal!« Was ich versuchen könnte, wußte ich. Sofort nach unserer Rückkehr in die Vereinigten Staaten schrieb ich an meinen Boß und legte ihm dar, wie meine Talente in einem anderen Aufgabenbereich genutzt werden könnten. Ich wurde versetzt und erhielt eine Gehaltsaufbesserung. Außerdem war ich eine von fünf aus der ›alten Garde‹, denen nicht gekündigt wurde.

Was mein Buch über Frankreich anging, so sagte mir Herb etwas, an das ich mich jetzt jedesmal halte, wenn ich nicht mehr weiter weiß. Er sagte: »Vielleicht kannst du es jetzt nicht schreiben, aber möglicherweise ist es ein Ziel für später. Vielleicht wirst du's schließlich doch schreiben. Laß es sich entwickeln. Aber es gibt anderes, was du tun kannst, bevor du es anpackst. Es geht nicht darum, entweder das Buch über Frankreich zu schreiben oder gar nichts zu schaffen.« Ich machte mich sofort an ein nichthistorisches Sachbuchthema, das sich in New York schreiben ließ – das Ergebnis war mein Buch *The Second Wife.*

Was Freunde und Familie betraf, bemerkte er folgendes: »Dieses Bedürfnis, daß die Leute dich mögen, frißt dich so auf, daß du dafür deine eigene Selbstachtung opferst. Wenn man dich kritisiert, müßtest du diese Kritik bewältigen können, ohne den Respekt vor dir selbst zu verlieren. Jetzt aber, wenn Freunde und Angehörige an dir etwas aussetzen, bist du nur verletzt und frißt es in dich hinein. Das heißt aber, daß du schweigend zustimmst, und dann haßt du dich selber. Ein einfacher Satz, wie ›ich finde das nicht richtig, was ihr sagt‹, verändert alles. Und vielleicht lernst du schließlich, sie ebenfalls zu kritisieren, und dann hören sie schon damit auf.« Plötzlich wurde mir klar, daß ich vielleicht zu kleinmütig war, es aber nicht zu bleiben brauchte.

Diese paar Ratschläge haben in nur zwei Jahren folgendes bewirkt:

Ich vertauschte meinen Job mit einem viel anspruchsvolleren innerhalb der gleichen Firma und erhielt eine 25prozentige Gehaltserhöhung.

Vor kurzem kam wieder eine neue Firmenleitung ans Ruder, und meine Abteilung wurde aus wirtschaftlichen Gründen aufgelöst. Diesmal bekam ich wirklich die Kündigung. Aber fühlte ich mich deswegen wie ein ›Nichts‹? Keine Spur. Ich war dankbar für die Chance, mich auf die eigenen Beine stellen zu können. Außerdem hatte ich nach sechs Wochen mehr Aufträge in der Tasche, als ich sonst in einem ganzen Jahr verdiente. Zu meinem Mann sagte ich: »Alle machen mir Angebote. Und ich dachte, wenn ich keinen Job hätte, wäre ich gar nichts.« Er darauf: »Du warst die einzige, die das gedacht hat.«

Ich habe gelernt, meinen sogenannten Freunden selbstbewußt gegenüberzutreten, wenn sie mir mit solchen Bemerkungen, wie »Die

15

Bücher, die du schreibst, kann doch jeder schreiben – du setzt dich einfach hin und tippst sie runter«, den Mumm nehmen wollen. Zuerst antwortete ich ihnen: »Wie könnt ihr so mit mir reden?« Und dann nur ein kurzes, selbstbewußtes: »Neidisch?«

Ich habe gelernt, unzumutbare Bitten abzulehnen. Wenn meine Stiefmutter mich (die einzige ihrer Töchter und Nichten, die ganztätig beschäftigt ist) bittet, auf ihren Hund aufzupassen, passiert es mir nicht mehr, daß ich ja sage und dann ein Vierteljahr dafür büße, während sie in Kalifornien Urlaub macht. Heute sage ich zu ihr: »Tut mir leid, aber ich kann nicht.« Und dann fällt ihr plötzlich ein: »Na ja, für Brownie ist's doch besser in der Hundepension.«

Ich bin imstande, zu meinem Mann zu sagen: »Nein, dazu habe ich einfach keine Lust.«

Ich weiß, es ist besser, seine Meinung zu sagen, als den Mund überhaupt nicht aufzutun.

Ich habe eine Reihe von Haupt- und Nebenzielen. In fünf Jahren werde ich mein Buch über Frankreich schreiben! Wirklich!

Der Vortrag, den mein Mann mir damals am Strand von Korsika gehalten, und das Selbstbewußtseinstraining, das er seither mit mir durchgeführt hat, haben mein Leben völlig verändert. Meine ganze Verzagtheit ist einem zielstrebigen Handeln gewichen. Ich kenne jetzt meinen Weg. Und das alles, weil ich gelernt habe, daß der Schlüssel zu einem glücklichen, nichtneurotischen Leben in einem einzigen kleinen Wort liegt – Selbstbehauptung.

Bei mir hat es gewirkt. Es kann auch bei Ihnen wirken. Wie, das erklären wir Ihnen in diesem Buch.

1

Man kann lernen, normal zu sein (und nicht neurotisch)

Jeder Mensch will sein Leben mit Würde leben, will Selbstverwirklichung. Aber das Leben hinterläßt Narben, die uns von diesen Zielen ablenken. Die Gesellschaft bringt uns ein Verhalten bei, das mit diesen Zielen unvereinbar ist.

Die Folge ist, daß es in der Welt zahlreiche Menschen gibt, die ihre eigenen Vorzüge und Stärken nicht erkennen oder die sich als Unterlegene, Minderwertige verhalten, weil sie sich für unterlegen und minderwertig halten. Es ist ihnen unmöglich, Gefühle wie Zorn oder Zärtlichkeit auszudrücken; manchmal kennen sie solche Empfindungen nicht einmal. Sie erfüllen demütig die Wünsche anderer und verschließen ihre eigenen in sich selbst. Da sie nicht Herr ihres eigenen Lebens sind, werden sie immer unsicherer. Sie können sich nicht behaupten.

Die Psychologie spricht bei solchen Menschen von einer *inhibitorischen Persönlichkeit*. Sie haben tausend Gründe, nicht aktiv zu sein, zehntausend, um sich auf sich selbst zurückzuziehen. Da es ihnen an Selbstsicherheit fehlt, lassen sie ihr Leben von den Vorschriften und Launen anderer bestimmen. Sie wissen nicht, was sie sind, was sie fühlen, was sie wollen.

Das Gegenteil sind Menschen mit *exzitatorischer Persönlichkeit*. Sie haben keine Angst vor ihren Gefühlen. Sie fürchten sich weder vor der Nähe anderer Leute noch davor zu kämpfen. Sie handeln aus der Position der Stärke. Der Mensch mit exzitatorischer Persönlichkeit weiß, wer er ist und was er will. Sein Motto ist die Selbstbehauptung.

Leute, die an mangelndem Selbstbewußtsein leiden, erkennen oft nicht, daß es sich um ein emotionales Problem handelt. In ihrer Passivität und Angst greifen sie zu Entschuldigungen: »Wenn ich meinem Mann widerspreche, wird er wütend auf mich« ... »Wenn ich das ablehne, mag sie mich nicht mehr« ... »Mein Chef setzt mich auf die Straße, wenn ich mehr Gehalt verlange« ... »Warum soll ich's denn versuchen, ich schaff's ja doch nicht.«

Solche Menschen erleiden ohne Zweifel die traurigen und ernsten Folgen ihrer Unfähigkeit zur Selbstbehauptung: Sie wachsen und entwickeln sich nicht in ihrer eigenen Person, sie sind erfolglos, haben unentwickelte Beziehungen zu anderen, sind innerlich geängstigt und zeigen psychosomatische Symptome, die von Mattigkeit und Migräne bis zu Magengeschwüren und Impotenz reichen. *Dieses Verhalten mit seinen unglücklichen Folgen ist erlernt. Obwohl es ein neurotisches Verhaltensmuster darstellt, das oft ein ganzes Leben begleitet, kann man es durch Lernen ablegen.* Sie können die Antworten auf Ihre Probleme in einer wissenschaftlichen Technik, dem Selbstbewußtseinstraining, finden, mit dem Sie Ihr Handeln und damit Ihre Einstellung und Gefühle sich selbst gegenüber ändern. Das Selbstbewußtseinstraining (wir wollen es ab jetzt kurz ST nennen) geht von der Grundannahme aus: Sie haben unbefriedigende Verhaltensformen gelernt, die Sie zu einem unglücklichen und gehemmten Menschen machen, der Angst hat, zurückgestoßen zu werden, der sich vor engen Beziehungen fürchtet und nicht wagt, sich anderen gegenüber zu behaupten. Und ebenso, wie man Ihnen (oder Sie sich selbst) ein neurotisches Verhalten beigebracht hat, können Sie sich beibringen, normal zu sein.

Verhaltenstherapie und Selbstbewußtseinstraining

Mehr als ein Jahrhundert hindurch haben Wissenschaftler bei der Untersuchung zahlreicher Formen des Verhaltens Tausende und aber Tausende von Experimenten durchgeführt und im Verlauf dieser Studien erkannt, daß das menschliche Verhalten gewissen Gesetzen, Regeln folgt. Sie sind zu der Erkenntnis gekommen, daß Verhalten unter bestimmten Bedingungen verändert werden kann und daß diese Gesetze der Verhaltensänderung sich auf die Probleme von Menschen praktisch anwenden lassen.

Ungefähr vor einem Vierteljahrhundert wurde dieses Wissen über das Verhalten zum erstenmal in der klinischen Behandlung angewandt, nämlich mit der Einführung der Verhaltenstherapie, einer radikal neuen Technik, die auf der Voraussetzung basiert, daß das, was man tut, einen Einfluß darauf hat, wie man als Mensch beschaffen und zu sich selbst eingestellt ist. Indem man die *Symptome* neurotischen Verhaltens verändert, verändert man auch sich selbst.

Bis zum ersten Auftreten der Verhaltenstherapie (die wir von jetzt an VT nennen wollen) hatte das Verhalten an sich nur geringe Bedeutung in der therapeutischen Behandlung. Bis vor fünfundzwanzig Jahren gingen sämtliche Behandlungsmethoden auf Freud zurück und von der Vorstellung aus, daß die Menschen grundsätzlich so lange hilflos sind, bis sie die Konflikte, Kräfte und Phantasien, die im Unbewußten wirken, und die Traumata aus der frühen Kindheit erkennen, die sie hervorgerufen haben. Psychoanalytisch orientierte Therapeuten sagen, daß das, was Sie tun, von dem beeinflußt wird, was Sie in Ihrem Unbewußten sind. In Ihrem Verhalten spiegle sich nur Ihr Unbewußtes.

Die VT geht vom umgekehrten Standpunkt aus. Während die Psychoanalyse fragt: »Warum bist du so?«, stellt die VT die Frage: »Was können wir tun, um dich *jetzt* zu verändern?« Die VT nimmt das Problem des Betreffenden so, wie es im gegenwärtigen Augenblick gegeben ist, identifiziert die spezifischen Verhaltensarten, die verändert werden müssen, um seine Schwierigkeiten zu lösen, und versucht systematisch, diese Veränderung herbeizuführen. Dabei verwendet sie vor allem, doch nicht ausschließlich, Methoden, die aus der Lern- und Konditionierungspsychologie abgeleitet sind, und legt das Schwergewicht der Analyse auf beobachtbare Verhaltensarten, die durch Zählen oder Messen erfaßt werden können, und nicht auf unbewußte Prozesse, Antriebe oder Konflikte. Wenn eine angestrebte Veränderung nicht eintritt, dann nimmt der Verhaltenstherapeut an, daß *er* etwas falsch macht. Er überprüft und revidiert seinen Ansatz, bis er die erwünschten Ergebnisse erreicht.

Die VT steht nicht in diametralem Gegensatz zu Freud, Jung oder Karen Horney. Aber sie vertritt die These, daß die Vergangenheit unwesentlich ist, wenn es darum geht, Menschen zu verändern, und daß man nicht angesichts des kosmischen Unbewußten in passiver Hilflosigkeit die Waffen zu strecken braucht.

Die VT ist der Ansicht, daß man, wenn man eine Gruppe von Phobien erlernt hat, die in bestimmten Situationen auftreten (sowohl unpersönliche, wie die Abneigung gegen das Reisen mit dem Flugzeug, oder zwischenmenschliche, wie die Furcht, zurückgestoßen zu werden), sein Verhalten so verändern kann, daß man angstfrei reagiert. Die VT vertritt die Auffassung, daß man unerwünschte

Gewohnheiten wie unmäßiges Essen oder depressives Grübeln ablegen und durch erwünschtes Verhalten ersetzen kann. Die VT sagt Ihnen, daß Sie sich von Spannungszuständen befreien und diese durch einen Zustand innerer Ruhe ablösen können.

Im vorliegenden Buch werden wir uns mit sämtlichen Arten dieses Verhaltens beschäftigen, vor allem aber wird das Schwergewicht auf der Art und Weise liegen, *wie wir zu Menschen und zu unserer Umwelt in Beziehung treten.* Diesen Bereich der VT nennen wir Selbstbewußtseinstraining.

Die selbstbewußte Persönlichkeit

Der wirklich selbstbewußte Mensch besitzt vier Charaktermerkmale:

Er scheut sich nicht, sich zu enthüllen. Durch Worte und Handlungen macht er klar: »So bin ich. So fühle ich, so denke ich und so sehen meine Wünsche aus.«

Er ist zur Kommunikation mit Menschen auf allen Ebenen fähig, mit Fremden, Freunden, mit Angehörigen. Diese Kontaktbereitschaft ist immer offen, direkt, aufrichtig und angemessen.

Er hat eine aktive Lebenseinstellung. Er strebt nach den Dingen, die er will. Im Gegensatz zum passiven Charakter, der wartet, daß die Dinge passieren, versucht er, das selbst zu bewirken.

Er handelt so, daß er *sich achtet.* Da ihm bewußt ist, daß ihm nicht alles gelingen kann, akzeptiert er seine Grenzen. Trotzdem versucht er immer, das Beste herauszuholen, so daß er, ob er gewinnt, verliert oder nur ein Unentschieden erreicht, immer seine Selbstachtung behält.

Angemessenes Selbstbewußtsein kann durch unangemessenes Lernen beeinträchtigt werden. Man wird dazu konditioniert, bestimmte Dinge zu fürchten. Dabei kann es sich um soziale Beziehungen handeln, wie bei der Furcht, unbeliebt zu sein oder abgewiesen zu weden, oder um innere Empfindungen wie Furcht, Angst, Zorn oder Gefühle der Zärtlichkeit auszudrücken. Wenn man bestimmte Situationen fürchtet, versucht man den Umständen aus dem

Wege zu gehen, die zu ihnen führen, wodurch selbstbewußtes Verhalten gehemmt wird und einem die aktive Steuerung des eigenen Lebens entgleitet.

Viele Leute stellen sich unter Selbstbewußtsein etwas Falsches vor. Sie verwechseln es mit Aggressivität und sagen sich: »Aggression ist immer schlecht.« Sie sehen nicht den Unterschied, ob die Menschen einen sympathisch finden oder achten. Sie erkennen nicht den Grundunterschied zwischen Egoismus im schlechten und egoistischem Verhalten im guten Sinn.

Manchen Leuten fehlt es an Selbstbewußtsein, weil sie es nicht durch Erfahrung und Übung erworben haben. Von anderen überflügelt, die auch nicht begabter sind als sie, bleiben sie jahrelang im gleichen Job, weil sie nicht wissen, wie man es anstellt, befördert zu werden. Andere können Kränkungen und Zurücksetzungen nicht ertragen, weil sie einige der Reaktionen nicht kennen, mit denen man solches Verhalten kontern kann (wir führen sie in Kapitel IV vor). Andere wieder sagen ja zu Bitten, obwohl sie gar nicht ja sagen wollen; sie handeln so, weil sie niemals die Kunst des Neinsagens gelernt haben.

Im ST fungiert der Therapeut als Lehrer. Sein Ziel ist es, dem Patienten zu helfen, daß er begreift, was an seiner Lebensgestaltung falsch ist und wie er sie verändern kann. Das ST legt wenig Gewicht auf das Unbewußte und betont zwei Faktoren:

Erstens die Identifizierung des veränderungsbedürftigen Verhaltens, ob Furcht vor menschlicher Nähe oder das Fehlen von psychischen Fertigkeiten, die man in seinem Job braucht; zweitens eine mit dem Patienten vorgenommene Planung eines systematischen Programms zur Erreichung der Dauerziele, die er anstrebt.

Der theoretische Hintergrund des Selbstbewußtseinstrainings

Um die theoretische Basis des Selbstbehauptungstrainings zu verstehen, muß man sich ein Bild von den Lerntheorien Iwan Pawlows verschaffen.

Der russische Physiologe Pawlow ist vor allem wegen seines Experiments bekannt, das er zu Anfang des Jahrhunderts mit einem Hund, einem Stück Fleisch und einer Glocke durchführte. Er demonstrierte, daß Verhalten (in diesem Fall Speichelabsonderung), zu dem es in Anwesenheit eines bestimmten Reizes (Nahrung) kam, auch durch einen anderen Reiz (die Glocke) ausgelöst werden konnte, wenn der zweite mit der Nahrung gekoppelt wurde. Schließlich kommt es so weit, daß die Glocke allein beim Hund Speichelabsonderung bewirkt. Dieser neue, erlernte Reflex wird bedingter Reflex genannt.

Tatsächlich hatte sich Pawlow vorgenommen, die Eigenschaften des Nervensystems zu bestimmen, die es Tieren und Menschen möglich machen, sich anpassend gegenüber sich verändernden Umweltbedingungen zu verhalten.

Er entdeckte, daß das Nervensystem zwei Aspekte hat:

1. Es gibt einen ererbten Teil des Nervensystems. Der Evolutionsprozeß hat dazu geführt, daß das Nervensystem so strukturiert ist, daß bestimmte Reize bestimmte Reaktionen auslösen. So reagiert der Hund auf den Nahrungsreiz mit Speichelabsonderung, weil Äonen der Evolution dieser Reaktion zu einem integralen Teil seines Nervensystems gemacht haben. Das gleiche geschieht, wenn die Pupille sich in Reaktion auf die Lichteinwirkung verändert.

Das Nervensystem des Menschen enthält auch bestimmte Charakteristika, welche die Persönlichkeit beeinflussen. Psychologen sprechen hier von ›Temperament‹. Dabei handelt es sich um biologische Faktoren, welche die Reizsensibilität, das allgemeine Energieniveau und die Neigung zu gewissen Stimmungen wie Depressivität und Aggressivität beeinflussen. Dieses ererbte Temperament bewirkt, daß manche Menschen rascher und intensiver reagieren als andere. Aber die Tatsache, daß Temperamentcharakteristika im Nervensystem eingebaut sind, heißt noch nicht, daß sie nicht durch Lebenserfahrungen beeinflußt, modifiziert oder erheblich verändert werden könnten.

2. Ein Mensch muß in einer aktiven Beziehung zu seiner Umwelt leben und auf Veränderungen in der Außenwelt mit Veränderungen in seinem Nervensystem reagieren. Während die Situation sich än-

dert, lernt man selbst, sich zu verändern. Dies meinte Pawlow mit dem bedingten Reflex.

Besonders bedeutsam unter den Forschungsergebnissen Pawlows waren seine Begriffe exzitatorischer und inhibitorischer (erregender und hemmender) Kräfte und ihres Zusammenspiels:

Die *Exzitation* ist der im Gehirn ablaufende Prozeß, der die Aktivität erhöht und die Bildung neuer bedingter Reaktionen erleichtert.

Die *Inhibition* ist ein Dämpfungsprozeß, der die Aktivität und die Fähigkeit, Neues zu lernen, herabsetzt.

Seit den Tagen Pawlows haben drei Theoretiker – Andrew Salter, Dr. Joseph Wolpe und Dr. Arnold Lazarus – verschiedene Konzepte des Selbstbewußtseinstrainings entwickelt, die alle, direkt oder indirekt, von Pawlow ausgehen.

Andrew Salter, ein führender New Yorker Psychologe, der die moderne Verhaltenstherapie begründet hat, benützt die Pawlowschen Konzepte von Exzitation und Inhibition als Basis für die Behandlung nervöser Störungen. Wenn exzitatorische Kräfte dominieren, sind die Betreffenden handlungsorientiert und emotional frei. Sie treten dem Leben unbefangen selbständig gegenüber. Das Übergewicht inhibitorischer, hemmender Kräfte macht die Betroffenen ratlos und ängstlich; sie leiden an ›emotionaler Verstopfung‹. Ihre Selbstsicherheit ist geschwächt, und sie tun ständig Dinge, die sie eigentlich nicht tun wollen. Psychische Gesundheit verlangt ein Gleichgewicht exzitatorischer und inhibitorischer Kräfte im Gehirn des Betreffenden. Nach Andrew Salter leidet der Neurotiker immer an übermäßiger Hemmung.

Die Therapie verfolgt das Ziel, die exzitatorischen Prozesse in Gang zu setzen und zu stärken und damit ein neues Gleichgewicht zu schaffen, in dem sie die Gehirnfunktion dominieren können. Dies wird dadurch erreicht, daß man den Patienten dazu bringt, bewußt exzitatorisch zu handeln. Sein Handeln erhöht das Maß der Exzitation in der Großhirnrinde, bis sich spontan ein neues Gleichgewicht zwischen Exzitation und Inhibition einstellt und das neue Verhalten zu einem ›natürlichen‹ Teil der Persönlichkeit wird. So steht an erster Stelle eine Veränderung im Verhalten, die ihrerseits die biologische Verfassung des Gehirns verändert, was wiederum die gesamte psychische Befindlichkeit und Persönlichkeit des Patienten beeinflußt. Salter nennt den exzitatorischen Menschen eine ›direkte‹ Persönlichkeit. »Er reagiert spontan nach außen gerichtet auf seine Umwelt . . . Er trifft rasche Entscheidungen und liebt die Verantwortung. Vor allem ist der exzitatorische Charakter frei von Angst. Er ist ein wirklich glücklicher Mensch.«

Dr. Joseph Wolpe, Professor für Psychiatrie und Verhaltenstherapeut an der School of Medicine der Temple University, definiert selbstbewußtes Verhalten als den »angemessenen Ausdruck aller Gefühle, außer Angst, gegenüber einem anderen Menschen«. Es kommt vor, daß man wegen seiner Ängste vor zwischenmenschlichem Kontakt unfähig ist, sich über die schlechte Bedienung in einem Restaurant zu beschweren, Freunden zu widersprechen, deren Meinung man nicht teilt, in einer Gesellschaft, wo man sich langweilt, aufzustehen und wegzugehen, einen Untergebenen zu rügen, Zuneigung, Wertschätzung oder Lob auszudrücken. Dr. Wolpes Ziel besteht darin, die interpersonalen Ängste und Befürchtungen zu vermindern, die einen davon abzuhalten, so zu handeln.

Dabei bedient er sich des ›Prinzips der reziproken Inhibition‹, das zu einem Eckpfeiler der Verhaltenstherapie geworden ist. Dieses Prinzip sagt aus: »Wenn es möglich ist, in Gegenwart angsterwekkender Reize eine angsthemmende Reaktion zu bewirken, wird diese die Verbindung zwischen diesen Reizen und der Angst schwächen.«

So bringt Dr. Wolpe bei der therapeutischen Behandlung im ST seinen Patienten bei, auf soziale Situationen mit Zorn, liebevollem Verhalten oder jeder anderen Emotion zu reagieren, die angsthemmend wirkt. Dr. Wolpe läßt den Patienten die spannungserzeugenden Situationen im Rollenspiel simulieren. Dann bringt er ihm bei, im Rollenspiel andere Gefühle als Angst zum Ausdruck zu bringen. Jedesmal, wenn der Patient eine Szene mit Erfolg durchspielt, schwächt er die Verbindung zwischen den sozialen Reizen und der Angstreaktion, bis die Angst vollkommen verschwindet. Während dieses Lernprozesses überträgt der Patient das Training auf die reale Lebenssituation, wobei sein Verhalten selbstbewußter wird.

Dr. Arnold Lazarus, Professor der Psychologie und Leiter des Psy. D. Program in klinischer Psychologie an der Graduate School of Applied and Professional Psychology der Rutgers University, betont vom soziopsychologischen Ansatz her die »emotionale Freiheit« als »das Erkennen und angemessene Ausdrücken jedes einzelnen affektiven Zustandes«. Es genüge nicht zu wissen, was man fühlt, man müsse es auch ausdrücken, und zwar angemessen ausdrücken.

Selbstbewußtes Verhalten tritt als jener Aspekt »emotionaler Freiheit« in Erscheinung, der das Eintreten für die eigenen Rechte betrifft. Dabei geht es darum: 1. daß man seine Rechte kennt; 2. daß man entsprechend handelt; und 3. daß dieses Handeln sich im Rahmen des Strebens nach emotionaler Freiheit vollzieht.

Ein Mensch, dem es nicht gelingt, für seine Rechte einzutreten, hat wenig Freiheit, empfindet Unbehagen und Ängstlichkeit. Es kann vorkommen, daß er in seinem Drang nach Freiheit manchmal »bösartig« wird und zu unangemessen heftigen Ausbrüchen neigt. Für solche Menschen besteht das Selbstbewußtseinstraining darin, ihnen beizubringen, ihre legitimen Rechte zu erkennen, sie zu vertreten und zu verhindern, daß sie ihnen weggenommen werden. Dr. Lazarus vertritt auch die Ansicht, daß zum Erkennen der eigenen Rechte ebenso das Erkennen und Respektieren der Rechte anderer gehört.

Von der Theorie und den verschiedenen Therapiemethoden abgesehen, postuliert das ST zweierlei:

1. *Die Vorstellung von sich selbst beruht auf dem, was man tut.* Je mehr man für sich selbst eintritt und in einer Weise handelt, vor der man selbst Achtung hat, um so größer ist das Selbstwertgefühl.

Daraus abgeleitet ist meine Grundgleichung:

Selbstbewußtsein = Selbstwertgefühl.

Diese Formel ist genaugenommen von einer Gleichung abgeleitet, die William James aufgestellt hat. Sie lautet:

$$\text{Selbstwertgefühl} = \frac{\text{Erfolg}}{\text{Aspirationen}}$$

William James' Formel setzt sich aus zwei Teilen zusammen. Beim ersten geht es um das notwendige Tun, um zum *Erfolg* zu gelangen, um die Leistung der Arbeit und den Erwerb der sozialen Fertigkeiten, die für diesen Zweck notwendig sind. Die *Aspiration* betrifft Ihre Ziele (das, worin Sie Erfolg haben möchten). Dabei geht es um Auswahl und Entscheidung, denn James war sich darüber im klaren, daß man viele unrealistische und widersprüchliche Ziele haben kann und daß das Erreichen eines Zieles zwangsläufig den Verzicht auf ein anderes verlangt. Deshalb gab er den Rat, derjenige, »der sein wahrstes, stärkstes, tiefstes Ich sucht, muß diese Liste (möglicher Ziele) überprüfen und sorgfältig dasjenige heraussuchen, mit dem er seine Erfüllung verbindet.«

Im Kern wollte James damit sagen, daß Selbsterfüllung nur möglich ist, wenn man sich mit gewissen Grenzen abfindet, und daß das Selbstwertgefühl dem Grad gleich ist, in dem man diese Erfüllung erreicht. Mehrere Theoretiker haben seither diese These ausgebaut, die auch einen der Eckpfeiler der von Karen Horney vertretenen psychoanalytischen Theorie bildet.

Nun ist jedoch seit den Tagen von William James die Welt komplexer und zynischer geworden. Faktoren, auf die man keinen Einfluß hat, bewirken, daß man möglicherweise alles richtig macht, trotzdem aber nicht zum »Erfolg« kommt. Im ST hat sich das Ziel vom Endprodukt (dem Erfolg) auf *den Prozeß* verlagert (wie Sie sich bei Ihrem Streben nach dem Erfolg verhalten). Die Verhaltensweisen, die das Erfolgstreben verlangt, bilden jene, die wir »selbstbewußt« nennen. Allein schon der Akt, ein Ziel auszuwählen, besagt: »Das bin ich. Das ist es, was ich will.« Sich auf ein Ziel zuzubewegen, verlangt eine aktive Einstellung, die Beherrschung von Lebenssituationen und des eigenen Ich. Persönlichere Ziele erfordern eine offene Kommunikation mit anderen Menschen. In welchem Maß Sie zur Selbstbehauptung fähig sind, bestimmt das Maß Ihres Selbstwertgefühls.

Der Unterschied zwischen der James-Formel und meiner ST-Gleichung liegt in der Betonung des tatsächlichen Erfolges. Die ST-Formel besagt, daß Sie, solange Sie selbstbewußt handeln, ihr Selbstwertgefühl bewahren. Es kann sein, daß Sie scheitern und sich enttäuscht und niedergeschlagen fühlen, aber der Kern Ihres Selbstwertgefühls ist unangetastet. Sie können diese These als Maßstab für selbstbewußtes Verhalten benützen. Wenn Sie Zweifel haben, ob eine bestimmte Handlung selbstbewußt war, fragen Sie sich, ob sich Ihr Selbstwertgefühl auch nur ein bißchen gesteigert hat. Beantworten Sie diese Frage mit ja, so war sie selbstbewußt. Ist Ihre Antwort nein, war sie es nicht.

2. *Verhaltensweisen existieren nicht für sich allein, sondern stehen in Wechselbeziehung zu anderen und bilden Muster, die wir die psychologische Organisation nennen.*

Die psychologische Organisation

Kindheit. Die Eltern sind das Fundament kindlicher Geborgenheit. Wenn die Abhängigkeit des Kindes von den Eltern positiven Charakter hat, gewinnt das Kind die Stärke und Sicherheit, seine psychologische Organisation umzustrukturieren und so in die Adoleszenz einzutreten. Manchen Menschen gelingt dies nicht. Sie gehen durchs Leben und lassen nicht von den Zielen und Gewohnheiten der Kindheit. Sie machen alle Menschen zu Eltern und halten in mancher Hinsicht – manchmal offenkundig, zuweilen subtil verborgen – an der kindlichen Erwartungshaltung fest. Diese Bedauernswerten suchen nach dem »guten Vater« oder der »guten Mutter« in Gestalt von Gatten und Freunden, die sie im Kummer trösten und ihnen die bedingungslose Liebe schenken sollen, die eine Mutter dem Säugling spendet. Sie wollen um ihrer selbst willen (gleichgültig, welche Art Mensch sie sind) geliebt werden, nicht um dessentwillen, was sie tun und leisten. Da dieser Anspruch unerfüllbar bleiben muß, gehen solche Menschen gekränkt und enttäuscht durchs Leben.

Adoleszenz. Der Heranwachsende bildet eine neue Verhaltensorganisation, in der das Ziel, Sicherheit zu erlangen, sich von den Eltern auf die Altersgenossen verlagert. Nun gewinnt er sein Sicherheitsgefühl daraus, zu einer Gruppe zu gehören und in der Gruppe akzeptiert und anerkannt zu werden. Manche Menschen bringen es nie fertig, diese Phase zu verlassen. Die Gruppenzugehörigkeit bleibt das Fundament ihrer Sicherheit. Ein solcher Mensch entwickelt sich nie aus der Adoleszenz hinaus. Er bleibt ein inhibitorischer Charakter, weil er neben der Gruppe nie eine eigene Identität gewinnt, immer nur daran denkt, was die anderen denken, und sich in seinem Verhalten nach dem Denken anderer richtet, denn eine negative Einstellung anderer zu ihm könnte zum Ausschluß aus der Gruppe führen.

Erwachsenenalter. Mit dem Ende der Adoleszenz vollzieht sich eine Veränderung. Der Erwachsene braucht die Gruppe für seine Sicherheitsbedürfnisse nicht mehr. Nun kann es sein, daß im Mittelpunkt seines Lebens nur eine kleine Anzahl von Menschen stehen – ein paar enge Freunde, ein Freund oder eine Freundin. In diesem Stadium entwickeln sich tiefere, dauerhaftere Beziehungen, von denen eine zur Ehe führen kann. Die enge Beziehung zu einem anderen Menschen hilft, daß man seine eigene, wahre Individualität findet und zum Ausdruck bringt, sowohl innerhalb der Beziehung als auch im Leben überhaupt. Manche Therapeuten sehen darin die Krönung.

Das vollkommene Individuum. Andere Therapeuten vertreten die Auffassung, daß noch ein weiterer Schritt in der psychologischen Organisation notwendig sei, nämlich der Übergang von der Sicherheit, welche die Beziehung zu einem anderen Menschen gibt, zu einer Sicherheit, die auf Selbstachtung basiert. Diese hat ihre Wurzeln in der Einstellung: »Ich kenne meine Wünsche und Wertvorstellungen, aber bin jederzeit bereit, sie zu überprüfen und zu verändern. Ich will intensiv fühlen, stark handeln, enge Beziehungen zu anderen Menschen knüpfen und trotzdem immer das Gefühl haben, Herr über mich selbst zu sein.«

Wenn man das Stadium des vollkommenen Individuums erreichen will, ist die Einsicht notwendig, daß man, *wenn man ein bestimmtes Verhalten ändert, zugleich eine ganze Reihe damit verknüpfter Verhaltensweisen verändert.* Während Sie neue psychische

Fertigkeiten erlernen und sich in Ihrem Handeln verändern, können Sie Ihre Gefühle und die gesamte Struktur Ihrer psychologischen Organisation verändern. Auf diese Weise kann das Selbstbewußtseinstraining zu einer ganz neuen Lebenshaltung führen.

Fallbeispiel

Als der Bauingenieur Seth Elwyn, siebenunddreißig Jahre alt, zweimal geschieden, mich zum erstenmal aufsuchte, sagte er: »Helfen Sie mir! Ich habe mich mit einem Mädchen verabredet, das ich gern heiraten würde, aber ich habe panische Angst, daß es wieder schiefgeht.« Seth war das perfekte Beispiel eines Mannes ohne Selbstbewußtsein. Er war in einem von Frauen dominierten Haushalt mit einer starken Mutter, fünf Schwestern und einem »stillen, zurückhaltenden« Vater aufgewachsen, der »keine Rolle in meinem Leben« spielte, und hatte ein nachgiebiges, gefügiges Verhaltensmuster entwickelt. Als Erwachsener äußerte er nur selten einen Wunsch. In seinem Job erfüllte er jedes unzumutbare Verlangen, das sein Chef an ihn stellte, und dies kam sehr häufig vor. Mit zweiundzwanzig Jahren heiratete er, eine Xanthippe. Seth erzählte: »Sie hat ständig an mir herumgemeckert, und ich hab' mir's einfach gefallen lassen. Nach zwei Jahren ist sie mir davongelaufen.« Als er zum zweitenmal heiratete, geriet er wieder an eine ähnliche Frau. Sie begann ihn ebenfalls erbarmungslos auszubeuten. Seth arbeitete vierundfünfzig Stunden in der Woche und nahm obendrein Arbeit nach Hause mit. Daneben säuberte er die Böden mit dem Staubsauger und kaufte die Lebensmittel ein, obwohl seine Frau nicht zur Arbeit ging. Auch sie verließ ihn. Sie sagte: »Ich hab' versucht, dich zu provozieren, damit du endlich aus dir herausgehst. Aber ich schaffe es nicht. Egal, wie die Leute mit dir umgehen, nie wirst du wütend und setzt dich zur Wehr.«

Dieser Vorwurf war berechtigt. Seth hatte nie gelernt, Zorn auszudrücken. Die Folge war, daß er eine Furcht davor entwickelte, zornig zu werden, und diese Furcht erzeugte ein ausweichendes Verhalten. Sein Bedürfnis, Gefühle des Zorns zu vermeiden, war so stark, daß er es sich nicht einmal erlauben konnte, eine solche Empfindung subjektiv zu erleben. Dies führte dazu, daß es ihm verwehrt blieb, Situationen zu erkennen, in denen er von anderen ausgenützt und erniedrigt wurde. Da er diese Situationen nicht wahrnahm, konnte er sich auch nicht durchsetzen. Und so schubsten die Leute ihn herum und verloren den Respekt vor ihm.

Nach einigen ST-Sitzungen mit ihm allein entschied ich mich für eine Gruppentherapie mit zwei Behandlungszielen: erstens ihm beizubringen, Gefühlen des Zorns Ausdruck zu geben, und zweitens Situationen zu erkennen, in denen er ausgenützt und zurückgesetzt wurde und sich dagegen zur Wehr zu setzen. Während der wöchentlichen Gruppensitzungen übernahm Seth im Rollenspiel den Part des Zornigen, sowohl in gestellten Situationen als auch in solchen, die er früher selbst erlebt hatte oder noch erlebte. Als er sich ausdrücken lernte, nahm seine Furcht vor Zorngefühlen ab. Er brauchte sie nicht mehr zurückzuhalten. Bei jeder Gruppensitzung stellte ein Teilnehmer Seth ein unzumutbares Ansinnen oder behandelte ihn geringschätzig. So hatte Seth Gelegenheit zu lernen, wie man mit solchen Situationen fertig wird, und während er dies erlernte, übertrug er seine neu gewonnene Fähigkeit zur Selbstbehauptung auf sein Leben. Er nahm es mit seiner Freundin auf, mit seinen Schwestern, seinem Chef.

Während der Behandlungszeit heiratete Seth zum drittenmal, und bald danach meldete er stolz: »Wir hatten einen fürchterlichen Krach, und ich bin *sehr zornig* geworden.« Einige Zeit später sagte er während einer Sitzung: »Diese Ehe ist anders. Ich bestimme mit.«

Bei seiner letzten Sitzung schnitt Seth zwei bestimmte Selbstbehauptungsprobleme an; im einen Fall ging es um seine Frau, im anderen um seinen Chef. Die Gruppe wollte am ersten arbeiten, aber Seth erklärte in entschiedenem Ton: »Mich interessiert das Problem mit meinem Job mehr. Nehmen wir uns das vor.« Diese Erklärung wurde mit solcher Selbstverständlichkeit und Festigkeit vorgebracht, daß die Gruppe sofort seinem Wunsch entsprach. Als ich darauf hinwies, daß Seth seinen eigenen Standpunkt behauptet hatte, trat einen Augenblick Stille ein, und dann brachen die Mitglieder der Gruppe in Beifall aus.

In der analytischen Therapie macht ein Patient dieser Art im allgemeinen nur langsam Fortschritte. Die Analyse legt starkes Gewicht auf Gefühle, und wenn keine Gefühle da sind, mit denen man arbeiten kann, geht es nur zögernd voran. Es wäre einfach gewesen, Seths Probleme auf tief verborgene sexuelle Stimulierungen zurückzuführen, weil er in einem Frauenhaushalt groß geworden war, oder vielleicht mit unbewußten Konflikten, bei denen es um seine sexuelle Identität ging, zu erklären. Ich war jedoch der Meinung, daß es darum ging, das Verhaltensdefizit abzubauen und ihm beizubringen, wie man Gefühle empfindet, nicht verbal und durch Diskussionen, sondern durch gezieltes Üben und Handeln. Als er dann in einfachen Situationen seinen eigenen Standpunkt vertrat, fühlte er sich stärker. Dies machte ihm bewußt, daß er sich, wenn er sich unterkriegen ließ, niedergeschlagen und leer fühlte. Die Gefühlsveränderung folgte der Verhaltensänderung.

Im Verlauf von acht Monaten wandelten sich Seths Beziehungen zu Menschen, seine Gefühle wurden wacher, sein Bild von sich selbst veränderte sich. Inzwischen hat er Gehaltsaufbesserungen bekommen, eine bessere Stellung bei seiner Firma und sogar Untergebene. Seine dritte Ehe geht gut. Seth hat zwar noch ein Stück Weg vor sich, aber jetzt lernt er in der Lebensrealität, nicht mehr in der Therapie.

Die neurotische Spirale

Unangemessenes Verhalten in einem bestimmten Bereich hat Auswirkungen auf andere Bereiche Ihrer psychologischen Organisation. Es führt zu zusätzlichen Ängsten, Spannungen oder Depressionszuständen und beeinflußt ihre Selbstsicherheit in anderen Situationen. Diesen Effekt nenne ich die *neurotische Spirale.* So stürzt einen beispielsweise die Angst, seinen Job zu verlieren, in eine ganze Reihe neuer Zweifel und Unsicherheiten: »Was ist bloß mit mir los?« . . . »Ich bin zu nichts nütze« . . . »Mir glückt nie etwas.« Diese Unsicherheiten führen Ihrerseits zu unangemessenen Verhaltensweisen, welche wiederum die Ängste und Unsicherheiten verstärken, was zu noch unangemessenerem Verhalten führt – und so kommt man aus dieser Spirale nicht mehr heraus.

Die neurotische Spirale:

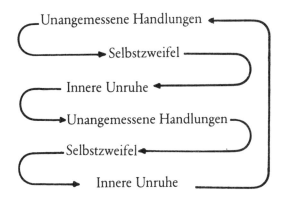

Einige der Symptome, die anzeigen, daß man in Beziehung auf sein Selbstbewußtsein möglicherweise die neurotische Spirale herabrutscht, sind folgende: Man
beschwichtigt ständig andere, weil man fürchtet, sie zu kränken;
läßt zu, von anderen Leuten in Situationen gebracht zu werden, die einem unangenehm sind;
kann seinen berechtigten Wünschen nicht Ausdruck geben;
hält die Rechte anderer für wichtiger als seine eigenen;
ist von dem, was andere sagen und tun, so rasch gekränkt, daß man sich ständig selbst hemmt;
fühlt sich häufig unglücklich, weiß aber nicht warum;
fühlt sich herumgestoßen, weil man niemals gelernt hat, seinen eigenen Standpunkt zu vertreten;
fühlt sich einsam, weil es im eigenen Leben keine enge menschliche Beziehung gibt;
fühlt sich unterlegen, weil man unterlegen ist. Man begrenzt seine eigenen Erfahrungsmöglichkeiten und läßt sein Potential ungenutzt.

Man kann die Spirale umkehren, wenn man sein Verhalten ändert, was wiederum das Denken und Fühlen verändern wird. Wenn man die Dinge anders anpackt, fühlt man sich ihnen besser gewachsen. Man vermindert seinen inneren Groll, seinen Zorn und seine Ängste. Man gewinnt eine positive Gefühlseinstellung zu sich selbst. So erging es Seth Elwyn, dem Schüchternen mit seinen zwei gescheiterten Ehen. Als er ein Mensch mit Selbstbewußtsein zu werden begann, wurde er allmählich auch mit sich selbst zufrieden.

Wegen ihrer Auswirkung auf andere Verhaltensbereiche kann sogar die Veränderung eines anscheinend nebensächlichen Verhaltens die Umkehrung der Spirale einleiten und eine nach oben gerichtete Schwungkraft entwickeln.

Fallbeispiel

Ein erfolgreicher Wertpapieranalytiker, der aus Berufsgründen viel auf Reisen unterwegs war, konnte oft nicht einschlafen. In seinen schlaflosen Nächten ließ ihn der Gedanke nicht los, was geschehen würde, wenn er nach einer Vormittagskonferenz in irgendeiner fremden Stadt mit Geschäftskollegen zum Mittagessen gehen und Konversation machen müßte. Diese Angst wirkte sich nachteilig auf seine beruflichen Leistungen aus. Die Therapie ergab, daß er das Wort ›Plaudern‹ kaum kannte, geschweige denn die Kunst, eine Geschichte zu erzählen. Dies brachte ich ihm durch Selbstbewußtseinstraining bei. Genauso, wie er zur Vorbereitung auf eine Konferenz Bilanzen und Firmenberichte studierte, lernte er nun, sich ein Repertoire von Anekdoten für Mittagessen im Kollegenkreis zuzulegen. Als er seine Geschichten abrufbereit auf Lager hatte, verlor er seine Ängstlichkeit, wurde spontan und brauchte nur selten auf sie zurückzugreifen. Seine depressiven Stimmungen verschwanden, und er konnte nachts durchschlafen. »Meine Frau sagt, ich bin so, wie ich vor zwanzig Jahren war, als sie mich geheiratet hat«, berichtete er mir glücklich.

Fallbeispiel

Sally Jones lebte in einem Zustand chronischer Verstörtheit, sie fühlte sich immer als Sündenbock. Als sie eines Tages nach einem Mittagessen allein (»Die Leute nörgeln immer an mir herum, darum bin ich lieber allein«) ins Büro zurückkam, brüllte sie der Geschäftsführer an. »Sie haben im Kopierraum einen schönen Saustall angerichtet«, warf er ihr zu Unrecht vor. Er war falsch unterrichtet.

Sally wollte schon ein schüchternes »Ich war heute gar nicht im Kopierraum« vorbringen, als sie sich noch rechtzeitig an ihr ST erinnerte. Mutig sagte sie zu ihrem Chef: »Dafür entschuldigen Sie sich!«

Der Boß fuhr zurück, betroffen über ihr verändertes Verhalten. »Entschuldigen, wofür?«

Sally sagte mit fester Stimme: »Weil Sie mich wegen etwas angeschrien haben, was ich nicht getan habe.«

Sie bekam die Entschuldigung und erkannte, daß sie, da sie es diesmal fertiggebracht hatte, auch in Zukunft selbstbewußt reagieren könnte, wenn man sie zusammenstauchen wollte. An diesen Vorsatz hielt sie sich. Die Folge war, daß sich nicht nur ihre Beziehungen zu den Leuten im Betrieb änderten, sondern daß sie auch begann, mit anderen zum Mittagessen zu gehen und Freundschaft zu schließen. Eine einzige entschiedene Antwort, zu der sie ein halbes Jahr ST befähigt hatte, gab Sally zum erstenmal Zufriedenheit mit sich selbst.

Obwohl es dem Uneingeweihten so erscheinen mag, ist das Selbstbewußtseinstraining weder einfach noch übermäßig vereinfachend. Ich wiederhole: Die Änderung scheinbar geringfügiger Verhaltensarten kann die Beziehungen zu anderen Menschen und das Bild, das man von sich selbst hat, stark beeinflussen. Das ST beschäftigt sich mit Verhaltensweisen von unterschiedlicher Komplexität.

Bei der *ersten Ebene* geht es um elementare Verhaltensweisen wie die Aufnahme von Blickkontakten, Geradestehen, Sprechen mit so lauter Stimme, daß andere einen verstehen können. Wenn man zum Beispiel der Person, mit der man sich unterhält, nicht in die Augen blickt, wird man feststellen, daß der Kontakt rasch verlorengeht. Ihre Stimme wird eintöniger, die Kommunikation zum anderen lockert sich und verliert die Direktheit. Patienten, die in diesem Punkt Schwierigkeiten haben, haben vielfach noch weitere Selbstbewußtseinsprobleme, doch schon das einfache Blickkontakt-Training kann zu erheblichen Veränderungen führen.

Die *zweite Ebene* betrifft die Grundtechniken der Selbstbehauptung: die Fähigkeit, nein zu sagen, wenn man nein sagen, und ja zu sagen, wenn man ja sagen will; um Gefälligkeiten zu bitten und Bitten auszusprechen; Gefühle und Gedanken offen und direkt zu äußern; mit Kränkungen fertig zu werden; in Fragen wie der richtigen Ernährung oder guter Arbeitsgewohnheiten sich in der Hand zu haben.

Die *dritte Ebene* handelt vom Verhalten bei komplexeren Interaktionen mit anderen Menschen: Anpassungsverhalten bei Situationen im Betrieb; die Fähigkeit, ein Netz sozialer Kontakte zu bilden und zu erhalten; das Zustandebringen enger persönlicher Beziehungen.

Die Veränderung dieser spezifischen Verhaltensformen kann dazu führen, daß die Menschen anders auf einen reagieren und daß man eine andere Einstellung zu sich, ja überhaupt zu seinem Leben gewinnt.

Bevor ich zur Verhaltenstherapie überging, hatte ich zwanzig Jahre als Psychotherapeut der traditionellen Methode praktiziert. Aus diesem Grund kann ich verstehen, daß es vielen Leuten schwerfällt, sich auf den empirischen Ansatz der VT und ihrer Programme des Selbstbewußtseinstrainings einzustellen. Sie stellen begründete Fragen, die wohlbegründete Antworten verdienen.

F.: *Sollte man nicht bis zu den Wurzeln der Störung gehen, die das psychische Problem verursacht? Kann der Patient überhaupt geheilt werden, ohne daß man sich gründlich mit seinen frühkindlichen Erlebnissen, Traumata und dem Konflikt zwischen Es und Ich beschäftigt?*

A.: Werden die Menschen wirklich verändert, wenn man »bis zu den Wurzeln« geht? Die wissenschaftlichen Daten zeigen, daß es bei Anwendung psychoanalytischer Methoden einigen Leuten besser geht, bei manchen die Situation gleich bleibt und bei anderen sich sogar verschlechtert, mit ungefähr gleichem Anteil. Vom experimentellen Standpunkt betrachtet, gibt es nur wenige (oder bestenfalls zweifelhafte) Anhaltspunkte, daß die Menschen verändert werden, wenn man zu den intrapsychischen Konflikten vordringt. Dagegen wächst das experimentelle Beweismaterial, daß die direkte Veränderung des Verhaltens auch die Betreffenden selbst und ihr Leben verändert.

Dies soll nicht heißen, daß die Psychoanalyse untauglich wäre. Die Psychoanalyse ist vor allen Dingen eine Theorie zur Erklärung, wie sich Neurosen entwickeln. Die VT berührt dieses Gebiet kaum, weil sie die Auffassung vertritt, daß viele der psychoanalytischen Konzepte für das Zustandebringen der erwünschten Verhaltensänderungen nur wenig Belang haben.

F.: *Wenn man das eine Symptom los wird – entwickelt sich dann nicht ein anderes?*

A.: Die Psychoanalyse antwortet darauf mit ja. Dagegen zeigen die sorgfältig geprüften experimentellen Daten, die von Verhaltenstherapeuten gesammelt werden, daß man, wenn man ein beunruhigendes Symptom los wird, gute Aussichten hat, ein zufriedenerer, gesünderer Mensch zu werden. Das heißt nicht, daß man in Zukunft keine Probleme mehr haben wird. Die Beseitigung eines Problems kann eine Reihe anderer Schwierigkeiten auslösen, *weil man jetzt imstande ist, mehr und verschiedenen Herausforderungen zu begegnen.* Nehmen Sie einen Mann, der derartige Angst vor dem weiblichen Geschlecht hat, daß er sich mit einem Mädchen nicht einmal verabreden kann. Man nimmt ihm diese Angst so weit, daß er mit einer Frau ausgeht, eine enge Beziehung anknüpft und sie heiratet. Nun sieht er sich einer ganzen Reihe von Problemen gegenüber, die sich ihm nie gestellt hätten, wenn er in seiner Isolation geblieben wäre. Ich habe einmal einen jungen Mann behandelt, der an so schwerem Stottern litt, daß er es vermied, an gesellschaftlichen Veranstaltungen teilzunehmen. Wurde er dazu gezwungen, verdrückte er sich in einen Winkel und tat den Mund nicht auf. Nachdem ich das Stottern geheilt hatte, stellte ich fest, daß er nichts zu sagen wußte, so daß ein ST-Kurs notwendig wurde. In solchen Fällen handelt es sich nicht um eine Symptomsubstitution, sondern um ein neues Problem, das durch die Erweiterung des Lebenskreises auftritt.

F.: *Was kann das Selbstbewußtseinstraining bewirken, da es doch nur kurze Zeit dauert?*

A.: Das ST ist keine kurzfristige Angelegenheit. Es ist ein Prozeß, der das ganze Leben begleitet. Kurz ist nur der formale Teil, der den Zweck hat, über die Anfangsschwierigkeiten hinwegzuhelfen und einem Fertigkeiten beizubringen, mit deren Hilfe man selbst weiterüben kann.

Die ersten Ergebnisse können sich ziemlich rasch einstellen, aber sie sind nur der Anfang der Selbstbewußtseinsstärkung. So wie man selbst in eine andere Beziehung zu Menschen zu treten beginnt, fangen auch diese an, sich anders zu einem zu verhalten. Wenn man lernt, für sich selbst einzutreten, reagieren die Leute anders auf einen. Dies bringt eine Reihe neuer Lebenserfahrungen. Man verändert und erweitert sich. Die Folge ist, daß man klarere Vorstellungen über seine Wünsche und Bedürfnisse gewinnt. Aber diese Veränderungen vollziehen sich nicht von heute auf morgen. Man erreicht niemals einen Punkt, an dem man sagen kann: »Jetzt ist's geschafft.« Es ist immer noch Raum für Wachstum und Weiterentwicklung. Zwar werden Hindernisse und Schwierigkeiten immer wieder auftreten, aber mit den Techniken der Selbstbehauptung kann man sie meistern oder doch wenigstens in den Griff bekommen.

F.: *Erzieht das ST nicht zum Manipulieren?*

A.: Das ST versucht beizubringen, sich selbst zu steuern, statt sich von anderen steuern zu lassen.

F.: *Wenn das ST wirklich die Lebensführung verändert, kann das nicht zu einem Bruch führen? Die Ehe ruinieren? Einen um seinen Job bringen? Zur Entfremdung von Freunden und Angehörigen führen?*

A.: Die Antwort lautet ja. Wenn die Art, wie man sein Leben führt, unbefriedigend ist und man sie ändert, bricht man mit dem bisherigen Zustand. Zum Beispiel: Ein Mann hat sich vielleicht daran gewöhnt, mit einer Ehefrau zu leben, die destruktiv ist. Eine Frau hat es sich zur Gewohnheit gemacht, ihren Mann unter dem Pantoffel zu halten. Wenn sich eine dieser beiden Situationen verändert, kommt es zu einem Umbruch in der Beziehung: Drei verschiedene Folgen sind möglich:

1. Beide Partner begrüßen die Veränderung.

2. Der Partner, der sich nicht dem ST unterzogen hat, ändert und erweitert sich ebenfalls. Beide Partner entwickeln eine bessere Lebensgestaltung.

3. Der Partner ist nicht bereit oder nicht in der Lage zu den notwendigen Veränderungen. In diesem Fall droht es schwierig zu werden. Ich habe Fälle erlebt, in denen das ST zu Trennung und Scheidung führte. Der entscheidende Punkt aber ist:

Die Situation war zuvor schon unerträglich. Die neu gewonnene selbstbewußte Haltung kann viele Vorteile einbringen, sie kann aber auch einen Preis abfordern.

F.: *Ist eine Zusammenarbeit zwischen ST und der traditionellen Psychoanalyse möglich?*

A.: ST und die Psychoanalyse traditioneller Art haben insofern eine Gemeinsamkeit der Ziele, als sie den Patienten zu einem erfüllten Leben verhelfen wollen. Die beiden Methoden unterscheiden sich jedoch radikal im therapeutischen Vorgehen, mit dem sie dieses Ziel anstreben.

Ob ST und Analyse gleichzeitig beim selben Patienten und von zwei verschiedenen Therapeuten angewendet werden können oder nicht, hängt sowohl von diesen als auch von dem betreffenden Patienten ab. Gelegentlich hat sich ein solches Zusammenwirken durchaus bewährt. Bei einem meiner Patienten konnte ich die Einblicke, die er in der analytischen Behandlung gewonnen hatte, dazu nutzen, Ziele und anzustrebende Verhaltensformen zu fixieren. Das ST ermöglichte es ihm, seine Gefühle freier auszusprechen, was dazu geführt hat, daß er in der traditionellen Therapie noch weitere Einblicke gewann. Dann wieder gibt es Fälle, wo die traditionell-analytische und die ST-Methode einander im Wege stehen. Beispielsweise bin ich bei Patienten mit Wahnvorstellungen der Ansicht, daß sie schon zu stark nach innen gewandt und zu sehr damit beschäftigt sind, was in ihrem ›Innern‹ vorgeht, und darum versuche ich, dieses Verhalten abzublocken. Genau diese Verhaltensformen sind jedoch notwendig in der traditionellen Psychotherapie, und der andere Therapeut fördert sie. Daraus entwickelt sich häufig eine unmögliche Situation, und der Patient muß eine der beiden Behandlungen aufgeben.

F.: *Kann man allzu selbstbewußt werden?*

A.: Die Antwort auf diese häufig gestellte Frage lautet: nein. Zur Definition des Sich-selbst-Behauptens gehört, *daß das Verhalten angemessen ist.* Wenn dies zutrifft, erweckt es nicht den Eindruck übermäßigen Selbstbewußtseins. Im Verlauf des ST kommt es tatsächlich oft vor, daß der zuvor allzu zaghafte Patient über die Stränge schlägt und sich unangemessen verhält. Er reguliert jedoch sein Verhalten schon bald.

Das ST sagt nicht, *warum* man so ist, wie man ist.

Es trainiert, *wie* man in einer komplexen Gesellschaft schöpferisch lebt, indem es die Fertigkeiten einübt, die man braucht, um der Mensch zu sein, der sich Bewährungen stellt und sie begrüßt.

Ich wiederhole: Ebenso, wie man sich neurotisches Verhalten eingeübt hat, kann man sich beibringen, normal zu sein.

2

Bestimmen Sie
Ihre Selbstbewußtseins-
Probleme

Welche verschiedenen Typen von Selbstbewußtseins-Problemen gibt es?

Wie kann man den Unterschied zwischen selbstbewußtem und aggressivem Handeln erkennen?

Wie kann man die Prinzipien des Selbstbewußtseinstrainings auf das eigene Verhalten anwenden?

Wie so vieles im Leben teilt sich die Eigenschaft des Selbstbewußtseins nicht in schwarze und weiße Kategorien. Es hat ebenso viele Nuancen und Schattierungen, wie ein Maler auf seiner Palette Farbtöne hat. Trotzdem lassen sich die Menschen mit Selbstbewußtseins-Problemen in sieben Grundtypen gliedern.

Typisierung der Personen mit Selbstbewußtseins-Problemen

1. *Der verschüchterte Typus.* Er läßt sich von anderen herumstoßen, schluckt alles und bleibt in jeder Situation passiv. Wenn ihm jemand auf die Zehen tritt, entschuldigt er sich. Doch bei aller Zaghaftigkeit ist er kein aussichtsloser Fall. Einerlei, wie verschüchtert und entschlußschwach er auch ist, es gibt immer einen Punkt, an dem er anfangen kann, sich selbst zu ändern.

2. *Der Typus mit Kommunikationsschwierigkeiten.* Wie schon gesagt, führt selbstbewußtes Verhalten zu direkter, selbstbewußter und angemessener Kommunikation.

Schwierigkeiten können in einem, in beiden oder in allen Bereichen auftauchen:

Indirekte Kommunikation. Man neigt dazu, zu viele Worte zu machen, eine Eigenschaft, die häufig Hand in Hand geht mit geringer Gefühlstiefe, Mangel an klar umrissenen Wunschvorstellungen und Schwierigkeiten mit engen persönlichen Beziehungen. Statt ihren Mann zu fragen: »Würde es dir was ausmachen, zwei Lammkoteletts zum Abendessen mitzubringen, weil du doch direkt am Supermarkt vorbeikommst?«, sagt die Ehefrau: »Ich weiß, du willst heute zum Friseur. Kommst du nicht zufällig in die Soundso-Straße?« Sie bringt Ihre Bitte nicht direkt vor; ihr Mann weiß nicht, was sie möchte, und so bekommt sie nicht, was sie möchte. Das Üben einfacher, direkter Erklärungen, ohne Einschränkungen oder Ausschmückungen, kann häufig die gesamte Beziehung verändern.

Unaufrichtige oder pseudoselbstbewußte Kommunikation. Man wirkt offen und aufrichtig, in seinem Verhalten im allgemeinen angemessen, oft extrovertiert, aber dieses scheinbare Selbstbewußtsein verbirgt im Grund einen Mangel an Aufrichtigkeit. Man sagt: »Wie mich das freut, Sie zu sehen – seit Tagen denke ich schon an Sie.« Dabei ist einem der Betreffende völlig gleichgültig, und er weiß das auch. Zu diesem Typus gehören auch die Vertreter mit ihrer falschen persönlichen Art und die Baby-küssenden Politiker. Andere aus dieser Kategorie scheuen vor engen Kontakten zurück und leiden an allgemeiner Unlust (»ich hab' überhaupt keinen Antrieb«).

Unangemessene Kommunikation. Man ist mit den Realitäten sozialer Beziehungen nicht vertraut und sagt das, was man für richtig hält, zur falschen Zeit. Zum Beispiel sagt ein Ehemann zu seiner Frau, daß er »einen schrecklichen Tag im Büro« hatte, worauf sie ihm aufzählt, was er alles falsch gemacht hat. Man ist zwar vielleicht offen und aufrichtig, aber die naive und unreife Art, in der man seine Gedanken ausspricht, führt zu zahlreichen zwischenmenschlichen Schwierigkeiten und bringt einen dem anderen nicht näher, sondern schafft nur Distanz. Im Beruf führt unkluges Verhalten zu Zwist und Scherereien. Dadurch, daß man die verkehrten Dinge zur verkehrten Zeit sagt, setzt man sich der Gefahr aus, ausgenützt oder gekränkt zu werden. Diese Gefühllosigkeit gegenüber anderen führt oft zu egozentrischem Verhalten und zu Rücksichtslosigkeit gegenüber dem, was Arbeitskollegen, Freunde und Angehörige brauchen.

3. *Der Typus mit Selbstbewußtseinsdefiziten.* Manche Leute sind auf dem einen Gebiet selbstbewußt, auf dem anderen nicht. Man kann fähig sein, zärtliche Gefühle auszudrücken, aber unfähig, Zorn zu zeigen – und umgekehrt.

Ein Mann kann in der Arbeit ein Muster an Passivität sein, sich zu Hause aber wie ein Tyrann aufführen. Oder er zeigt sich in der Arbeit, in den Beziehungen zu seiner Umwelt und bei seinen Kindern selbstbewußt, nicht aber gegenüber seiner Frau. Tom Johnson beispielsweise, ein leitender Angestellter, traf in seinem Job den ganzen Tag über wichtige Entscheidungen. Kam er abends nach Hause, war er wie verwandelt: Er kochte das Abendessen für seine zwei Kinder, seine Frau – und ihren derzeitigen Liebhaber. Nach dem Essen räumte er auf und spielte den Babysitter, während Mrs. Johnson und ihr Romeo vom Dienst ausgingen. Obwohl sich Tom rational über sein Verhalten im klaren war, kam er zu ein paar Sitzungen zu mir, empfand aber die Chance einer Besserung der Dinge als zu bedrohlich. Als ich zum letztenmal etwas von ihm hörte, kochte er immer noch das Abendessen und hoffte, seine Frau würde ihm davonlaufen und damit das Problem lösen.

Manchmal ist der Bereich, in dem das Selbstbewußtsein versagt, sehr eng. Man kann in der Arbeit selbstbewußt sein – außer bei einem Vorgesetzten, gegenüber einem Untergebenen oder nur einer ganz bestimmten Person. Oder man ist selbstbewußt in einer Zweierbeziehung, nicht aber in Gruppen. Es kommt vor, daß eine Frau gegenüber allen Leuten Selbstbewußtsein zeigt, nur nicht gegenüber der Putzfrau, die einmal in der Woche ins Haus kommt. Und manche Leute können sich gegenüber der ganzen Menschheit behaupten, nur nicht gegen ihre Schwiegermutter.

Im allgemeinen gilt: Je enger der Bereich ist, in dem man kein Selbstbewußtsein zeigt, desto leichter ist es, diesen Zustand durch Selbstbehauptungstraining zu verändern.

4. *Der Typus mit Verhaltensdefiziten.* Man ist nicht fähig, Blickkontakt zu schließen, zu plaudern, mit einer Konfrontation fertig zu werden, ein Gespräch anzuknüpfen. Diese Selbstbewußtseinstechniken lassen sich erlernen.

5. *Der Typus mit bestimmten Blockierungen.* Man weiß, was man tun sollte, und ist eigentlich auch fähig dazu, aber die Furcht vor Zurückweisung, Zorn, Kritik, Bindung, Zärtlichkeit hemmt einen, es zu verwirklichen.

Unzutreffende Vorstellungen. Man sieht nicht den Unterschied zwischen Aggression und Selbstbehauptung. Man kennt das Was und Wie dessen, was zu tun ist, aber man zweifelt an seinem Recht, es zu tun.

Falsches Bild der sozialen Realität. Man versteht nicht, daß es zu verschiedenartigen Menschen verschiedenartige Beziehungen gibt. Man glaubt, man müßte einen Fremden wie einen Freund behandeln. Es kommt einem nie in den Sinn, den Fremden als einen Fremden und den Freund als Freund zu behandeln. So erklärte beispielsweise eine neue Patientin: »Ich traue keinem Menschen.« Die Exploration ergab, daß sie manchen Leuten in Gelddingen, anderen in intim persönlichen Fragen vertraute und sich in geschäftlichen Dingen auf den Rat wieder anderer verließ. Ihre irrige Vorstellung: Sie glaubte, weil sie nicht jedermann in allen Dingen vertrauen konnte, sie könne niemandem vertrauen.

Irrige Vorstellung von der psychologischen Realität. Man macht sich Sorgen darüber, daß man sich Sorgen macht, man ist bekümmert, weil man Kummer hat, und erkennt dabei nicht, daß die Lebensrealität Probleme mit sich bringt, bei denen Kummer die angemessene Reaktion ist. Eines Tages suchte mich ein Mann mit einem ganzen Bündel schwerer Sorgen auf. Sein Vater war soeben plötzlich gestorben, und seine Frau hatte eine Krebsoperation hinter sich. Er hatte gerade seine Stellung verloren, und dazu war sein Sohn noch wegen Haschisch-Handels verhaftet worden. Weil ihn all dies bedrückte, bildete sich dieser Mann ein, er sei neurotisch. Es ist nur natürlich, daß man traurig ist, wenn einem das Leben Schläge versetzt. Doch statt sich zu sagen: »Nun ja, ich hab's gerade sehr schwer, und das setzt mir zu«, analysiert man: »Ich mache mir so viele Sorgen, daß ich ein Neurotiker bin, und darüber sollte ich mir mal Sorgen machen.« Weil man sich zu sehr mit verborgenen Neurosen beschäftigt, hemmt man seine Spontaneität. In einem Fall wie dem eben geschilderten ist es zumeist besser, bei Freunden und Verwandten Trost zu suchen, als einen Therapeuten zu konsultieren.

Eingriffe in den Freiheitsbereich anderer. Man meint, solange man vernünftig handelt, sollte der andere sich nach einem richten. Sehr oft aber kommt es vor, daß es der andere wegen seiner eigenen Bedürfnisse, Gefühle und Schwierigkeiten einfach nicht will.

Man meint, solange man das Richtige tut, müßte man bei allen Leuten ankommen. Wenn nicht, so denkt man, stimmt mit einem etwas nicht. Aber die Realität sieht anders aus. Sie können eine Gehaltsaufbesserung verlangen, und zwar mit Recht, aber vielleicht kann man sie Ihnen nicht gewähren, weil die wirtschaftliche Lage Ihrer Firma es nicht zuläßt.

6. *Der Typus, der sich die Schwierigkeiten selbst macht.* Weil man sich angewöhnt hat, die Dinge falsch anzupacken, hat man es möglicherweise schwer, nach seinen eigenen Wünschen zu handeln. Ich spreche in diesem Fall vom ›Erdnußbutter-Sandwich-Syndrom‹. Patienten mit diesem Syndrom erzähle ich die Geschichte von den beiden Arbeitern, die zusammen ihr Mittagbrot verzehren. Der eine holte sein Sandwich heraus, biß hinein und sagte: »Ach, schon wieder Erdnußbutter drauf. Ich hasse Erdnußbutter-Sandwiches.«

Sein Kollege darauf: »Warum sagst du denn deiner Frau nicht, sie soll dir was anderes zum Mittagessen mitgeben?«

Der erste antwortete: »Wieso meiner Frau? Ich streiche mir doch meine Brote selber.«

Wenn Sie wissen, worin das unerwünschte Verhalten liegt, kann es sein, daß Sie in der Lage sind, es zu ändern. Oder Sie kennen es vielleicht, aber Sie kommen nicht auf die Idee, es anders zu machen. Sie bleiben bei Ihren Erdnußbutter-Sandwiches.

Fallbeispiel

Rick Shulman, der kurz vorher seinen Dr. phil. gemacht hatte, kam wegen beruflicher Schwierigkeiten zu mir in die Praxis. Früher machte ihm das Unterrichten am College Spaß, aber in letzter Zeit empfand er die Arbeit als Belastung.

Bei dem Gespräch zwischen uns kam heraus, daß die Veränderung eingetreten war, während er an seiner Doktorarbeit schrieb. Da ihn dies so in Anspruch nahm, ging er davon ab, sich auf den Unterricht vorzubereiten, und behalf sich mit improvisierten Vorträgen. Als er die Doktorarbeit abgeschlossen hatte, hielt er an seiner neuen Gewohnheit fest, ohne Vorbereitung zu unterrichten. Rick war sich bewußt, daß sein Unterricht planlos und oberflächlich war, und dieses Wissen machte ihn deprimiert und unzufrieden. Aber es war ihm einfach nicht eingefallen, an der Sache etwas zu ändern.

Ich erzählte Rick die Geschichte von dem Erdnußbutter-Sandwich. Er stimmte zu, daß es völlig in seiner Hand liege, seine Unterrichtsstunden im College wieder wie früher vorzubereiten. In der Mitte des nächsten Semesters rief er mich an und berichtete: »Das Unterrichten macht wieder Spaß.«

7. *Der Typus, der Selbstbewußtseinsprobleme mit den eigenen Kindern hat.* Eltern wollen, daß ihre Kinder zu Menschen mit Selbstbewußtsein und Selbstachtung heranwachsen. Aber sie erkennen nicht, daß unterschiedliche Fertigkeiten notwendig sind, um einerseits eine enge Beziehung zustande zu bringen und andererseits die Entwicklung zur Selbständigkeit zu fördern. Sie begreifen nicht, daß ihre eigenen Selbstbewußtseinsprobleme die Kinder beeinflussen.

Die Elternperson muß ein richtiges Vorbild sein. Wenn das Kind sieht, daß Sie mit Selbstachtung handeln, daß Sie für Ihre Rechte eintreten und in Ihrem Umgang mit Menschen aufrichtig sind, wird es lernen, sich ebenso zu verhalten. Sind Sie verschüchtert, wird auch Ihr Kind kein Selbstbewußtsein zeigen, gleichgültig, was Sie ihm erzählen und welche Anweisungen Sie ihm geben. Zwei Dinge sind hier hervorzuheben: 1. Sie sind vielleicht im allgemeinen recht selbstbewußt, haben aber Schwierigkeiten mit Ihren Kindern, weil Sie eine Wiederholung der Unerfreulichkeiten und Auseinandersetzungen vermeiden wollen, zu denen es zwischen Ihnen und Ihren eigenen Eltern gekommen ist. 2. Wenn Sie selbst ein erfülltes Leben haben, neigen Sie weniger dazu, stellvertretend in Ihren Kindern zu leben, und geben ihnen Spielraum, daß sie sich selbst im Leben einrichten können.

Selbstbehauptung und Aggression

Selbstbewußtseinsprobleme führen zu unangemessenem Verhalten. Wenn man grundsätzlich ein schwach entwickeltes Selbstbewußtsein hat, zeigt man sich zu schwach in seinen sozialen Beziehungen. Weil man nicht für sich selbst eintritt, wird man von anderen verletzt, ist bedrückt und empfindet Selbstverachtung. Die Unsicherheit, die man in seinem Handeln und Reagieren zeigt, löst wieder bei anderen Verachtung aus.

Wenn Sie sich dagegen zu aggressiv verhalten, wirken Sie zu stark. Verschiedene Lebenserfahrungen haben zu einer derartigen Ansammlung von Verletztheit und Groll geführt, daß ein wichtiger Kern Ihrer psychischen Organisation das Ziel verfolgt, anderen Kränkungen anzutun, manchmal aus Rachebedürfnis, zuweilen aus dem angenommenen Bedürfnis, sich zur Wehr setzen zu müssen. Mit solch aggressivem Verhalten kann man zwar vorübergehend seine Ziele erreichen, doch in den meisten Fällen führt es zu schweren Störungen in der Kommunikation mit Freunden, fordert bei anderen Gegenaggressivität heraus und bewirkt häufig, daß Sie dann noch aggressiver werden. Dieser Regelkreis hält einen in der neurotischen Spirale fest.

Wirklich selbstbewußtes Verhalten hingegen führt zwar nicht immer zu den erstrebten Zielen, aber dazu, daß man mit sich zufrieden ist. Entwickeln sich die Dinge nicht so, wie man es wollte, ist man vielleicht enttäuscht, doch nicht unvernünftig verbittert.

Betrachten wir uns ein paar Fallbeispiele, um zu sehen, wie die angemessen selbstbewußte Reaktion aussehen könnte.

Fall A: Die Lehrerin läßt Frau Block in die Schule kommen und teilt ihr in einem Gespräch mit, daß ihr sechs Jahre alter Sohn im Unterricht nicht aufpasse und sich fürchterlich benehme – woran nur schuld sei, daß Frau Block ihn nicht streng genug erzogen habe.

Fall B: Jane hat sich im Kaufhaus, wo Strümpfe billiger verkauft werden, hinten an die Reihe der Käufer gestellt. Die Verkäuferin ist fast mit der Kundin vor Jane fertig, als eine dritte Frau herbeikommt und sich dazwischendrängt. Die Verkäuferin fragt: »Wer ist jetzt dran?« Und diese Frau sagt: »Ich.«

Fall C: Madge und Rose sind die beiden einzigen Sekretärinnen in einem Versicherungsbüro. Dreimal in der Woche geht Madge früher weg, um ihren Psychiater aufzusuchen. Rose muß die Telefonanrufe übernehmen und allein die Arbeit fertig machen, die noch zu tun bleibt. Die zusätzliche Arbeit macht ihr nicht viel aus, aber sie findet immer mehr, daß sie ausgenutzt wird.

Fall D: Vor einem Jahr hat John sich von Ken zweihundert Dollar geliehen. Damals hatte John Schulden, eine kranke Mutter und keinen Job. Inzwischen ist seine Mutter wieder gesund, und John hat eine gutbezahlte Stellung beim Staat. Ken hätte gern sein Geld zurück, weil er einen Skiurlaub machen will, hat aber bisher nichts unternommen. Er ärgert sich jeden Tag mehr über die Sache.

Fall E: Die neunzehnjährige Phyllis besucht eine große Universität im amerikanischen Mittelwesten und hat sich zu einem Weihnachtsbesuch bei ihrer Familie in Philadelphia angesagt. Ihre Mutter weiß, daß Phyllis auf dem Campus mit jemandem zusammenlebt. Anfang Dezember ruft Phyllis zu Hause an und gibt zu verstehen, daß sie und ihr Freund in ihrem Zimmer schlafen wollen? Da noch zwei jüngere Kinder im Haus sind, ist Phyllis' Mutter ganz und gar nicht dafür.

Diese Beispiele zeigen typische Situationen, die eine selbstbewußte Reaktion verlangen. Entscheiden Sie, wie Sie sich verhalten würden.

Hier die Antworten:

Fall A: Frau Block und die Lehrerin, die ihr Vorwürfe macht.

Nichtselbstbewußte Reaktion: Frau Block sagt: »Sie haben ganz recht. Er braucht mehr Zucht zu Hause. Schicken Sie uns bitte jedesmal einen Brief, wenn er sich schlecht aufführt. Wir werden ihm jetzt erstmal abends das Fernsehen verbieten.« Am Abend dieses Tages schaltet sie das Fernsehgerät ab, schreit Ted an, hört sich seine Erklärungsversuche gar nicht erst an und schickt ihn ohne Abendessen ins Bett. Dann verbringt sie eine schlaflose Nacht. In diesem Fall hat Ted auch die Erfahrung gemacht, daß seine Bedürfnisse und Gefühle nicht zählen. Er bekommt entweder den Eindruck, daß er »schlecht« oder die Welt ungerecht sei. So oder so – in beiden Fällen wird ihm vorexerziert, daß er hilflos ist.

Aggressive Reaktion: Frau Block antwortet: »Sie verstehen meinen Sohn einfach nicht. Nach dem zu schließen, was ich gehört habe, sind Sie eine miserable Lehrerin. Ich werde mit dem Direktor über diese Geschichte sprechen und meinen Sohn in die Klasse von Fräulein Jones versetzen lassen. *Die* ist eine gute Lehrerin.« Tatsächlich spricht Frau Block mit dem Direktor, sagt davon aber nichts zu Ted, der versetzt wird. Ted lernt, daß er überhaupt keinen Einfluß auf das hat, was mit ihm geschieht, daß seine Bedürfnisse und seine Gefühle belanglos sind. Er bekommt allmählich das Gefühl, daß er in einer Welt der Unvernunft lebt.

Selbstbewußte Reaktion: Frau Block sagt: »Lassen Sie mich mit Ted darüber sprechen. Und nächste Woche komme ich noch mal, mit ein paar Vorschlägen.« Am Abend führt sie ein langes Gespräch mit Ted (und ihrem Mann), bei dem herauskommt, daß er von einem Jungen in der Klasse schikaniert wurde und davon ganz verstört war. Sie nimmt sich vor, noch einmal in die Schule zu gehen, dies der Lehrerin mitzuteilen und mit ihr zu besprechen, was man tun könne. Ted lernt, daß es anderen wichtig ist, was er empfindet und denkt, und daß er ein Mitspracherecht hat. Er erlebt auch eine konstruktive Kommunikation mit seinen Eltern und eine für ihn vorbildliche konstruktive Bewältigung eines Problems durch seine Mutter.

Fall B: Jane beim Strümpfekaufen.

Nichtselbstbewußte Reaktion: Jane schweigt, wartet, bis sie dran kommt und nimmt sich vor, nie mehr »in dieses Geschäft« zu gehen.

Aggressive Reaktion: Jane beschimpft sowohl die Frau, die sich vorgedrängt hat, als auch die Verkäuferin:

Selbstbewußte Reaktion: Jane sagt nur knapp: »Entschuldigung, aber ich war vor Ihnen da«, und erklärt der Verkäuferin, sie möchte eine schwarze Strumpfhose, kleine Größe.

Fall C: Rose, die es übelnimmt, daß Madge vor Büroschluß geht.

Nichtselbstbewußte Reaktion: Rose will Madges psychiatrische Sitzungen nicht stören und schweigt deshalb. Sie nimmt sich vor, nach einem anderen Job Ausschau zu halten.

Aggressive Reaktion: Rose fängt mit Madge zu streiten an und sagt Dinge wie »Ich habe es satt, deine Arbeit zu machen . . . Hier gefällt's mir nicht mehr, weil du mich ausnützt« . . . »Wenn du weiter zu deinem Psychiater rennst, sag' ich dem Chef Bescheid.«

Selbstbewußte Reaktion: Rose bringt das Thema zur Sprache und sagt: »Das ist eine schwierige Sache, was können wir dran ändern?« Sie besprechen verschiedene Lösungsmöglichkeiten, zum Beispiel, daß Madge früher zur Arbeit kommt oder versucht, ihre analytische Behandlung in die Abendstunden verlegen zu lassen.

Fall D: Ken, der John zweihundert Dollar geliehen hat.
Nichtselbstbewußte Reaktion: Jedesmal, wenn Ken John sieht, redet er unbestimmt über Dinge, die Geld kosten. Er hofft, John versteht, worauf er hinaus will.
Aggressive Reaktion: Er fängt mit John Streit an und beschimpft ihn, zum Beispiel mit dem Vorwurf: »Wie kannst du wagen, dir einen neuen Anzug zu kaufen, wo du mir seit einem vollen Jahr zweihundert Dollar schuldig bist?«
Selbstbewußte Reaktion: Ken sagt zu John: »Ich hätte gern das Geld zurück, das du mir schuldig bist«, und sie besprechen, wie John das Geld zurückzahlen könnte. Ken schlägt vor: »Wenn du nicht alles auf einmal zurückgeben kannst, dann zahl doch zehn Dollar die Woche ab.«

Fall E: Die Mutter der College-Studentin, die zu Hause mit ihrem Freund im gleichen Zimmer schlafen will.
Nichtselbstbewußte Reaktion: Die Mutter läßt Phyllis mit ihrem Angebeteten im selben Zimmer schlafen, verhält sich aber während des ganzen Besuches dem jungen Mann gegenüber feindselig. Sie ruiniert das Weihnachtsfest für die gesamte Familie.
Aggressive Reaktion: Die Mutter beginnt, Phyllis im College anzurufen und beschimpft sie als »Schlampe«. Sie droht: »Wage nicht, den Kerl hierherzubringen.«
Selbstbewußte Reaktion: Die Mutter sagt zu ihrer Tochter: »Was du tust, wenn du nicht zu Hause bist, ist deine eigene Sache. Ich habe aber in meinem Heim gewisse Rechte. Wenn du ihn mitbringen willst, kann er bei deinem jüngeren Bruder im Zimmer schlafen.«

Die oben geschilderten Situationen sollen Ihnen eine Vorstellung von der angemessenen, selbstbewußten Reaktion geben. Nun möchte ich Sie mit zwei zwischenmenschlichen Problemsituationen konfrontieren, und Sie selbst sollen die Antwort geben.

1. Sie bringen Ihren Wagen zum Abschmieren und Ölwechsel in eine Werkstatt. Der Mechaniker sagt Ihnen, der Wagen werde eine Stunde später fertig sein. Als sie zurückkommen, stellen Sie fest, daß man außer Abschmieren und Ölwechsel einen großen Service an Ihrem Auto gemacht hat. Der Mann an der Kasse sagt: »Wir bekommen von Ihnen 215 Dollar. Zahlen Sie bar oder mit Scheck?« Was antworten Sie?

2. Sie sitzen mit einer Freundin beim Mittagessen, und plötzlich fragt sie, ob Sie ihr mit dreißig Dollar aushelfen könnten, bis sie nächste Woche ihr Gehalt bekommt. Sie haben zwar das Geld, wollten es aber für etwas anderes ausgeben. Ihre Freundin bittet ganz dringend: »Bitte, leih mir doch das Geld. Ich gebe es dir nächste Woche zurück.« Was sagen Sie?

Wenn Sie die möglichen Antworten in diesen beiden Situationen mit dem vergleichen, was Sie in ähnlicher Lage getan haben, müssen Sie das Grund- und Hauptprinzip im Auge behalten: Es ist unmöglich, übermäßig selbstbewußt zu sein. Wenn man weitergeht, handelt es sich oft schon um Aggressivität und diese ist immer unangemessen.

Ihre Rechte

Wie ich in Kapitel 1 erwähnt habe, vertritt Dr. Arnold Lazarus von der Rutgers University die Auffassung, daß manche Leute sich so

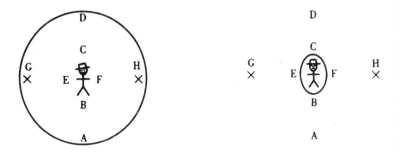

viele Sorgen über eine willkürliche Skala von »Recht« und »Unrecht« machen und sich so wenig Bewegungsfreiheit erlauben, daß sie in einem emotionalen Gefängnis oder in einer engen ›Kapsel‹ leben.

Die Darstellung links oben zeigt den emotional freien Menschen, der das von den Polen AD und GH begrenzte Gebiet als sein eigenes psychologisches Terrain oder als seinen »Lebensraum« betrachtet. Innerhalb dieser Grenzen kann er sich überallhin bewegen, ohne das Gefühl zu haben, daß er seinen Bereich verlassen hat oder in die emotionale Sphäre eines anderen eingedrungen ist. Betritt jemand unaufgefordert sein Territorium, vertritt er energisch seine Rechte und weist den Eindringling hinaus.

Der eingekapselte Mensch (rechts oben) ist unsicher oder ängstlich und fühlt sich sehr unbehaglich, wenn er sich über die Punkte B, C, E oder F hinauswagt. Im allgemeinen glaubt er nur auf den engen Bereich innerhalb seiner Kapsel Anspruch zu haben[1].

Sie müssen Ihre Rechte erkennen und für sie eintreten. Wenn Sie das nicht tun, schreiben Ihnen andere Ihre Rolle vor, und Sie sind nicht mehr Ihr eigener Herr. Ihr »Lebensraum« wird kleiner. Sie verlieren Bewegungsfreiheit. Sie werden zum »eingekapselten« Menschen und zahlen dafür mit neurotischem Verhalten.

Viele Menschen haben mit diesem Problem zu kämpfen, weil sie von ihren Rechten keine klare Vorstellung oder ein unzutreffendes Bild besitzen. Andere haben Schwierigkeiten, weil sie nicht wissen, wie sie ihre Rechte vertreten sollen. Ich halte es für beide Typen für nützlich, wenn ich einige der Fragen anführe, die mir in meiner Praxis gestellt werden.

Habe ich das Recht, eine ehrliche Antwort zu geben, wenn man mich fragt, ob mir irgend etwas gefällt, was ich nicht mag?

Habe ich das Recht, nein zu sagen, wenn mein Sohn am Samstagabend den Wagen möchte?

---

[1] Aus ›Behavior Therapy and Beyond‹ von Arnold A. Lazarus, 1971. Mit Genehmigung des Verlages McGraw-Hill Book Company.

Habe ich das Recht, meiner Frau/meinem Mann zu sagen, daß sie/er zu dick geworden ist und mich das abstößt?

Habe ich das Recht, zu meinem Chef zu sagen, daß ich keine Lust habe, Überstunden zu machen?

Habe ich das Recht, Teilzeitarbeit außer Haus anzunehmen und meine Kinder in einer Tagesbetreuungsstätte zu lassen?

Habe ich das Recht, nein zu sagen, wenn ein Bekannter sich meine Golfschläger ausleihen will?

Habe ich das Recht, nein zu sagen, wenn meine Frau/mein Mann einen Freund einladen will, der mir unsympathisch ist?

Habe ich das Recht, mich selbst zu verwöhnen?

Habe ich das Recht, für meine Rechte einzutreten?

Bei den folgenden beiden Fallbeispielen geht es um das Prinzip der Selbstbehauptungsrechte.

Fallbeispiel

Ralph, der nach einer Amputation zur Rehabilitation im Krankenhaus lag, wurde überaus unruhig. Schließlich konnte er nicht mehr schlafen und mußte Medikamente zur Beruhigung einnehmen. Zwei Wochen vorher war er wegen Schmerzen im unteren Teil des Rückens einer diagnostischen Spezialuntersuchung unterzogen worden, und er hatte noch nichts von den Ergebnissen gehört. Seit vierzehn Tagen ging ihm diese Sache nicht aus dem Kopf.

In unserem Gespräch ergab sich, daß Ralph der Meinung war, er habe nicht das Recht, einen der Ärzte nach den Untersuchungsresultaten zu fragen. »Sie sind so beschäftigt mit den vielen Patienten. Warum sollten sie sich denn über mich Gedanken machen?« sagte er traurig. Unsere Unterhaltung führte dazu, daß Ralph schließlich zustimmte, es sei *sein* Körper und er habe durchaus das Recht, zu erfahren, was mit ihm los war. Wir übten verschiedene Möglichkeiten, an den Arzt heranzukommen, und dann suchte Ralph ihn auf und sprach genauso mit ihm, wie wir es geprobt hatten. Der Arzt beruhigte Ralph, es handle sich nur um vorübergehende Muskelschmerzen, und sprach sein Bedauern aus, daß ihm nicht schon früher jemand die Testergebnisse mitgeteilt habe. So erhielt Ralph, indem er seine Rechte vertrat, die Aufklärung, die er brauchte, um seine Angst zu beschwichtigen.

Fallbeispiel

Margaret Jones, dreißig Jahre alt und eine geplagte Hausfrau und Mutter von drei kleinen Kindern, suchte mich auf, weil, wie sie sagte, »mein Leben auseinanderfällt«.

Margaret rackerte sich von morgens sechs Uhr bis Mitternacht mit Haushalt und Kinderpflege ab und fühlte sich ständig erschöpft und unter Druck. Dadurch wurde sie immer deprimierter und hatte mehrere hypochondrische Ängste entwickelt. All dies kam davon, daß sie nicht erkannte, daß sie in ihrem eigenen Heim irgendwelche Rechte hatte – die Zeitung zu lesen, Klavier zu spielen oder sich auszuruhen, wenn sie müde war.

Wir nahmen uns eine nach der anderen die tagtäglichen Kleinigkeiten vor. »Habe ich das Recht, mich am Vormittag zehn Minuten hinzusetzen und die Zeitung zu lesen?« . . . »Habe ich das Recht, zu meinem eigenen Vergnügen Klavier zu üben?« . . . »Habe ich das Recht, meinen Mann zu bitten, er soll mir sagen, um welche Zeit er zum Abendessen zu Hause ist?« Wir unterhielten uns, welche Rechte sie nach ihrer Meinung hatte, was sie sagen und tun könnte (ein ruhiges, aber entschiedenes: »Mammi liest jetzt, aber in ein paar Minuten bin ich bei euch«); und wir übten in meiner Praxis das entsprechende Verhalten. Dann sagte ich ihr, sie solle es zu Hause versuchen. So gingen wir Schritt für Schritt vor, und Margaret lernte allmählich, ihre Rechte zu vertreten. Nicht lange, und ihre Sorgen über eingebildete Krankheiten verschwanden; das Gefühl allgemeiner Erschöpfung ließ nach, und sie bekam wieder mehr Freude am Leben.

Antworten auf Fragen über die Rechte, die man hat, müssen immer auf die persönliche Situation, die am betreffenden Fall beteiligten

Personen und die möglichen Folgen zugeschnitten sein. Doch kann man sagen, daß Sie fünf Grundrechte haben:

1. Sie haben das Recht, alles zu tun, solange es niemand anderen schadet oder ihn verletzt.

2. Sie haben das Recht auf Ihre persönliche Würde, indem Sie richtiges Selbstbewußtsein zeigen – auch wenn es einen anderen verletzt –, solange dahinter Selbstbehauptung, nicht Aggressivität steht.

3. Sie haben immer das Recht, von jemand anderem etwas zu erbitten, solange Sie daran denken, daß der andere das Recht hat, Ihre Bitte abzulehnen.

4. Sie müssen sich bewußt sein, daß es in zwischenmenschlichen Beziehungen bestimmte Grenzfälle gibt, wo die Rechte nicht genau abzugrenzen sind. Aber Sie haben immer das Recht, das Problem mit dem Betreffenden zu diskutieren und zu klären.

5. Sie haben das Recht, Ihre Rechte zu verwirklichen!

Nehmen Sie Ihre eigenen Schwierigkeiten unter die Lupe

Wenn Sie Ihre eigenen Selbstbewußtseinsprobleme bestimmen wollen, sollten Sie sich die ganz spezifischen Schwierigkeiten betrachten, die Ihnen die Selbstbehauptung erschweren, und die Ängste diagnostizieren, die sie davon abhalten, den Zustand des Selbstbewußtseins zu erreichen.

Bestandsaufnahme des Selbstbewußtseins

ZWECK: Sie auf Ihre besonderen Problembereiche aufmerksam zu machen, damit Sie von diesem Buch größeren Nutzen haben.

ERSTER SCHRITT: Kaufen Sie sich ein Notizbuch für das Selbstbewußtseinstraining, das Sie für die folgende und spätere Übung benutzen.

ZWEITER SCHRITT: Schreiben Sie in dieses Notizbuch oder auf ein Blatt Papier die unten folgenden Fragen (einige sind von mir selbst, andere Übernahmen aus den Arbeiten von Dr. Lazarus; Dr. Spencer A. Rathus, Psychologe am Samaritan Hospital, Troy, New York; und Dr. Joseph Wolpe von der School of Medicine der Temple University).

DRITTER SCHRITT: Beantworten Sie jede Frage mit einem Ja oder Nein, das Sie danebenschreiben. Möchten Sie etwas genauer antworten, können sie die Bezeichnung »immer«, »oft«, »manchmal« und »nie« verwenden.

VIERTER SCHRITT: Malen Sie einen Kreis um die Antworten, aus denen hervorgeht, daß Sie ein Selbstbewußtseinsproblem haben. Dann versuchen Sie, einen Satz oder mehrere Sätze hinter diese Antworten zu schreiben, worin Sie Ihre Selbstbewußtseinsschwierigkeiten mit Ihren eigenen Worten erläutern.

Wenn beispielsweise Ihre Antwort auf Frage 7 zeigt, daß Sie mit Ihren sozialen Kontakten unzufrieden sind, könnten Sie schreiben: »Ich habe keine sozialen Kontakte, weil ich nicht gern Leute anspreche und auch nicht von anderen angesprochen werde.« Oder wenn aus Ihrer Antwort auf Frage 22 hervorgeht, daß Sie gegenüber Untergebenen Selbstbewußtseinsprobleme haben, könnte Ihr Satz lauten: »Es fällt mir schwer, meinem Assistenten Anweisungen zu erteilen, weil ich fürchte, das nimmt ihn gegen mich ein.«

1. Kaufen Sie Sachen, die Sie eigentlich gar nicht wollen, weil es Ihnen schwerfällt, zum Verkäufer nein zu sagen?

2. Ist es Ihnen unangenehm, gekaufte Sachen zurückzugeben, auch wenn Sie guten Grund dazu haben?

3. Wenn jemand sich im Kino, Theater oder Konzert unterhält, können Sie ihn auffordern, ruhig zu sein?

4. Können Sie mit einem Fremden ein Gespräch anfangen?

5. Fällt es Ihnen schwer, bei einer Einladung eine Unterhaltung in Gang zu halten?

6. Verhalten sich die Leute so, als fänden sie Sie langweilig?

7. Sind Sie mit Ihren sozialen Kontakten zufrieden.

8. Sind Sie, wenn ein Freund etwas Unbilliges von Ihnen verlangt, imstande, nein zu sagen?

9. Sind sie fähig, Ihre Freunde um etwas zu bitten oder um einen Gefallen anzugehen?

10. Können Sie an Freunden Kritik üben?

11. Können Sie Freunde loben?

12. Wenn Ihnen jemand Komplimente macht, können Sie darauf entsprechend reagieren?

13. Haben Sie jemanden, dem Sie Ihre innersten Gefühle anvertrauen können?

14. Würden Sie Ihre Gefühle lieber hinunterwürgen als eine Szene machen?

15. Sind Sie mit Ihren Arbeitsgewohnheiten zufrieden?

16. Zeigen die Leute die Neigung, Sie auszunutzen oder herumzuschubsen?

17. Können Sie zärtliche wie zornige Gefühle gegenüber Männern offen und freimütig aussprechen?

18. Können Sie zärtliche wie zornige Gefühle gegenüber Frauen offen und freimütig aussprechen?

19. Fällt es Ihnen schwer, eine Verabredung vorzuschlagen oder anzunehmen?

20. Sind Sie beim Sexspiel und beim Geschlechtsverkehr spontan?

21. Sind Sie mit den Fortschritten in Ihrer beruflichen Laufbahn zufrieden?

22. Fällt es Ihnen schwer, einen Untergebenen zurechtzuweisen?

23. Sind (oder wären) Sie für Ihr eigenes Kind ein gutes Vorbild an Selbstbewußtsein?

Bestandsaufnahme der Verunsicherungsfaktoren

ZWECK: Die Dinge herauszufinden, die bei Ihnen zu innerer Spannung, Angst oder anderen beunruhigenden Wirkungen führen.

ERSTER SCHRITT: Tragen Sie die folgenden Reize in Ihr ST-Notizbuch ein:

1. Laute Stimmen
2. In der Öffentlichkeit sprechen
3. Menschen, die Ihnen verrückt vorkommen
4. Geärgert werden
5. Fehlschläge
6. Fremde Menschen
7. Gefühle des Zornes
8. Personen mit Weisungsbefugnissen
9. Zärtliche Gefühle
10. Energisch aussehende Menschen
11. Bei der Arbeit beobachtet werden
12. Ein Kompliment erhalten
13. Kritisiert werden
14. Zornige Leute
15. Übersehen werden
16. Lächerlich dastehen
17. Unsympathisch gefunden werden
18. Fehler machen
19. Eine Flaute im Gespräch

ZWEITER SCHRITT: Ergänzen Sie die Liste durch alle weiteren Reize, die bei Ihnen Unbehagen hervorrufen.

DRITTER SCHRITT: Geben Sie an, in welchem Maß jeder einzelne Reiz bei Ihnen unbehagliche Empfindungen auslöst. Verwenden Sie dabei die Grade:

Überhaupt nicht   Sehr
Ein bißchen   Überaus

Schreiben Sie Ihre Antwort neben die numerierten Reize, geben Sie dabei an, was Sie *in diesem Augenblick* empfinden – nicht, wie Sie irgendwann früher einmal reagiert haben oder wie Sie nach Ihrer Meinung reagieren sollten.

Wenn Sie dieses Buch durchgearbeitet und – hoffentlich – einige der ST-Techniken auf Vorkommnisse und Situationen in Ihrem Leben angewendet haben, schlagen Sie noch einmal Seite 56 auf und wiederholen Sie die beiden Bestandsaufnahmen.

Bestimmen Sie Ihre Selbstbewußtseinsziele

Zusätzlich zur Benützung der Bestandsaufnahmen und zur Anwendung des bisher Gelesenen auf Situationen in Ihrem eigenen Leben werden Ihnen auch folgende Schritte helfen, Ihr ST zu beginnen:

1. Stellen Sie sicher, daß Sie den Begriff Selbstbewußtsein verstehen. Die in diesem Kapitel an früherer Stelle angeführten Testsituationen sollten Ihnen dabei nützlich sein.

2. Erkennen Sie Ihre Rationalisierungen, warum Sie nicht selbstbewußt handeln, *als* Rationalisierungen. Im allgemeinen gliedern sie sich in drei Kategorien:

a) Man nimmt ein Ereignis, das nur mit geringer Wahrscheinlichkeit eintreten wird, als Vorwand, nicht selbstbewußt zu handeln. Beispiel: Sie lassen sich Ihren Parkplatz mit der Rationalisierung wegnehmen: »Wenn ich darauf bestehe, ihn zu behalten, schlitzt mir der Kerl die Reifen auf.« Zwar läßt sich nicht sicher sagen, daß dies nicht geschehen wird, aber es ist sehr unwahrscheinlich. Sie sollten sich in Ihrem Verhalten nicht nach »Vielleicht«-Ereignissen richten.

b) Man nimmt eine mit größerer Wahrscheinlichkeit eintretende Situation als Vorwand und verstärkt sie noch mit einem »Es wäre schrecklich, wenn das geschieht«. Beispiel: Sie glauben, wenn Sie einem Freund gegenüber wirklich an Ihren Rechten festhalten, wird er böse auf Sie sein. Dem fügen Sie dann die Annahme hinzu, daß dies schrecklich, ja verheerend wäre.

c) Sehr einfallsreiche Leute denken sich für ihren Mangel an Selbstbewußtsein Rationalisierungen aus, die überhaupt nicht stichhaltig sind. Meister-Rationalisierer können mit siebzig auf ihr Leben zurückblicken und feststellen, daß ihnen nichts geblieben ist als einfallsreiche Gründe dafür, warum ihr Leben nicht besser abgelaufen ist.

3) Arbeiten Sie die Bereiche heraus, in denen Sie Selbstbewußtseinsprobleme haben. Treten sie in unpersönlichen, sozialen oder persönlichen Situationen auf? Zeigen sie sich in der Arbeit, in der Schule oder zu Hause? Haben Sie diese Schwierigkeiten häufiger mit bestimmten Typen von Menschen (Ellbogenmenschen, Vorgesetz-

ten, Angehörigen des anderen Geschlechts) als mit anderen? Erscheinen sie nur bei einer bestimmten Person (Ehefrau, Freundin, Kollege)?

4) Prüfen Sie, was Sie fürchten: Abweisung, Zorn oder Zärtlichkeit. Formulieren Sie für sich selbst das Allerschlimmste, was geschehen kann, und prüfen Sie sodann diese Eventualität und ihre Auswirkungen so objektiv wie möglich.

5) Suchen Sie nach den allgemeinen Verhaltensbereichen, wo die Schwierigkeit auftritt, und versuchen Sie, sie dann in ganz bestimmten, konkreten Verhaltensweisen zu erfassen. Der allgemeine Bereich kann darin bestehen, daß Sie sich ständig ausgenützt fühlen, und das spezifische Verhalten darin liegen, nein zu sagen, wenn Sie nein sagen wollen. Der allgemeine Bereich ist vielleicht Kontaktschwäche gegenüber anderen und das spezifische Verhalten ein freieres Äußern Ihrer Gefühle.

Wenn Sie diese spezifischen Verhaltensweisen entwickeln wollen, *fangen Sie dort an, wo Sie jetzt stehen.* Als erstes Verhalten lernen oder üben Sie etwas, von dem Sie vernünftigerweise erwarten können, daß Sie es innerhalb einer relativ kurzen Zeitspanne beherrschen werden. Dann gehen Sie zum nächsten Schritt über. Bekommen Sie beim ersten Schritt Schwierigkeiten, dann haben Sie sich etwas zu Schwieriges ausgesucht. Suchen Sie eine leichtere Aufgabe im selben oder einem verwandten Bereich. Danach packen Sie die schwierigere an.

Gleichgültig, worin Ihr Problem besteht, es gibt bestimmte Grundprinzipien für jeden, der größeres Selbstbewußtsein erlangen will.

Enthüllen Sie soviel von Ihrem persönlichen Selbst, wie es der Situation und der Beziehung angemessen ist.

Streben Sie danach, alle Gefühle auszudrücken, gleichgültig, ob es Empfindungen des Zorns oder der Zärtlichkeit sind.

Handeln Sie so, daß Sie sich besser gefallen und mehr achten.

Prüfen Sie Ihr eigenes Verhalten und bestimmen Sie die Bereiche, in denen Sie mehr Selbstbewußtsein entwickeln möchten. Achten Sie darauf, was Sie anders machen können, statt gleich die Welt ändern zu wollen.

Verwechseln Sie nicht Aggressivität und Selbstbehauptung. Aggressivität ist gegen andere gerichtet. Selbstbehauptung ist angemessenes Eintreten für sich selbst.

Machen Sie sich klar, daß Sie in einem bestimmten Bereich, wie in der Arbeit, ein Selbstbewußtseinsmanko haben können, während Sie auf einem anderen Gebiet, etwa in Ihrer Ehe, durchaus selbstbewußt sind. Wenden Sie die Techniken, die Sie im einen Bereich mit Erfolg benützen, auch im anderen an.

Beginnen Sie Ihre Übungen mit Kleinigkeiten. Wenn Sie im Supermarkt zu einer Frau, die sich vordrängeln will, sagen können: »Stellen Sie sich hinten an«, werden Sie schließlich auch »Nein, dazu hab' ich keine Lust« zu Ehemann/Ehefrau sagen können.

Verwechseln Sie nicht geschickt manipulierendes Verhalten mit echter Selbstbehauptung. Das Ziel des ST besteht darin, das Erleben und Ausdrücken Ihres Menschseins zu vertiefen, nicht, Sie in einen betrügerischen Drahtzieher zu verwandeln.

Handeln Sie. Sie können immer ein halbes Hundert Gründe finden, nichts zu tun, so daß Sie im Laufe der Zeit ein großes Geschick entwickeln, sich ein leeres Leben zu schaffen. Wenn Ihr *Handeln* sich verändert, ändern sich oft auch Ihre Gefühle.

Begreifen Sie, daß Selbstbewußtsein kein Dauerzustand ist. So wie Sie sich ändern, verändert sich auch das Leben. Sie stehen immer wieder vor neuen Situationen, neuen Bewährungsproben und brauchen, um sie zu bestehen, neue Fertigkeiten.

3

Das Selbstbewußtseins-Laboratorium

Selbstbewußt zu werden, läßt sich mit dem Erlernen einer Fremdsprache vergleichen. Zuerst beherrscht man Wörter, Sätze, die Grundregeln. Plötzlich kann man sich mit dem Wortschatz eines Kindes verständlich machen. Man lernt weiter, bis man sich fließend ausdrücken kann.

Die Sprache des Selbstbewußtseins zu beherrschen, verlangt die Kenntnis des Gegenstandes, das Üben der Grundregeln und die Anwendung im täglichen Leben und seinen Situationen.

Vielen Leuten fällt die Selbstbehauptung nicht wegen verborgener, lang vergessener seelischer Verletzungen schwer, sondern weil sie entweder Situationen, die Selbstbewußtsein verlangen, von jeher *vermieden* haben oder *niemals gelernt* haben, selbstbewußt zu sein.

Für diese Neulinge in der Schule der Selbstbehauptung haben Therapeuten, die sich auf das ST spezialisiert haben, ein spezielles Programm entworfen. Dazu gehören: die Austellung eines eigenen Programms von Zielen und Etappenzielen, Verhaltens-›Aufgaben‹ (ein Mann, der Angst hat, Leute anzusprechen, erhält vielleicht die Aufgabe, in eine Bar zu gehen, wo nur Alleinstehende verkehren, und dort zwei fremde Personen anzusprechen), ›Gefühlssprache‹-Dialoge für Leute mit Kommunikationsschwierigkeiten, eine Anleitung, wie man unzumutbare Bitten ablehnt, und Verhaltens-›Proben‹ (Rollenspiel in gestellten Problemsituationen).

Ein Zielprogramm

Aus Unwissenheit oder Angst machen viele Menschen keine Pläne, ihr Leben aktiv zu gestalten. Der verstorbene Abraham H. Maslow, Leiter des Departments für Psychologie an der Brandeis University, schrieb: »Stellen wir uns das Leben als einen Ablauf von Wahlentscheidungen vor, die eine auf die andere folgen. An jedem einzelnen Punkt gibt es die Wahl zwischen Vorwärtsschreiten und Zurückgehen. Es kann eine Bewegung vorhanden sein, die sich auf Abwehr, Sicherheit, Ängstlichkeit richtet; aber auf der anderen Seite steht die Wahlentscheidung für Erweiterung und Wachstum. Sich ein dutzendmal pro Tag dafür und nicht für die Angst zu entscheiden, bedeutet, daß man ein Dutzend Schritte in Richtung auf die Selbstverwirklichung tut.«

Wenn Sie keine Richtung für Ihr Leben planen, treffen Sie eine Entscheidung – nämlich *keine Entscheidung* zu treffen. Dies hat betrübliche und manchmal sogar traurige Folgen.

Wenn Sie selbstbewußt werden wollen, müssen Sie Zielsetzungen entwickeln.

Ziele geben einem eine Richtung. Ohne Ziele fehlt das Gefühl, wozu man lebt.

Ziele motivieren. Wenn bei Testversuchen Tiere durch ein Labyrinth laufen, werden sie um so schneller, je mehr sie sich einem Ziel nähern. Wenn Sie eine Reise machen, werden Sie ungeduldiger, wenn Sie sich Ihrem Bestimmungsort nähern. Wenn Sie sich ein Ziel setzen, wächst Ihre Motivation zum Erfolg.

Ziele stärken die Selbstachtung. Wenn Sie Ziele erreichen, verstärkt dies Ihren Wunsch, auch andere Ziele zu verwirklichen. Dies führt dazu, daß Sie das Gefühl bekommen, ein Leben voll Bewegung zu führen, und daß Ihr Selbstwertgefühl zunimmt.

Wie man sich Ziele setzt

1. *Setzen Sie sich Langzeit-Ziele.* Fragen Sie sich: »Welche Art Leben möchte ich führen?« Wie soll nach Ihrer Wunschvorstellung Ihr Leben heute in zehn Jahren aussehen? Berücksichtigen Sie Familien- und gesellschaftliches Leben, berufliche Ziele, Hobbys und nichtberufliche Interessen. Lassen Sie Ihre Wunschträume nicht außer acht. Oft können Sie Ihnen Aufschluß geben, was Sie wirklich wollen.

2. *Stellen Sie eine Reihe von Etappenzielen auf.* Wenn Sie sich ein Langzeit-Ziel ohne Etappenziele setzen, sehen Sie keine Fortschritte und werden entmutigt. Etappenziele lassen Sie nicht nur erkennen, daß es vorangeht, sondern geben Ihnen jedesmal, wenn Sie eines erreichen, ein Gefühl der Leistung.

Fallbeispiel

Arthur M. arbeitete seit etwa fünfundzwanzig Jahren als Techniker in gehobener Position. Seine Leistungen wurden als glänzend beurteilt – wenn er sie erbrachte, was in der letzten Zeit seltener geschah. Arthur M. erklärte mir sein Problem so: »Ich bin in einem Zustand chronischer Niedergeschlagenheit.« Wie sich herausstellte, war er so deprimiert, weil es ihm schwerfiel, sich Etappenziele zu setzen und sich mit diesen begrenzten Ergebnissen abzufinden.

Bei jedem Projekt, das er in Angriff nahm, hatte er ein unrealistisches Wunschziel, für das zwanzig Jahre Arbeit nötig wären und mit dem er dann den Nobelpreis gewinnen würde. Natürlich war dies unmöglich in den drei bis vier Monaten zu verwirklichen, die ihm für jedes Projekt zur Verfügung standen. Infolgedessen fühlte er sich derart bedrängt, daß er die Arbeit nicht fertigbrachte, und wenn doch, dann war sie so weit von seinem hohen Ziel entfernt, daß er zutiefst unbefriedigt war.

Arthur M.s großer Wunsch bestand darin, eine bedeutsame theoretische Formel auf seinem Arbeitsgebiet zu entwickeln. Ich zeigte ihm, daß es sich dabei um ein Langzeit-Ziel handelte und daß jedes Projekt, das er sich vornehmen würde, ein Schritt in dieser Richtung werden könnte. Im Augenblick, sagte ich ihm, sei er mit den notwendigen Vorbereitungsarbeiten beschäftigt. Wenn er genügend Schritte in Richtung auf sein großes Ziel getan habe – vielleicht in zehn Jahren –, werde er in der Lage sein, den großen wirtschaftlichen Durchbruch anzugehen.

Daß die Behandlung abgeschlossen war, wurde mir klar, als Arthur M. eines Tages erschien und berichtete, daß er soeben ohne jede Schwierigkeit ein Projekt zu Ende geführt habe. Er beschrieb seine Ergebnisse und rief: »Für dieses Ziel hatte ich mir zwei Jahre gegeben – und jetzt hab' ich's schon nach vier Monaten geschafft.«

---

3. *Stellen Sie sich ein idealisiertes Bild von sich selbst vor Augen.* Fragen Sie sich: »Welche Art Mensch wäre ich gerne?« Nach Dr. Doro-

thy J. Susskind, außerordentlicher Professorin für Erziehungspsychologie am Hunter College der City University of New York, sind »Zielsetzungen die Schaffung einer positiveren Identität und einer gesteigerten Selbstachtung«.

Schließen Sie die Augen, und stellen Sie sich Ihr idealisiertes Ich mit all den Zügen und Eigenschaften vor, die Sie gerne besitzen würden.

Setzen Sie sich hin und verfassen Sie eine Beschreibung der Person, die Sie gerne wären. Gehen Sie ins Konkrete. Unter anderem, wie Sie sich gerne kleiden, über welche Dinge sie gerne sprechen würden, ob Sie lieber intro- oder extravertiert wären.

Bauen Sie diese Übung aus. Legen Sie eine Prüfliste der persönlichen Eigenschaften des Menschen an, der Sie sein möchten. Ordnen Sie sie nach dem Grad ihrer Wichtigkeit für Sie, so daß Sie wissen, woran es fehlt. Fahren Sie fort, die hervortretenden Charakteristika Ihres idealisierten Ich aufzuschreiben, bis Sie acht bis zehn Eigenschaften beisammen haben.

Arbeiten Sie an Ihrem idealisierten Selbstbild. Gehen Sie die Prüfliste durch. Glauben Sie, daß Sie irgendeinen dieser Züge heute besitzen? Sind Sie »gelassen«, »geistig neugierig«, »beliebt«? Besteht eine große Diskrepanz zwischen dem Menschen, der Sie zur Zeit sind, und dem, der Sie sein möchten? Was können Sie tun, um diese angestrebten Persönlichkeitszüge zur Entfaltung zu bringen? Einige davon werden sich nicht verwirklichen lassen. Vielleicht erträumen Sie sich als einen berühmten Künstler, haben aber keine Spur von Begabung dafür. Wenn Sie sich aber in Ihrem idealisierten Selbstbild als einen wissenden, bewußt lebenden Menschen sehen – dieses Ziel können wir alle erreichen.

Fallbeispiel

Als zum Beispiel Betty Madden, eine dreiunddreißig Jahre alte Frau von höchst ansprechendem Äußeren, mich aufsuchte, sagte sie: »Ich fühle mich unglücklich. Ich hab' nur die Oberschule gemacht, und mein Mann ist Akademiker. Alle unsere Freunde haben das College besucht. Ich kann bei den Dingen, über die sie sich unterhalten, nicht mitreden. Ich komme mir immer minderwertig vor.« Diese intellektuelle Unsicherheit hatte M. zu einer verunsicherten Ehefrau und allzusehr bemutternden Mutter gemacht (da sie sich bei ihren drei kleinen Kindern, wie sie sagte, »sicher« fühlte, zog sie ihre Gesellschaft dem Umgang mit Erwachsenen vor).

Schon bald im Verlauf unserer Sitzungen erkannte ich, daß Betty M.s Probleme daher rührten, daß sie *nicht las*. Früher hatte sie zwar gut Geige gespielt, jetzt aber hatte sie keine kulturellen Interessen mehr oder andere Neigungen, die sie geistig beweglich hielten. Zusammen erarbeiteten wir ein Programm mit folgender Zielsetzung: Sie sollte ein »informierter« Mensch werden durch a) Lesen und b) die Verwertung ihrer künstlerischen Interessen, die sie zwar besaß, aber niemals entwickelt hatte.

a) Betty M. schrieb sich in einem College in der Nähe in einen Englischkurs ein, wo das Schwergewicht auf dem Aufbau eines Vokabulars lag. Einer der Hauptgründe, warum sie nicht las, lag darin, daß ihr die Kenntnis wichtiger Wörter fehlte. Zur Ergänzung des Kursunterrichts verschrieb ich ihr zwei tägliche Aufgaben: Zwei Leitartikel in der Zeitung zu lesen, die Wörter nachzusehen, die sie nicht verstand, und die Definitionen aufzuschreiben. Sie sollte jeden Leitartikel zwei-, nötigenfalls auch dreimal lesen, bis sie den Inhalt völlig erfaßt hatte.

Ihr Tonbandgerät zu nehmen und mit ihren eigenen Worten die Leitartikel sinngemäß wiederzugeben. Anschließend sollte sie das Gesagte wiederholen und mit den Sätzen »Ich stimme zu« oder »Ich bin nicht der Meinung« beginnen und die Gründe angeben. Zuletzt sollte sie sich abhören, um zu sehen, wie sie sich anhörte.

b) Betty M. wollte ihr Geigenspiel wiederaufnehmen. Aber in diesem Punkt blieb der Erfolg aus. »Es ist zu schwierig mit dem Haus und den Kleinen«, erklärte sie mir offen. So ersetzten wir es durch eine Übung mit Schallplatten. Jeden Morgen, während sie mit Staubsauger und -lappen beschäftigt war, spielte Betty eine Platte mit klassischer Musik – dieselbe Platte an fünf Vormittagen hintereinander. Jede Woche ging sie zu einer neuen Platte über. Während Betty diesen Feldzug zur musikalischen Selbstbereicherung führte, hielt sie die Augen offen, ob Konzerte angekündigt waren, in denen die Stücke gespielt wurden, die sie studiert hatte. Obendrein besuchte sie noch einen dreizehn Wochen umfassenden Kurs über Malerei, der an einer Oberschule des Ortes gegeben wurde.

Die Mühen lohnten sich. Aus eigener Initiative begann sie die Magazine ›Time‹ und ›Newsweek‹ zu lesen. Sie berichtete mir, sie habe »angefangen, Bücher zu lesen«. Wenn sie an ein Buch geriet, das zu schwierig für sie war, vertauschte sie es gegen ein leichteres.

In sechs Monaten Behandlung mit dem Ziel der Selbstbildung wurde Betty viel zufriedener mit sich, zu einem Menschen, der viele verschiedenartige Themen zu verstehen begann. Eines Tages sagte sie: »Am Wochenende haben wir uns über Politik unterhalten, mit ein paar Freunden, die einfach die Fakten nicht kannten. Deshalb habe ich ihnen diskret auseinandergesetzt, daß sie sich täuschten. Schließlich haben mir alle vier, mein eigener Mann eingeschlossen, recht gegeben. Stellen Sie sich das vor – ich widerspreche diesen Leuten, die alle College-Abschluß haben!«

---

4) *Denken Sie an Ihre Grenzen.* Machen Sie die Umsetzung Ihrer Grundfähigkeit zu Ihrem Ziel. Setzen Sie sich keine Ziele, die Sie unmöglich erreichen können. Viele Leute begehen diesen Fehler, und schließlich tun sie gar nichts, weil sie erkennen, daß ihre Ziele außerhalb des Bereichs des Möglichen liegen. Kurt Goldstein, der inzwischen verstorbene angesehene Neuropsychiater, vertrat die Auffassung, daß Selbsterfüllung nur möglich sei, wenn man seine Grenzen wirklich kenne. Er schrieb: »Ein Mensch . . . ist dann gesund, wenn zwischen den Ansprüchen und Fähigkeiten des Betreffenden ein angemessenes Verhältnis besteht.«

Um Ihre Grenzen zu verstehen, müssen Sie:

Erstens erkennen, daß Sie nicht alles zugleich sein können. Die Zeit der Universalgenies der Renaissance ist vorüber. Sie brauchen eine Rangordnung der Ziele und müssen vielleicht einige ganz fallenlassen.

Und zweitens sich aus Talent- oder Altersgründen mit der Begrenztheit der Ziele abfinden. Mit fünfzig können Sie zwar zu Ihrem

Vergnügen Klavierspielen lernen, aber wie geschickt Sie sich auch anstellen, für einen Konzertpianisten haben Sie einfach zu spät angefangen. Wenn Ihr Sinn für körperliche Koordination schlecht entwickelt ist, können Sie es natürlich nicht zum Tennis-Crack bringen, immerhin aber lernen, zu Ihrer eigenen Freude zu spielen.

Ältere Menschen müssen mehr Kompromisse schließen und sich mit mehr Grenzen abfinden, trotzdem aber können sie sich Ziele stecken. Eine Witwe, die fünfunddreißig Jahre ihres Lebens dem Dasein als Ehefrau eines Rechtsanwalts gewidmet hatte, kam in meine Praxis und klagte: »Ich bin jetzt sechzig Jahre und ein Nichts. Mein Mann ist gestorben. Meine Kinder sind verheiratet. Ich habe das Gefühl, daß mein Leben vorbei ist.« Doch vor ihrer Heirat hatte sie ihren Magister in Psychologie gemacht und mehrere Stellungen in der Sozialarbeit bekleidet. Diese Vorgeschichte benutzten wir als Ausgangspunkt, um eine Zielvorstellung für sie zu erarbeiten: Eheberaterin zu werden. Im Alter von einundsechzig Jahren begann sie ein zweijähriges Ausbildungsprogramm, und zur Zeit schließt sie ihr erstes Jahr ab. Die Disziplin, welche die Ausbildung ihr abverlangt, hilft ihr, über ihre Depressivität hinwegzukommen, und es macht ihr »großen Spaß, wieder zur Schule zu gehen«.

5. *Während Sie sich in Ihrem Tun und Leben neu bestimmen, kann sich Ihr Langzeit-Ziel verändern.* Ein langfristiges Ziel ist keineswegs unveränderlich. Manchmal kommt die Veränderung allmählich und für Sie unmerklich; zuweilen tritt sie als eine bewußt gewollte und angstauslösende Entscheidung auf. Eine Gefahrensituation ist gegeben: a) wenn Sie kein Langzeit-Ziel haben und Ihnen das Gefühl fehlt, daß Sie sich durchs Leben bewegen, und b) wenn Sie daran festhalten, entsprechend einem Langzeit-Ziel zu leben, das nicht mehr erstrebenswert oder angemessen ist.

Fallbeispiel

Trotz seiner erfolgreichen Juristenkarriere war David Nathanson, ein lebenslustiger Junggeselle von neunundzwanzig Jahren, »mit dem Leben unzufrieden«. David erklärte mir: »Ich weiß, ich habe das Zeug, einen großen Roman zu schreiben. Jurist bin ich nur geworden, weil mein Vater solchen Druck auf mich ausgeübt hat.«

Zusammen arbeiteten wir ein Zwei-Schritte-Programm aus, das, wie wir hofften, David an sein Ziel bringen würde, einen Roman zu schreiben. Um Übung zu erlangen, schrieb er sich für einen Kurs an der New School for Social Research in New York ein, in der den Teilnehmern die Technik des Romanschreibens beigebracht wurde. Dazu beschloß er, zwei Abende in der Woche und den gesamten Sonnabend und Sonntag für die Arbeit an seinem Buch zu reservieren. Nach anderthalb Jahren gab David das ganze Projekt auf. Er tat es ohne Bedauern, weil er zu dem Schluß gekommen war, daß er es nur zu einem Schreiberling bringen könne und das Schriftstellerdasein für ihn zu einsam sei. Aber die Selbsterforschung, die er zusätzlich zu unseren Sitzungen betrieb, öffnete ihm die Augen dafür, daß ihm einiges an seinem Leben als Anwalt doch gefiel: der Kontakt mit den Klienten, die Verhandlungsgespräche mit anderen Anwälten und das Wechselspiel der Prozesse.

Deshalb wechselte David seine Ziele. Er sprach mit den Chefs seiner Anwaltskanzlei und ersuchte sie, ihm mehr juristische Aufgaben zu übertragen, wie sie ihm gefielen. Als sie auf seinen Wunsch nicht eingehen konnten (oder wollten), wechselte David zu einer anderen Anwaltsfirma über. Heute ist er glücklich, denn durch sein selbstbewußtes Auftreten hat er sich selbst besser kennengelernt, seine Grenzen erkannt und zu einem Leben gefunden, das ihn mehr befriedigt.

Verhaltens-Aufgaben

Kürzlich gingen zwei Männer, beide Anfang dreißig, in eine überfüllte Bar für Alleinstehende an der Third Avenue in New York. Sie bestellten sich etwas zu trinken und schauten sich dann die Leute im Lokal an, die hierher gekommen waren, um sich einen Partner zu angeln. Der Mutigere der beiden knüpfte mit einer hübschen Stewardeß ein Gespräch an. Dann machte sie ihre Freundin mit dem anderen jungen Mann bekannt.

Die beiden jungen Männer waren nicht von sich aus in diese Bar gegangen, sondern auf Anweisung ihres Therapeuten. Auf der letzten Gruppensitzung hatte er zu ihnen gesagt: »Sie haben beide Schwierigkeiten, Mädchen anzusprechen, deshalb bekommen Sie die Aufgabe, nächste Woche eine Bar für Alleinstehende aufzusuchen und mit mindestens einem weiblichen Wesen ein Gespräch anzufangen. Wenn es Ihnen unangenehm ist, allein zu gehen, dann gehen Sie zu zweit.«

Das »Kumpel«-System ist nur eine der Techniken der Aufgabenstellung im Verhaltensbereich, einer ST-Methode zur Behandlung von Personen mit spezifischen Selbstbewußtseinsproblemen. Die Therapie setzt Verhaltens-Aufgaben in verschiedenen Formen ein, immer aber mit einem zweifachen Ziel: erstens dem Patienten zu ermöglichen, das in den therapeutischen Sitzungen Gelernte in die Lebenspraxis umzusetzen. Manchmal muß der Patient mit ganz einfachen Verhaltensarten anfangen. Während er diese erwünschten Formen übt, nimmt seine Ängstlichkeit ab. Zweitens dienen diese Aufgaben – ob es darum geht, ein verbranntes Steak zurückzuweisen oder die Zahlung einer geringfügig überhöhten Rechnung abzulehnen – als Behandlungstest; ist der Patient dazu fähig, dann kann er auch andere Dinge lernen, die er sich früher nicht zugetraut hätte.

Unten folgen einige der Aufgaben, die nach meinen Feststellungen bei vielen Leuten nutzbringend sind. Bei manchen geht es um unpersönliche Situationen, bei anderen um mehr persönliche. Auf den, der sich in der Sache nicht auskennt, wirken sie vielleicht langweilig und eher belanglos, aber diese unbedeutenden Situationen sind imstande, das Selbstbewußtsein anzukurbeln. Später kann man sich dann seine eigenen Aufgaben stellen. Beim Üben können Sie Ihre Ängstlichkeit vermindern, und gleichzeitig spüren Sie, daß Sie mehr Spielraum im Leben gewinnen – ob wenig oder viel, hängt davon ab, mit wieviel Selbstbewußtsein Sie angefangen haben.

Wählen Sie aus der Liste diejenigen Aufgaben aus, die es Ihnen ermöglichen, auf dem Weg zu Ihren von Ihnen selbst bestimmten

Zielen vorwärtszukommen. Denken Sie daran, daß Sie immer auf zweierlei achten sollten:

Widmen Sie den Kleinigkeiten viel Aufmerksamkeit. Gerade die Dinge, die Sie als unbedeutend abtun, sind im ST sehr wichtig. Bringen Sie es fertig, sich in einem Laden Geld wechseln zu lassen, ohne etwas zu kaufen? Fällt es Ihnen leicht, den Schnorrer abzuweisen, der sie auf der Straße um Geld anbettelt?

Beginnen Sie mit Dingen, die Ihnen den Anfang leichter machen, und gehen Sie dann zu schwierigeren Aufgaben über.

Verhaltens-Aufgaben: Unpersönliche Situationen

1. Gehen Sie innerhalb einer Woche in zwei Geschäfte und bitten Sie darum, daß man Ihnen ein Fünfmarkstück in Kleingeld wechselt. In der zweiten Woche machen Sie das gleiche mit einem Zehnmarkschein und in der dritten mit zwanzig Mark. Gehen Sie nur in Geschäfte, wo man Sie nicht kennt. Vergessen Sie nicht, daß Sie das Geld nicht gewechselt haben *müssen*. Fragen Sie einfach. Wenn Ihnen der Besitzer das Geld wechselt, bedanken Sie sich. Tut er es nicht, sagen Sie höflich: »Trotzdem vielen Dank.«

2. Wandeln Sie diese Technik ab. Gehen Sie zu einem Zeitungsstand, wo man Sie nicht kennt, legen einen Zehnmarkschein hin und verlangen Sie eine Zeitung, die vierzig Pfennig kostet. Machen Sie diese Übung zweimal in der ersten Woche. In der zweiten Woche versuchen Sie es mit einem Zwanzigmarkschein. Verlangen Sie die Zeitung in einem ganz selbstverständlichen Ton. Entschuldigen Sie sich nicht, daß Sie nur so großes Geld haben. Ihnen geht es nur um die Übung. Vergessen Sie nicht, daß Sie den Verkäufer oder Ladenbesitzer schließlich nicht zu etwas zwingen und daß er das Recht hat, nein zu sagen. Ich habe viele Geschäftsleute gefragt, ob sie etwas gegen Leute haben, die in ihren Laden kommen, um Geld zu wechseln, und in neunzig Prozent der Fälle die Antwort bekommen: »Wenn sie reinkommen, kaufen sie vielleicht auch was.«

3. Gehen Sie in eine Schnellimbißstube, wo man Sie nicht kennt. Suchen Sie sich eine Zeit aus, in der die Bedienung hinter der Theke

nicht alle Hände voll zu tun hat. Fragen Sie: »Kann ich bitte ein Glas Wasser haben?« Bekommen Sie es, dann trinken Sie das Glas aus und bedanken sich. Bekommen Sie es nicht, sagen Sie: »Trotzdem vielen Dank«, und gehen hinaus.

4. Gehen Sie in drei Geschäfte. In jedem probieren Sie ein Kleidungsstück – eine Jacke, einen Mantel oder ein Kleid –, kaufen aber nichts. Das verschafft Ihnen die Unbefangenheit, nein zu sagen. Wenn Sie etwas sehen, was Sie doch kaufen möchten, gehen Sie später noch mal hin.

5. Sprechen Sie drei Leute auf der Straße an und fragen Sie sie nach dem Weg.

6. Verlangen Sie in einem Geschäft einen bestimmten Gegenstand, der nicht ausgestellt ist.

7. Kaufen Sie in einem Geschäft einen Artikel mit dem Vorsatz, ihn ohne Entschuldigung oder Erklärung zurückzugeben. Sagen Sie zum Verkäufer nur: »Ich möchte das zurückgeben.« Durch diese Aufgabe sollen Sie die Fähigkeit erlernen, Sachen zurückzugeben. Sie ist nicht dazu gedacht, daß Sie sich im Entschuldigen üben.

Beachten Sie bei diesen Übungen folgendes:

Bestimmen Sie einen Zeitpunkt, wann die Übung abgeschlossen sein muß.

Erzählen Sie Ihrem Ehepartner oder einem Freund davon, damit Sie jemandem berichten müssen, wie es ausgegangen ist.

Wenn Sie zwei Wochen hintereinander eine Aufgabe nicht schaffen, gehen Sie von der Annahme aus, daß sie bei Ihnen zu starke Angst ausgelöst hat, und ersetzen Sie sie durch eine andere.

Wiederholen Sie die Übung immer wieder. Das gibt Ihnen das Gefühl, daß Sie sich in der Hand haben.

Bei der Ausführung dieser Verhaltensübungen reagieren die Leute fast immer in der gleichen Weise. Bevor sie die Aufgabe angehen, empfinden sie eine gesteigerte Ängstlichkeit. Bei der Ausführung selbst sind sie dann recht gelassen. Wenn man ihnen das Geld nicht wechselt oder das Glas Wasser verweigert, sind sie zwar zumeist sehr niedergeschlagen, aber sie sagen sich: »Ich kann den Versuch ja wiederholen.« Haben sie die Aufgabe erfolgreich ausgeführt, empfinden sie das als ein Erfolgserlebnis und haben das Gefühl, daß sie auf dem Weg zum Selbstbewußtsein schon ein Stück vorangekommen sind.

Verhaltens-Aufgaben: Soziale Interaktion

1. Üben Sie das Aussprechen von Gefühlen. Suchen Sie Gelegenheiten, einer Kellnerin, Verkäuferin oder Arbeitskollegin ein Kompliment zu machen. Zählen Sie, wie oft Ihnen dies in einer Woche gelungen ist. Nehmen Sie sich für die folgende Woche das doppelte Pensum vor.

2. Suchen Sie ebenso nach Gelegenheiten, gegenüber einer Kellnerin, Verkäuferin oder einem Arbeitskollegen Unzufriedenheit oder Ärger auszudrücken. Wenn sich eine solche Gelegenheit ergibt, könnten Sie zu der Kellnerin sagen: »Die Suppe ist kalt. Würden Sie mir bitte *heiße* Minestrone bringen?« oder: »Ich habe Sie um gut durchgebratenes Roastbeef gebeten, das, was Sie gebracht haben, ist aber noch blutig. Bringen Sie mir bitte, was ich bestellt habe!« Gegenüber einer Verkäuferin könnten Sie bei gegebenem Anlaß sagen: »Entschuldigen Sie, ich bin an der Reihe« oder: »Warum sind Sie eigentlich so unhöflich zu mir?«; zu einem Arbeitskollegen beispielsweise: »Würde es Ihnen etwas ausmachen, das Radio abzustellen? Es stört mich bei der Arbeit.«

Als Selbstbewußtseinsübung für stärkere Bekundungen von Ärger rufen Sie die Stadtreinigung oder irgendeine andere städtische Behörde an. Lassen Sie sich mit einem möglichst hochgestellten Beamten verbinden und drücken Sie Ihren Ärger aus, daß bei Ihnen schon seit einer Woche der Müll nicht abgeholt worden ist. Diese Methode funktioniert am besten vor Stadtratswahlen.

3. Wenn Sie in einem Vielparteien-Wohnhaus wohnen, versuchen Sie zu anderen Mitbewohnern »Guten Morgen« oder »Guten Abend« zu sagen, wenn Sie ihnen begegnen.

4. Grüßen Sie Kollegen in der Arbeit mit »Guten Morgen«. Erwarten Sie keinen Gegengruß. Jede Antwort, die Sie bekommen, ist ein Plus für Sie.

5. Machen Sie, ohne eine Reaktion zu erwarten, Bemerkungen zu der Person, die im Lokal neben Ihnen sitzt, an der Bushaltestelle oder in der Schlange vor der Kinokasse neben Ihnen steht. Es können ganz einfache Bemerkungen sein: »Ist heute nicht ein schöner Tag?« . . . »Ich hab' gehört, der Film ist sehr gut.« . . . »Kommt der Bus denn überhaupt nicht mehr?« Diese Aufgabe hat den Zweck, Sie im Umgang mit anderen Menschen zu lockern.

6. Erzählen Sie Ihrem Ehepartner oder einem Menschen, mit dem Sie eng befreundet sind, etwas, was Sie noch niemandem anvertraut haben.

7. Nehmen Sie sich vor, jede Woche eine Sache zu tun, die Sie schon lange tun wollten, aber immer wieder aufgeschoben haben. Vielleicht schreiben Sie Ihrer Tante Fanny einen Brief, oder Sie laden Leute zu sich zum Essen ein, oder Sie rufen einfach eine(n) alte(n) Schulfreund(in) an und erkundigen sich, wie es ihr (ihm) geht. Wählen Sie eine Aufgabe, die mit einem anderen Menschen verbunden ist.

In den folgenden Kapiteln finden sich noch andere Aufgaben zur Verhaltensübung. Aber schon die eben aufgeführten sollten es Ihnen ermöglichen, Ihr eigenes Schulungsprogramm zu beginnen. Nehmen Sie sich noch einmal die »Bestandsaufnahme des Selbstbewußtseins« in Kapitel 2 vor; suchen Sie sich bestimmte Situationen heraus, in denen Sie sich nicht selbstbewußt verhalten, und halten Sie nach passenden Gelegenheiten Ausschau, um Ihrem spezifischen Verhaltensproblem durch Üben zu Leibe zu rücken.

Manche Leute sagen zu mir: »Sind diese Aufgaben nicht unmoralische Manipulationen?« Aber es ist sicher nichts Verkehrtes daran, wenn man einen Mitbewohner grüßt oder sich mit einem fremden Menschen vor der Kinokasse unterhält. Bei manchen der Übungsaufgaben verlangen Sie allerdings etwas von anderen Leuten, zum Beispiel, wenn Sie einen Geldschein gewechselt haben möchten. Aber vergessen Sie nicht: So gut wie der andere das Recht hat, nein zu sagen, haben auch Sie das Recht, ihn um etwas zu bitten. Es sagt einiges über die sozialen Beziehungen in unserer Gesellschaft aus, wenn Leute sich fragen, ob es nicht zuviel verlangt ist, um ein Glas

Wasser zu bitten, oder wenn es ihnen schwerfällt, diese Bitte auszusprechen.

Nach meiner eigenen Ansicht ist der heikelste Auftrag der, in einen Laden zu gehen, ohne etwas kaufen zu wollen, oder mit der Absicht, das Gekaufte wieder zurückzubringen. Wir haben zwar das »Recht«, dies zu tun, aber es ist doch zweifelhaft, ob es sich um ein moralisches Verhalten handelt. Die Rationalisierung wäre einfach, daß bei der Durchführung solcher Aufgaben die Betreffenden irgendwelche Gegenstände sehen, die sie bei einem späteren Besuch in dem Geschäft dann kaufen. Doch diese Erklärung ist, wie gesagt, nur eine beschönigende Rationalisierung. Ich selber bin mir über den moralischen Aspekt nicht ganz im klaren. Aus diesem Grund empfehle ich meinen Patienten und Lesern, ihr eigenes Urteil zu fällen, ihre Bedürfnisse selbst zu analysieren und zur Grundlage ihres Handelns und Verhaltens das zu machen, was sie, nicht ich, für ihre Rechte halten.

Die ›Gefühlssprache‹

Manche Leute drücken aus, was sie denken – nicht, was sie fühlen.

Andere sind unfähig zu beschreiben, welche Gefühle sie gerade haben.

Manche bedauernswerten Leute können überhaupt keine Gefühle in Worte fassen.

Die Unfähigkeit, Gefühle auszusprechen, wie sie aufeinanderfolgen, hat schwerwiegende Konsequenzen.

Was einen selbst betrifft, so verliert man den Kontakt mit seinen Gefühlen und büßt die Sensibilität ihnen gegenüber ein. Weil man die Kontrolle über einen wichtigen Bereich seiner interpersonalen Beziehungen verloren hat, wird man immer verbitterter und ängstlicher. Mit der Selbstachtung geht es bergab, die Unzufriedenheit mit sich selbst und mit anderen nimmt zu.

Was andere betrifft, so begrenzt man die Kontaktnähe, die man erreichen könnte. Man belastet Freunde und Angehörige mit einer gewaltigen Bürde; sie müssen Gedankenleser werden, wenn sie die

Gefühle des anderen herausbekommen wollen. Da man nie sein wahres Ich enthüllt, kann man sich anderen gegenüber niemals entspannt fühlen.

Das ST stellt das *spontane Äußern und Erleben von Gefühlen* in den Vordergrund. Es sieht in Gefühlen keine für sich stehenden Emotionen, sondern betrachtet sie als einen Teil des Individuums, der mit allen anderen Teilen zu einem Ganzen integriert werden sollte. Durch das Einüben spezifischer Verhaltensarten strebt das ST das Ziel an, Denken, Handeln und Gefühlsleben zu verschmelzen, so daß sie bei dem Betreffenden zu einer Einheit werden, genauso wie Geschmacks- und Geruchssinn eine Einheit bilden.

Die Konzentration auf die Gefühle ist kein Monopol des ST. Die meisten psychotherapeutischen Methoden verfolgen ebenfalls das Ziel, die Sensibilität des Patienten für seine eigenen Empfindungen zu stärken. Auch die Betonung der offenen Bekundung von Gefühlen ist kein Monopol des ST. Um unbewußte Zorn- oder Schmerzempfindungen freizusetzen, konzentrieren sich einige Formen der Psychotherapie auf das ungehemmte und ungesteuerte Äußern von Gefühlen.

Im Gegensatz zu zahlreichen anderen therapeutischen Methoden vertritt jedoch das ST die Auffassung, daß:

● das Erleben von Gefühlen an sich nicht genügt und
● das Ausdrücken von Gefühlen allein nicht ausreicht.

Sie müssen fähig sein, Ihre Gefühle in dem Augenblick, in dem Sie sie empfinden, einem anderen Menschen direkt, aufrichtig und angemessen zu vermitteln. Dadurch werden Sie zu einem lebendigeren Menschen, sich Ihrer Gefühle bewußter, sensibler für Ihre Empfindungen und offener für die anderer Leute.

Gefühl auszudrücken und anderen mitzuteilen, verlangt nicht nur die Wahl der richtigen Worte; die ganze Person ist daran beteiligt, Ton und Ausdruck der Stimme, Gesichtsausdruck, Körperhaltung und Gestik. Im ST werden diese Verhaltensformen als »feeling talk« (Gefühlssprache, ein Terminus, den Andrew Salter eingeführt hat) bezeichnet, und eben diese versucht das ST zu lehren. Wenn der Betreffende erfaßt, was Gefühlserleben heißt, und die damit verbundenen Verhaltensarten beherrscht, stärkt er seine Fähigkeit, in allen Situationen spontan auszudrücken, was in ihm vorgeht.

Die ST-Methode beim Äußern von Gefühlen

Bei manchen Leuten ist die Fähigkeit, Gefühle auszudrücken, nur etwas unterentwickelt. Sie erleben sie subjektiv und manifestieren sie nach außen – allerdings nicht in genügendem Maß. Die Folge davon ist, daß bei ihnen die Gefühle ihre Rolle nur teilweise, nicht voll ausfüllen.

Bei Leuten dieser Kategorie verändert das ST das Verhalten dadurch, daß es *verstärkt*, was *bereits vorhanden* ist. Der Therapeut kann in vielen Fällen schon Resultate bewirken, wenn er nur einfache Anweisungen gibt wie beispielsweise: »Legen Sie mehr Gefühl in Ihre Stimme!« . . . »Sprechen Sie lebendiger!« . . . »Machen Sie mehr Gesten!« . . . »Sagen Sie es direkter!« . . . »Zeigen Sie in Ihrem Gesicht, was für Gefühle Sie bewegen!« Wenn die Betreffenden diese Instruktionen ausführen, kommen sie sich zuerst gezwungen und unnatürlich vor. Doch wenn sie ihren eigenen Ausdrucksstil entwickeln und ihnen diese neue Form des Umgangs mit Menschen mehr zur Gewohnheit wird, berichten sie von einer Bereicherung des eigenen Gefühlslebens, einer gesteigerten Spontaneität der emotionalen Expressivität und zahlreichen Veränderungen in ihrer Einstellung zu sich selbst und in den Interaktionen mit anderen Menschen.

Fallbeispiel

Jay Wilkins, ein junger Angestellter in einer Privatfirma, suchte mich ursprünglich auf, weil er Angst hatte, vor Leuten zu reden. Die nähere Beschäftigung mit ihm ergab jedoch, daß seine Schwierigkeit viel tiefer lag: er hatte eine emotionale Kontaktschwäche. Äußerlich und oberflächlich betrachtet, hatte er scheinbar ein gutes Verhältnis zu seinen Arbeitskollegen, aber daraus entwickelte sich kaum je ein engeres, freundschaftliches Verhältnis. Er lebte seit zwei Jahren mit einem Mädchen zusammen, aber als ich ihm die Frage stellte, wie er wirklich zu ihr stehe, antwortete er: »Ich bin mir nicht sicher, ob ich sie wirklich gern habe.«

Jay war gefühlsmäßig nicht genügend engagiert. Er drückte zwar aus, was er empfand, aber tat dies *nicht stark genug.* Durch verbale Anweisungen und Rollenspiele während unserer Sitzungen gelang es mir, bei Jay eine Intensivierung und Belebung im Äußern seiner Gefühle zu bewirken. Hatte er zuvor zu seiner Sekretärin nur knapp gesagt: »Ordentlich gemacht«, so lobte er nun: »Da haben Sie wirklich sehr schöne Arbeit geleistet. Ich bin Ihnen sehr dankbar dafür« – und plötzlich entstand eine bisher unbekannte Herzlichkeit zwischen ihnen. Wenn Jay mit seinem Chef ein neues Projekt besprach, unterstrich er seine Begeisterung durch Handbewegungen und Mimik. Worauf der Boß antwortete: »Sie sind ja ganz enthusiastisch über diese Sache – das gibt mir Zuversicht.« Diese bewußte Verstärkung im Ausdruck seiner Gefühle gegenüber Sekretärin und Chef gaben Jay ein viel klareres Bild von seinen Gefühlen gegenüber seiner Freundin. Er erkannte, daß er sie ausgenützt hatte und daß ihm das selbst mißfiel.

Jay führte das erste offene Gespräch mit ihr und sagte freimütig: »Schau, ich fange langsam an aufzuwachen und sehe, daß wir nicht ideal füreinander sind. Ich hab' dich gern, aber es ist keine Liebe. Ich nütze dich nur aus.« Worauf sie antwortete: »Ich liebe dich, aber ich hab' gespürt, daß etwas fehlte. Ich bin froh, daß du es zur Sprache gebracht hast.« Sie trennten sich. Ein Vierteljahr nach Beendigung der Behandlung verliebte sich Jay zum erstenmal in seinem Leben.

Leider gibt es viele Menschen, für die diese Methode zu schwierig und anspruchsvoll ist. Über ihre Empfindungen im unsicheren, verstehen sie vielleicht nicht einmal, was Gefühle und das Ausdrücken von Gefühlen sind. Im ST gehen wir die Probleme solch emotional behinderter Personen an, indem wir den *Inhalt* ihrer Kommunikation betonen. Durch die Konzentration auf den Inhalt

- werden sie sich mehr bewußt, daß sie versuchen, Gefühle auszudrücken;
- denken sie über das Gefühl nach, das sie auszudrücken versuchen, und üben damit ihre Sensibilität in diesem Bereich;
- bewirken sie in einem gewissen Maß, daß der andere weiß, welches Gefühl sie auszudrücken versuchen.

Wenn man die Fähigkeit erwirbt, seine Empfindungen direkt auszusprechen, entwickelt man häufig auch spontan die anderen Teile der ›Gefühlssprache‹ (Tonfall, Haltung, Mimik und Körpersprache).

In diesem Erziehungsprozeß finde ich es oft notwendig, zu Anfang zu erklären, was *nicht* Gefühlssprache ist. Viele Leute glauben, daß sie sich ausdrücken, während dies in Wirklichkeit keineswegs zutrifft. Manchmal haben sie auch eine unzutreffende Vorstellung, worin das Äußern von Gefühl wirklich besteht.

Sie konzentrieren sich darauf zu sagen, was sie denken. Es gibt viele Anlässe, wo es nötig ist zu sagen, was man *denkt*, aber dies darf nicht verwechselt werden mit dem spontanen Ausdruck dessen, was man *fühlt*. Sobald man die Wendung »Ich denke« verwendet, heißt das, daß nicht das eigene Gefühl im Spiel ist.

Sie sprechen weitgehend über Fakten. Tatsachenfeststellungen sagen nichts über einen aus – weder über das, was man denkt, noch über das, was man fühlt. Selbst wenn das Faktum zufällig einen selbst betrifft, spricht man über sich als über eine *Sache*, nicht über einen *Menschen*.

Sie sagen, was sie nach ihrer Meinung fühlen sollten oder was, wie sie meinen, der andere von ihnen erwartet. Auch in diesem Fall geht die eigene Identität unter. Man wird zu einem Spiegel seiner Umwelt oder dessen, was man darunter versteht.

Sie glauben, echte innere Gefühle auszudrücken, wenn sie vor Zorn oder Feindseligkeit in die Luft gehen. Aber solche Ausbrüche der Unbeherrschtheit gehen darauf zurück, daß es an einem echten Ausdruck von Gefühlen fehlt. Manche Leute sind der irrigen Auffassung, daß sie ihre Gefühle in extremer Form bekunden müssen. Da jedoch niemand sich wirklich so verhalten will, verhindert diese falsche Auffassung jede emotionale Kommunikation.

Sie setzen Rationalisierungen an die Stelle von Gefühlen. Weil sie nicht wissen, wie sie ihre Empfindungen ausdrücken sollen, sagen sie sich: »Damit würde ich ihn nur kränken« oder: »Er wird was gegen mich haben, wenn ich sage, was ich fühle«, oder einfach: »Es ist ja nicht wichtig.« Dies sind aber keine Gefühle, sondern Ausreden. Der Unterschied ist recht bedeutsam.

Echte Gefühlssprache ist die ständige angemessene Kommunikation des ständig wechselnden emotionalen Seinszustandes. Wenn man sich auf den Inhalt der Aussage konzentriert, um seine Gefühlssprache zu verbessern, sollte sie gewisse charakteristische Merkmale aufweisen:

Sie ist zielgerichtet, entweder auf eine betimmte Person oder ein bestimmtes Objekt oder eine bestimmte Handlung: »Ich finde Ihre Brosche hübsch« . . . »Ich will mir den Film im Rivoli ansehen« . . . »Ich finde den Politiker Soundso und seine ganze politische Einstellung abscheulich« . . . »Ich bewundere, wie Sie Frau Jones herausgegeben haben.«

Sie verwendet ganz bewußt das Wort »ich«, gefolgt von einem Zeitwort, das ein Gefühl ausdrückt. »Ich hab' das gern« . . . »Ich bin außer mir, was ich Ihnen unbeabsichtigt angetan habe« . . . »Ich würde sofort ein Rendezvous mit ihm ausmachen, obwohl ich ihn nicht kenne – seine Stimme ist so nett« . . . »Ich will das tun« . . . »Schatz, ich liebe dich.«

Sie ist einfach. Zu viele Leute schmücken das, was sie sagen wollen, mit Eigenschaftswörtern und so vielen Zusatzerklärungen aus, daß der andere schließlich überhaupt nicht weiß, was er denkt – und er selbst auch nicht. Zum Beispiel ist der Satz »Es hat mir gefallen, wie Sie bei der Konferenz Ihren Standpunkt vertreten haben« lobend, klar und prägnant. Viele Leute lassen diese Klarheit vermissen. Sie sagen vielleicht: »Als Sie auf der Konferenz Ihre Meinung gesagt haben, habe ich bemerkt, daß viele aufmerksam zugehört haben. Manche schienen Ihnen zuzustimmen. Aber Joe Bloe hatte einen komischen Ausdruck auf dem Gesicht. Trotzdem, alles in allem finde ich, haben Sie Ihre Sache gut vertreten.« Bei einer derartigen Aussage ist sich weder der Sprechende noch der Angesprochene im klaren, ob es dem ersteren gefallen hat, wie der andere auf der Konferenz seinen Standpunkt vertrat. Leute, die ihre Aussagen stark qualifizieren und ausbauen, sind nicht nur unfähig zur Kommunikation ihrer Gefühle, sondern erwecken auch Langeweile.

Sie ist aufrichtig. Wenn man seine Gefühle unaufrichtig ausdrückt, bleibt man dabei, sein eigenes Ich zu verbergen. Man verstärkt seine emotionale Maske und verhält sich wie T. S. Eliots J. Alfred Prufrock, als er das Bedürfnis verspürte, »ein Gesicht aufzusetzen, um den Gesichtern zu begegnen, denen man begegnet«.

Sie ist angemessen. Viele Leute, die auf diesem Gebiet Schwierigkeiten haben, setzen das Bekunden von Gefühlen mit Unbeherrschtheit gleich. Sie können sich nur die extremsten Gefühlsäußerungen vorstellen. Beim ST geht es uns um die angemessene Äußerung von Gefühlen, womit nicht einfach die Empfindung gemeint ist, die man ausdrücken will, sondern die Art und Weise, in der dies geschehen soll. Ein einfaches Kriterium: Wenn Sie sähen, daß jemand in einer ähnlichen Situation ein Gefühl so ausdrückt, wie Sie es vorhaben oder schon getan haben, würden Sie es komisch oder unpassend finden?

Die Gefühlssprache kann dazu benutzt werden, jede Empfindung auszudrücken: Antipathie, Sympathie, Liebe, Haß, Zustimmung, Kritik, Unzufriedenheit, Respekt. Es liegt auf der Hand, daß im ST das Ziel darin besteht, die Gefühlssprache so lange zu üben, bis sie zu einem natürlichen Teil Ihres Wesens wird. Manche Leute finden dieses Rezept zu allgemein. Für solche Leute habe ich eine Spezialübung.

Laborübung: Aneignung der Gefühlssprache

ZWECK: Bewußte Stärkung der Bekundung von Gefühlen durch Redewendungen aus der Gefühlssprache.

ERSTER SCHRITT: Nehmen Sie sich vor, die folgenden drei Satzpaare so häufig wie möglich anzuwenden:

»Ich finde gut, was Sie gesagt haben.« – »Ich finde nicht gut, was Sie gesagt haben.«

»Ich finde gut, was Sie getan haben.« – »Ich finde nicht gut, was Sie getan haben.«

»Ich möchte, daß Sie . . .« – »Ich möchte nicht, daß Sie . . .«

Das Verbum legt das Gewicht auf das Gefühl, und dazu stellen Sie die direkte Kommunikation mit einem Mitmenschen her. Indem Sie das Wort »ich« verwenden, beziehen Sie sich in die Kommunikation ein. Der Satz »Ich finde gut, wie Sie diesen Brief getippt haben« ist viel persönlicher als die lobende Bemerkung: »Das ist ein gut geschriebener Brief.« Durch die Beschränkung auf drei Sätze wird Ihnen die Aufgabe erleichtert und die Wahrscheinlichkeit größer, daß Sie sie ausführen.

Zweiter Schritt: Zeichnen Sie in Ihr ST-Notizbuch eine Tabelle mit Platz für jeden Tag der Woche. Am Ende jedes Tages zählen Sie zusammen, wie oft Sie einzelne oder alle der sechs Gefühlssprache-Sätze verwendet haben (Sie können sie auch im Verlauf des Tages auf eine Karteikarte eintragen). Am Ende der Woche addieren Sie die Ergebnisse sämtlicher Tage. Führen Sie diese Übung drei Wochen hintereinander aus. Ihre Tabelle sollte wie folgt aussehen:

Anwendung der sechs Gefühlssprache-Sätze

Tag	erste Woche	zweite Woche	dritte Woche
Montag			
Dienstag			
Mittwoch			
Donnerstag			
Freitag			
Samstag			
Sonntag			
Woche insgesamt			

Leute, denen es schwerfällt, Gefühle zu äußern, sind häufig außerstande, die Sätze mehr als ein- oder zweimal pro Tag oder sogar

Woche anzuwenden. Manche Patienten sind sogar unfähig, sie auch nur ein einziges Mal auszusprechen.

DRITTER SCHRITT: Kontrollieren Sie, wie häufig Sie die sechs Sätze in der ersten Woche angewendet haben, und steigern Sie gezielt ihren Gebrauch während der zweiten Woche. Setzen Sie sich eine Zielzahl, die Sie realistischerweise erreichen können. Haben Sie die Sätze während der ersten Woche nur ein- oder zweimal angewendet, erweist es sich im allgemeinen als realistisch, wenn Sie sich vornehmen, in der zweiten Woche jeden Tag einen Satz zu benützen. Wenn Sie sie zwei- oder dreimal pro Tag ausgesprochen haben, können Sie die Zahl wahrscheinlich verdoppeln. Versuchen Sie konsequent, die Sätze täglich öfter anzuwenden, bis Sie Ihr Ziel erreicht haben. Halten Sie diese Häufigkeit in der folgenden Woche. Anschließend setzen Sie sich eine neue Zielmarke.

Es kann sein, daß Ihnen diese Sätze zu große Schwierigkeiten machen. In diesem Fall ersetzen Sie sie durch ein anderes Satzpaar. Vielen Patienten fällt die Kombination: »Ich stimme zu . . .« – »Ich stimme nicht zu . . .« etwas leichter. Sobald Ihnen Ihre eigenen Sätze leichtfallen, versuchen Sie es noch einmal mit den von mir vorgeschlagenen.

VIERTER SCHRITT: Analysieren Sie, wenn Sie die zweite Woche dieser Übung hinter sich haben, wie Sie die Gefühlssprache-Sätze angewendet haben. Prüfen Sie, bei welchen Sie Schwierigkeiten hatten und wie die beteiligten Umstände aussahen.

Es kann sein, daß Ihnen das Satzpaar »Ich möchte, daß Sie . . .« – »Ich möchte, daß Sie nicht . . .« Schwierigkeiten bereitet. Sie finden, daß Sie dem anderen etwas zumuten oder ihn bedrängen und daß ihn dies gegen Sie einnehmen kann. Es besteht jedoch ein Unterschied zwischen einer Forderung und einer Bitte. Wenn Sie den Satz »Ich möchte . . .« aussprechen, und der andere sagt nein und Sie sind enttäuscht, dann hat es sich um eine Bitte gehandelt. Sie haben dem anderen die Freiheit der Ablehnung zugestanden. Wenn Sie aber auf diesen Satz eine abschlägige Antwort erhalten und darüber entweder aufgebracht oder niedergeschlagen sind, haben Sie eine

Forderung an den anderen gestellt und ihm die Freiheit der Ablehnung nicht eingeräumt. Wenn Sie sich über diesen Unterschied klarwerden und erkennen, daß der andere ein Recht auf seine eigenen Gefühle und Bedürfnisse hat, wird es Ihnen leichter fallen, die »Ich möchte«-Sätze anzuwenden.

Manchen Leuten fällt es nicht schwer zu sagen: »Ich finde nicht gut . . .« Aber »Ich finde gut . . .« bringen sie nicht über die Lippen.

Fallbeispiel

Chris Perkins, ein dreiunddreißig Jahre alter Buchhalter, hatte keinerlei Schwierigkeiten, wenn er an seiner Frau etwas auszusetzen hatte. Aber ein einfacher Satz wie »Dein neues Kleid gefällt mir« machte ihm schwer zu schaffen. Irgendwie war Chris auf den sonderbaren Gedanken verfallen, daß bei ihm nur negative Gefühlsäußerungen »echt« seien und der Ausdruck weicher Empfindungen »unecht« wäre.

Christ hatte nie gelernt, zarten Gefühlen Ausdruck zu geben. Als er die Gefühlssprache zu üben begann, lernte er es sehr bald. Er hatte sich für einen »harten« Kerl gehalten. Nun erkannte er, daß er auch weich und zärtlich sein konnte, und dies wirkte sich auf seine ganze psychische Struktur aus. Plötzlich stellte er fest, daß er es gern hatte, einen Satz mit »Ich mag« anzufangen.

Sobald Sie anfangen, Ihre Gefühle mit einiger Konsequenz auszudrücken, wenden Sie sich den anderen Aspekten der Gefühlssprache zu.

Beteiligen Sie an Ihren Gefühlsaussagen die mimische und Körpersprache. Es kommt häufig vor, daß Leute ein regloses Gesicht zeigen und den Körper starr halten oder daß sie Gesicht und Körper unangemessen stark als Ausdrucksmittel einsetzen. So bringt ein Mann, der »Ich liebe dich, Schatz« haucht, aber dabei unbeweglich bleibt, sein Gefühl nur unvollkommen zum Ausdruck.

Achten Sie auf:

Tonfall: Ein fester, selbstsicherer, angemessen lauter Tonfall kennzeichnet selbstbewußtes Verhalten.

Blickkontakt: Schauen Sie dem Menschen, zu dem Sie sprechen, gerade in die Augen.

Körperlicher Ausdruck: Machen Sie es den Franzosen nach, die bei der Unterhaltung viele Gesten benutzen.

Gesichtsausdruck: Passen Sie Ihre Miene dem an, was Sie fühlen und sagen. Lächeln Sie nicht, wenn Sie jemanden kritisieren oder Verärgerung ausdrücken. Machen Sie umgekehrt kein feindseliges oder verdrossenes Gesicht, wenn Sie loben oder zärtliche Empfindungen aussprechen. Zeigen Sie Ihr Inneres und legen Sie die Maske ab.

Wie bei den Verhaltens-Aufträgen, den Verhaltens-Proben und anderen Übungen, die in diesem Buch vorgestellt werden, haben Sie vielleicht auch bei der Gefühlssprache den Eindruck, daß diese Übungen künstlich und unnatürlich sind. Sie sind es tatsächlich. Deswegen heißen sie ja Übungen!

Wie können dann Übungen in der Gefühlssprache zu einer spontaneren und freieren Äußerung von Gefühlen führen?

Wenn Sie Emotionen zum Ausdruck bringen, werden dadurch die exzitatorischen Gehirnprozesse stimuliert und gestärkt, wodurch Sie zu einem stärker exzitatorischen Menschen werden.

Allein das Äußern von Gefühlen hemmt schon die Angstentwicklung im Gehirn, weshalb Sie sich weniger ängstlich fühlen. Und je weniger Angst Sie empfinden, um so stärker können Sie Gefühle erleben und ausdrücken.

Durch das Üben der Gefühlssprache erlernen Sie eine neue Fertigkeit: das Äußern von Gefühl. Wenn Sie diese Fertigkeit entwikkeln, können Sie schließlich auch ohne Ihre Tabelle sagen: »Ich finde gut . . .« – »Ich finde nicht gut . . .« Sie werden Ihren eigenen Stil finden.

Dies kann sich auf das Leben Ihrer Kinder auswirken. Der Gebrauch, den Sie von der Gefühlssprache machen, dient ihnen als Vorbild, nach dem sie sich richten, so daß sie zu selbstbewußten

Menschen heranwachsen können, die ihre Empfindungen frei zum Ausdruck bringen. Ihr Vorbild bewirkt auch, daß Ihre Kinder mehr Bereitschaft zeigen, Ihnen ihre Gefühle anzuvertrauen. *Dies kann sich auf Ihre eigene Lebensgestaltung auswirken.*

Fallbeispiel

Milt Weiner, ein dreiunddreißigjähriger verheirateter Mann, der als Verkäufer in einem Kleidergeschäft arbeitete, war darauf spezialisiert, sachlich und über Fakten zu sprechen. Da er sich niemals einem Menschen nahe fühlte, brauchte er drei Freundinnen zur gleichen Zeit. Als er begann, sich in der Gefühlssprache auszudrücken (er war dabei sehr fleißig und benützte die Sätze bei all seinen Kunden), ging ihm auf, wie »unaufrichtig« und »unecht« er bisher gewesen war. Seine Lösung: die Freundinnen aufzugeben und den Verkäuferberuf an den Nagel zu hängen, weil er »meine Neigung zur Unechtheit« begünstigt. Mit Unterstützung seiner Frau ging er auf ein College, um Psychologie zu studieren.

Dies kann sich auf Ihr Verhältnis zu sich selbst und zu einem Ihnen nahestehenden Menschen auswirken. Als Chris Perkins (der Fall auf S. 86) sich nicht mehr als »harten Kerl« sah, veränderte sich sein ganzes Bild von sich selbst. Während seine weiche Seite ans Licht kam, vollzog sich ein dramatischer Wechsel in der Beziehung zu seiner Frau. Der Gipfel kam eines Nachts beim intimen Verkehr, als Chris zum erstenmal in seinem Leben und in drei Ehejahren den schönsten aller Sätze der Gefühlsaussprache aussprach – »Schatz, ich liebe dich«.

Nein-Sagen

Judy fürchtet, vom anderen Geschlecht abgewiesen zu werden. Wenn ein Mann – nahezu jeder Mann – vorschlägt, mit ihm ins Bett zu gehen, ist sie sofort dazu bereit.

Tom akzeptiert passiv alle Arbeiten, die bei seinen Kollegen unbeliebt sind. Wenn der Chef sagt: »Tom, können Sie das nicht übernehmen?«, übernimmt er die Sache, obwohl sie mit seinem eigentlichen Aufgabengebiet kaum etwas zu tun hat.

Anne ist schlecht auf ihren Ehemann zu sprechen. Obwohl sie oft mit seinen Wünschen nicht übereinstimmt, ist sie der Meinung, daß sie als gute Ehefrau alles zu tun habe, was der Gatte will.

Judy, Tom und Anne unterscheiden sich in Alter, Geschlecht, Aussehen, ihrer wirtschaftlichen Position und ihren Interessen, eine Eigenschaft aber ist ihnen gemeinsam: Sie haben nie gelernt, nein zu sagen.

In unserer Gesellschaft werden immer Bitten und Forderungen von anderen an uns herangetragen. Wir müssen imstande sein, uns durch das einfache Mittel, nein zu sagen, zu behaupten. Sind wir unfähig, dieses einfache Vier-Buchstaben-Wort auszusprechen, wenn wir es aussprechen wollen, dann beginnt uns das eigene Leben aus der Hand zu gleiten.

Das soll allerdings nicht heißen, daß man zu allem nein sagen soll. Man sagt ja, wenn man eine zustimmende Antwort geben *will*. Wenn es Ihnen zum Beispiel ungelegen kommt, einem Freund einen Gefallen zu tun oder an einer Veranstaltung in der Gemeinde teilzunehmen, ist trotzdem nichts daran auszusetzen, daß Sie ja sagen, wenn Ihnen die Sache wichtig genug ist, die Unannehmlichkeiten auf sich zu nehmen. Ein »Ja« ist dann falsch, wenn Sie eigentlich nein sagen wollen und eine abschlägige Antwort in Ihrem besten Interesse ist. Falsch ist es, wenn Sie schließlich trotzdem ein mattes »Gut, ich tue es!« murmeln.

Die Unfähigkeit, nein zu sagen, hat mehrere Folgen.

Sie bringt einen dazu, Dinge zu tun, für die man sich verachtet. Aus meiner klinischen Erfahrung kann ich sagen, daß bei jungen, alleinstehenden Frauen ungewollte Promiskuität in erster Linie auf die Unfähigkeit zurückgeht, nein zu sagen. Als Rationalisierung sagen sie sich: »Er wird mich nicht mehr ausführen, wenn ich ablehne« oder »Damit muß ich mich abfinden, wenn ich gefallen will«. So gehen sie schließlich ins Bett, ohne es zu wollen, und verabscheuen sich selbst.

Fallbeispiel

Ein Kollege, der mir manchmal Patienten überweist und umgekehrt, schickte Alice, eine siebenundzwanzigjährige Fernseh-Produktionsassistentin, und Fred, einen dreißig Jahre alten Werbetexter, zu mir in die Behandlung. Alice war wegen Depressionen, schwach entwickelter Selbstachtung und ungewollter Promiskuität zu mir gekommen. Fred hatte Angst vor Frauen. Er empfand Impotenzfurcht und glaubte, jedes Mädchen erwarte von ihm, daß er schon bei der ersten Verabredung mit ihr ins Bett gehe. Es machte ihm Angst, Intimitäten vorzuschlagen, zugleich aber dachte er, daß »sie mich verachten würde«, wenn er es unterließ.

Während der Zeit, in der sie in Behandlung waren, lernten Alice und Fred sich bei dem Bekannten kennen, der sie zu mir geschickt hatte. Sie verabredeten sich. Bei den folgenden Sitzungen beschrieb jeder dieses erste Rendezvous ganz anders.

Alice sagte: »Sie sind doch alle gleich. Als der Abend zu Ende ging, wollte er von mir zu einem Drink bei mir eingeladen werden. Dann, noch bevor ich richtig wußte, hat er mich bedrängt, mit ihm ins Bett zu gehen. Ich war ihm dabei ganz egal. Es ging ihm nur um seine eigene Befriedigung. Ich hab's getan – und seitdem bin ich wieder ganz niedergeschlagen.«

Fred berichtete: »Eine ist wie die andere. Ich hab' sie ausgeführt. Wir verbrachten einen angenehmen Abend. Dann hab' ich sie nach Hause gebracht. Sie hat von mir erwartet, daß ich mit ihr raufgehe und daß wir's machen. Ich wollte eigentlich nicht, weil ich mir unsicher war, ob ich's schaffen würde. Aber sie war ganz scharf drauf, und ich wußte, wenn ich nicht mit ihr schlafe, erzählt sie herum, daß ich homosexuell bin. Ich hab' mich dazu gezwungen und die Sache abgezogen. Aber Spaß hat's mir keinen gemacht, und jetzt fällt es mir noch schwerer, mich mit einer Frau zu verabreden.«

Mit beider Zustimmung brachte ich Alice und Fred zu einem Gespräch zusammen und legte ihnen dar, wie anders alles abgelaufen wäre, wenn jeder von ihnen fähig gewesen wäre, nein zu sagen. Anschließend trafen sie sich öfter und übten zusammen, zu allen möglichen Dingen, das Bett eingeschlossen, nein zu sagen. Irgendwann gingen sie tatsächlich noch einmal miteinander ins Bett, diesmal, weil sie beide wollten. Schließlich trennten sie sich – und jeder hatte besser gelernt, nein zu sagen, wenn er nein sagen wollte.

Die Unfähigkeit, nein zu sagen, lenkt einen von dem ab, was man wirklich zustande bringen will. Weil einen die Dinge, die man gar nicht tun will, sosehr in Anspruch nehmen, bleibt weder die Zeit noch die Energie, die Dinge zu tun, die einem am wichtigsten sind.

Weil man sich von anderen Leuten ständig ausnützen läßt, staut sich in einem der Groll auf, und manchmal verliert man, nachdem man jahrelang immerzu ja gesagt hat, in einem unangemessenen Wutausbruch die Nerven. Wenn man immer für andere den Laufburschen macht und den Deppen für die Familie abgibt, kommt es schließlich dazu, daß man wegen einer Bagatellbitte explodiert. An diesem Ausbruch ist nicht der letzte Vorfall schuld, sondern Hunderte von Dingen, die im Lauf der Zeit zusammengekommen sind. Der ewige Ja-Sager erkennt nämlich nicht, daß die anderen ihn wegen seines Verhaltens nicht etwa gern haben, sondern daß sie die Achtung vor ihm verlieren.

Ungefähr dreißig Jahre lang hat meine Frau Jean ihrer Freundin Cathy jede Bitte, auch die unzumutbarste, erfüllt, wie sie es schon während ihrer gemeinsamen Zeit in der Grundschule getan hatte. Eines Tages richtete Jean beim Mittagessen in einem Lokal ihre erste Bitte an Cathy. Cathy antwortete ihr: »Tut mir leid, aber ich hab' einfach zuviel zu tun.« Jean bekam mitten in dem überfüllten Restaurant einen Wutanfall und begann Cathy laut vorzuhalten, was sie all die Jahre schon für sie getan hatte. Cathy blickte sie voll Bewunderung an. »Wie du dich verändert hast«, sagte sie, »es ist eine Wohltat, dich einmal so zu erleben und nicht als Märtyrerin, die sich ständig aufopfert.« Dreißig Jahre lang hatte Jean gedacht, in Cathys Augen als die edelmütigste ihrer Freundinnen dazustehen, in Wahrheit aber nur Geringschätzung geerntet.

Sie führt zur Kommunikationsschwäche gegenüber anderen Menschen. Wie ich bereits im Abschnitt über die Gefühlssprache festgestellt habe, können Menschen einander nur dann verstehen, wenn eine aufrichtige Kommunikation zwischen ihnen besteht. Ja zu sagen, wenn man eigentlich nein sagen möchte, ist kein Beweis für Liebenswürdigkeit und Freundlichkeit – es ist unaufrichtig. So behandelte ich einmal eine Patientin, der die Auffassung anerzogen worden war, daß eine Ehefrau immer auf die Wünsche ihres Mannes einzugehen habe. Sie beklagte sich bei mir, daß ihr Mann Alex jeden Sonntagnachmittag mit der Frage ankam: »Möchtest du nicht ins Kino gehen?« Sie war unfähig, nein zu sagen, und ab ging es ins nächste Kino. Auf mein Drängen setzte sie sich eines Sonntags zur Wehr. »Nein, ich habe keine Lust, mir jeden Sonntagnachmittag einen Film anzusehen.« Zur großen Überraschung meiner Patientin blickte ihr Mann sie erleichtert an und sagte: »Warum hast du denn das nicht früher gesagt? Ich dachte, ich tue dir einen Gefallen.«

Diese Technik des Nein-Sagens ist so wirksam, daß Sie nur darüber nachzudenken brauchen, und schon geht Ihnen die Sache auf. Doch die Therapeuten schenkten ihr keine große Beachtung als einer wissenschaftlichen und wichtigen Verhaltensmethode, bis die Arbeiten eines tüchtigen Forscherteams an der Universität von Wisconsin ihre Bedeutung ins Licht rückten. Diese Gruppe, die von Richard M. McFall geleitet wurde, definierte die Fähigkeit, nein zu sagen, und erprobte verschiedene Trainingsmethoden, um die wirkungsvollste herauszufinden.

Auch Sie können lernen, nein zu sagen. Beginnen Sie Ihr persönliches Trainingsprogramm mit den folgenden Übungen, die auf den Erkenntnissen des Wisconsin-Teams basieren.

Laborübung: Erlernen des Nein-Sagens

ZWECK: Ihnen das Nein-Sagen zu erleichtern, wenn Sie nein sagen wollen, und Sie bei der Entwicklung Ihres eigenen Stils der negativen Reaktion zu unterstützen.

ERSTER SCHRITT: Nehmen Sie sich jede einzelne der unten aufgeführten Situationen vor und überlegen Sie sich Ihre Reaktion darauf.

Oder noch besser: Schreiben Sie sie auf, damit Sie sich nicht selbst beschwindeln. Nehmen Sie bei jedem einzelnen Beispiel an, daß Sie nein sagen wollen, daß das Nein angemessen ist und daß es nur ein einziges Problem gibt: Sind Sie imstande, es auszusprechen?

ERSTE SITUATION: Ein Arbeitskollege bittet Sie, ihm ein paar Münzen für die Kaffeemaschine im Büro zu borgen. Dies ist eine alte Tour von ihm, und er gibt das Geld nie zurück. Der Arbeitskollege sagt: »Ich hab' kein Kleingeld. Würden Sie mir fünfzig Pfennige für die Kaffeemaschine leihen?« Wie sagen Sie nein?

ZWEITE SITUATION: Ein Freund hat Sie gebeten, »irgendwann in der nächsten Zeit« mit ihm eine neue Stereoanlage auszusuchen. Sie haben sich dazu bereit erklärt. An dem Samstagvormittag, an dem Sie bei sich zu Hause gründlich aufräumen wollten, ruft er an und sagt: »Du hast mir versprochen, mit mir diese Anlage auszusuchen. Hast du heute vormittag Zeit?« Sie wollen aber eigentlich Ihr Bücherregal in Ordnung bringen. Wie sagen Sie nein?

DRITTE SITUATION: Eine Organisation in Ihrem Wohnort plant eine Veranstaltung zum Geldsammeln, und Sie arbeiten im Vorbereitungskomitee mit. Sie haben ohnedies schon mehr Zeit dafür aufgewendet als alle anderen Beteiligten. Jetzt hat die Präsidentin wieder eine Bitte an Sie: »Joan, Sie arbeiten doch so großartig. Kann ich darauf rechnen, daß Sie die Eintrittskarten an der Tür abnehmen?« Wie sagen Sie nein?

ZWEITER SCHRITT: Nachdem Sie auf die beschriebenen Situationen auf Ihre Weise mit nein geantwortet haben, lesen Sie die folgenden Instruktionsmodelle und vergleichen Sie Ihre Antworten damit. Anschließend probieren Sie es noch einmal. Die Antworten, die Sie geben, brauchen nicht genauso auszusehen wie die Modellantworten, aber Sie sollten sich an deren Prinzipien halten: Kürze, Klarheit, Festigkeit, Aufrichtigkeit.

ERSTE SITUATION: Der Arbeitskollege und die Kaffeemaschine. Modellantwort: »Nein. Tut mir leid. Sie sind mir schon zu viele Tassen Kaffee schuldig.« »Nein, Sie geben das Geld nie zurück.«

Beachten Sie: Jede Antwort ist kurz und gezielt. Beide beginnen mit Nein, sind unzweideutig und geben keine langen Erklärungen.

ZWEITE SITUATION: Die Stereoanlage. Modellantwort: »Nein, heute geht's bei mir nicht. Wie sieht es mit nächstem Samstag aus?« »Ich begleite dich, aber nicht heute. Tut mir leid.«

Beachten Sie: In diesen Antworten erkennen Sie Ihre Zusage an, sagen aber, daß es Ihnen zeitlich nicht paßt.

DRITTE SITUATION: Das fleißige Komitee-Mitglied. Modellantwort: »Nein, Sie sollten damit jemanden beauftragen, der seinen Anteil noch nicht geleistet hat.«

»Nein, ich hab' schon mehr als meinen Teil getan.«

Beachten Sie: Beide Reaktionen sind aufrichtig, direkt und entschieden.

DRITTER SCHRITT: Üben Sie das Nein-Sagen. Erinnern Sie sich an mehrere unzumutbare Bitten, die man an Sie gerichtet hat, oder denken Sie sich welche aus, die an Sie gestellt werden könnten. Nun stellen Sie sich vor, daß jede dieser Bitten ausgesprochen wird, und anschließend, daß Sie darauf mit einem Nein antworten – fest, knapp und ohne lange Erklärungen. Sie haben von dieser Aufgabe noch mehr, wenn Sie jede einzelne Bitte aufs Tonband sprechen. Hören Sie sie ab, stellen Sie das Gerät ab und sagen Sie laut Ihre Antwort. Üben Sie jede Antwort mehrere Male.

Prägen Sie sich einige der abschlägigen Modellantworten ein: »Nein, es geht nicht. Ich hab' mir für diese Zeit was anderes vorgenommen.« – »Nein, heute hab' ich keine Lust dazu. Ich möchte lieber das und das tun.« – »Nein, ich kenne dich nicht gut genug, um mit dir ins Bett zu gehen.« – »Nein, das kann ich unmöglich machen. Versuchen Sie es doch mit jemand anderem.«

VIERTER SCHRITT: Suchen Sie zum Abschluß dieser Übung Gelegenheit, in täglichen Lebenssituationen nein zu sagen. Sagen Sie während der Trainingsperiode immer nein, wenn Sie im Zweifel sind.

In meiner Behandlungspraxis benütze ich manchmal ein bestimmtes Mittel, um die Patienten im Nein-Sagen zu üben. Ich sage zu dem Betreffenden: »Der Brief in diesem Umschlag muß sofort zu einem anderen Patienten gebracht werden. Ich weiß, es wäre ein

Umweg für Sie, aber würde es Ihnen etwas ausmachen, ihn vorbei-
zubringen?«

Obwohl die Patienten sich im klaren darüber sind, daß ich simu-
liere, fällt es manchen sehr schwer, eine abschlägige Antwort zu geben. Manche sagen ja.

Fallbeispiel

Als Mark Butler, ein fünfunddreißig Jahre alter Drehbuchautor,
meine unzumutbare Bitte, den Brief zu seinem Adressaten zu bringen, mit dem Satz ablehnte: »Nein, das geht nicht; aber wenn die
Sache so wichtig ist, warum rufen Sie nicht einen Call-car an?«, war
die Unsicherheit, unter der er Zeit seines Lebens gelitten hatte, zum
erstenmal durchbrochen. Obwohl Mark in seiner Arbeit eine starke
Kreativität und Originalität zeigte, hatte seine Passivität sowohl
seine berufliche Laufbahn als auch seine Ehe in Mitleidenschaft gezogen.

Eine Woche, nachdem er zu mir nein gesagt hatte, erhielt er einen
Anruf. Er sollte ein Script über Börsenspekulationen anfertigen.
Früher hätte Mark sofort zugesagt. Diesmal lehnte er zwar nicht
glatt ab, machte aber einen Gegenvorschlag. Er sagte: »Ich kann Ihnen kein Hundert-Seiten-Script über Spekulation liefern; aber ich
werde Ihnen eine Seite Übersicht und zwei Seiten Dialog liefern,
und anhand dessen können Sie sich entscheiden.«

Mark bekam nicht nur den Auftrag, sondern seine neu gewonnene
Fähigkeit, nein zu sagen, veränderte auch sein Verhältnis zu seiner
Frau. Unsere ST-Sitzungen führten dazu, daß er sich klarmachte,
welche Pflichten und welche Rechte er innerhalb seiner Ehe hatte.
Mark empfand sein neues Verhalten als einen großen Triumph, aber
sein ungewohntes Selbstbewußtsein löste bei seiner Ehefrau große
Unruhe aus. Sie mußte sich in mehreren Sitzungen bei mir behandeln lassen. Ihr Kommentar: »Ich wollte immer, daß er mehr Selbstbewußtsein zeigt, aber nur dann, wenn ich ihn selbstbewußt sehen
wollte!«

Die Verhaltensprobe

Wenn der Präsident der Vereinigten Staaten eine Pressekonferenz gibt, setzt er sich vorher mit seinem Pressesekretär und seinen wichtigsten politischen Beratern zusammen. Diese Mitarbeiter stellen ihm Fragen zu allen möglichen Themen, vom Staatshaushalt bis zu außenpolitischen Problemen, die gleichen Fragen, die, wie sie vermuten, die Journalisten dem Präsidenten während der Pressekonferenz stellen werden. Diese Generalprobe gibt dem Präsidenten die Möglichkeit, seine Antworten auf heikle Fragen, die ihm vielleicht gestellt werden, im voraus zu formulieren und einzuüben, so daß er gewappnet ist, wenn er den Reportern gegenübertritt.

Es heißt, daß die Präsidenten Truman, Kennedy, Johnson, Nixon und Ford zeitweise diese Strategie befolgt haben. Sie waren sich vielleicht nicht im klaren darüber, aber sie haben sich der ›Verhaltensprobe‹ bedient, einer der wirkungsvollsten ST-Techniken.

Die ›Verhaltensprobe‹, ursprünglich als »behavioristisches Psychodrama« bezeichnet und häufig »Rollenspiel« genannt, ist ein Übungsprozeß, in welchem den Patienten mit mangelhaftem oder gehemmtem sozialen oder interpersonalen Verhalten ein effizienteres, wirkungsvolleres Alternativverhalten einstudiert wird. Dies geschieht durch das Proben von Reaktionen, Vorspielen und therapeutische Nachhilfe.

Mit der Anwendung der Verhaltensprobe im Selbstbewußtseinstraining versuchen wir ein »Reaktionsdefizit« zu korrigieren. Der Patient handelt ohne Selbstbewußtsein, weil er selbstbewußtes Reagieren nie gelernt hat. Wir gehen dabei in drei Schritten vor: Zuerst bringen wir dem Patienten bei, worin die Reaktion besteht; sodann lassen wir ihn sie üben; zuletzt soll er sie im täglichen Leben anwenden. Der Zweck der ersten beiden Schritte besteht natürlich darin, schneller zur Anwendung dieser Technik in der Lebensrealität zu gelangen.

Das Rollenspiel bietet den Vorteil, daß damit die Realität gesteuert simuliert wird, ohne ihre Risiken und Gefahren. Es läßt Raum für Experimente, so daß der Patient diejenige selbstbewußte Reaktion finden kann, die ihm am besten entspricht. Anschießend kann er sie solange üben, bis sie ganz sitzt und ihm leichtfällt. Experimente, die Dr. Philip H. Friedman von der School of Medicine der Temple University durchführte, haben ergeben, daß schon acht bis zehn Minuten Rollenspiel-Übungen eine wesentliche Veränderung in einer bestimmten Situation bewirken können – und diese Veränderung ist von Dauer.

Wie setzt nun der Therapeut eigentlich die ›Verhaltensprobe‹ beim Selbstbewußtseins-Training ein?

1. Er bestimmt die Verhaltensaspekte, die übungsbedürftig sind. Dabei kann es sich um ein breites Spektrum handeln, angefangen damit, wie man um eine Gehaltsaufbesserung ersucht oder in einem Tanzlokal ein Mädchen anspricht, bis zur angemessenen Selbstbehauptung gegenüber einem Freund, dem Chef, dem Ehepartner, Verkaufspersonal in Geschäften, und dem Erlernen spezifischer gesellschaftlicher Fertigkeiten wie beispielsweise Geschichtenerzählen. Der Patient muß den Therapeuten über alle Details seines speziellen Problems informieren, so daß dieser die Rolle des anderen Beteiligten übernehmen kann. Sodann gibt der Therapeut in etwas vereinfachter Form eine Situation an, die auf die Lebensumstände des Patienten zugeschnitten ist. Anschließend spielen Patient und Therapeut die Situation durch.

2. Wenn die Szene durchgespielt ist, weist der Therapeut auf die starken und schwachen Punkte der Vorführung hin. Außerdem erklärt er dem Patienten, wie er bestimmte Punkte verbessern und sich wirkungsvoller ausdrücken kann. Vielleicht sagt er zu ihm: »Geben Sie sich direkter«, »benützen Sie die Gefühlssprache«, »sprechen Sie aufrichtiger«, drücken Sie die Schultern nach hinten durch, damit Sie nicht so schlapp und energielos wirken«. Patient und Therapeut entwickeln gemeinsam bestimmte Sätze, die der Patient sagen könnte.

Am New Yorker Institut für Verhaltenstherapeutische Methoden behandelten Dr. Steven Fishman und Dr. Barry Lubetkin eine dreiundzwanzigjährige Medizinstudentin, die sehr schüchtern und passiv war. Ihr Problem bestand darin, daß Sie fürchterliche Angst davor hatte, Patienten zu untersuchen. Dr. Lubetkin erzählte mir: »In der Behandlung spielten wir im Rollenspiel alles durch bis auf das tatsächliche Berühren des Patienten. Ich stelle verschiedene Arten von Patienten dar, von jammernden alten Frauen bis zu jähzornigen älteren Männern. Da ich wußte, wie wenig Erfahrung sie hatte und wie unsicher sie aus diesem Grund war, stellte ich Fragen wie: ›Wann kommt denn der richtige Arzt?‹ Ich übte mit ihr Blickkontakt mit Patienten, Stimmsteuerung (sie sprach flüsternd, wie Jackie Kennedy) und verbesserte ihr Verhalten am Krankenbett. Vor allem aber zeigte ich ihr ein sicheres Auftreten – sie pflegte unsere Proben mit dem verzagten Satz ›Ich bin hier als Studentin‹ anzufangen. Langsam gewann sie Selbstvertrauen und lernte, das, was sie sich in unseren Übungssitzungen angeeignet hatte, auf ihre Arbeit im Krankenhaus anzuwenden.«

3. Nach der Besprechung des Rollenspiels wiederholt der Patient die Szene, wobei er zumeist seine Sache etwas besser macht. Der Therapeut verstärkt den Eindruck der Leistungsverbesserung durch Bemerkungen wie: »Gut, diesmal haben Sie lauter und direkter gesprochen.« Anschließend kann er noch zusätzliche Anweisungen geben.

4. Um dem Patienten zu helfen, sein Ziel größeren Selbstbewußtseins zu erreichen, kann der Therapeut die erstrebten Verhaltensformen vorspielen. Bei dieser Technik findet ein Rollentausch zwischen Patient und Therapeut statt. Nun übernimmt der Therapeut den Part des Patienten mit seinen Problemen, während dieser die Rolle des anderen spielt. Auf diese Weise kann der Therapeut das Verhalten demonstrieren, über das man gesprochen hat. Der Therapeut zeigt dem Patienten nicht nur, was dieser tun sollte, sondern lenkt auch die Aufmerksamkeit darauf, was er selbst getan hat. »Haben Sie bemerkt, wie ich dagestanden habe?« oder: »Mit dieser Art, es auszudrücken, war ich höflich, zugleich aber habe ich meinen Standpunkt vertreten.«

Dann tauschen sie wieder und kehren zu ihren ursprünglichen Rollen zurück. Der Patient spielt wieder sich selbst und versucht nachzuspielen, was der Therapeut ihm vorgespielt hat. Das Ergebnis sollte eine Leistungsverbesserung sein, die der Therapeut durch Lob verstärkt. Denken Sie an das therapeutische Ziel: Der Patient sollte seinen eigenen Ausdrucksstil finden, nicht einfach den Therapeuten kopieren.

5. Beim Verhaltens-Probieren kann sich gleich zu Anfang zeigen, daß das Problem, um das es geht, zu schwierig ist, zu starke Angst erregt und an den Patienten Forderungen stellt, denen er noch nicht entsprechen kann. Oder es ergibt sich vielleicht, daß der Patient die Situation zwar im ›Laborversuch‹ meistert, aber nicht imstande ist, sie in die Lebensrealität zu übertragen.

In diesen Fällen gehen wir stufenweise vor. Wir beginnen mit Situationen oder Verhaltensarten, die dem Patienten leichtfallen, und arbeiten uns dann zu schwierigeren Stufen aufwärts. Bei diesen Stufen kann es sich um Umgang mit Menschen, bestimmte Aufgaben oder die Intensität des Ausdrucks handeln.

Menschen. Nehmen wir an, das Allgemeinproblem besteht darin, Leuten Bescheid zu sagen, und daß die Sache besonders schwierig mit einer Schwiegermutter ist. Der Patient könnte die Szene, in der er jemanden zurechtweist, zuerst mit einem guten Freund proben, vor dem er keine Furcht empfindet. Dann könnte er das gleiche mit einem Arbeitskollegen spielen, mit dem er vielleicht nicht so leicht zurechtkommt. Mit diesem schrittweisen Vorgehen arbeiten wir uns schließlich an das Problem mit der Schwiegermutter heran. Natürlich passen wir die einzelnen Stufen dem Patienten an. Was der eine schwierig findet, fällt einem anderen vielleicht ganz leicht.

Aufgaben. Manchmal fallen einem bestimmte Dinge bei einem bestimmten Menschen leichter als mit anderen. Hier kommt eine zweite Art von Abstufung ins Spiel. Der Patient findet es vielleicht vergleichsweise einfach, seine Schwiegermutter zu tadeln, weil sie seine Kinder zu sehr mit Süßigkeiten verwöhnt. Es fällt ihm aber schwerer, ihr die Meinung zu sagen, weil sie seine Frau schlecht behandelt. Und er ist nicht einmal zu dem Versuch fähig, sie wegen der verstohlenen Andeutungen, die sie ständig über ihn macht, den Marsch zu blasen. In einem derartigen Fall inszenieren wir jede einzelne Szene durch Rollenspiel in dieser Stufenfolge.

Intensität. Wir gehen auch stufenweise vor, um abgestufte Bekundungen bestimmter Gefühle zu erreichen. Auf diese Weise führen wir den Patienten, dem es schwerfällt, Ärger auszudrücken, von einem matt gemurmelten »Ich finde das nicht gut« bis zu dem Punkt, wo er im Rollenspiel fähig ist, spontan richtigen Ärger zu äußern.

6. Der Patient übt das Verhalten, das er an den Tag legen möchte, im Behandlungszimmer immer wieder von neuem, wodurch die Wahrscheinlichkeit wächst, daß er dazu auch in der realen Lebenssituation fähig sein wird.

Dies läßt sich auf zahlreiche Arten des Verhaltens anwenden, bei Kindern wie bei Erwachsenen. Dr. Martin Gittelman, Leiter der Kinderabteilung am Queens-Nassau Mental Health Service of H. I. P., wandte die Technik der ›Verhaltensprobe‹ bei Ralph an, einem dreizehnjährigen Jungen, der wegen seiner Wutanfälle bereits aus einer Schule verwiesen worden war und drauf und dran war, auch die nächste verlassen zu müssen. Dr. Gittelman nahm mit Ralph mehrere Situationen im Rollenspiel durch und ließ ihn ruhige, beherrschte Reaktionen einstudieren, statt mit Zähneblecken, Aufbrausen, frechen Antworten und Raufereien zu reagieren. Nach vier Sitzungen, in denen diese Methode angewendet wurde, meldete Ralph, daß sein Benehmen sowohl in der Schule als auch zu Hause viel besser geworden sei. Er sagte, daß er zwar noch immer oft wütend sei, aber sein Handeln kontrollieren könne. Eine Nachprüfung neun Monate später ergab, daß Ralph keine weiteren Aggressionsausbrüche gehabt hatte.

7. Den letzten Schritt innerhalb der ›Verhaltens-Probe‹ stellt das Feedback dar. Anhand der Berichte des Patienten, in denen dieser Erfolge, Teilerfolge oder Mißerfolge im täglichen Leben meldet, stellt der Therapeut fest, ob ein neues Training angezeigt ist, oder er konstatiert neue Probleme. Oft löst man ein bestimmtes Problem und geht dann auf andere Bereiche über. Oder die Behandlung wird an diesem Punkt abgeschlossen, und der Patient hält nur noch für eine gewisse Zeit telefonischen Kontakt mit dem Therapeuten.

Rekonstruktion einer Übungssitzung mit ›Verhaltensprobe‹

Dr. Norman Jones, ein hervorragender Pathologe, der in der Forschung tätig war, suchte mich wegen zweier Probleme auf, die ihm zu schaffen machten. In beiden Fällen war die Ursache eine gewisse

Isolation. Zum einen führte er nur selten fachliche Diskussionen, weil er nur wenig Kontakt zu anderen Forschern seines wissenschaftlichen Ranges hatte; zum anderen fehlte es ihm an Zeichen beruflicher Anerkennung, wie Einladungen zu Vorträgen oder zur Mitarbeit in Studiengruppen. An sich hätte Dr. Jones seine Isolation auf Fachtagungen durchbrechen können.

Doch wenn er an den Konferenzen teilnahm, hörte er sich die Referate an, die ihn interessierten, unterhielt sich aber nicht hinterher mit den Referenten. Als ich ihn nach dem Grund fragte, erklärte er mir: »Wenn der Betreffende allein war, wollte ich ihn nicht in seinen Gedanken unterbrechen, und wenn er mit jemandem zusammen stand, wollte ich die Unterhaltung nicht stören.«

Daneben stellte ich fest, daß Dr. Jones, wenn er doch in ein Gespräch verwickelt wurde, es schon bald abbrach, um wieder allein zu sein. Im Verlauf unserer Unterhaltungen gelangten wir beide zu dem Schluß, daß Gespräche sein Verhaltensdefizit darstellten: eine Unterhaltung zu beginnen, in sie einzutreten, sie aufrechtzuerhalten. Als Übungsmethode für ihn wählten wir die ›Verhaltensprobe‹. Unser Ziel: Dr. Jones ein besseres und geselligeres Verhalten bei der Fachtagung zu ermöglichen, an der er in naher Zukunft teilnehmen wollte.

Der folgende Dialog zwischen Patient und Therapeut ist eine fast wortwörtliche Rekonstruktion meiner Rollenspiel-Sitzung mit Dr. Jones. Er kann als Muster für diese Methode dienen.

Therapeut: »Ich bin jetzt Dr. Smith. Wir sind an der Tagungsstätte und warten auf den Lift. Ihr Ziel besteht darin, mit mir ein Gespräch anzuknüpfen und sich über fachliche Fragen zu unterhalten. Wollen wir mal sehn, wie Sie es anfangen. Nehmen wir an, diese Schranktür ist eine Aufzugstür. Stellen wir uns davor. Schön. Sie versuchen jetzt, das Gespräch anzufangen.«

Dr. Jones: *(bringt nach längerem Schweigen und in nervöser Unruhe heraus)* »Haben Sie den Aufzugsknopf gedrückt?«

Therapeut *(als Dr. Smith):* »Ja, ich hab' schon gedrückt. Ich hoffe, er kommt bald.«

Längeres Schweigen, während Dr. Jones weiterhin zappelig ist.

Therapeut *(verläßt seine Rolle)*: »Vergessen Sie nicht, Sie wollen sich über etwas Fachliches mit mir unterhalten.«

Dr. Jones *(murmelnd)*: »Gutes Referat heute vormittag.«

Therapeut *(wieder als Dr. Smith)*: »Nett von Ihnen, danke. Freut mich, daß es Ihnen gefallen hat. Finden Sie, daß der Aufbau dicht genug war?« (Diese Frage sollte den Patienten bei seiner Bemühung stützen und ihm zugleich eine Antwort erleichtern.)

Dr. Jones *(verläßt seine Rolle)*: »Aber ich hab' es nie fertiggebracht, Dr. Smith anzusprechen. Er soll so sarkastisch sein und hat einmal eine schlechte Kritik über einen meiner Vorträge geschrieben. Ich wäre zu ängstlich, ein Wort zu ihm zu sagen.«

Therapeut: »Ich bin Ihnen dankbar, daß Sie mir das gesagt haben *(damit verstärkt er die direkte Kommunikation des Patienten)*. Er ist vielleicht für den Anfang ein zu schwieriger Fall. Mit wem könnten wir nach Ihrer Meinung beginnen?«

Dr. Jones: »Sie sind alle zu schwierig.« *(Pause)* Aber vielleicht mit Brown. Ich habe zwar nie mit ihm gesprochen, aber er macht einen freundlichen Eindruck. Außerdem haben wir uns einmal wegen eines Forschungsprojekts Briefe geschrieben. Ja, ich glaube, mit Brown wäre es am einfachsten.«

Therapeut: »Schön, ich bin also Brown. Wir stehen vor dem Aufzug, und Sie beginnen das Gespräch. Übrigens, vorhin haben Sie zu Boden geblickt. Versuchen Sie jetzt, Blickkontakt zu schließen, wenn Sie mit mir sprechen. Und heben Sie die Stimme.« *(Helfende Anweisungen)*

Dr. Jones *(im Rollenspiel)*: »Dr. Brown, ich möchte Ihnen sagen, wie sehr mir Ihr Vortrag heute vormittag gefallen hat.«

Therapeut *(als Dr. Brown)*: »Oh, ich danke Ihnen sehr. Fanden Sie meinen Aufbau dicht genug?«

Dr. Jones *(Pause und wieder unsicher)*: »Aber ja, er war gut. Er war sehr gut.«

Therapeut *(als Dr. Brown)*: »Und dieser Teil über den Ionenaustausch. Finden Sie, ich hab' das richtig gebracht?«

Dr. Jones *(murmelnd)*: »Doch, es war gut so.«

Therapeut *(verläßt seine Rolle)*: »Das muß irgendwie besser gehen. Fällt Ihnen was ein?«

(Lange Pause)

Therapeut *(nicht in seiner Rolle)*: »Machen wir eine Minute Pause, um zu überlegen. Am Anfang waren Sie besser. Sie haben lauter gesprochen und mich angeblickt. Dann haben Sie wieder nachgelassen. Was ist passiert?«

Dr. Jones: »Ich wußte nicht, was ich sagen sollte. Ich hatte Angst, etwas Falsches zu sagen und ihn zu kränken.«

Therapeut: »Das erste ist wahr. Sie wissen nicht, was Sie sagen sollen. Sobald Sie es lernen, werden Ihre Befürchtungen verschwinden. Die Schwierigkeit liegt darin, wie Sie das Gespräch angefangen haben. Das können Sie besser.«

Dr. Jones: »Ich hab' ihm doch gesagt, daß mir sein Vortrag gefallen hat. Die Leute hören es gern, wenn man sie lobt.«

Therapeut: »Stimmt, aber Sie waren zu allgemein. Der beste Anfang wäre, etwas zu sagen, was sein Interesse weckt. *(Anweisung)* Provozieren Sie ihn. Lassen Sie ihn merken, daß Sie etwas zu sagen haben, das sich lohnt.«

Dr. Jones: »Ich könnte ihn an unseren Briefwechsel erinnern. Damals schien er sehr interessiert.«

Therapeut: »Ausgezeichnet. Fangen Sie damit an, daß Sie sich vorstellen. Dann sagen Sie etwas, was seine Aufmerksamkeit weckt. Probieren wir's noch einmal, so wie ich gerade gesagt habe.«

Dr. Jones: »Ich bin mir nicht sicher, ob ich den Mumm dafür habe, selbst im Rollenspiel.«

Therapeut: »Ich will Ihnen etwas sagen: Sie sind Brown, und ich spiele Sie. Achten Sie darauf, wie ich es mache. Übrigens werd' auch ich nicht perfekt sein, aber vielleicht kann ich Ihnen zeigen, wie es geht. *(Vorspielen)*

Und so schulte und formte ich Dr. Norman Jones weiter. Schon bald war er imstande (als Dr. Jones), auf mich zuzugehen, die Hand auszustrecken und zu sagen: »Dr. Brown, ich bin Norman Jones. Wir haben vor ein paar Jahren über Ihr Tracer-Projekt miteinander korrespondiert. Arbeiten Sie noch daran?« Wir formten und probten auch sein Verhalten gegenüber einem anderen Kollegen und übten, wie man sich an einem Gespräch beteiligt. Wir fanden nicht mehr die Zeit, uns noch einmal den schwierigen Fall des Dr. Smith vorzunehmen. Dann flog Dr. Jones zu seiner Tagung.

Während der ersten anderthalb Tage der Konferenz spielte Dr. Jones wie vorher den Einzelgänger. Dann sah er durch Zufall Dr. Brown allein – nicht vor dem Aufzug, vor dem wir geübt hatten, sondern vor einem Tagungsraum. Norman legte sich innerlich zurecht, was er sagen wollte, raffte seinen Mut zusammen und ging mit ausgestreckter Hand auf Dr. Brown zu. Kaum hatte er seinen Namen ausgesprochen, unterbrach ihn Dr. Brown. »Ich habe mich schon darauf gefreut, Sie kennenzulernen. Ich möchte Ihnen das Neueste von meinem Tracer-Projekt erzählen und habe ein paar Fragen zu Ihrem letzten Vortrag. Gehen wir doch in mein Zimmer und unterhalten uns, einverstanden?«

Die nächsten beiden Tage verbrachte Dr. Jones mit anregenden Fachgesprächen. Nur ein einziges Mal hatte er Schwierigkeiten. Als der von ihm so gefürchtete Dr. Smith sich an einer Diskussion beteiligte, verstummte Dr. Jones kurzzeitig, wurde aber bald in die technischen Erörterungen hineingezogen.

Ein Jahr später erbrachten seine Übungen mit der ›Verhaltensprobe‹ unerwartete Resultate. Dr. Jones wurde eingeladen, auf einer internationalen Chemikertagung in der Schweiz einen Vortrag zu halten, bei voller Deckung seiner Unkosten. Die Präsidentschaft der Tagung lag in den Händen von – Dr. Brown.

Mittels der ›Verhaltensprobe‹ kann ein Patient die verschiedensten Probleme lösen, manche einfacher, andere von komplexer Art. Er kann seine eigenen Einstellungen klären und den Gang der Entwicklung verändern. Manchmal kann die Beherrschung eines bestimmten, ganz einfachen Handelns eine komplexe Veränderung der ganzen Lebenseinstellung bewirken.

Fallbeispiel

Wanda Midstons Ehemann war Trinker und machte ihr das Leben zur Hölle. Sie wußte, wie ihre Lösung aussah und hatte sich genau zurechtgelegt, wie sie vorgehen wollte. Sie wollte ihn verlassen und in einer anderen Stadt eine Stellung annehmen, wo sie Angehörige hatte, die ihre zwei Kinder betreuen würden, während sie arbeitete und sich ein neues Leben aufzubauen versuchte. Sie hatte eine Stellung in Aussicht, ihre Angehörigen waren bereit, die Kinder zu übernehmen, aber Wanda machte zwei volle Jahre keine Anstalten, die Veränderung zu vollziehen, an der ihr soviel lag.

Für diese Untätigkeit hatte sie eine ganz einfache Erklärung: Sie habe Angst, ihre Vorgesetzten um die Empfehlung zu bitten, die sie für ihre Bewerbung um die neue Stelle brauchte. Wir verbrachten einen Teil ihrer ST-Gruppensitzungen damit, ihr Verhalten bei der Bitte um die Referenzen zu formen und zu proben. Nach dieser Einübung war Wanda imstande, die Bitte tatsächlich vorzubringen und erhielt die Zusage, daß man ihr eine gute Empfehlung geben werde. Als dieses Problem gelöst war, begann sie die endgültigen Pläne für eine vollkommene Veränderung ihres Lebens zu machen.

Sie können die Technik der Verhaltensprobe einüben, ohne daß unbedingt eine Sitzung mit einem Therapeuten notwendig ist.

Suchen Sie sich einen Partner. Ein Partner kann, indem er die Rolle des Gegenübers übernimmt, Ihnen helfen, Ihr Verhalten zu formen und zu bewerten. Ebenso kann er Ihnen per Rollentausch als Modell dienen. Selbst wenn das Modell, das er vorspielt, nicht perfekt oder in Ihrem Stil ist, können Sie von seiner beziehungsweise Ihrer Methode, sich auszudrücken, lernen. Der Partner kann Sie unterstützen, indem er Sie nachahmt und damit Ihre nichtselbstbewußten Eigenschaften aufzeigt. Wenn Sie beispielsweise zu leise sprechen oder nervöse Gesten machen, kann der Partner dies durch Nachspielen ans Licht bringen. Er sollte auch auf Dinge achten, die Sie beim Rollenspiel gut machen. Er kann Sie durch spezifische Bemerkungen unterstützen, etwa: »Gut, diesmal ist deine Stimme viel sicherer« oder: »So machst du die Sache schon besser.«

Bei persönlichen Problemen oder solchen im Umgang mit anderen Menschen gibt ein enger Freund oder Ehepartner ein gutes Gegenüber ab. Bei Freunden haben Sie zwei Wahlmöglichkeiten: erstens als Partner einen Freund auszusuchen, der in dem Bereich, den Sie im Rollenspiel üben wollen, ein selbstbewußtes Verhalten zeigt, oder, zweitens, einen Freund mit einem ähnlichen Problem zu wählen. Nehmen wir an, Sie sind dem anderen Geschlecht gegenüber schüchtern. Sollen Sie einen Freund/eine Freundin wählen, der/die selbstsicher und unbefangen oder aber ebenfalls schüchtern ist? Grundsätzlich geht mein Vorschlag dahin, denjenigen Partner zu wählen, bei dem Sie sich am wohlsten fühlen.

Selbst wenn Ihr Selbstbewußtseinsproblem mit Ihrem Ehepartner zusammenhängt, kann es äußerst nützlich sein, es im direkten Rollenspiel mit ihm oder ihr anzugehen. Als besonders ergiebig kann sich dabei ein Rollentausch zwischen Mann und Frau erweisen.

Bei Selbstbewußtseinsproblemen, die mit der Arbeit zusammenhängen, gibt vielfach ein Arbeitskollege einen guten Übungspartner ab. Ich kenne einen Vertreter, der immer, wenn er einen wichtigen Kunden besucht, zuerst mit einem Kollegen, der den betreffenden Kunden bereits kennt, die möglicherweise auftauchenden Schwierigkeiten im Rollenspiel vorwegnimmt. Ähnlich bereiten sich viele Manager durch Rollenspiel auf potentiell schwierige Situationen vor, wenn sie an wichtigen Konferenzen teilnehmen müssen.

Bestimmen Sie den Bereich unzulänglichen Verhaltens, den Sie verändern wollen, üben Sie die Verbesserungen im Rollenspiel und bewerten Sie Ihre Leistung selbst. Es führt zumeist nicht zu den angestrebten Veränderungen, wenn man nur eine Situation immer wieder durchspielt. Sie müssen die speziellen Verhaltensaspekte, die Sie verändern wollen (Ausdrücken von Gefühlen, Eintreten für sich selbst im Berufsleben und in der Ehe, Plaudern in Gesellschaften) bestimmen und dann Ihr Rollenspiel bewerten, damit Sie feststellen können, ob Sie tatsächlich diese Veränderungen erreichen.

Laborübung: Einstudierung von Verhaltensweisen

ZWECK: Anwendung des Rollenspiels zur Formung und zum Üben von Verhaltensweisen in Problemsituationen.

Zur Bewertung Ihres Verhaltens im Rollenspiel – und damit zur Unterstützung Ihrer angestrebten Veränderung – teilen die Therapeuten dieses Verhalten in zwei Teile: einen »Inhalt«-Teil, der das betrifft, *was* Sie ausdrücken, und einen »Ausdrucksform«-Teil, bei dem es um das *Wie* des Ausdrucks geht. Es kommt häufig vor, daß eine Ausdrucksform, die kein Selbstbewußtsein zeigt, einen guten Inhalt zunichte macht.

Obwohl man versucht, ein spezielles Problemverhalten zu verändern, hat man vielleicht Schwierigkeiten, seine Leistung bei der ›Verhaltensprobe‹ zu bewerten. Aus diesem Grund gebe ich Bewertungskriterien und dazu eine Bewertungsskala an (sie sind aus Experimenten übernommen, die Dr. Philip H. Friedman von der School of Medicine der Temple University und Dr. Michel Herson, Dr. Richard M. Eisler und Dr. Peter M. Miller an der University of Mississippi durchgeführt haben).

ERSTER SCHRITT: Nehmen Sie zwei Seiten in Ihrem ST-Notizbuch und schreiben Sie über jedes VERHALTENSPROBE-PROBLEM. – Dabei geht es um das Problem, das Sie für Ihre Verhaltens-Einstudierung wählen, beispielsweise, daß Sie um eine Gehaltserhöhung ersuchen, Ihrer Frau sagen, Sie wollen nicht jeden Freitag zu Ihrer Schwiegermutter zum Abendessen gehen und dergleichen.

ZWEITER SCHRITT: Nun ziehen Sie auf jeder Seite drei senkrechte Linien, so daß sich vier Kolumnen ergeben. Schreiben Sie über die erste Spalte auf der rechten Seite INHALT und über die drei folgenden Spalten (zur Bewertung): Erste Probe, dann Zweite Probe und schließlich Dritte Probe.

	Verhaltensprobe-Problem		
INHALT	Erste Probe	Zweite Probe	Dritte Probe

Die gleiche Einteilung nehmen Sie auf der zweiten Seite vor, nur daß Sie die erste Spalte statt mit INHALT mit AUSDRUCKSFORM überschreiben.

DRITTER SCHRITT: Tragen Sie unter INHALT für die folgenden Fragen die Buchstaben A, B, C, D und E ein:

A) Habe ich das wirkliche Problem angepackt?
B) Beseitigt meine Lösung das Problem?
C) Habe ich ausgedrückt, was ich ausdrücken wollte?
D) Habe ich es vermieden, nachgiebig zu sein?
E) Habe ich vom andern klar und deutlich ein neues Verhalten gefordert?

VIERTER SCHRITT: Tragen Sie unter AUSDRUCKSFORM für die folgenden Fragen die Buchstaben A, B, C und D ein:

A) Habe ich laut und fest genug gesprochen?
B) Hab' ich zu lange gesprochen, zuviel erklärt, mich entschuldigend verhalten und war ich unklar? Wechseln Sie ab mit: War ich direkt?
C) Habe ich lange genug gesprochen, so daß der andere verstehen konnte, was ich meine?
D) Haben meine Lautstärke, mein Tonfall und meine Gestik meine Gefühle zum Ausdruck gebracht?

FÜNFTER SCHRITT: Nach jeder einzelnen Verhaltensprobe benoten Sie sich nach folgender Skala: 1 = überhaupt nicht; 2 = ein wenig; 3 = einigermaßen; 4 = sehr; 5 = in hohem Maß; 6 = vollkommen. Die Verbesserung Ihrer Leistungen zeigt sich am numerischen Wert der Benotungen. Versuchen Sie, von 1 auf 5 zu kommen.

SECHSTER SCHRITT: Halten Sie sich im Rollenspiel an die folgenden Grundregeln:

a) Wählen Sie immer ganz einfache Szenen. Eine übermäßige Komplizierung ist nicht hilfreich.

b) Nehmen Sie Szenen aus dem realen Leben. Dabei kann es sich um Geschehnisse handeln, die sich vor kurzem abgespielt haben (beispielsweise: Jemand hat Sie zurückgesetzt oder Ihnen ein Vorhaben durchkreuzt), aber ebensogut um solche der Zukunft (wie einen Freund um einen Gefallen bitten oder eine Vorstellung zum Zweck der Bewerbung um eine neue Stelle).

c) Geben Sie Ihrem Partner genaue Anweisungen zu der Rolle, die er spielen soll, und spielen Sie die Szene in einem Zeitraum von einer bis fünf Minuten. Beim Rollenspiel sollten sowohl Sie als auch Ihr Partner um Realismus bemüht sein.

d) Beginnen Sie mit einer vergleichsweise einfachen Situation und gehen Sie dann zu einer schwierigeren über, nach der Stufenmethode, die ich an früherer Stelle in diesem Kapitel beschrieben habe. Wenn Sie der Ansicht sind und auch die Notenskala anzeigt, daß Sie eine Situation gemeistert haben, gehen Sie zur nächsten über und immer so weiter, bis Sie bereit sind, die schwierigste in Angriff zu nehmen. Bedienen Sie sich der Stufenmethode nur, wenn Sie feststellen, daß die Szene zu schwierig ist, als daß Sie sie schon zu Anfang des Rollenspiels zu bewältigen vermöchten.

e) Versuchen Sie, sich über Reize klarzuwerden, die Ihnen Schwierigkeiten bereiten (wie Stirnrunzeln, dieser oder jener Tonfall oder ein bestimmtes Gesprächsthema) und bauen Sie sie in Ihr Rollenspiel ein. Auf diese Weise können Sie lernen, die Form Ihrer Reaktion auf solche Stimuli zu beeinflussen und zu verändern.

Siebenter Schritt: Wenn Ihnen kein Partner zur Verfügung steht, bedienen Sie sich an seiner Stelle eines Tonbandgeräts. Bei dieser Methode fehlt zwar das persönliche Hin und Her und die Flexibilität, die Sie mit einem richtigen Partner erreichen können, trotzdem aber haben Sie auch in diesem Fall die Möglichkeit, bestimmte Reaktionen auf bestimmte Situationen einzuüben.

Achter Schritt: Setzen Sie das Rollenspiel, die Bewertung Ihrer Leistungen und die Diskussion darüber fort, bis Sie Ihr Verhalten so geformt haben, daß Sie damit zufrieden sind. Benutzen Sie die Notenskala, um sicherzustellen, daß Sie nicht zurückfallen. Dann versuchen Sie eine andere Situation mit der Methode des Rollenspiels anzugehen.

Neunter Schritt: Als Wichtigstes bleibt Ihnen zuletzt, nach Situationen in der Lebensrealität Ausschau zu halten, in denen Sie anwenden können, was Sie gelernt haben.

4

Wie man sich ein Netz sozialer Kontakte schafft

»Ich bin einsam« . . . »Ich habe keine Freunde« . . . »Ich weiß nicht, wie ich es anfangen soll, neue Menschen kennenzulernen« . . . »Ich lerne zwar neue Leute kennen, aber ich bekomme nie einen engeren Kontakt zu ihnen.«

Jeden Tag bekomme ich von unglücklichen und deprimierten Patienten solche Klagen zu hören. Oft führen sie ihr nicht vorhandenes gesellschaftliches Leben auf irgendein Geschehnis in ihrer Kindheit zurück, das tief in ihrem Unbewußten begraben ist. Vielleicht haben sie damit recht. Doch für solche Menschen, die an dem Gefühl des Ausgeschlossenseins vom Leben leiden, sehe ich die Lösung nicht darin, ihnen ihre Vergangenheit ins Bewußtsein zu heben. Was sie brauchen, ist nach meiner Ansicht Beistand, damit sie heute, in der Gegenwart, ein Netz sozialer Beziehungen zustande bringen.

Es gibt nur selten einen Menschen, den die völlige Isolation befriedigt. Jeder Mensch braucht unterschiedliche Beziehungen zu anderen Menschen. Doch welches Netz sozialer Kontakte für eine bestimmte Person am besten ist, hängt in hohem Maße von ihren Bedürfnissen und ihren Zielen ab. Was für den einen am besten ist, kann für jemand anderen ganz verkehrt sein.

Das befriedigende Netz sozialer Kontakte

Wie verschieden zufriedenstellende Netze sozialer Kontakte in Ihrem Leben auch beschaffen sein mögen, so haben sie doch bestimmte gemeinsame Wesensmerkmale:

Ihr Netz sozialer Kontakte dient Ihnen als Sicherheitsbasis. Sie haben ein Gefühl der Zugehörigkeit. Die Menschen, die dieses Netz bilden, kennen und anerkennen Sie. Sie sind sich bewußt, was Sie voneinander erwarten und nicht erwarten können. Sie wissen, wer zu Ihnen kommen wird, wenn Sie krank sind, wer Ihnen Blumen schicken, wer Sie anrufen wird und auch wer sich erst dann wieder sehen läßt, wenn Sie wieder gesund sind.

Ihr Netz sozialer Kontakte umfaßt verschiedenartige Beziehungen, die sich von den flüchtigsten bis zu den intimsten spannen. Zum Beispiel der Freund, mit dem Sie gerne angeln gehen, mit dem Sie aber niemals ein sachliches Gespräch führen würden – und umgekehrt. Zum Beispiel der Bekannte, den Sie gern zweimal im Jahr sähen, und der Freund, mit dem Sie zweimal pro Woche Ihre Probleme und Gefühle besprechen. Es ist zu hoffen, daß zu Ihrem Netz auch zwei, drei Menschen gehören, mit denen Sie die Dinge teilen können und wollen, die Sie ganz persönlich betreffen.

Ihr Netz sozialer Kontakte ist Ihren spezifischen Bedürfnissen angepaßt. Wenn Sie ein extravertiertes Naturell haben, brauchen Sie vermutlich ein ständig aktives Kontaktnetz, das aus vielen Menschen besteht. Die paar wenigen Freunde und die stillen Abende, die dem Introvertierten genügen, würden Sie langweilen. Doch darf man nicht zu starr typisieren. Auch der extravertierteste Mensch braucht hin und wieder ein paar Augenblicke der Ruhe mit engen Freunden. Und selbst dem eingefleischtesten Introvertierten macht es vielleicht gelegentlich Spaß, an einer Galaparty teilzunehmen.

Ihr Netz sozialer Kontakte ist ständiger Veränderung unterworfen – weil Sie selbst sich im Laufe Ihres Lebens verändern, weil die anderen Menschen und die Beziehungen selbst anders werden. Der Bekannte aus geschäftlichen Kontakten kann sich zu einem engen Freund entwickeln oder sich als ein fürchterlicher Langweiler entpuppen, dem man aus dem Weg gehen muß. Sie verlieren vielleicht Ihr Interesse am Angeln und Kegeln und erwärmen sich fürs Bridgespielen. Alles mögliche kann sich verändern: Sie werden reicher oder ärmer, wechseln den Beruf, heiraten, lassen sich scheiden, bekommen Kinder, ziehen in eine andere Stadt und so fort. Jede dieser Veränderungen bringt andere Bedürfnisse und Möglichkeiten mit sich, und diesen müssen Sie das Netz Ihrer sozialen Kontakte anpassen.

Das unbefriedigende Netz sozialer Kontakte

Menschen mit einem mangelhaften Netz sozialer Kontakte teilen sich in drei Kategorien:

1. Der Einzelgänger, weiblich oder männlich, der in der Isolation lebt. Vielleicht gibt es irgendwo im Hintergrund eine Familie, aber

der Kontakt mit Eltern, Kindern oder anderen Verwandten ist sporadisch, oberflächlich und konfliktbeschwert. Der Einzelgänger spricht mit Arbeitskollegen, Verkäufern und Beamten, darüber hinaus aber hat er buchstäblich niemanden. Je länger ein solcher Mensch dieses Leben führt, um so mehr verliert er auch die wenigen sozialen Fertigkeiten, die er ursprünglich besaß, und um so mehr meidet er jeden möglichen Kontakt mit Mitmenschen.

2. Der Mensch, der zwar kein Netz sozialer Kontakte, immerhin aber (zumeist sporadische) Beziehungen zu anderen Leuten hat. Beispiele dafür sind der Junggeselle, der periodisch intensive Beziehungen zu Frauen unterhält, oder die alleinstehende Frau, die ähnliche Verhältnisse mit Männern anknüpft. Solche Beziehungen kommen nicht zum Tragen. Jeder stellt an den anderen Forderungen, die unmöglich zu erfüllen sind. Dann gibt es den Einzelgänger, der nur einen Freund oder nur eine einzige Freundin hat. Auch diese Freundschaften bewirken zumeist, die Isolation zu verlängern, an der jeder von ihnen leidet. In solchen Fällen fühlt sich der eine als Außenstehender, auch wenn der Partner ein Netz sozialer Kontakte besitzt. Er reiht sich in dieses Netz nie ein, und wenn die Beziehung sich auflöst, ist er wieder da, wo er angefangen hat.

3. Das isolierte Paar. Dabei handelt es sich um die Eheleute, die von der übrigen Welt abgesondert leben. Jeder Partner erwartet vom anderen, daß er seine *sämtlichen* Bedürfnisse erfüllt. Da dies natürlich über längere Zeit unmöglich ist, entwickeln sich Spannungen und Groll, die die Ehe schwer belasten.

4. Die verbarrikadierte Persönlichkeit, die keine vertraulichen Dinge mit anderen Menschen teilen kann. In seinem Buch ›Behavior Therapy and Beyond‹ gibt Dr. Arnold Lazarus von der Rutgers University eine ausgezeichnete bildliche Darstellung dieser Kommunikationsebene, auf der die verbarrikadierte Persönlichkeit ohne Schwierigkeit oberflächliche E-C-D-Beziehungen unterhalten kann, aber niemals jemanden in die Zone A einläßt und deswegen zu einer echten Beziehung unfähig ist[1].

---

[1] Aus ›Behavior Therapy and Beyond‹ von Dr. Arnold Lazarus, 1971, mit Genehmigung des Verlags McGraw-Hill Book Co.

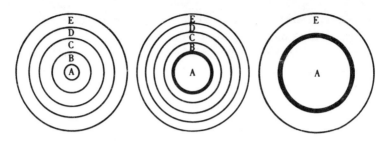

Das äußerste Band, E, stellt die oberflächlichsten sozialen Kontakte dar, bei denen man vielleicht sagt: »Mein Name ist . . .« – »Schokoladenpudding ist mir die liebste Nachspeise.« – »Der Film gestern abend im Fernsehen hat mir gefallen.«

Die innere Kreisfläche, A, bezeichnet die persönlichsten Dinge, die man überhaupt über sich sagen kann, seine tiefsten Gefühle, die Gedanken, die einem anderen gegenüber verwundbar machen.

Die Bänder B, C und D symbolisieren eine Reihe von Kommunikationsebenen, wo nicht so sehr der Inhalt dessen, was man sagt, zählt, sondern die Bedeutung, die es für einen hat. Die Ebene D ist vielleicht für jemand anderen Ebene B. Die Patienten haben aber nur selten Schwierigkeiten, ihre eigene Kommunikation der richtigen Ebene zuzuordnen.

Bei der Abbildung mit den konzentrischen Kreisen links zeigt der relativ kleine Kreis A, daß die persönliche Ebene den anderen Kommunikationsebenen proportional entspricht.

Auf der Abbildung in der Mitte hat sich die Kreisfläche A ausgedehnt und entwickelt eine feste Abgrenzungsmauer, was bedeutet, daß der Betreffende weniger Möglichkeiten zur Kommunikation mit anderen hat und eine Mauer um seine persönliche Sphäre zieht, so daß er selbst in einer engen Beziehung keine Gedanken und Gefühle teilen kann.

Die Abbildung rechts zeigt den Höhepunkt in der Entwicklung der verbarrikadierten Persönlichkeit. Die Mauer ist dicker und stärker geworden, und dem Betreffenden fällt es nun sehr schwer, irgend etwas Persönliches oder für ihn selbst Bedeutungsvolles über sich anderen mitzuteilen. Obwohl er vielleicht eine ganz andere Fassade zeigt, kann er zu anderen Menschen nur oberflächliche Beziehungen aufnehmen, und häufig ist er sich über seine eigenen Wünsche, Gedanken und Gefühle im unklaren.

5. Die undifferenzierte Persönlichkeit ist das genaue Gegenteil. Ihr fehlt es an emotionaler Beherrschung, am Verständnis für abgestufte Verhältnisse und unterschiedliche Distanzerfordernisse in verschiedenen Situationen. Im Gegensatz zur verbarrikadierten Persönlichkeit, die zahlreiche, aber nicht enge menschliche Kontakte haben kann, stößt die undifferenzierte Persönlichkeit die Menschen von sich. Sie gibt Beziehungen keine Chance, sich zu entwickeln, fühlt sich zurückgestoßen, wenn die Leute nicht schon beim allerersten Mal auf ihre privaten Enthüllungen positiv reagieren, und erlebt ständig Kränkungen. Wenn Sie Ihre innersten Gefühle wahllos Unbekannten preisgeben, werden einige von ihnen sie gegen Sie benutzen.

Fallbeispiel

Die siebenundzwanzigjährige Susan Armstrong, Englischlehrerin an einer Oberschule, war die Tochter eines angesehenen Analytikers der Freudschen Richtung und mit den Begriffen Penisneid, unbewußte Triebe und Ödipuskomplex aufgewachsen. Sie war selbst seit ihrem siebenten Lebensjahr immer wieder in analytischer Behandlung gewesen. Susan schloß nur selten neue Freundschaften und war nie in der Lage, eine dauerhafte Beziehung zu einem Mann zu unterhalten.

Ein unbedeutender Zwischenfall in der Schule hatte sie tief getroffen. Sie hatte mitgehört, wie eine Kollegin über sie sagte: »O Gott, da kommt unser Dr. Freud schon wieder mit seinem ganzen Geschwätz.« Daran erkannte Susan, daß man ihr aus dem Weg ging. Sie faßte den Entschluß, es einmal mit einer nichtpsychoanalytischen Behandlung zu versuchen, und kam in meine Praxis.

In unseren Gesprächen stellten wir fest, daß sich ihre Vorstellung von einer Unterhaltung nur auf die Ebenen A und B erstreckte. Sie behandelte jeden sozialen Kontakt wie eine Gelegenheit, ihre eigenen innersten Gefühle und die anderer zu analysieren. Auf diese

Weise gab sie niemals einer Beziehung die Chance, sich zu bilden, zu entwickeln, zu reifen.

Ich setzte Susan auseinander, daß ein Verhalten, das gegenüber engen Freunden richtig ist, bei Leuten, die man eben erst kennengelernt hat oder nur flüchtig kennt, fehl am Platz ist. Ich gab ihr den Auftrag, sich mit jemandem zu treffen, den sie nicht kannte. Dabei sollte sie sich auf die oberflächlichen Ebenen D und E beschränken. Sie versuchte es, aber es gelang ihr nicht. Noch bevor der Abend zu Ende war, hatte sie wieder angefangen, sich und den anderen zu analysieren. Aber diesmal erkannte sie wenigstens, was sie tat. Die Behandlung, die ich mit Susan durchführte, bestand darin, sie dazu zu bringen, daß sie sich im Gespräch an die Ebenen C, D und E hielt. Das war nicht einfach, weil Diskussionen über das Es und das Ich Susan derart in Fleisch und Blut übergegangen waren, daß sie die Funktion gesellschaftlichen Plauderns nicht begriff.

Schließlich ging Susan auf eine Party, hielt sich von den Ebenen A und B fern, ging aber mit dem Gefühl weg, daß sie »nichts Wesentliches gesagt« habe. Zu mir sagte sie: »Ihre Behandlung steuert mich in die verkehrte Richtung.«

Aber einige Tage danach sagte eine Bekannte, zu der sie einen Kontakt auf der Ebene C hatte, zu ihr: »Ihre neue Therapie scheint zu wirken. Sie waren bezaubernd auf der Party.

Sobald Susan die neue Technik erlernt hatte, machte sie rasche Fortschritte. Als sie sich an die äußeren Ebenen gewöhnte, begann sie auch ihre inneren Gefühle mehr zu schätzen. Sie ging eine Beziehung ein, die lange Zeit hielt, und als sie auseinanderging, war sie traurig, weil sie mit ihrem Freund gebrochen hatte, Sie hielt keine gelehrten Reden über »die dynamischen Wurzeln« ihrer Gefühle. Eines Tages berichtete sie, daß sie eine neue Beziehung angeknüpft und das Gefühl habe, daß sie dieses Mal zu einer angemessenen Kommunikation fähig sei. »Wissen Sie, Doktor«, sagte sie, »Sie gehören bei mir wirklich auf die Ebene A.«

Denken Sie daran, daß das Kriterium eines Ihnen angemessenen Kontaktnetzes nicht in der Zahl der Menschen besteht, die dazugehören, sondern darin, *welche Art Menschen* das sind, und in der *Vielfalt von Beziehungen.* Es reicht nicht, wenn man zwar viele Bekannte, aber mit allen nur eine beschränkte Kontaktnähe hat. Auch ein, zwei sehr enge Beziehungen allein, ohne weitere Freunde und Bekannte, sind unbefriedigend.

Es kann sein, daß Ihr Kontaktnetz aus der falschen Art von Leuten besteht. Sie sind fade, allzu ernsthaft, humorlos, zu leichtfertig, und Sie können mit Ihnen niemals ein wirklich tiefes Gespräch führen. Oder die Dinge liegen so, daß sich in Ihrem Kontaktnetz niemand findet, mit dem Sie Dinge teilen können, die Ihnen wichtig sind. Oder Sie entdecken vielleicht, daß Sie genauso werden wie die Leute in Ihrem Kontaktkreis.

Woher kommt es, daß man ein falsches Netz sozialer Kontakte bildet oder aber überhaupt keines besitzt?

Man versteht die Realität des zwischenmenschlichen Lebens nicht. Der Zweck verschiedener lockernder Gebräuche und Rituale bleibt einem verschlossen. Ich werde immer wieder von Leuten aufgesucht, die klagen, daß sie zuwenig Umgang mit Menschen haben, und dann stellt sich im Gespräch heraus, daß sie sich nicht so verhalten, wie sie sich verhalten müssen, wenn sie neue Leute kennenlernen. Ein sehr wesentliches Problem: Sie verstehen die Funktion des ›small talk‹, des leichten Plauderns, nicht und kritisieren daran, daß es »oberflächlich« sei, »Zeitverschwendung«, »zu unpersönlich«. Solchen Leuten versuche ich klarzumachen, daß ›small talk‹ die Aufgabe hat, zu sondieren, sich heranzutasten. Man benützt es als Terrain, auf dem man nach gemeinsamen Interessen forscht. Ich bemühe mich, dem Patienten zu zeigen, daß nicht jeder Mensch, dem er begegnet, interessant für ihn sein wird, aber daß er selbst mit uninteressanten Leuten Gedanken austauschen kann.

Man hat unzutreffende Vorstellungen von aktiv und passiv. Man meint, die Dinge passieren einfach. Aber das ist nicht so. Interessante Menschen tauchen ebensowenig aus dem Nichts in Ihrem Leben auf wie ein Märchenprinz auf einem feurigen Schimmel. Leute einladen, ein guter Begleiter oder ein guter Gast zu sein, erfordert spezielle Fertigkeiten, die man erlernen muß.

Ein Beispiel: Mort, der verwöhnte Sprößling reicher Leute, war künstlerisch begabt und wurde ein erfolgreicher Couturier. Aber er blieb trotzdem immer ein passiver Charakter – insbesondere Frauen gegenüber. Er war zwar fähig, mit einem Mädchen eine Bekanntschaft anzuknüpfen, aber immer ohne Ziel. Die Folge war, daß die Sache jedesmal ereignislos und langweilig ablief. Durch Selbstbewußtseinstraining brachte er allmählich etwas System in seine Verabredungen – besorgte Karten für eine Ballettvorstellung, ließ einen Tisch für das Essen hinterher reservieren –, und seine Passivität begann sich abzuschwächen. Er verlor seine Angst vor Verabredungen und plante viele Dinge mit größerer Aktivität. Als er die Struktur seiner Passivität durchbrach, wurde es ihm möglich, in engere Beziehungen zu Frauen zu treten.

Man hat eine ganze Reihe von sozialen Kontaktängsten. Man fürchtet,

- daß einen die Leute für dumm halten, weshalb man Unterhaltungen vermeidet.
- daß man sich blamiert. Man sagt nichts Eigenes, nichts Originelles, und deshalb wird das, was man im Gespräch von sich gibt, schal und konventionell. Oft langweilt man sich sogar selbst.
- Ablehnung. Man hält sich gern an die Leute, die man kennt und in deren Gegenwart man sich relativ sicher fühlt. Und dann beklagt man sich, daß immer alles im gleichen Trott verläuft.
- Zu enge Kontakte. Man beschränkt sich immer auf leichtes, oberflächliches Geplauder. Man geht auf neue Menschen nicht ein oder läßt nicht zu, daß sich neue persönliche Beziehungen entwickeln.

So, wie man seine Ängstlichkeit sich selbst gegenüber darstellt, erscheint sie begründet. Ja, die Möglichkeit besteht, daß man abgewiesen wird, wenn man mit Leuten Kontakt aufnehmen will. Aber es ist notwendig, das irrationale Element ans Licht zu bringen, indem es den eigenen Gedanken hinzugefügt wird. Zum Beispiel denkt man: »Wenn ich dieses Mädchen zum Tanzen auffordere, wird es vielleicht nein sagen«, und dann fügt man den irrationalen Teil hinzu, »und alle werden mich verachten.« Indem man den irrationalen Teil ins Licht rückt, macht man sich selbst bewußt, wie irrational er ist.

Hier folgen einige irrationale Ängste im Zusammenhang mit dem Netz sozialer Kontakte, die ich von denen adaptiert habe, die Dr. Albert Ellis in einem Bericht über »Rational-Emotive Therapie« aufgeführt hat.

Es ist irrational zu glauben:

- Praktisch jeder bedeutende Mensch, der einem im Leben begegnet, müsse einen gern haben oder gut finden.
- Damit man das Gefühl hat, daß man etwas wert ist, müßte man in jeder denkbaren Hinsicht und Lebenslage tüchtig, den Anforderungen gewachsen und erfolgreich sein.
- Das Leben sei furchtbar, ja eine Katastrophe, wenn die Dinge nicht so sind, wie man sie gern haben möchte.
- Man hätte nur wenig oder überhaupt keine Möglichkeit, mit seinen inneren Schwierigkeiten fertig zu werden.
- Die eigenen Vergangenheitserfahrungen würden unweigerlich das heutige Verhalten bestimmen, und weil man früher einmal etwas Schweres erlebt habe, käme man nie mehr davon los.

Der selbstbewußte Mensch und sein Netz sozialer Kontakte

Was ist zu tun, um Ihre Ängste zu besiegen, Ihnen ein Kontaktnetz zu verschaffen, wenn Sie keines besitzen, oder das, das Sie haben, zu verbessern? Hier folgt eine Anleitung, wie man ein Netz sozialer Kontakte entwickelt, das dem selbstbewußten Menschen angemessen ist.

Nehmen Sie als Ausgangspunkt Ihre gegenwärtige Situation. Selbst wenn Sie gesellschaftlich extrem isoliert sind, haben Sie zumeist doch ein paar Bekannte. Beginnen Sie die Ausdehnung Ihres Kontaktnetzes damit, daß Sie den Kontakt zu diesen Personen verstärken. Sie könnten anrufen, nur um zu fragen, wie es ihnen geht. Oder sich mit ihnen zu einem Kinobesuch verabreden, gemeinsam einkaufen gehen oder eine Sportveranstaltung besuchen. Nutzen Sie mehr, was bereits vorhanden ist.

Wenn Sie wirklich Schwierigkeiten haben, Kontakte zu schließen, werden Sie sich vielleicht – eine Rationalisierung – sagen: »Es würde mir keinen Spaß machen, ihn oder sie anzurufen.« Aber im Anfangsstadium des Selbstbewußtseinstrainings spielt es keine Rolle, ob Ihnen eine Sache Spaß macht. Sie tun, was nötig ist, um die Zahl Ihrer Freunde und Bekannten zu erhöhen. Es ist zwar zu hoffen, daß Sie mit wachsender Selbstsicherheit auch Freude an Kontakten empfinden; aber am Anfang spielt das keine große Rolle. Konzentrieren Sie sich darauf, Bekanntschaften zu schließen und Freunde zu gewinnen.

Sobald Sie Ihren Ausgangspunkt gefunden haben, gehen Sie Schritt für Schritt auf das Ziel zu, das Sie erreichen wollen. Halten Sie nach Gelegenheiten Ausschau, einer Feier im Betrieb, einem Vortragsabend oder sonst etwas, wo Sie zum erstenmal die Leute treffen könnten, die Sie in Ihr Kontaktnetz aufnehmen möchten. Ich bekomme häufig von Patienten zu hören: »Ich war schon in Hunderten von Vortragsabenden, aber da passiert ja nie etwas.« Für manche Leute mit Selbstbewußtseinsproblemen kann sich schon der Besuch eines Vortragsabends als ein Schritt nach vorne erweisen; für andere ist er vielleicht nur eine Wiederholung von Dingen, die sie vorher schon getan haben. Wenn letzteres auf Sie zutrifft, dann fangen Sie an, anders vorzugehen. Wenn Sie schon in wer weiß wieviel Vorträgen waren, aber nie mit jemandem ins Gespräch gekommen sind, nehmen Sie sich von nun an vor, während des Vortrags oder danach zu irgendeinem Menschen ein paar Worte zu sagen. Schließlich gehen Sie so weit, daß Sie eine richtige Unterhaltung anknüpfen. Ebenso ändern Sie Ihre Methode des Umgangs mit Menschen, wenn Sie häufig Veranstaltungen besucht und mit Leuten gesprochen, aber dies später nie zu einem Freundschaftsangebot ausgebaut haben. Nehmen Sie sich vor, mit einem Menschen, den Sie kennengelernt haben, innerhalb einer Woche Kontakt aufzunehmen. Die anderen haben es genauso gern wie Sie, daß man sie nett findet.

Ich benütze oft Mini-ST-Gruppen, um solche systematischen Aufgaben zu stellen. Dabei handelt es sich um Gruppen aus drei oder vier Personen, die versuchen, innerhalb von vier Übungssitzungen ein bestimmtes Ziel auf dem Gebiet der Stärkung des Selbstbewußtseins zu erreichen. Eine dieser Gruppen bestand aus drei Junggesellen, zwischen fünfunddreißig und einundvierzig Jahre alt. Allen fiel es schwer, Bekanntschaften mit Frauen anzuknüpfen, sie verbrachten oft ihr Wochenende allein, wurden selten eingeladen, luden niemals Leute zu sich ein und hatten keine engen Freunde. Das gemeinsame Ziel dieser Gruppe in ihrem Übungsprogramm, das sie einen Monat lang einmal in der Woche zusammenführte: eine Reihe von Verhaltensformen zu entwickeln, die ihre sozialen Kontakte vermehren und schließlich dazu führen würden, daß sie sich einer Gruppe anschlossen. Ich möchte meinen Lesern einen kurzen Einblick in das Programm geben, besonders im Hinblick auf Bruce:

Erste Sitzung: Wir erarbeiteten zusammen eine Liste von Aufträgen für jeden einzelnen Patienten. Bruce bekam für die folgende Woche unter anderem folgende Aufgaben gestellt: einmal mit zwei Personen zum Mittagessen zu gehen, zwei Leute – einen Mann und eine Frau – anzurufen, nur um mit ihnen zu plaudern, und in ein Museum am Ort zu gehen und mit zwei Fremden ein Gespräch anzufangen.

Zweite Sitzung: Bruce meldete großen Erfolg bei all seinen Aufgaben, besonders bei den Telefonanrufen (innerhalb der vier Wochen unseres Programms machte er sogar mehr als die zwei pro Woche vorgeschriebenen Anrufe und erhielt dabei zwei Einladungen zum Abendessen und eine zu einer Party). Nächste Aufgabe: noch einmal das Kunstmuseum zu besuchen und zwei junge Frauen anzusprechen. Damit sollte Bruce geholfen werden, Mädchen kennenzulernen, die sein Interesse an Kunst und Musik teilten. Er brauchte dafür einige Unterstützung, weshalb wir diese Begegnungen während der Gruppensitzung per ›Verhaltensprobe‹ durchspielten.

Dritte Sitzung: Bruce meldete, daß er mit zwei Frauen gesprochen habe, aber es seien kaum mehr als zwei Sätze gewesen. Er erhielt eine neue Aufgabe für die folgende Woche: im Museum ein richtiges Gespräch mit einer Frau anzufangen und sie in ein Café einzuladen. Wieder Einübung per ›Verhaltensprobe‹, mit einem anderen Mitglied der Gruppe, das den gleichen Auftrag erhalten hatte.

VIERTE SITZUNG: Bruce hatte sich in seiner ganzen Einstellung verändert. Bis dahin hatte er andere Menschen immer nur oberflächlich kennengelernt, und wenn sie nicht zu seiner unmittelbaren Umgebung gehörten, keinen Versuch unternommen, wieder Kontakt mit ihnen aufzunehmen. Jetzt aber berichtete er in der Gruppensitzung: »Durch die Verabredungen zum Essen und die Anrufe gewinne ich richtige Freunde.« Außerdem hatte er sich mit einer jungen Frau, die er zum Kaffee eingeladen hatte, zu einem Theaterbesuch verabredet. Einige Zeit nach Abschluß unseres Programms rief Bruce mich an und berichtete, daß er diese Frau heiraten werde.

Bei dieser Schritt-für-Schritt-Methode zur Erweiterung Ihres Kontaktnetzes ist es notwendig, daß Sie die Orte aufsuchen, *wo sich das Leben abspielt* und wo Sie neue Menschen kennenlernen können: Partys, Theatervorstellungen, Konzerte, Urlaubsorte, Kurse etc.

Der beste Weg, Ihre Aktivität im Umgang mit Menschen zu stärken, besteht darin, sich Ihre speziellen Interessen und Neigungen zunutze zu machen. Wenn Sie sich an etwas beteiligen, was Ihnen wirklich gefällt, sind Sie im Umgang mit anderen Leuten in Ihrer besten Form. Nehmen Sie irgend etwas, was Sie interessiert und wichtig für Sie ist – Politik, Camping-Urlaub, Skilaufen, Tennis, Fußball –, und entwickeln Sie eigene Aktivität auf diesem Gebiet. *Der Hauptzweck ist die Betätigung selbst.* Im allgemeinen gibt so etwas mehr Befriedigung, als wenn Sie in eine Bar gehen, um jemanden anzusprechen, weil Sie verwandten Seelen begegnen, mit denen Ihnen der Kontakt leichter fällt und die Sie in Ihr Kontaktnetz einbauen können.

Fast jeder psychologische Ratgeber erteilt die gleiche Empfehlung, die ich soeben ausgesprochen habe: »Gehen Sie hinaus und tun Sie was!« – »Nutzen Sie Ihre speziellen Interessen!« – »Rufen Sie Leute an!« Doch wir gingen bei unseren Empfehlungen für die Erweiterung des sozialen Kontaktnetzes von der Annahme aus, daß Sie sie befolgen werden, wenn Sie wissen, wie Sie es anzufangen haben, und daß sich mit zunehmender Übung Ihre Ängstlichkeit vermindert. Unsere Prämisse ist, daß Sie durch aktives Handeln positive Verstärkung erhalten werden (vielleicht Einladungen und neue Freunde oder auch nur das Gefühl der Befriedigung, daß Sie den Versuch machen) und daß dies letzten Endes ebenfalls Ihre Ängstlichkeit mindern wird.

Dies trifft nicht immer zu. Es kann sein, daß man den aktiven Schritt einfach nicht tut, weshalb die Angstminderung oder -beseitigung nicht stattfinden kann. Oder man handelt zwar, empfindet dabei jedoch solche Angst, daß sich mit diesem Schritt ein hemmendschädliches Gefühl verbindet, das einem die Sache beim nächstenmal noch schwieriger macht.

Um solchen Leuten zu helfen, benützt das Selbstbewußtseinstraining die Laborübung in ›verdeckter Verstärkung‹, entwickelt von Dr. Joseph R. Cautela, Professor für Psychologie am Boston College und früherer Präsident der Amerikanischen Vereinigung zur Förderung der Verhaltenstherapie. Diese Technik benützt bildliche Vorstellung, um Angst zu schwächen. Das Prinzip, ein bestimmtes Verhalten zu stärken, besteht darin, das Verhalten, das man stärken will, zu belohnen. Bei der ›verdeckten Verstärkung‹ nimmt man sich das Verhalten vor, das man kräftigen will. Man stellt sich vor, daß man es agiert; man verstärkt seine Ausführung dieses Aktes *durch bildliche Vorstellung*. Die Methode funktioniert folgendermaßen:

Laborübung: Verdeckte Verstärkung

ZWECK: die Angst vor dem Umgang mit Menschen zu vermindern.

ERSTER SCHRITT: Nehmen Sie das bestimmte Verhalten, vor dessen Ausführung Sie Angst haben. Beispielsweise ein Mädchen zum Tanzen auffordern, mit einem Fremden ein Gespräch beginnen, eine unzumutbare Bitte ablehnen. Konzentrieren Sie sich auf den Akt, nicht auf die Angst.

ZWEITER SCHRITT: Lösen Sie die Handlung in kleine Schritte auf. Beispielsweise wollen Sie ein Mädchen bitten, sich mit Ihnen zu treffen.

a) Sie überlegen sich zu Hause ganz ruhig: »Jetzt rufe ich Jill an.«
b) Sie gehen entspannt zum Telefonapparat und setzen sich hin.
c) Sie greifen ruhig und entspannt nach dem Hörer.
d) Sie wählen ruhig und entspannt die Nummer.
e) Sie hören gelassen, wie bei Jill das Telefon klingelt.
f) Sie hören, wie Jill sich meldet – »Hallo!« – und stellen fest, daß Sie noch immer gelassen und entspannt sind.
g) Sie antworten Jill und bitten sie, sich mit Ihnen zu treffen. Wieder sind Sie ruhig und entspannt.

Es empfiehlt sich, die einzelnen Schritte der Handlung aufzuschreiben.

DRITTER SCHRITT: Wählen Sie sich einen ›Verstärker‹. Als ›Verstärker‹ können Sie alles nehmen, was bei Ihnen ein angenehmes Gefühl hervorruft. Es braucht nichts mit dem Verhalten zu tun haben, das Sie verstärken wollen. Es kann das Bild vor Ihrem geistigen Auge sein, wie Sie im Comer See schwimmen, oder die Vorstellung, daß Sie Erdbeereis essen, daß man Sie lobt, daß Sie Nobelpreisträger werden. Einer meiner Patienten benutzte dafür seine Lieblingsmusik, das Doppelkonzert von Brahms. Ein anderer das herrliche Gefühl beim Skilaufen. Was beim einen wirkt, muß nicht unbedingt auch beim anderen funktionieren. Aber solange Ihnen Ihr ›Verstärker‹ ein angenehmes Gefühl gibt, wirkt er auch.

VIERTER SCHRITT: Lesen Sie den ersten Punkt auf Ihrer Liste und stellen Sie sich die Situation vor. Wenn Sie das Bild klar vor Augen haben, sagen Sie sich: »Verstärken!«, und gehen sofort zu Ihrer Verstärker-Vorstellung über. Dies machen Sie zehnmal nacheinander, dann gehen Sie den nächsten Punkt an. Machen Sie diese Übung jeden Tag, bis Sie das Verhalten im realen Leben mit einem Minimum an Angst ausführen können. Wenn Sie diese Übung zehnmal täglich und an sieben Tagen in der Woche machen, kommen Sie auf siebzig Konditionierungsversuche wöchentlich und auf dreihundert im Monat. Es kann sein, daß Hunderte dieser Versuche nötig sind, bis die Konditionierung funktioniert. Erwarten Sie keine Zauberei und lassen Sie sich nicht entmutigen.

FÜNFTER SCHRITT: Wenn Sie die Möglichkeit haben, führen Sie dieses Verhalten Schritt für Schritt aus, genauso, wie Sie es in Ihrer Vorstellung getan haben. Auch in der realen Situation können Sie Ihre Verstärker-Vorstellung verwenden (zum Beispiel: Sie sind tanzen gegangen und sehen ein Mädchen. Sie gehen entspannt zu ihr hin, genauso, wie Sie es in Ihrer Vorstellung getan haben. Während Sie dies tun, sagen Sie zu sich: »Verstärken!«, und denken an Ihre Verstärker-Vorstellung).

SECHSTER SCHRITT: Wenn Sie feststellen, daß diese Technik die Angst vermindert, die mit einem bestimmten Verhalten verbunden ist, wählen Sie ein anderes aus und wiederholen Sie den Prozeß.

Hören Sie auf, sich einzureden, daß Sie im Umgang mit Menschen eine Niete seien. Manche Leute sehen nur schwarz, wenn sie an sich denken: »Ich tauge zu nichts« . . . »Ich bin unfähig, mit Leuten zurechtzukommen« . . . »Ich bringe nichts zustande.« Wenn Sie zu dieser Kategorie Menschen gehören, übersehen Sie alles, was Sie gut machen. Wenn jemand Sie lobt, haben Sie das Gefühl, Sie hätten ihn »hereingelegt«, weil Sie es für notwendig halten, Ihr Bild von sich selbst, das Sie verachten, aufrechtzuerhalten. Ich nenne dies das Groucho-Marx-Syndrom, weil Groucho Marx in einem seiner Filme sagt, er würde keinem Klub beitreten, der bereit wäre, »so was wie mich als Mitglied aufzunehmen«.

Bei anderen negativen Gedanken dieser Art geht es um die Zukunft: »Wenn ich zu einer Party gehe, bleibe ich doch nur als Mauerblümchen sitzen« . . . »Wenn ich ihr ein Rendezvous vorschlage, gibt sie mir doch einen Korb« . . . »Wenn ich mit ihm ausgehe, bleibt's doch bei dem einen Mal, weil er sich langweilen wird.« Solche Gedanken sind für das Opfer eine ›sich selbst erfüllende Prophezeiung‹. Wenn Sie sich solchen Prophezeiungen hingeben – »Die Leute auf der Party werden mich langweilig finden« . . . »Ich werde meine Arbeit nicht rechtzeitig schaffen« –, gehen Sie das Risiko ein, daß Sie auch ein Verhalten entwickeln, durch das sich die Prophezeiung erfüllt.

Das ST bietet Ihnen zwei Schritte an, damit Sie aufhören lernen, sich selber zu entmutigen.

1. *Wenn Sie am Groucho-Marx-Syndrom leiden, beginnen Sie, die gegenteilige Gewohnheit zu entwickeln – rufen Sie sich die guten Dinge in Erinnerung, die Sie getan haben.* Schreiben Sie jeden Abend drei Dinge auf, die Sie an diesem Tag zustande gebracht und die Ihnen Anlaß zur Zufriedenheit mit sich selber gegeben haben. Leuten, die schwere Symptome des Syndroms zeigen, fällt dies manchmal sehr schwer, weil sie überhaupt kein Gefühl für die Dinge besitzen, die sie gut gemacht haben. Halten Sie sich auch hier an den Grundsatz »Auf Kleinigkeiten achten!« Wenn Patienten zu mir sagen: »Ich habe heute nichts Gutes getan«, antworte ich ihnen: »Denken Sie nach. Waren Sie zu jemandem freundlich, der weniger glücklich dran ist als Sie? Waren Sie rücksichtsvoll zu irgendeinem Menschen?«

2. *Benützen Sie die Gedankensperre.* Bei dieser ST-Technik gehen wir von der Grundannahme aus, daß Sie die schädliche Gewohnheit aufrechterhalten, indem Sie sie verstärken. In den meisten Fällen wissen wir nicht, worin die Verstärkung besteht. Wir nehmen nur an, daß sie vorhanden ist und setzen uns das Ziel, sie zurückzudrängen. Wenn das Verhalten nie verstärkt wird, verschwinden die selbstentmutigenden Gedanken. Die Gedankensperre steht insofern mit der Stärkung des Selbstbewußtseins in Verbindung, als sie es Ihnen ermöglicht, Ihre wahren Gefühle zu äußern und Ihnen damit die Freiheit gibt, neue Dinge im Leben zu versuchen.

Laborübung: Gedankensperre

ZWECK: Ihre sozialen Zwangsvorstellungen zu lindern.

ERSTER SCHRITT: Setzen Sie sich in einen bequemen Sessel. Machen Sie sich einen der Gedanken gegenwärtig, die Sie unter Kontrolle bringen wollen. Es kann Angst vor irgendeinem kommenden Ereignis oder die Furcht sein, einem bestimmten neuen Menschen zu begegnen. Wenn Ihnen eine ganze Reihe von Gedanken einfällt, nehmen Sie irgendeinen beliebigen. Sobald dieser Gedanke Form annimmt, sagen Sie laut STOP. Dann sagen Sie zu sich selbst RUHIG und entspannen bewußt fünf oder zehn Sekunden lang die Muskeln. Ihr Ziel: den Gedanken, den Sie unter Kontrolle bringen wollen, wenigstens einen Augenblick lang zu unterbrechen. Gelingt Ihnen diese Unterbrechung nicht, wiederholen Sie die Übung und sagen das STOP noch länger und lauter. Schaffen Sie zweimal hintereinander wenigstens diese momentane Unterbrechung, gehen Sie zum nächsten Schritt über. Wenn es Ihnen schwerfällt, sich einen dieser Gedanken einfallen zu lassen, zwingen Sie ihn ins Bewußtsein. Dies hilft Ihnen, die Sache in den Griff zu bekommen. Seien Sie nicht passiv. Manchen Leuten hilft es, wenn sie die Augen schließen, während sie versuchen, sich den Gedanken ins Bewußtsein zu rufen.

ZWEITER SCHRITT: Machen Sie die Übung genau wie vorher, aber sagen Sie das STOP nicht laut, sondern nur in Ihrem Innern. Wenn Sie Schwierigkeiten haben, den Gedanken für einen Augenblick abzubrechen, können Sie sich immer in Auffangstellungen zurückziehen, indem Sie innerlich STOP *schreien* oder dabei ein Gummiband gegen Ihr Handgelenk schnalzen lassen.

Die beiden Schlüsselworte für die Anwendung der Technik der Gedankensperre heißen: *sobald* und *jedesmal*. Sie kennen die Gedanken, die Sie unter Kontrolle bringen wollen. *Sobald* Ihnen bewußt wird, daß Sie einer dieser Gedanken zu beschäftigen beginnt, setzen Sie die Sperre ein, sagen Sie RUHIG zu sich, entspannen Sie die Muskeln. Sie brauchen diese Unterbrechung unbedingt. Wenn der Gedanke nach zwei Sekunden, zwei Minuten oder zwei Stunden wiederkommt, wiederholen Sie die Prozedur, *sobald* Sie merken, daß er sich wieder meldet. Ich sage: *sobald*, aus folgenden Gründen: 1. Wenn Sie diesem Gedanken eine Chance geben, sich zu formen, ist er schwerer unter Kontrolle zu bringen, und 2. Ihre selbstentmu-

tigende Gewohnheit wird durch irgendeine Verstärkung aufrechterhalten. Sie müssen diese Unterbrechung schaffen, bevor die Verstärkung ins Spiel kommt.

Jedesmal sage ich erstens, weil Sie die Kontra-Gewohnheit entwickeln müssen, selbstentmutigende Gedanken nicht zu denken
und sich anschließend zu entspannen. Wie bei jedem neuen ge-
wohnheitsmäßigen Verhalten müssen Sie versuchen, es bei jeder sich
bietenden Gelegenheit zu üben. Sie müssen sich die Gedankensperre
so lange einstudieren, bis die Sequenz STOP–RUHIG–ENT-
SPANNEN automatisch wird. Mein zweiter Grund ist, daß ohne
Verhaltensverstärkung das Verhalten in seiner Häufigkeit abnimmt
und schließlich verschwindet. Wenn Sie das STOP nur manchmal
anwenden, zu anderen Zeiten aber nicht, verstärken Sie die unerwünschte Gewohnheit, so daß sie schwerer zu beseitigen ist. Die
Methode der Gedankensperre läßt sich nicht halbherzig anwenden.
Benutzen Sie sie entweder immer oder überhaupt nicht.

Fallbeispiel

Peter, ein junger, intelligenter Assistenzprofessor für Geschichte,
hatte Angst vor Frauen. Besonders stark war seine Angst vor der
einfachen Handlung, ein Mädchen anzurufen und sich mit ihr zu
verabreden. Den ganzen Tag vor dem Anruf war Peter von Gedanken besessen wie »Sie wird mir einen Korb geben« und »Warum
sollte so eine hübsche Blondine mit mir etwas zu tun haben wollen?«
Als er sich dann endlich ans Telefon wagte, war seine Ängstlichkeit
so groß geworden, daß er seine Sache schlecht machte und tatsächlich
einen Korb erhielt. Ich brachte Peter die Technik der Gedankensperre bei. Er benützte sie jedesmal, wenn ihn einer seiner entmuti-
genden Gedanken über den bevorstehenden Anruf heimsuchte. Es
gelang ihm, die Angst abzufangen und seine Einladung, mit ihm
auszugehen, selbstsicher vorzubringen. Er erhielt immer öfter eine
Zusage, und so nahm seine Furcht ab, sich mit Mädchen zu verabreden.

Da entmutigende Gedanken wirkliche Gefühle beeinträchtigen, kann sich die Anwendung der Gedankensperre-Technik nicht nur auf Ihr Netz sozialer Kontakte auswirken, sondern auch auf die Beziehungen zu den Menschen, die Ihnen noch näher stehen. Wenn Sie diese negativen Gedanken beherrschen lernen, können sehr oft auch Ihre menschlicheren, weicheren Gefühle sich entfalten.

Fallbeispiel

Jane war eine geplagte Person. Sie entmutigte sich ständig selbst durch die Art, wie sie über sich dachte, und machte die lächerlichsten Kleinigkeiten (ein zu hart gekochtes Ei oder ein Versehen beim Kartenspielen) zum Beweis dafür, »was für eine Niete ich bin«. Die Folge war ein chronischer Zustand von Traurigkeit, Ängstlichkeit, Niedergeschlagenheit und gestörten Beziehungen zu anderen Menschen.

Wir begannen, mit der Methode der Gedankensperre Janes Ängstlichkeit unter Kontrolle zu bringen. Aber eines Abends suchte sie mich in meiner Praxis auf, und ihre negativen Gedanken waren alle wieder da, ausgelöst durch ein echtes Unglück, das ihrem Sohn widerfahren war.

Bei dem vierzehnjährigen Jungen, der Fußballprofi werden wollte, war Knochenerweichung festgestellt worden, und er durfte vier Jahre lang überhaupt keinen Sport betreiben. Als Jane diese schlimme Nachricht erfuhr, begann sie sich mit Vorwürfen zu peinigen: »Was hab' ich nur falsch gemacht? . . . Wird er mir die Schuld daran geben?« Die Gedankensperre hatte sie völlig aus den Augen verloren.

Wir begannen wieder von vorne, um ihre egozentrischen Gedanken, die um ihre »Schuld« kreisten, unter Kontrolle zu bringen. Als die Technik zu wirken begann, traten Janes weichere, fürsorgliche Gefühle hervor, und sie wurde fähig, mit ihrem Sohn zu empfinden und sich in seinem Schmerz über den Verlust einzufühlen. Aus einer ichbezogenen Selbstgeißlerin wurde sie zur Mutter.

Bei der Anwendung der Gedankensperre halten Sie sich folgendes vor Augen:

Wenn Sie ständig mutlose Gedanken haben, müssen Sie möglicherweise in den ersten Tagen fast ununterbrochen Ihr STOP einsetzen. Einer meiner Patienten mußte sich an einem einzigen Tag 432mal diesen Befehl geben. Am Ende der Woche war es nur noch zwanzigmal nötig, und nach zwei Wochen war er auf null. Beißen Sie die Zähne zusammen und halten Sie durch.

Zu Anfang kann es sein, daß die Gedanken, die Sie unter Kontrolle bringen wollen, anscheinend häufiger und mit größerer Intensität auftreten. Die Kurve steigt zunächst an, aber wenn sie fällt, dann fällt sie sehr rasch.

Wenn Sie im Zweifel sind, sagen Sie immer Ihr STOP. Sie können soviel Zeit mit dem Überlegen verlieren, ob dies einer der Gedanken ist, die Sie unter Kontrolle bringen wollen, daß der entmutigende Gedanke Ihrer Aufmerksamkeit entgeht und Sie nicht einmal den Versuch gemacht haben, ihn aufzuhalten.

Die Gedanken, die Sie unter Kontrolle zu haben glauben, können unter drei Bedingungen wieder auftreten: Erstens, wenn Sie aus irgendeinem Grund sehr angespannt, zweitens, wenn Sie müde, drittens, wenn Sie krank sind. Melden sie sich wieder, dann müssen Sie sich klar darüber sein, daß Sie jetzt die STOP-Technik forcieren müssen, um zu verhindern, daß sie sich wieder durchsetzen.

Verbessern Sie Ihre Fähigkeit zur Unterhaltung. Wir verwenden im Selbstbewußtseinstraining viel Zeit darauf, Leute, die im Umgang mit anderen Menschen schüchtern sind, in der Kunst der Konversation zu üben. Einige Ratschläge:

1. *Benützen Sie öfter ›small talk‹,* eine Fertigkeit, die man wie Bridge oder Schach erlernen muß. Diese Art leichter, unverbindlicher Unterhaltung ist vielleicht »oberflächlich«, aber sie ist für die Erweiterung Ihres Kontaktnetzes sehr dienlich. Wenn Sie ein Gespräch auf ›small talk‹-Ebene führen:

a) Geben Sie nicht zuviel von sich preis. Sagen Sie den Leuten durchaus persönliche Dinge über sich, aber nicht allzu private. Verwenden Sie das Fürwort ›Ich‹, wenn Sie über das Theaterstück, das

Sie letzte Woche gesehen haben, oder Ihre neueste berufliche Arbeit sprechen, aber erzählen Sie nicht haarklein Ihren Nervenzusammenbruch. Wenn Sie mit jemandem zum erstenmal zusammentreffen, beschränken Sie sich in der Unterhaltung auf die oberflächliche Ebene E, mit gelegentlichen kurzen Ausflügen nach D und C (siehe Seite 114).

b) Geben Sie Ihrem Gesprächspartner Gelegenheit, über sich etwas zu sagen. Nehmen wir an, Sie erzählen irgendein Abenteuer, das Sie auf einer Reise erlebt haben. Das veranlaßt den andern zumeist, seinerseits ein Erlebnis zum besten zu geben. Dazu ist vielleicht nur die einfache Frage nötig: »Waren Sie schon einmal dort?« Oder es genügt sogar, eine kleine Pause in der Unterhaltung einzulegen.

c) Wenn der andere zu erkennen gibt, daß er etwas von Ihnen hören möchte, gehen Sie darauf ein. Erzählen Sie aus Ihrer eigenen Erfahrung und von Ihren Erlebnissen. Wenn die Unterhaltung Sie langweilt oder wenn Sie merken, daß Ihr Gesprächspartner unruhig wird, wechseln Sie das Thema.

d) Legen Sie sich die Technik zu, ein Gespräch in angemessener Form zu beenden und sich anderen Leuten auf der Einladung zuzuwenden. Es ist nicht leicht, jemanden stehenzulassen. Benutzen Sie deshalb Standardsätze wie »Gehen wir doch zu dieser Gruppe hinüber« oder »Ich höre, man unterhält sich über den Schuldirektor. Ich würde gerne wissen, was die Leute über ihn sagen« oder »Ich glaube, ich muß mich jetzt doch ein bißchen mit unserer Gastgeberin unterhalten«. Wenn Ihnen gar nichts anderes einfällt, versuchen Sie es mit: »Ich muß mir Eis für meinen Drink besorgen.«

2. *Lernen Sie, wie man eine Unterhaltung anknüpft.* Wenn Sie diese Kunst nicht beherrschen, entwickeln Sie vielleicht eine solche Angst vor gesellschaftlichen Zusammenkünften, daß Sie sie meiden. Und wenn Sie doch hingehen, kann es geschehen, daß Sie mit keinem einzigen Menschen sprechen. Gute Anknüpfungsmöglichkeiten bieten Sätze wie: »Ihr Kleid gefällt mir sehr. Darf ich fragen, wo Sie es gekauft haben?« oder »Kennen Sie unsere Gastgeber schon länger?« Üben Sie ein paar Wendungen, mit denen Sie geschickt eine Unterhaltung beginnen können.

Fallbeispiel

Als John, der kurz vorher das College abgeschlossen hatte, mich aufsuchte, hatte er ein doppeltes Problem: Er hatte sowohl Angst vor dem Alleinsein als auch davor, sich mit Leuten zu unterhalten. Während seiner ganzen Studienzeit hatte John sich nur zweimal mit einem Mädchen verabredet, und selbst diese Verabredungen waren von seinem Zimmergenossen eingefädelt worden, seinem einzigen Freund. Jetzt plagte John, der sogar Angst davor hatte, auf der Straße Leute anzusprechen und nach dem Weg zu fragen, ein noch schwierigeres Problem. Er hatte nämlich eine Stellung im Ausland angenommen. »Ich kenne in der Firma niemanden«, klagte er mir. »Ich werde vor Einsamkeit eingehen.«

Ich begann sofort damit, John in der Technik zu schulen, wie man ein Gespräch beginnt. Während der Behandlungszeit wurde John zur Hochzeit seines ehemaligen Zimmergenossen eingeladen, die in einer anderen Stadt stattfinden sollte. John würde nur das Brautpaar kennen. Ich studierte mit ihm ein, wie er bei der Hochzeitsfeier eine Unterhaltung anknüpfen könnte.

Ich stand auf und sagte: »Stellen Sie sich vor, Sie sind jetzt auf der Hochzeit. Ich stehe hier. Sie stehen dort. Treten Sie auf mich zu und beginnen Sie ein Gespräch.«

John sagte: »Das kann ich nicht.«

Ich antwortete: »Bleiben Sie dort stehen und sagen Sie zu sich: ›Soll ich hier wie ein Holzklotz herumstehen, oder soll ich versuchen, mit diesem Mann dort drüben eine Unterhaltung anzufangen?‹ Sagen Sie es laut.« – John sprach den Satz laut aus.

Ich fragte ihn: »Was würden Sie darauf antworten?«

John antwortete: »Ich möchte ein Gespräch anfangen.«

Ich sagte: »Schön. Gehen Sie auf mich zu.«

John kam auf mich zu.

Ich sagte: »Sagen Sie etwas. Irgendwas.«

John blieb stumm.

Ich sagte zu ihm: »Schauen Sie mich an. Sehen Sie irgend etwas an mir oder an meiner Kleidung, was Ihnen gefällt?«

John peilte mich aus dem Augenwinkel an und sagte dann: »Nein.«

»Gefällt Ihnen meine Krawatte?« fragte ich.

John antwortete: »Nein, die eigentlich nicht, aber Ihre Krawattennadel.«

Ich sagte: »Sagen Sie zu mir: ›Ihre Krawattennadel gefällt mir.‹« John wiederholte den Satz.

Ich gab meine Zufriedenheit mit diesem Schritt nach vorne zu erkennen. »Sehr gut. Nehmen Sie Blickkontakt auf, wenn Sie den Satz sprechen.« John wiederholte den Satz noch einmal. Diesmal blickte er mir in die Augen, und seine Stimme war lauter und hatte mehr Selbstsicherheit.

Ich reagierte damit, daß ich ihm eine kleine Geschichte erzählte, wie ich die Krawattennadel gekauft hatte, und wir kamen mühelos in ein Gespräch, an dem sich jeder gleichermaßen beteiligte. Wir probten es mehrere Male. Am Wochenende flog John zu der Hochzeit, zu der er eingeladen war.

Als John am Montagabend wieder erschien, berichtete er: »Es ist genauso abgelaufen, wie wir es geübt haben. Ich stand allein, und neben mir stand ein anderer Mann, ebenfalls allein. Ich sagte zu mir: ›Willst du wie ein Holzklotz hier rumstehen oder dich nicht lieber mit diesem Mann unterhalten? Ich versuch’ mal, mit ihm ins Gespräch zu kommen.‹ Ich war so nervös, daß ich nicht einmal sah, ob er eine Krawatte trug oder nicht. Trotzdem sagte ich: ›Ihre Krawattennadel gefällt mir‹ und vergaß auch nicht, Blickkontakt zu schließen. Dann hat er, genau wie Sie, angefangen, mir eine Geschichte über die Nadel zu erzählen. Bevor ich es richtig merkte, waren wir im Gespräch, und andere beteiligten sich auch. Dann schloß sich uns eine Gruppe von Leuten an, und ich lernte ein sehr hübsches Mädchen kennen. Sie will mich besuchen.«

Auf diese Weise lernte John, wie man ein Gespräch anknüpft. Gehen Sie nach der gleichen Methode vor, und Sie können es auch.

3. *Lernen Sie, wie man sich in eine Unterhaltung einschaltet.*
Häufig möchte man sich, statt selbst ein Gespräch anzufangen, einer

Gruppe anschließen, die sich bereits über ein bestimmtes Thema unterhält. Ihr Ziel: irgendeine Äußerung zu machen, welche die Aufmerksamkeit auf Sie lenkt und durch die sie sich in die Gruppe und in das im Gang befindliche Gespräch einschalten. Gehen Sie auf eine Bemerkung ein, die gefallen ist, und steuern Sie dabei eine persönliche Erfahrung bei. Meiden Sie die Falle, eine Frage zu dem zu stellen, worüber die anderen sprechen. Dies funktioniert zwar manchmal, und Ihre Frage kann höchst angebracht sein, meistens aber wird es als störend empfunden, so daß es Sie nicht zu einem Teil der Gruppe macht. Sie bleiben eine Figur am Rande. Sobald Sie sich in die Gruppe eingereiht haben, können Sie sich auch in die Unterhaltung einschalten.

Beispiel: Patty, eine junge Sozialarbeiterin, hielt sich an die Leitsätze: »Begegnen Sie Menschen durch ein echtes Interesse« und »Gehen Sie unter die Leute, wo etwas los ist«, und verbrachte ihre Wochenenden im Winter in Skiurlaubsorten. An den Abenden aber saß sie meistens allein herum, weil sie, wie sie mir gestand, »nicht weiß, wie man es anfängt, sich einer Gesprächsrunde anzuschließen«. Da sich die Unterhaltungen vor allem um verschiedene Hänge und Pisten drehten, half ich Patty, sich einige lustige Begebenheiten, die sie selbst erlebt hatte, in Erinnerung zu rufen. Dann diskutierten wir Möglichkeiten, wie man sie in eine Unterhaltung einführen könnte. Wenn jemand Aspen oder Zermatt erwähnte, könnte sie sagen: »Dort ist mir was Komisches passiert«, und dann ihre Geschichte zum besten geben. Unterhielt man sich über einen anderen Skiort, könnte sie sich mit der Brücke behelfen: »Etwas Ähnliches habe ich in Aspen erlebt.«

Schon am nächsten Wochenende bekam Patty, die sich wie immer im Hintergrund befand, die Chance, die Technik, die wir einstudiert hatten, zu testen. Jemand hatte gerade eine Geschichte aus einem Skiurlaub in Chamonix erzählt, da meldete sich Patty beinahe automatisch mit dem Satz: »Etwas ganz Ähnliches ist mir in Aspen passiert«, und plauderte drauflos.

Patty berichtete: »Während ich meine Geschichte erzählte, hat sich etwas sehr Interessantes ereignet. Die Gruppe bewegte sich leicht auf mich zu, um mich in sich aufzunehmen. Als ich zu Ende erzählt hatte, fragte mich ein Mann etwas über Aspen, und von da an gehörte ich dazu.«

Nach diesem Anfang wurde Patty an den folgenden Wochenenden noch enger in die Gruppe aufgenommen, schloß dabei neue Bekanntschaften und erweiterte ihr Kontaktnetz.

4. *Lernen Sie, eine Unterhaltung in Gang zu halten und zu steuern.*

a) Achten Sie darauf, nicht zu forsch vorzugehen. Bombardieren Sie die Leute nicht mit Fragen. Halten Sie sich an den Grundsatz, zuerst etwas über sich selbst zu sagen und erst dann zu fragen. Beispielsweise stellen Sie nicht die Frage: »Hat Ihnen London gefallen?«, sondern versuchen Sie es mit: »Ich war noch nie in London. Glauben Sie, es würde mir gefallen?«

b) Seien Sie vorbereitet. Legen Sie sich Dinge zurecht, die Sie sagen, Ideen, über die Sie diskutieren wollen. Schwierigkeiten, ein Gespräch in Gang zu halten, treten meistens dann auf, wenn man Lücken und Pausen entstehen läßt. Weil die Leute nicht wissen, was sie sagen sollen, werden sie ängstlich und brechen die Unterhaltung bald ab, oder diese löst sich selbst auf. Eine nützliche Überbrückung liefert der Satz: »Ich weiß nicht warum, aber das erinnert mich an . . .« – und schon geht das Gespräch so weiter, wie Sie es haben wollen.

c) Wenn die Unterhaltung sich in eine Richtung bewegt, die Sie langweilt oder wo Sie nichts mehr beisteuern können, lenken Sie sie gezielt auf ein Gebiet, wo Sie sich mehr zu Hause fühlen.

d) Machen Sie sich für die Leute interessant. Das heißt, erzählen Sie auf interessante Art. Viele haben die Vorstellung, daß eine Geschichte, die man sich vorher zurechtgelegt hat, nicht spontan herauskommt. Vielleicht kommt sie nicht spontan heraus – aber sie ist besser erzählt. Eine gute Geschichte muß nicht unbedingt sehr dramatisch sein oder mit einem tollen Knalleffekt enden. Nehmen Sie einfach etwas, was Sie erlebt haben, und erzählen Sie es interessant, amüsant oder informativ.

Zum Beispiel hatte ich einmal einen Patienten, der als Versicherungskalkulator arbeitete. Als ich ihn zu Anfang fragte: »Was für eine Arbeit macht ein Kalkulator?«, antwortete er vage und langweilig, daß er mit Zahlen und Versicherungsraten zu tun habe. Dann gab ich ihm den Auftrag, ein bestimmtes Projekt zu schildern, an dem er gearbeitet hatte, und nun wurde er viel interessanter. Er erzählte, ein Beamter aus einer Stadt im amerikanischen Südwesten habe ihm den Pensionsplan der Gemeinde vorgelegt und ihn beauftragt, auszurechnen, was es im Lauf der Jahre kosten würde, wenn die Stadt ihre Pensionszahlungen um zehn Prozent erhöhte. Mein Patient mußte die Lebenserwartung der verschiedenen Pensionsempfänger und -berechtigten und eine Anzahl weiterer komplizierter Faktoren berechnen. Gemeinsam machten wir daraus eine interessante Geschichte, die in zwei Minuten zu erzählen war. Man kann aus allem eine Geschichte machen, wenn man etwas zu erzählen hat. Die Technik genügt nicht; man muß etwas mitzuteilen haben.

Lernen Sie, mit Zurücksetzungen fertig zu werden. In den Beziehungen zu anderen Menschen ist es unvermeidlich, daß man enttäuscht wird, entweder mit Absicht oder unabsichtlich. Der Grund dafür ist darin zu suchen, daß die Leute ihre menschliche Begrenztheit haben, und irgendwann versteht auch eine sehr einfühlsame Person etwas verkehrt und sagt etwas nicht in der richtigen Art. Sie müssen mit solchen Rückschlägen fertig werden. Wenn Ihnen das nicht gelingt, werden Sie von anderen ausgenützt. Ihre Freunde verlieren die Achtung vor Ihnen, und Sie selbst büßen den Respekt vor sich ein. Unter ›Zurücksetzungen‹ verstehen wir im ST zweierlei: erstens ungerechtfertigte Kritik und zweitens Kritik, die übertrieben oder unangemessen geäußert wird. Das Kriterium, ob es sich um eine Zurücksetzung handelt oder nicht, besteht einfach darin, *ob Sie sie als solche empfinden.* Zerbrechen Sie sich nicht den Kopf darüber, ob sie berechtigt war oder nicht. Wenn Sie finden, jemand hat sie schlecht behandelt, dann reagieren Sie entsprechend darauf.

Ein Leitfaden für Anfänger,
wie man mit Zurücksetzungen fertig wird

1. Wenn Sie finden, daß jemand eine herabsetzende Bemerkung über Sie gemacht hat, müssen Sie eine Antwort geben. Schieben Sie Ra-

tionalisierungen wie »Ich will keinen Wirbel machen« beiseite. Halten Sie sich an den Grundsatz: keine Angst, einen Unschuldigen zu kränken. Anders ausgedrückt, der andere hat seine scherzhafte Bemerkung vielleicht nicht abträglich gemeint und ist deshalb unschuldig. Er war sich nicht im klaren darüber, was er gesagt hat. Wenn Sie aber das Gefühl haben, er wollte Sie herabsetzen, müssen Sie ihm in jedem Fall antworten – einerlei, ob er unschuldig ist oder nicht.

2. Lassen Sie sich Zeit zum Überlegen. Leute, die gleich den ersten Satz aussprechen, der ihnen einfällt, sind im Grund passive Naturen. Sie müssen Ihre Antwort nicht innerhalb eines Sekundenbruchteils geben. Wenn Sie überlegt reagieren, handeln Sie aktiv. Warten Sie also einen Augenblick und überlegen sich währenddessen eine treffende Antwort.

3. In den meisten Fällen gilt die Regel, daß der erste Satz Ihrer Antwort nicht die Worte »ich«, »mich« oder »weil« enthalten sollte. Benützen Sie eines dieser Worte, so hört sich Ihre Replik defensiv oder entschuldigend an. Dies kann zu weiteren herabsetzenden Bemerkungen oder einem unangemessenen Krach führen.

Hier folgen einige entsprechende Situationen mit ›falschen‹ und ›richtigen‹ Reaktionen. Die ›richtigen‹ Antworten verfolgen das Ziel, den anderen, der sich abträglich über Sie geäußert hat, in die Defensive zu drängen. Statt daß Sie sich entschuldigen, muß er es tun. Denken Sie an das Kriterium Ihrer Reaktion: *Gibt sie Ihnen ein besseres Gefühl über sich selbst?* Die im folgenden dargestellten ›richtigen‹ Antworten illustrieren nur die Regeln. Es kann sein, daß Sie in Ihrem Fall nicht funktionieren. Sie müssen verschiedene Reaktionen ausprobieren, um festzustellen, ob Sie dadurch zufriedener mit sich werden.

SITUATION EINS: Ein Freund stichelt: »Das war aber ein häßliches Mädchen, mit dem du gestern ausgegangen bist. Geht's mit deinem Geschmack bergab?«

Falsche Reaktion: »Findest du, ich habe mich blamiert, daß ich mit ihr ausgegangen bin?«

Richtige Reaktion: »Bist du immer noch so unreif, daß du Frauen nach solchen Oberflächlichkeiten beurteilst?«

SITUATION ZWEI: Eine Arbeitskollegin sagt: »Sie haben schon

wieder was verkehrt gemacht. Diese Unterlagen sind falsch abgeheftet.«

Falsche Reaktion: »Ich hab' sie ja nicht einmal in der Hand gehabt.«

Richtige Reaktion: »Sie ziehen schon wieder vorschnelle Schlüsse. Sehen Sie doch zuvor erst mal nach!«

4. Machen Sie nicht den Fehler, den anderen zu bitten, er soll Ihnen erklären, was Sie falsch gemacht haben. Wenn Sie ihn zum Beispiel fragen: »Finden Sie es wirklich so schlimm?« oder: »Was ist denn so schlimm dran?«, geben Sie ihm nur Gelegenheit, Ihnen noch einen Hieb zu versetzen.

5. Bringen Sie sich ein paar Standardwendungen bei, die Sie fast automatisch einsetzen können – zum Beispiel: »Weswegen sind Sie denn so verärgert?«... »Wollen Sie mich heruntermachen?«... »Wieso sind Sie eigentlich heute so schlecht aufgelegt?«

6. In bestimmten Situationen, wo Sie in einer engen Beziehung herabgesetzt wurden, können Sie in Ihrer Reaktion »ich«, »mich« und »weil« verwenden. In solchen Fällen wollen Sie ja keinen Gegenangriff führen, sondern die Kommunikation vertiefen.

Situation eins: Ein achtzehnjähriger Oberschüler bringt sein Zeugnis mit der Durchschnittsnote zwei nach Hause. Sein Vater wirft einen kurzen Blick darauf und fragt dann: »Wieso nicht besser? Wie willst du denn die Uni schaffen?«

Falsche Reaktion: »Ich hab' mir doch solche Mühe gegeben.«

Richtige Reaktion: »Das finde ich nicht nett von dir, Papa. Du sagst kein Wort darüber, wie gut eine Zwei ist.«

Situation zwei: Eine Ehefrau gibt sich große Mühe, ein schönes Essen zu zaubern, aber ihr Mann sagt nur: »Schade, daß es nichts Richtiges geworden ist. Wann wirst du denn endlich das Kochen lernen?«

Falsche Reaktion: »Ich habe mich zwei Stunden mit diesem Rahmgulasch abgeplagt.«

Richtige Reaktion: »Du machst mich ganz traurig, wo ich mich so bemüht habe, etwas Interessantes für dich zu kochen.«

Dies sind Regeln für Anfänger. Wenn Sie mehr Kreativität im Äußern Ihrer Gefühle entwickeln, können Sie dagegen verstoßen.

Als Beispiel möchte ich die berühmte Replik des geistreichen Engländers John Wilkes anführen. Als Lord Sandwich zu Wilkes sagte, er werde entweder an den Pocken sterben oder am Galgen enden, antwortete ihm Wilkes: »Das hängt davon ab, mein Lord, ob ich mich mit Ihrer Mätresse oder auf Ihre Grundsätze einlasse.«

Lernen Sie Ihr Netz sozialer Kontakte verändern, wenn Ihr Leben sich verändert. Bisher habe ich mich auf die Hilfe für Menschen mit einem unzureichenden Kontaktnetz konzentriert. Doch viele Leute, die ein durchaus zulängliches Kontaktnetz besaßen, müssen daran Veränderungen vornehmen, weil in ihrem Leben eine Veränderung eingetreten ist.

Beispiel: Wenn man mit siebzehn eine feste Beziehung eingeht, mit achtzehn heiratet und mit siebenunddreißig Jahren verwitwet ist, wird man vielleicht feststellen, daß man nicht weiß, wie man sich verhalten soll, wenn man eine neue Bekanntschaft schließen will.

Ebenso kann es vorkommen, daß man früher gewisse Fertigkeiten besessen hat, diese aber rostig geworden sind, weil man sie nicht eingesetzt hat. Ein Mann in den besten Jahren, vor kurzem geschieden, der als Firmenjustitiar 150000 Mark im Jahr verdient, sagte zu mir: »Ich habe vergessen, wie man sich gegenüber einer neuen Bekanntschaft verhält. Soll ich nichts tun, soll ich sie küssen oder versuchen, sie ins Bett zu bekommen?«

Es kann sein, daß man seinen Ehepartner verliert, durch Tod oder Scheidung, und sich plötzlich in der ›Welt der ehemals Verheirateten‹ findet, wie der amerikanische Schriftsteller Morton Hunt diese Situation genannt hat. Oder man bekommt eine Anstellung in einer Stadt, die man nicht kennt und wo man keine Freunde und kaum Bekannte hat. In solchen Situationen stellt man dann fest, daß man ein »soziales Defizit« hat und nie gekannte Ängste empfindet.

Fallbeispiel

Ein schon älteres Ehepar zog in eine andere Stadt. Sie kannten dort keinen einzigen Menschen, und der Ehemann war aus beruflichen

Gründen drei von vier Wochen auf der Achse. Die Ehefrau, durch ihre drei kleinen Kinder ans Haus gefesselt, war extrem isoliert und bekam depressive Stimmungen. Immer wieder klagte sie: »Wir sind hierhergezogen, weil es hier warm ist und ich Tennis spielen könnte, und jetzt habe ich niemanden, mit dem ich spielen kann.« Eines Sonntags, als sie wieder zu jammern begann, verlor ihr Mann die Geduld und sagte: »Nimm ein Heft und fahre mit mir zu den Tennisplätzen.« Sie fuhren in die Stadt und schauten drei Stunden lang beim Tennis zu. Während dieser Zeit notierte sich der Mann, welche Spieler so gut spielten wie er und seine Frau. Zu diesen Leuten ging er anschließend hin und sagte: »Sie spielen ungefähr so wie wir. Könnten wir nicht manchmal miteinander spielen?« Sofort bekam das Paar zwei Verabredungen zum folgenden Wochenende, und in der Woche danach fand die Frau noch drei weitere Partner. Die Tennispartien führten zur Bildung eines Kontaktnetzes.

Wenn Sie Ihr Kontaktnetz umbauen müssen, können Sie unabhängig von der Situation alle vorher skizzierten Regeln benützen. Nehmen Sie sich noch einmal vor:

dort zu beginnen, wo Sie jetzt stehen,
Schritt für Schritt auf Ihre Ziele zuzugehen,
ständig mit Ihrem Netz sozialer Kontakte zu experimentieren und Verbesserungen vorzunehmen.

Wie man eine enge Beziehung anbahnt

»Es ist ja schön und gut, die ersten Kontakte durch ›small talk‹ und Gespräche zu schließen, aber wie steuert man eine engere Beziehung an?« fragte mich einer meiner Patienten. »Ich möchte nicht immer nur lustige Geschichten erzählen.«

Wenn Sie eine engere Beziehung eingehen wollen, beachten Sie folgende acht Punkte:

1. *Halten Sie sich dran.* Sie können keine Beziehung mit jemandem anknüpfen, den Sie nur ein einziges Mal sehen.

2. *Machen Sie sich klar, daß es nicht automatisch zu einer engeren Beziehung führt, wenn man jemand häufig sieht.* Sie müssen den gezielten Versuch machen zu zeigen, wieviel Sie mit dem betreffenden Menschen gemeinsam haben und wieviel Sie mit ihm teilen wollen.

3. *Vermeiden Sie den Fehler, zu rasch vorzugehen.* Kehren wir kurz zu der Abbildung mit den drei Kreisdarstellungen zurück (Seite 114): Sie dürfen nicht gleich von der Ebene E auf die Ebene A springen, ohne D, C und B erkundet zu haben. Diesen Fehler machen viele Leute, besonders Junggesellen beiderlei Geschlechts, Leute mit einem unzulänglichen Kontaktnetz oder nur sporadischen Kontakten.

Schon bei der allerersten Verabredung neigen sie dazu, ihren Partner zu prüfen, ob er vielleicht für eine feste Bindung in Frage kommt. Sie denken nicht mehr an die Funktion eines ersten Beisammenseins – Spaß zu haben und Gelegenheit zu geben, festzustellen, ob man einander besser kennenlernen will. Ohne viel vom anderen zu wissen, sind sie dann meistens enttäuscht, fällen ein hartes Urteil und bereiten dem Partner keinen erfreulichen Abend.

In Beziehungen, in denen man zu rasch auf ein enges Verhältnis zusteuert, richtet man an den Partner mehr Erwartungen, als die Situation rechtfertigt, und erlebt deshalb häufig Enttäuschungen. Außerdem gibt man der Beziehung keine Möglichkeit, sich zu entwickkeln.

4. *Wenn Sie vom oberflächlichen zum mittleren Bereich einer Beziehung übergehen, können und müssen Sie Ihre Partner sorgfältiger auswählen.* Am Anfang haben Sie vielleicht keine Wahlmöglichkeit. Wenn Sie aus der Position der Isoliertheit beginnen, sind Sie zunächst mit allem und jedem zufrieden, das sich ergibt. Sobald Sie aber ein gewisses Kontaktnetz gebildet haben, können Sie Alternativen ins Auge fassen. Würden Sie sich gern mit Jane eng anfreunden, oder möchten Sie sie nur als eine Bekannte, die man hin und wieder sieht? Würden Sie an einem bestimmten Abend lieber mit dem Mann A oder dem Mann B ausgehen? Jetzt geht es nicht mehr darum, was Sie tun müssen, um ein Netz sozialer Kontakte aufzubauen, sondern darum, was Sie *lieber* tun, um es zu verbessern. Sie sind nun in der Position, Wahlentscheidungen zu treffen.

5. *Wenn Ihr Kontaktnetz sich entwickelt, halten Sie sich an Ihre spontanen Gefühle.* Sie haben die Reaktion »Ich mag ihn . . . sie . . . diese Leute.« – »Ich möchte ihn . . . sie . . . diese Leute gern sehen.« Lassen Sie Ihre Gefühle nicht durch Überlegungen stören. Viele Leute fragen sich: »Bin ich neurotisch, daß er mir gefällt?« . . . »Wird Frau Jones es aufdringlich von mir finden, wenn ich den ersten Schritt tue?« Akzeptieren Sie Ihr spontanes Empfinden und handeln Sie danach. Selbst die direkte Erklärung: »Ich mag Sie gern. Ich möchte Sie wiedersehen«, ist vielleicht am Platz, vorausgesetzt, Sie sind sich darüber klar, daß der andere die Freiheit hat, nein zu sagen.

Sie können lernen, Ihre Kommunikation mit anderen Menschen so zu gestalten, daß sie zu einer engeren Beziehung führt. Wie immer empfehle ich, von der Technik der Gefühlssprache ausgiebig Gebrauch zu machen und auch zunehmend mehr von sich selbst zu zeigen.

Laborübung: Selbstoffenbarung

ZWECK: Ihnen zu helfen, sehr Persönliches von sich zu erzählen.

ERSTER SCHRITT: Wählen Sie ein gefühlsmäßig wichtiges Erlebnis aus jedem Jahrzehnt Ihres Lebens, und erzählen Sie es sich laut oder sprechen Sie es auf ein Tonband. Die Geschichten können lustig oder traurig oder es können auch kleine, unwichtige Erlebnisse sein, die eine enorme emotionale Bedeutung für Sie hatten (Beispiel: Sie sind mit sechs Jahren von zu Hause weggelaufen). Nehmen Sie sich jedesmal nur eine einzige Geschichte vor.

ZWEITER SCHRITT: Nun erzählen Sie jede der Geschichten einem Menschen, zu dem Sie eine engere Beziehung anstreben – Ihrem Ehepartner, einem guten Freund oder einem Bekannten, den Sie gern zum Freund hätten.

DRITTER SCHRITT: Erzählen Sie Ihr größtes Trauma.

Wenn Sie diese Geschichten von sich erzählen, betreten Sie den Weg, der zu menschlicher Nähe führt, und zugleich fordern Sie damit andere auf, ihre eigenen Erlebnisse beizutragen, die für sie von Bedeutung sind. Auf diese Weise gewinnt die Beziehung größere Tiefe, und Sie werden schließlich spontaner.

6. *Lernen Sie, daß sich mit zunehmender Nähe zu einem Menschen die Regeln für die Bildung eines Kontaktnetzes verändern.* Weil Sie den Betreffenden nun besser kennen, haben Sie eine größere Flexibilität des Verhaltens. Es geht nicht mehr darum, *ob*, sondern *wie* Sie Ihre Gefühle mit größerer Direkt- und Offenheit mitteilen. Sie sollten lernen, wie man Mißverständnisse ans Licht bringt, und bereit sein, für persönliche Dinge einzutreten, ja zu kämpfen. Sie werden mit dem anderen mehr gemeinsam haben, weil Sie mehr und mehr lernen und erfahren, was Sie teilen können. Manche Regeln werden nun wichtiger – beispielsweise die Notwendigkeit, sich gegen Kränkungen zur Wehr zu setzen, denn wenn Sie dies nicht tun, werden diese zur Gewohnheit.

7. *Es kann sein, daß Ihre Ängste vor Offenheit mehr herauskommen, wenn die Beziehung persönlicher wird.* Sie wissen zwar, was Sie wollen und was Ihr Ziel ist, aber Sie haben Angst, diese Richtung einzuschlagen. Auf diese Weise hemmen Sie sich selbst und die Entwicklung zu größerer Nähe.

Was können Sie gegen diese Ängste unternehmen?

Konzentrieren Sie sich aufs Handeln. Tun Sie, was Sie tun wollen, oder sagen Sie, was Sie sagen wollen, und betonen Sie nicht die Angstgefühle, welche durch das Handeln hervorgerufen werden. Bedienen Sie sich der verdeckten Verstärkung oder der Verhaltensprobe. Dann setzen Sie das Eingeübte praktisch um. Die Furcht, die Sie vorher empfunden haben, erweist sich dann vielleicht als weit übertrieben.

Fallbeispiel

Peter, einer meiner Patienten, Ende zwanzig und von Beruf Buchhalter, war als Jugendlicher wegen eines Autodiebstahls verurteilt und in eine Jugendstrafanstalt eingewiesen worden. Dies war eine unerträgliche Schande für seine kleinbürgerliche Familie gewesen, und Peter hatte eine schreckliche Angst, daß irgend jemand den dunklen Fleck in seiner Vergangenheit entdecken könnte. Immer wenn das Gespräch auf kriminelle Handlungen oder moralisches und unmoralisches Verhalten gegenüber Mitmenschen kam, wurde es Peter äußerst unbehaglich zumute, und er dachte: »Wenn diese Leute über mich Bescheid wüßten, würden Sie sofort den Umgang mit mir abbrechen.« In der Behandlung erarbeiteten wir gemeinsam, wie Peter anderen Leuten seine Jugendsünde erzählen könnte – »Sie wissen ja, wie junge Burschen in alle möglichen Geschichten hineingeraten. Ich habe einmal etwas getan, wofür ich mich heute noch schäme.« Nach dieser Einleitung erzählte Peter dann, was geschehen war. Im allgemeinen akzeptierten es die Leute und waren weiterhin nett zu ihm. Peter ging nicht mehr mit dem Gefühl, daß er etwas zu verbergen hatte, durchs Leben.

---

8. *Machen Sie sich klar, daß Sie nicht alle Leute sympathisch zu finden brauchen, wenn Sie Ihr Kontaktnetz aufbauen.* Manche Personen, die nur eine Randrolle in Ihrem Lebensumkreis spielen, können Sie schlicht ablehnen. Andere, die einfach dazugehören, wie angeheiratete Verwandte und die alten Kumpel aus der Militärzeit Ihres Mannes, können Sie akzeptieren, aber Sie brauchen ihnen keine übermäßige Bedeutung einzuräumen.

Manchmal kann es vorkommen, daß man, wenn man die Situation aus einem anderen Blickwinkel betrachtet und sein Verhalten ändert, sogar aus dem Nichts eine enge Beziehung schafft. Dies erlebte Frank Cousins mit seiner Mutter. Mutter Cousins hatte die Gepflogenheit, Frank und seine Frau einmal im Jahr in New York zu besuchen. Diese Besuche waren ihm verhaßt. Er erzählte mir: »Sie behandelt mich, als wäre ich noch ein sechsjähriger Junge. Sie kritisiert an mir herum, nörgelt, wie ich meine Kinder erziehe, was für eine Frau ich mir gesucht habe. Über sämtliche Möbelstücke fährt sie mit dem Finger, um zu sehen, ob Staub drauffliegt. Sie hat einen Sauberkeitsfimmel. Ich kann diese Frau nicht ausstehen.«

Im Rollenspiel nahmen Frank und ich uns einige Situationen vor, die eintreten konnten, wenn seine Mutter zum nächsten Osterfest zu Besuch kam. Er sagte immer wieder, daß an ihrer Kritisiererei nichts zu ändern sei. Ich brachte ihm Techniken bei, wie er auf ihre verschiedenen Nörgeleien reagieren könnte (wenn sie zum Beispiel über den Staub schimpfte, sollte er es mit der Antwort versuchen: »Ja, unter dem Klavier ist Staub, aber Mama, du wirst ja ganz rot im Gesicht. Was sagt Dr. Jones eigentlich zu deinem Blutdruck?«). Ich ließ es aber nicht dabei bewenden. Ich sagte Frank, er solle sich mehr für das Leben interessieren, das seine Mutter bei sich zu Hause führte, und ihr erzählen, wie glücklich er sich mit seiner Frau und seinen Kindern fühle.

Dann kam seine Mutter zu ihrem alljährlichen Vier-Tage-Besuch. Diesmal begann Frank seine Kommunikation mit ihr auf dem Gebiet, das ihr Sorgen machte: ihrem zu hohen Blutdruck. Anschließend ging er zu den Dingen über, die ihr Freude machten (ihre Arbeit in der Gemeinde), und dann erzählte er von seinem glücklichen Familienleben. Dabei nahm er auf ihre Grenzen Rücksicht, sprach über Dinge, über die sie auch sprechen konnte, und zum erstenmal kamen sie gut miteinander aus.

Frank meldete mir seinen Erfolg: »Dies war ihr bisher bester Besuch bei uns. Ich konnte mich wirklich mit ihr unterhalten, und ich glaube, wir bekommen ein gutes Verhältnis miteinander. Stellen Sie sich vor, sie hat kein einziges Mal das Wort Staub ausgesprochen.«

5

Die enge menschliche Beziehung

Es gibt viele verschiedene Arten enger Beziehungen. Man kann ein Verhältnis vertraulicher Nähe zu einem Kind, zu seinen Eltern, Verwandten und Schwägern, zu Freunden haben – aber die Beziehung zwischen Ehegatten hat Eigenschaften, die sie von jeder anderen unterscheiden. Man hat die Freundschaft als gemeinsame Intimität definiert, die Ehe hingegen als ›intime Gemeinsamkeit‹. Die Freundschaft ist intensiv, die Ehe extensiv. Sie ist eine Beziehung zwischen zwei erwachsenen Menschen, die geschlechtlich miteinander verkehren, eine gegenseitige Bindung eingegangen sind, die von Dauer sein soll, ein gemeinsames Leben aufbauen und Freud und Leid miteinander teilen. Dies ist das Ideal, doch die steil ansteigenden Scheidungsziffern beweisen, daß es immer weniger Paaren gelingt, diese ›gemeinsame Intimität‹ zu erreichen oder zu erhalten.

In der idealen engen Beziehung geht man mit einem anderen Menschen eine Verbindung ein, in der das Gefühl an erster Stelle steht und Geben und Nehmen nicht voneinander zu trennen sind. Indem man auf die Bedürfnisse des Partners so eingeht, als wären es die eigenen, befriedigt man auch seine eigenen. Und doch bewahrt man dabei seine Individualität. Die Ehegatten werden durch ihre Beziehungen zu tieferen, reicheren Erfahrungen geführt und beider Ich im Verschmelzen noch gestärkt.

Liebe kann den Wunsch nach Nähe erzeugen oder aus erlebter Nähe entstehen. Aber der Wunsch, einem anderen nahe zu sein, wie ihn die Liebe am stärksten verkörpert, bedeutet noch nicht unbedingt die Verwirklichung einer engen Beziehung.

In der Situation der Liebe, in der Wahl eines Ehe- oder Liebespartners, in der Art des Umgangs mit dem Partner wird häufig versucht, unrealistische Erwartungen zu erfüllen, unerfüllte kindliche Bedürfnisse zu befriedigen, zwanghafte Konfliktsituationen mit dem unbewußten Bestreben zu wiederholen, sie zu beherrschen.

Der neue verhaltenstheoretische Ansatz vertritt die These, daß Leute eine enge Beziehung zustande bringen, *weil sie gelernt haben, wie man Menschen nahekommt.* Das Selbstbewußtseinstraining bietet Patienten eine Möglichkeit, diese notwendigen Fertigkeiten zu erlernen, mit der Folge, daß sich, wenn sie dem Ziel einer engen Beziehung näherkommen, die Gefühle der Liebe einstellen.

In der Behandlung von Eheproblemen legt das ST das Gewicht darauf, an die Herstellung einer engen Beziehung aktiv heranzugehen. Der Therapeut . . .:

1. . . . beginnt damit, daß er jedem der Partner hilft, die spezifischen Verhaltensarten zu identifizieren, die verändert werden müssen, um das Klima in der Ehe zu verbessern.

2. . . . hilft den Partnern bei der systematischen Änderung der Verhaltensarten, die sie verändern, und bei der Aneignung der Verhaltensarten, die sie erwerben wollen.

3. . . . zeigt dem Paar, daß die Veränderung einer bestimmten Verhaltensform die Vorbedingung für die Änderung einer anderen schafft. Wichtig ist, dem Paar begreiflich zu machen, daß beide wahrscheinlich die störenden Verhaltensarten, die sie geändert sehen wollen, aufrechterhalten, indem sie sie fortwährend verstärken. Durch die Verstärkung oder Nicht-Verstärkung bestimmter Verhaltensarten übt jeder Partner auf den anderen Einfluß aus. Das ST zeigt Ihnen, daß Sie statt zu sagen: »Mein Partner sollte anders sein«, lernen müssen, sich die Frage zu stellen: »Auf welche Weise verstärke ich ausgerechnet das Verhalten, das ich beseitigen will?«

4. . . . unterstützt beide Partner bei der Entwicklung von Möglichkeiten verbaler und nichtverbaler Kommunikation. Ohne eine gute Kommunikation innerhalb der Ehe entstehen Mißverständnisse über Lebenseinstellung, Gewohnheiten, Entscheidungen und Gefühle. Der Partner ist darauf angewiesen zu erraten, was im anderen vor sich geht.

5. . . . hilft dem Paar, sich Ziele zu setzen, die sich innerhalb kurzer Zeit erreichen lassen. Dies gibt beiden das Gefühl, in Bewegung zu sein und etwas zu erreichen. Es ist einfacher, an der ›Kommunikation von Gefühlen‹ zu arbeiten, als sich an die vage Aufgabe der ›Verbesserung unserer Ehe‹ zu machen. Im ST erkennt das Paar bald, daß selbst die geringfügigsten Veränderungen eine Veränderung der ehelichen Beziehung in Gang setzen. Die aktive Einstellung wird auf zweifache Weise gefördert: einerseits in der Behandlung und andererseits durch ›Hausaufgaben‹, bei denen verschiedene ST-Techniken zur Anwendung kommen, von der Gefühlssprache bis zur Verhaltensprobe.

Wie manche meiner Patienten werden auch einige Leser die Frage stellen: »Ist das nicht Mache? Es sollte doch alles spontan sein?« Aber schon die alten Griechen erkannten und interpretierende Künstler wissen seit jeher, daß wahre Spontaneität aus Selbstdisziplin und der Beherrschung von Fertigkeiten erwächst. Wenn Sie die Probleme zweier Erwachsener in der engen Beziehung einer Ehe niemals durchgearbeitet haben, dann haben Sie niemals die Fertigkeiten dafür beherrschen gelernt. Erlernen Sie die Fertigkeiten, dann wird sich die Spontaneität entwickeln.

Ein Plan zur Beeinflussung von Verhaltensarten, damit Ihre Ehe besser funktioniert

Sowohl Sie selbst als auch Ihr Partner sollten es sich zur Gewohnheit machen, Ihre Aufmerksamkeit auf die Verhaltensarten zu konzentrieren, die der Partner nach Ihrem Wunsch verstärken sollte. Viele Ehepaare verstehen nicht, daß ein Verhalten drei mögliche Folgen hat, die es stärken oder aufrechterhalten.

1. Sie tun irgend etwas, und die Folge ist angenehm oder erwünscht. Zum Beispiel schenkt ein Mann seiner Frau Blumen, wofür sie ihm mit einem Kuß dankt. Dies wird als positive Verstärkung bezeichnet.

2. Sie tun etwas mit der Folge, daß etwas, was schlecht war, aufhört. Beispiel: Eine Ehefrau nörgelt an ihrem Mann herum, der sie daraufhin anschreit. Die Folge ist, daß sie zu nörgeln aufhört, und wenn sie das nächstemal wieder meckert, wird er noch eher zu brüllen anfangen. Hier spricht man von *Aversionsflucht.*

3. Sie fürchten, daß der Haussegen schief hängen wird, und als Folge Ihres Handelns kommt es nicht dazu. Beispiel: Ein Ehemann arbeitet bis spät abends im Büro. Da er fürchtet, daß seine Frau deswegen verärgert, ja zornig sein wird, kauft er einen Strauß Rosen für sie. Dies bewirkt, daß sie nicht wütend wird. Wenn er das nächstemal länger arbeitet, wird er es für gut halten, ihr wieder Blumen mitzubringen. Dies wird als *Aversionsvermeidung* bezeichnet.

Beide Methoden, Aversionsvermeidung und Aversionsflucht,

können zu bestimmten, scheinbar wünschenswerten Verhaltensarten führen. Doch haben beide eine Grundschwäche. Werden sie angewendet, geht die Entwicklung in der Ehe dahin, grundsätzlich zu verhindern, daß Abträgliches passiert, statt danach zu streben, vom andern Freude zu empfangen und ihm Freude zu schenken.

Beim Austausch von Verhaltensarten durch andere sollten Sie die Dinge kennen, die Ihr Partner tut und die Ihnen gefallen. Ebenso seine Verhaltensarten, die Ihnen mißfallen, und die Verhaltensarten, die Ihr Partner an Ihnen gern verändert sehen möchte. Indem Sie sich darauf konzentrieren, was Ihnen *gefällt*, statt auf das, was Ihnen *mißfällt*, können Sie das ganze Klima Ihrer Ehe verändern.

Laborübung: Verhaltensarten in der Ehe

ZWECK: Spezifische Verhaltensarten zum Zweck ihrer Veränderung auszuwählen.

ERSTER SCHRITT: Bewerten Sie die Verhaltensarten in Ihrer Ehe, indem Sie folgende Tabelle (entnommen dem Buch ›Marital Pre-Counseling Inventory‹ von Richard B. und Freida Stuart) ausfüllen. Beide Ehepartner sollten dies tun und die Antworten in Ihre ST-Notizbücher eintragen.

DIE ENGE BEZIEHUNG

A Nennen Sie bitte zehn Dinge, die Ihr Ehepartner tut und die Ihnen gefallen:

1 _____

2 _____

3 _____

4 _____

5 _____

6 _____

7 _____

8 _____

9 _____

10 _____

B Nennen Sie bitte drei Dinge, die nach Ihrem Wunsch Ihr Ehepartner öfter tun sollte. Beschreiben Sie sie *positiv* und *präzise*. Schreiben Sie zum Beispiel »mich beim Abendessen fragen, was ich tagsüber getan habe« (positiv und präzise), statt »sich nicht immer nur mit sich selbst beschäftigen, wenn wir beisammen sind (negativ und vage).
Wie oft hat er oder sie diese Dinge in den vergangenen sieben Tagen getan?
Wie wichtig war jedes dieser Dinge für Sie?

1		Es kam ___mal	Betrachten Sie es als:
	_____	in den letz-	____ sehr wichtig
	_____	ten sieben Ta-	____ wichtig
	_____	gen vor.	____ nicht allzu wichtig
2		Es kam ___mal	Betrachten Sie es als:
	_____	in den letz-	____ sehr wichtig
	_____	ten sieben Ta-	____ wichtig
	_____	gen vor.	____ nicht allzu wichtig
3		Es kam ___mal	Betrachten Sie es als:
	_____	in den letz-	____ sehr wichtig
	_____	ten sieben Ta-	____ wichtig
	_____	gen vor.	____ nicht allzu wichtig

C Nennen Sie bitte drei Dinge, die Sie nach dem Wunsch Ihres Partners *öfter* tun sollten, und beschreiben Sie sie wieder positiv und präzise.
Wie oft haben Sie jedes dieser Dinge in den vergangenen sieben Tagen getan?
Wie oft ungefähr hat Ihr Partner Sie in den vergangenen sieben Tagen gebeten, diese Dinge zu tun?

1		Ich tat es	Mein Partner bat mich in
	_____	___mal in den	den letzten sieben Tagen
	_____	letzten sieben	___mal darum.
	_____	Tagen.	
2		Ich tat es	Mein Partner bat mich in
	_____	___mal in den	den letzten sieben Tagen
	_____	letzten sieben	___mal darum.
	_____	Tagen.	
3		Ich tat es	Mein Partner bat mich in
	_____	___mal in den	den letzten sieben Tagen
	_____	letzten sieben	___mal darum.
	_____	Tagen.	

Zweiter Schritt: Wenn Sie aufschreiben, welche Dinge nach Ihrem Wunsch Ihr Partner *öfter* tun sollte, achten Sie darauf, positiv-präzise zu sein. Die Liste einer Ehefrau könnte enthalten: »Mir zu sagen, was dir an meiner Kochkunst gefällt« (Nicht: »Hör auf, mir zu sagen, was dir an meiner Kocherei mißfällt«), »Es mir zu sagen, wenn ich ein Kleid trage, das dir gefällt«. Ein Ehemann könnte in seine Liste schreiben: »Nett zu mir sein, wenn ich abgeschlafft nach Hause komme«, »Mir Komplimente machen, wenn ich im Haushalt mithelfe, auch wenn ich es nicht gut mache«.

DRITTER SCHRITT: Die Ehefrau gibt ihrem Mann eine Abschrift ihrer Liste und erklärt ihm, was sie mit jedem einzelnen Punkt meint. Der Ehemann tut das gleiche mit seiner Liste. Bei den erwünschten Dingen sollte es sich um solche handeln, die man dem Partner zumuten kann und gegen die er sich nicht sträubt. Sprechen Sie sich aus, wenn Uneinigkeit auftritt. Wenn Ihr Partner diesmal entschieden dagegen ist, etwas Bestimmtes zu tun, ersetzen Sie es durch ein Verhalten, das für ihn akzeptabler ist.

VIERTER SCHRITT: Behalten Sie das Original der Liste, deren Kopie Sie Ihrem Partner gegeben haben. Kreuzen Sie jedesmal zur Kontrolle den betreffenden Punkt darauf an, wenn er/sie ein erwünschtes Verhalten zeigt. Dadurch halten Sie sich auf dem laufenden, wie oft der Partner sich so verhält, wie Sie es gerne haben.

FÜNFTER SCHRITT: Teilen Sie zu vorher festgesetzten Zeiten (beispielsweise allabendlich vor dem Essen oder dem Schlafengehen) einander Ihre Zahlen mit, diskutieren Sie jedes Vorkommnis und erzählen Sie einander, was Sie dazu meinen. Auf diese Weise können Sie dazu beitragen, das Verhalten des andern zu formen, was auch für Ihren Partner gilt.

Hier folgt ein dem Leben entnommener Kurzdialog zwischen zwei Ehepartnern, die sich über die Zahl der zärtlichen Berührungen unterhalten, die der Ehemann nach dem Wunsch seiner Frau vermehren sollte und über die sie Buch geführt hat:

Ehemann: »Aber du hast nicht mitgezählt, wie du neben der Haustür gestanden hast und ich dich am Arm getätschelt habe.«

Ehefrau: »Nein, das hat zu mechanisch gewirkt und keine Zärtlichkeit ausgedrückt. Es war offensichtlich, da es dir zu sehr geeilt hat.«

Ehemann: »Und das andere Mal in der Speisekammer? Und als ich deine Hand drückte, als du aus dem Auto gestiegen bist? Ich hab' es wirklich sehr liebevoll gemeint. War davon nichts zu bemerken?«

Ehefrau: »Weißt du, du hast recht. Ich hab' einfach nicht richtig aufgepaßt. Da möchte ich was von dir, und wenn du es dann tust, übersehe ich es. In Zukunft werde ich mehr darauf achten!«

Auf diese Weise lernt jeder Partner nicht nur, dem anderen etwas Freundliches zu tun, sondern wird auch sensibler für dessen Versuche, nett zu ihm zu sein.

Verhaltens-Verträge zwischen Ehepartnern

Verträge bewirken, daß gute Absichten funktionieren. Man vermeidet damit, daß einer der Partner sich beschwert: »Ich erbringe meinen Anteil, aber mein Ehepartner trägt nichts bei. Alles fällt auf mich, das ist nicht fair.« Ein Vertrag wirkt in einer engen Beziehung zwar vielleicht als eine geschäftlich-kalte Form des Umganges, tatsächlich aber kann er Wärme und Offenheit zwischen den Partnern steigern.

Die Regeln für den Entwurf eines Vertrags zwischen Ehepartnern, der Verhaltensänderungen bewirken soll, sehen so aus:

● Der Vertrag betrifft beide. Jeder hat Verpflichtungen, und jeder erhält erwünschte Belohnungen, wenn er diese Verpflichtungen erfüllt. Sie gelten unmittelbar dem Partner gegenüber, und auch die Belohnungen kommen direkt von ihm. Jeder der beiden bekommt vom andern *etwas, was er wünscht,* statt die Verstärkungsarten der Aversionsvermeidung oder -flucht zu praktizieren.

● Der Vertrag muß für beide Parteien annehmbar sein. Jeder muß bereit sein, die spezifische Verpflichtung im Austausch gegen die spezifischen Belohnungen zu übernehmen.

● Beim Aushandeln des Vertrages besitzt keine Seite irgendwelche ›Rechte‹. Zum Verhandlungsgegenstand kann jede beliebige Sache gemacht werden. Auf diese Weise erleichtert man Veränderungen, statt in einer Sackgasse steckenzubleiben.

● Die Verhaltensarten, von denen der Vertrag handelt, sind spezifisch, positiv, der Beobachtung zugänglich und zählbar. Es geht Ihnen nicht vage darum, »unsere Ehe zu verbessern«, sondern um präzise, erwünschte Ziele wie »Zahl der Fälle, in denen er etwas Nettes zu mir gesagt hat« oder »die Zeit, die sie mit mir an den Wochenenden verbringt«. Es ist zwar nicht immer möglich, zählbare Verhaltensarten zu bekommen, aber Sie sollten es trotzdem versuchen. Verhalten, das der Beobachtung nicht zugänglich ist, wie Gedanken oder Gefühle, müssen Sie vermeiden. Diese werden sich verändern, nachdem beobachtbare Handlungen sich verändert haben. Wenn einer der Partner die Zahl seiner Gefühlsbekundungen (der Beobachtung zugänglich) steigert, werden beide eine größere Wärme und Nähe in ihrer Beziehung zu empfinden beginnen. Legen Sie die Betonung immer auf die Verhaltensarten, die Sie vermehren wollen, und nicht auf jene, die vermindert werden sollen.

● Der Vertrag sollte ausführlich und detailliert abgefaßt werden, damit die Verpflichtungen und Belohnungen beider Partner klar sind. Dadurch werden spätere Unklarheiten über die ursprüngliche Abmachung vermieden. Er sollte an einem Ort aufbewahrt werden, wo er beiden Partnern leicht zugänglich ist.

● Jeder Partner sollte das Verhalten des anderen benoten.

Setzen Sie im voraus Termine fest, an denen Sie entscheiden, ob Sie den Vertrag verlängern oder neu aushandeln wollen.

Fallbeispiel

Mary und Robert führten eine jener Ehen, in denen anscheinend fast nichts in Ordnung ist. Als sie mich zum erstenmal konsultierten, waren beide derart außer sich über den Zustand ihrer Beziehung, daß es fast ein Ding der Unmöglichkeit war, bestimmte Ziele für einen Veränderungsversuch auszuwählen. Doch ein Thema kam in unseren Gesprächen immer wieder zur Sprache. Mary hatte das Gefühl, daß sie in ihrem ehelichen Heim nicht zu Hause sei. Bei Robert war es genauso.

Mary klagte: »Ich habe ein enges Verhältnis zu meiner Mutter und möchte sie sonntags zum Abendessen einladen. Wenn ich es aber tue, dann verläßt Robert entweder das Haus oder er führt sich so schrecklich auf, daß wir alle ganz unglücklich sind. Also lade ich sie nicht ein. Aber wie soll ich mich da zu Hause fühlen, wenn ich nicht mal meine Mutter zum Essen zu uns einladen kann?«

Robert klagte: »Mary ist derartig unordentlich, daß ich überhaupt keine Bequemlichkeit habe. Wenn ich duschen will, muß ich erst einen Haufen Unterwäsche wegräumen, die über der Badewanne zum Trocknen hängt. Oft finde ich nicht einmal einen Stuhl, auf den ich mich setzen kann – sie sind alle mit ihren Büchern, Zeitungen und Paketen belegt. Wie soll ich mich da zu Hause fühlen, wenn sie auf meine Bedürfnisse und meine Bequemlichkeit keinerlei Rücksicht nimmt?«

Aus diesen gegenseitigen Vorwürfen arbeiteten wir gemeinsam bestimmte erwünschte Verhaltensarten heraus. Robert wollte, daß Mary mehr Ordnung halte. Mary wollte ihre Mutter einladen können, und Robert sollte sich dabei »zivilisiert« benehmen. Diese beiden Punkte machten wir zur Grundlage des ersten Vertrages zwischen den beiden.

Marys Verpflichtungen und Belohnungen. Sie mußte ordentlicher werden – nach Roberts Begriffen. Wir teilten die erwünschte Ordentlichkeit in vier bestimmte Verhaltensdetails auf: 1. im Waschbecken im Badezimmer durfte kein Make-up mehr verschüttet oder verschmiert sein; 2. sie mußte ihre eigene Unterwäsche in der Abstellkammer, nicht im Bad zum Trocknen aufhängen; 3. Bücher, Zeitungen und Päckchen waren ordentlich auf dem Tisch im Wohnzimmer oder auf dem Schreibtisch aufzustapeln – sonst nirgendwo; 4. alle Kleidungsstücke hatten in Wandschränken, Schubfächern oder Wäschekörben zu verschwinden – damit Robert sie nicht mehr sah.

Für jeden Tag, an dem Mary sich zu Roberts Zufriedenheit verhielt, sollte sie einen Punkt für jedes einzelne Verhalten bekommen. So konnte sie es auf täglich vier Punkte oder auf maximal achtundzwanzig Punkte in der Woche bringen. Mary durfte Roberts Benotung nicht anfechten, aber sie konnte ihn nach der Begründung fragen und ihn um Auskunft ersuchen, wie sie mehr Punkte erzielen könnte. Gleichgültig, wie lange Mary dazu benötigte – wenn sie sechzig Punkte beisammen hatte, durfte sie ihre Mutter zum Essen einladen, und Robert mußte sich der Schwiegermutter gegenüber so nett benehmen, als wenn er sie selbst eingeladen hätte.

Roberts Verpflichtungen und Belohnungen. Seine Belohnung war natürlich Marys wachsender Ordnungssinn. Seine Verpflichtung bestand darin, sich höflich zu benehmen, wenn Marys Mutter tatsächlich zu Besuch kam. Wenn er dabei (nach Marys Meinung) versagte, durfte sie zehn zusätzliche Punkte für sich verbuchen, was die nächste Einladung an ihre Mutter beschleunigte. Schwierigkeiten bereitete es uns, das spezielle Verhalten zu definieren, das Mary »zivilisiert« nannte, was zu einer längeren Diskussion zwischen den beiden Ehepartnern führte, wie Robert sich während des Besuchs seiner Schwiegermutter verhalten könnte, damit Mary zufrieden war.

In den ersten beiden Wochen nach Inkrafttreten des ›Vertrages‹ erzielte Mary nur fünfzehn Punkte. Daran erkannte sie, wie wenig Rücksicht sie auf Roberts Bequemlichkeitsbedürfnisse genommen hatte. Zum erstenmal seit vielen Jahren begann sie darauf zu achten, wie Robert es zu Hause gern hatte, und tat plötzlich auch Dinge, die nicht unter den Vertrag fielen (beispielsweise trug sie beim Frühstück nicht mehr eine zerrissene Kittelschürze, sondern ein hübsches Negligé).

Während Mary Punkte sammelte und der Besuch ihrer Mutter näher rückte, wurde Robert immer unruhiger wegen seines eigenen, »zivilisierten« Verhaltens. Er begann Unterhaltungen über »kränkende« Dinge, die er früher getan hatte (sowohl Marys Angehörigen als auch ihren Freunden gegenüber). Diese Diskussionen erweiterten sich spontan zu Aussprachen darüber, wie sie beide zu ihren Eltern und schließlich wie sie zueinander standen. Es dauerte nicht lange, und in ihre eheliche Beziehung begannen wieder Wärme und Offenheit einzuziehen.

Mary und Robert hielten diesen Vertrag durch drei sonntägliche Abendessen mit Marys Mutter ein und schlossen anschließend andere Kontrakte. Inzwischen aber hatte dieser sachliche, scheinbar so unpersönliche ›Bereinigungsvertrag‹ eine Verbesserung der Kommunikation zwischen beiden bewirkt, dazu geführt, daß sich beide in ihrem Heim mehr »zu Hause« fühlten, und das optimistische Gefühl erzeugt, daß sie in ihrer Ehe einen Wendepunkt zum Guten erreicht hatten.

Bei Verträgen zwischen Ehepartnern muß es sich nicht immer um etwas so relativ Einfaches handeln wie ein sonntägliches Abendessen mit der Schwiegermutter. Richard B. Stuart, früher Professor für Sozialarbeit an der Universität von Michigan und heute Professor am Department für Psychiatrie der Universität von British Columbia, verwendete die Vertragsmethode mit »Marken« als Belohnungen bei vier Ehepaaren, die einen letzten verzweifelten Versuch unternahmen, ihre Verbindung zu retten. In allen Fällen gab die Ehefrau als Ihren Wunsch Nr. 1 an, ihr Mann solle sich mehr mit ihr unterhalten. Jeder der Männer wünschte mehr körperliche Zärtlichkeit.

Dr. Stuart entwarf für sie ein Programm, in dem Gesprächsbereitschaft gegen sexuelle Intimität getauscht wurde. Jedesmal, wenn der Ehemann sich mit seiner Frau so unterhielt, daß sie zufrieden war, erhielt er eine ›Marke‹. Diese Marken konnte er gegen körperliche Zärtlichkeiten oder Sex eintauschen – drei für einen Kuß oder leichtes Petting, fünf für intensives Petting und fünfzehn für Geschlechtsverkehr. Zweifellos ein mechanisches Arrangement. Aber in den vier Ehen nahmen nach Beginn der Behandlung Gespräch und Geschlechtsverkehr stark zu, wobei es auch in zwei weiteren Vertragsperioden von vierundzwanzig beziehungsweise achtundvierzig Wochen blieb. In allen vier Fällen konnte die Scheidung vermieden werden.

Erlernen Sie offene Kommunikation mit dem Partner. Ein ›offizielles Gesicht‹ ist in bestimmten beruflichen oder gesellschaftlichen Situationen (wie Cocktail-Partys) nützlich, in einer engen Beziehung aber fehl am Platz. Wenn Sie eine Maske aufsetzen, wird Ihnen eine intime Kommunikation unmöglich.

Gute Kommunikation ist der Kern einer guten Ehe. Wenn Sie Ihre Gefühle nicht offen äußern, nimmt die Intimität der Zweierbeziehung ab. Dann entwickeln sich Mißverständnisse. Wenn es zu Schwierigkeiten kommt, wirkt eine gute Kommunikation als korrigierender Faktor. Ohne sie wachsen sich kleine Reibereien zu riesenhaften Problemen aus. Die Unzufriedenheit findet kein Ventil und kann schließlich mit verheerenden Folgen zum Ausbruch kommen. Das Fehlen von Offenheit macht zwei Menschen, die einst am Altar versprochen hatten, »einander bis zum Tod zu lieben, zu ehren und wertzuschätzen«, zu Fremden. Die Beziehung entwickelt sich nicht mehr, und dem Paar bleibt nur noch die Wahl zwischen einer kaputten Ehe und der Scheidung.

Hier folgen einige Kommunikations-Ratschläge, die Sie vielleicht davor bewahren werden, diese Wahl treffen zu müssen.

Bringen Sie Bagatellen zur Sprache, denn bei den meisten Eheproblemen geht es um Bagatellen.

Dadurch erreichen Sie dreierlei: Erstens verhindern Sie, daß sich Gewohnheiten entwickeln, die sich langfristig zu schwierigen Problemen auswachsen können. Zweitens schaffen Sie damit ein Klima der Offenheit in Ihrer Ehe. Drittens lösen Sie das betreffende kleine Problem zu beider Zufriedenheit – oder auch Unzufriedenheit. Zwei Beispiele sollen dies verdeutlichen:

EHEFRAU NR. 1: Ruth mochte die Schwester ihres Mannes nicht. Besonders mißfiel ihr, daß sie – Ruth – und ihr Mann Mark jeden Freitag mit »dieser Person« und ihrem Ehemann ausgingen und »daß ich so tat, als machte es mir Freude«. Schließlich sagte sie, was sie darüber dachte. »Diese Freitagabende zu viert stehen mir bis zum Hals. Ich kann deine Schwester nicht ausstehen. Ich hab' sie nie leiden können.« Mark setzte sich mit dem Vorwurf zur Wehr: »Und wenn wir deine Familie besuchen, unterhältst du dich mit deiner Schwester, und mich ignorierst du.« Sie hatten zwar eine Auseinandersetzung, aber danach war die Luft rein. Nun unterhält sich Ruth mit ihrem Mann, wenn sie zusammen ihre Familie besuchen, und sie gehen nicht mehr jeden Freitagabend zu viert aus, sondern nur noch einmal im Monat. »Ich habe ihm zuliebe meine eigene Meinung unterdrückt«, sagte Ruth, »und das hat mich belastet. Seitdem ich ihm über seine Schwester Bescheid gesagt habe, geht unsere Ehe viel besser.«

EHEFRAU NR. 2: Wie viele Frauen von Akademikern und leitenden Angestellten war Louise viel allein und deprimiert, weil ihr

Mann in seinem neuen Job von morgens neun bis abends elf Uhr arbeitete. Als sich bei ihr ein Magengeschwür entwickelte, beschloß sie, Mike offen zu sagen, wie unglücklich sie war – und erreichte eine Kompromißlösung. Mike antwortete auf ihr Wehklagen mit: »Schau mal, so ist eben mein Job. Eigentlich geht meine Arbeitszeit von neun bis fünf, und dafür werd' ich bezahlt.« Zartfühlend fragte er: »Was kann ich denn tun, um die Situation zu verbessern?« Gemeinsam dachten sie sich eine Lösung aus. Mike wollte versuchen, um neun Uhr abends zu Hause zu sein, würde eine Stunde vorher anrufen, bevor er das Büro verlassen wollte, damit zu Hause der Braten nicht austrocknete, und versprach, freitags nie bis in den späten Abend zu arbeiten. Von Montag bis Donnerstag mußte Louise etwas finden, womit sie sich an den Abenden beschäftigte.

In beiden Fällen verhinderte eine offene Aussprache, daß sich eine störende Situation zu einer Katastrophe auswuchs.

Halten Sie sich an folgenden Leitsatz, wenn Sie die Kunst der Kommunikation erlernen: *Es ist keine Frage, daß Sie Ihre Meinung sagen sollen, es geht nur um das Wie und Wann.* Wer sagt, was er denkt, handelt nicht aggressiv. Er handelt selbstbewußt. Sie müssen einen Weg finden, Ihrem Partner etwas, was sie ihm beibringen wollen, in einer Form zu sagen, daß er nicht gekränkt, sondern daß die Kommunikation zwischen Ihnen gestärkt wird. Beispiel: Ihr Mann hängt sehr an seiner Mutter, aber sie hat etwas getan, was Sie aufgebracht hat. Eine mögliche Technik: Sie sagen: »Wir haben eine Schwierigkeit. Deine Mutter hat das und das getan, was mir weh tut.«

Wenn Sie es so vorbringen, greifen Sie seine Mutter nicht an; Sie stellen den Fall als ein beiderseitiges Problem dar – am besten dann, wenn Ihr Mann ausgeruht und entspannt, nicht wenn er von der Arbeit erschöpft ist.

Laborübung: Kommunikation

ZWECK: Durch angemessene Kommunikation größere Nähe, nicht Abstand zu schaffen.

ERSTER SCHRITT: Schreiben Sie auf, was Sie sagen wollen. Gehen Sie es durch und verbessern Sie das WIE. Achten Sie darauf, daß Sie über das sprechen, was Sie zur Sprache bringen wollen.

ZWEITER SCHRITT: Sprechen Sie das, was Sie aufgeschrieben haben, aufs Tonband und hören Sie es anschließend ab. Nehmen Sie an Ihrem ›Script‹ die Veränderungen vor, die Sie für notwendig halten. Kontrollieren Sie, ob Sie Ihre Gefühle vermitteln und ob Ihre Stimme die richtige Lautstärke hat. Wiederholen Sie die Prozedur so oft, bis Sie das Gefühl haben, daß es sitzt.

DRITTER SCHRITT: Nehmen Sie sich einen bestimmten Zeitpunkt vor, an dem Sie Ihre Ansprache halten wollen. Wählen Sie die Stunde mit Bedacht. Sind Sie eine Ehefrau, dann fangen Sie nicht gerade mitten in der Übertragung eines Fußballspiels an. Sind Sie ein Ehemann, dann rücken Sie nicht kurz vor dem Abendessen damit heraus, wenn Ihre Frau am Herd alle Hände voll zu tun hat. Natürlich kann irgend etwas Unerwartetes eintreten, so daß es sich empfiehlt, die Aussprache zu verschieben, aber dies kommt nicht oft vor. Wenn Ihnen immerzu etwas Unerwartetes dazwischenkommt und Sie die Konfrontation ständig hinausschieben, gestehen Sie sich ein, daß Ihnen die Sache einfach zu unangenehm ist. In diesem Fall üben Sie weiter, oder versuchen Sie es erst mit dem vierten Schritt.

VIERTER SCHRITT: Die Furcht, die Sie lähmt, rührt vielleicht daher, daß Sie sich die Reaktion Ihres Partners schon vorstellen können. In diesem Fall:
- Legen Sie eine Liste mehrerer möglicher Reaktionen an. Sprechen Sie jede einzelne Reaktion aufs Tonband und legen Sie dazwischen jeweils eine Pause von zwei Minuten ein.
- Hören Sie sich die erste mögliche Reaktion Ihres Partners an. Stoppen Sie das Gerät und denken Sie sich aus, was Sie darauf sagen können. Dann sprechen Sie es auf das Band und gehen zum nächsten Punkt über, bis alle erledigt sind.
- Spielen Sie das Band noch mal von vorne ab und hören Sie sich an, wie Sie auf die erste Reaktion Ihres Partners geantwortet ha-

ben. Stoppen Sie dann das Gerät. Überlegen Sie sich, was Sie besser machen können. Haben Sie gesagt, was Sie sagen wollen? Wie können Sie es besser ausdrücken? Vermittelt Ihr Tonfall die angemessenen Emotionen?

– Stellen Sie sich die Anwendung dieser neuen Methode möglichst lebendig vor. Dann lassen Sie das Band noch einmal von vorne ablaufen und hören sich die mögliche Reaktion Ihres Partners zum drittenmal an. Diesmal sprechen Sie Ihre neue Antwort aufs Band.

– Wenn Sie noch immer mit irgendeiner Ihrer eigenen Reaktionen unzufrieden sind, verbessern Sie sie zum drittenmal.

– Nun nehmen Sie sich einen neuen Zeitpunkt vor, an dem Sie Ihre Rede halten wollen – und halten Sie sie!

FÜNFTER SCHRITT: Wenn Sie trotz allem nicht imstande sind, Ihrem Partner zu sagen, was Sie ihm sagen wollen, müssen Sie vielleicht auf andere Methoden zurückgreifen. Vielleicht sagen Sie zu ihm: »Schau, ich möchte dir eigentlich etwas sagen, was mir wichtig ist, aber ich bin zu ängstlich, um es direkt zu tun. Deshalb hab' ich es aufgeschrieben (oder auf Tonband gesprochen). Bitte, lies es (oder höre es dir an), und dann würde ich gerne mit dir darüber sprechen.«

Das hört sich zwar sehr mechanisch an. Doch wissenschaftliche Untersuchungen zeigen, daß es durchaus ein Weg ist, Kommunikation in Gang zu bringen.

Achten Sie darauf, daß das, was Sie mitteilen wollen, auch ankommt. Manchmal glauben Sie eine bestimmte Botschaft zu schicken – aber Ihr Partner erhält eine ganz andere.

Fallbeispiel

Der vierunddreißigjährige Tom und seine dreißigjährige Frau Wendy, seit sechs Jahren miteinander verheiratet und Eltern eines vierjährigen Jungen, suchten mich wegen sexueller Probleme auf.

Ihre Schwierigkeiten mit der Sexualität folgten einem bestimmten Muster. Tom hatte eine ziemlich unpersönliche Art, die ersten Schritte zu tun. Wendy, die dabei Wärme und Liebe vermißte, nahm ihm das übel und zog sich emotionell in sich selbst zurück, obwohl sie die sexuelle Aktivität selbst fortsetzte. Dieses Verhalten löste wiederum bei Tom Unzufriedenheit aus. Oft drückte er beim Verkehr aus, was ihm nicht paßte. Dies verübelte Wendy ihm noch mehr, und sie zog sich gefühlsmäßig noch stärker von ihm zurück. In der letzten Zeit, bevor sie mich aufsuchten, hatte Tom, über die Verschlechterung der sexuellen Beziehungen in seiner Ehe verärgert, ein Verhältnis mit seiner Sekretärin angefangen. Er war zu ihr gezogen, hatte aber nach sechs Wochen beschlossen, »nach Hause zu gehen und es noch mal mit meiner Ehe zu versuchen«.

Nach gründlicher Klärung der Sachlage legte ich ihnen einen Plan vor, der das Gewicht auf die Verbesserung der innerehelichen Kommunikation und des beiderseitigen Selbstbewußtseins legte. Als ich sie aufforderte, spezielle Probleme zur Sprache zu bringen, kam Wendy auf einen Vorfall zu sprechen, der sich mehrere Wochen vor der sechswöchigen Trennung abgespielt hatte.

Wendys Darstellung: »An mehreren Abenden hintereinander schlang er sein Essen hinunter und sagte, er müsse wieder ins Büro. Selbst beim Essen zeigte er sich uninteressiert an dem, was ich sagte, und ging überhaupt nicht darauf ein, als ich mich beschwerte, weil er jeden Abend so lange arbeitete. Einmal kam Tom nach Mitternacht nach Hause, weckte mich und fing ohne ein Wort mit Zärtlichkeiten an. Ich war äußerst abweisend. Als wir fertig waren, hat er mich beschimpft.«

Toms Darstellung: »Ich war mit einem sehr wichtigen Projekt beschäftigt, bei dem es für meine Firma auf Leben oder Tod gehen konnte. Da der Termin kurz vor der Tür stand, mußte ich sehr angestrengt arbeiten. Ich stand unter großem Druck. Ich brauchte Trost und Zuspruch von Wendy. Statt dessen ist sie von mir abgerückt. In der fraglichen Nacht kam ich erschöpft und niedergeschlagen nach Hause. Meine sexuellen Annäherungen waren diesmal eigentlich gar nicht sexuell gemeint – ich wollte Zärtlichkeit. Statt dessen aber verhielt sich Wendy abweisender denn je, gerade als ich sie am meisten brauchte. Das hat mich wütend gemacht, so daß ich die Beherrschung verlor.«

Als ich Tom fragte, warum er Wendy nichts von seinen Problemen erzählt habe, antwortete er: »Sie hätte es spüren müssen.« Als ich Wendy fragte, warum sie nicht gefragt habe, ob er Probleme habe, sagte sie: »Darauf bin ich gar nicht gekommen.«

Nach diesen Enthüllungen wurde ihnen bewußt, daß die Kommunikation zwischen ihnen zusammengebrochen war. Unter den Methoden, die wir benutzten, um die Kommunikation zu verbessern, waren auch die Gefühlssprache-Übungen (in Kapitel 3 beschrieben), die sich in Beziehung auf das Geschlechtliche als besonders nützlich erwiesen. Die Diskussionen, die Tom und Wendy darüber führten, was ihnen an ihren sexuellen Beziehungen gefiel oder mißfiel, erhöhten für beiden den sexuellen Genuß. Wir benutzten auch die Technik des Rollentausches, die sie »Umschaltspiel« nannten. Wenn einer der beiden meinte, daß er nicht verstanden worden sei, rief er oder sie: »Umschalten!« Dann übernahm Wendy die Rolle von Tom und Tom die von Wendy. Jeder versuchte nun auszudrücken, was nach seiner Ansicht der andere ihm zu verstehen geben wollte. Dann korrigierten sie einander. Auf diese Weise verhinderten sie das Entstehen von Mißverständnissen und brachten sich bei, mehr Gespür für den anderen zu entwickeln.

Im Laufe der Zeit brauchten sie die Übungen nicht mehr so sehr, griffen aber immer auf sie zurück, wenn sie ein bestimmtes Problem miteinander hatten. Die ST-Behandlung dauerte vier Monate, und nach einem Jahr, in dem sie das Gelernte übten, berichteten Tom und Wendy: »Wir kommen einander immer näher, und im Bett geht es besser als jemals zuvor!«

Vergessen Sie nicht: die Kommunikation braucht nicht verbal zu sein.

Sagen Sie, was Sie sagen wollen, ohne Worte, zum Beispiel durch ein intimes Abendessen, ein zärtliches Briefchen, durch gut ausgesuchte kleine Geschenke. In der besten Art von Kommunikation verbinden sich Handeln und Worte. Umarmen Sie sie/ihn und sagen

Sie ihr/ihm zugleich, daß Sie sie/ihn lieben. Jeder hört gern bestimmte Dinge, und ebenso gern hat er es, wenn sie ihm praktisch demonstriert werden.

Lernen Sie zu streiten – aber streiten Sie fair.

In ihrem Buch »Streiten verbindet« schreiben die Verfasser George R. Bach, Begründer und Direktor des Instituts für Gruppentherapie in Beverly Hills, Kalifornien, und Peter Wyden: »Verbale Auseinandersetzungen zwischen Menschen, die einander nahestehen, namentlich zwischen Ehepartnern, sind nicht nur akzeptabel, sondern konstruktiv und in hohem Maße erwünscht. Partner, die miteinander streiten, sind Partner, die zusammenbleiben – vorausgesetzt, sie verstehen richtig miteinander zu kämpfen.« In einer engen Beziehung ist es ebenso wichtig, Ärger wie Zärtlichkeit zum Ausdruck zu bringen. Eine Ehe, in der es nicht wenigstens hin und wieder zu Auseinandersetzungen kommt, wird zu einer Verbindung, in der die emotionale Nähe fehlt.

Wenn man streiten lernt, muß man drei Ziele erreichen: erstens sich über die Konfliktziele klarzuwerden, zweitens durch Konflikte Gefühle auszudrücken und drittens nicht destruktiv zu werden, wenn man den Partner in die Schranken fordert.

Sie müssen die Konfliktziele verstehen und erreichen. Es kann vorkommen, daß man sich über das Ziel eines Streites nicht klar ist. Man nimmt den Partner als Feind, und im Kampf gegen Feinde will man siegen oder sie vernichten. Diese Einstellung mag in einer oberflächlichen Beziehung am Platz sein – manche Leute, zu denen man eine solche Beziehung hat, trachten danach, einen zugrunde zu richten –, in einer engen jedoch ist sie unangebracht. Man streitet nicht, um zu siegen, sondern um die Atmosphäre zu klären, zu einer Lösung zu gelangen, mehr Verständnis füreinander zu gewinnen – so daß beide Partner Sieger sind. Um dieses Ziel zu erreichen, muß man bestimmte Dinge tun.

Setzen Sie Grundregeln fest. Bestimmte empfindliche Bereiche zu berühren, führt nur dazu, daß man den Partner verletzt. Machen Sie ihm dies klar mit Warnungen wie: »Sprich nicht von meinen sexuellen Schwierigkeiten, wenn wir uns streiten« oder »Vergleiche mich nicht mit meinem Vater – über meine Fehler kannst du sagen, was du willst, aber behandle mich als einen eigenen Menschen.« Wenn Ihr Partner die Grenzen übertritt, die Sie gezogen haben, haben Sie das Recht, »Foul« zu schreien, worauf er damit aufhören muß. Hält er die von Ihnen gezogene Grenze für unrichtig, sprechen Sie darüber, notfalls kämpfen Sie auch dafür. Aber Sie sollten so kämpfen, daß Sie nicht destruktiv werden.

Der Kernpunkt des Streites sollte sein, was Ihr Partner nach Ihrer Meinung getan hat – nicht, was für ein Mensch er nach Ihrer Meinung ist. Bösartige Angriffe wie »du bist doch im Grund schwul« oder »du hast eine neurotische Vaterbindung« führen zu nichts. Selbst wenn Sie damit recht haben, was kann er/sie daran ändern? Kann Ihre Partnerin auf der Stelle ihren Ödipus-Komplex loswerden oder auch einen Monat später? Ein Mißgriff im Kampf mit dem Partner führt nur zu Verbitterung, Zerwürfnissen und zunehmender Entfremdung. Das soll allerdings nicht heißen, daß ein Ehemann seine Frau nie ein böses Weib oder eine Frau ihren Mann nie einen »Mamabubi« nennen darf. Es ist in Ordnung, sie ein böses Weib zu nennen, wenn Sie damit Ihre Gefühle ausdrücken und Sie damit sagen wollen: »Ich hab' eine Stinkwut auf dich!« Es ist nicht in Ordnung, wenn Sie es als letztes Ultimatum aussprechen und damit meinen: »Wir kommen einfach nicht miteinander aus, wenn du deinen Charakter nicht von Grund auf änderst.«

Schaffen Sie gleiche Chancen im Kampf. Manche Leute kämpfen und streiten besser als andere. Sie können sich leichter ausdrücken, lauter brüllen oder sind rascher im Denken. Da es aber nicht darum geht, zu siegen, sondern einander näherzukommen, muß der Unterschied zwischen den Partnern möglichst ausgeglichen werden. Eine Möglichkeit besteht darin, die Regel aufzustellen, daß der Schwächere jederzeit einen Streit anfangen darf, der Stärkere ihn aber vorher ankündigen muß oder nur zu streiten anfangen darf, wenn der Schwächere sich stark genug dafür fühlt.

Treiben Sie Ihren Partner nicht in die Enge. Damit erreichen Sie nicht größere Nähe, sondern nur, daß er verzweifelt und rachsüchtig wird.

Sprechen Sie hinterher über Ihre Auseinandersetzungen, so wie Sie vielleicht auch über Ihr Sexleben sprechen. Haben Sie sich auf faire Weise durchgesetzt? Ist dabei das gegenseitige Vertrauen gewachsen? War der Kampf offen und direkt? Sagen Sie, was Ihnen daran gefallen und was Ihnen mißfallen hat.

Lernen Sie, Ihre Emotionen durch Konflikte auszudrücken. Manche Leute haben einfach niemals gelernt, Ärger zu äußern. In diesem Fall schlage ich vor, die negativen Gefühlssprache-Sätze zu verwenden. Solche Leute verstehen sich sehr gut auf Süßholzraspeln wie »Das haben Sie aber hübsch gesagt«, während sie in Wahrheit denken: »So ein Blödsinn, was er eben gesagt hat; aber wenn ich ihm das ins Gesicht sage, kriegen wir nur Streit, und das will ich doch nicht.« Wenn Sie so handeln, sperren Sie Ihre Gefühle ein. Fangen Sie damit an zu sagen: »Das hat mir nicht gefallen, was Sie da getan haben«, und warten Sie ab, was geschieht.

Eine andere Technik für Leute, die Angst vor Streit haben, besteht darin, gespielte Auseinandersetzungen zu inszenieren. Nehmen Sie sich eine Bagatelle im Rollenspiel vor, so als führten Sie darüber wirklich eine Auseinandersetzung. Dabei werden Sie sich zuerst gekünstelt vorkommen, aber je mehr Sie sich lockern, um so spontaner verhalten Sie sich, und dann können Sie sich auf einen anständigen Kampf einlassen.

Lernen Sie, sinnvoll zu streiten. Es gibt viele Arten sinnloser ehelicher Konflikte: der immer wiederkehrende Streit um das Glück, der nie zu etwas führt ... der Zornausbruch, bei dem einer der Partner sich einfach Luft macht und bei dem es nur selten um ein echtes Konfliktthema zwischen Mann und Frau geht ... der Streit um die falsche Sache, bei dem man sich über alles mögliche zankt, nur nicht um das wirkliche Problem ... der Streit ohne Grenzen, bei dem man jede Kränkung und jede schlechte Behandlung aufs Tapet bringt und deshalb dem anderen gar nichts vermittelt.

Wenn Sie die schlechte und im Grunde passive Angewohnheit des sinnlosen Streitens durchschaut haben, ist Ihnen eine viel aktivere Einstellung möglich.

Bereiten Sie sich auf einen Streit vor. Überlegen Sie sich vorher, was Sie durch den Streit zu gewinnen erwarten. Bezwecken Sie damit, Ihrem Partner beizubringn, was Sie fühlen? Wollen Sie sich nur Luft machen? Wenn Sie sich ein Ziel wählen wie »ihn genauso zu demütigen, wie er mich demütigt«, dann lassen Sie sich lieber erst durch den Kopf gehen, ob Sie das auch wirklich wollen. Es wird Ihnen eine Hilfe sein, wenn Sie sich drei wichtige Fragen ehrlich beantworten:

– Soll ich deswegen wirklich einen Streit anfangen oder nicht?
– Kann ich die Spannung aushalten, die dieser Streit auslösen wird?
– Bin ich bereit, aufrichtig zu sein?

Streiten Sie nicht einfach drauflos. Machen Sie mit Ihrem Partner aus, wann Sie den Streit austragen wollen. Sagen Sie ihm/ihr, wobei es darum gehen wird. Versuchen Sie es etwa in der Art: »Ich bin wütend darüber, wie du dich gestern abend auf der Party benommen hast, und das muß raus. Wollen wir's heute nach dem Abendessen erledigen?« Wählen Sie nicht einen Zeitpunkt vor einer wichtigen Besprechung oder wenn Sie beide schon zuviel intus haben, aber heben Sie sich Ihren Ärger auch nicht länger als vierundzwanzig Stunden auf. Wenn Sie sich eine zeitliche Grenze setzen, verhindern Sie, daß Ihre Gefühle verwässert werden. Und wenn Sie wissen, daß die Geschichte bald heraus sein wird, fühlen Sie sich weniger frustriert.

Sorgen Sie dafür, daß der Streit beim Thema bleibt. Wenn Sie und Ihr Partner sich über zu große Geldausgaben auseinandersetzen wollen, er aber »deinen fürchterlichen Onkel Otto« hereinzieht oder daß Sie »zu laut schnarchen«, dann haben Sie das Recht, ihm zu sagen, er soll aufhören. Er muß beweisen, daß die Dinge, die er zur Sprache gebracht hat, mit dem Kernthema des Streites etwas zu tun haben – oder sie fallenlassen.

Denken Sie daran, daß es für eine eheliche Auseinandersetzung kein Ende oder eine endgültige Lösung gibt. Sie ist Teil eines permanenten gegenseitigen Mitteilens von Gefühlen in einer Beziehung, die ständig enger wird. Genauso wie man sich gegenseitig Zärtlichkeit schenkt, teilt man mit dem Partner auch Zorn und Verdruß und verbessert damit das Klima der Beziehung zum andern.

Sprechen Sie sich aus, damit Sie sich zu Hause wohler fühlen.
Manchmal findet man, daß der Partner nicht seinen Beitrag leistet. Weil man der Ansicht ist, daß man zu viele Entscheidungen treffen muß, sind sie zu einer Belastung geworden und nicht mehr eine gemeinsam geteilte Aufgabe. Oder es paßt einem nicht, daß der Part-

ner über sämtliche Dinge entscheidet. Viele Ehemänner sind heute der Ansicht, daß ihre Frauen allein das Sagen haben, wenn es um Dinge wie die Schule, das gesellschaftliche Leben, den Gottesdienstbesuch geht, und ihnen nur das Geldverdienen überlassen – aber kein Mitbestimmungsrecht beim Geldausgeben.

Kommunikation mit dem Partner kann Ihnen helfen, sich ein Bild zu verschaffen, welchen Prozentsatz der Entscheidungen in der Familie Sie heute treffen und welchen Prozentsatz Sie treffen möchten. Sie kann Ihnen auch zeigen, ob Ihre Auffassung zutrifft, welche Veränderungen möglich und welche Bereiche am wichtigsten sind.

Laborübung: Entscheidungsverteilung

ZWECK: das Entscheidungsverhalten im familiären Raum durch Kommunikation zu verbessern.

ERSTER SCHRITT: Ziehen Sie auf einer Seite in Ihrem ST-Notizbuch zwei senkrechte Linien. Schreiben Sie über die drei Spalten: ENTSCHEIDUNGSBEREICH, PROZENTZAHL DES ENTSCHEIDUNGSANTEILS HEUTE und ERWÜNSCHTE PROZENTZAHL.

Führen Sie unter der Überschrift ENTSCHEIDUNGSBEREICH folgende Einzelgebiete auf:

    Pflichten im Haushalt
    berufliche Tätigkeiten
    Kommunikation
    persönliche Unabhängigkeit
    Verwaltung des Familienbudgets
    Interaktion mit angeheirateten Verwandten
    religiöse Betätigung

Fügen Sie noch weitere hinzu, bei denen Sie Schwierigkeiten haben.

ZWEITER SCHRITT: Jeder der Partner füllt den Fragebogen allein aus.

DRITTER SCHRITT: Vergleichen Sie Ihre beiden Bewertungen. Seien

Sie auf unterschiedliche Meinungen über den gegenwärtigen und den von Ihnen gewünschten Zustand vorbereitet. Diese Beurteilungsdifferenzen liefern gute Ausgangspunkte für Partner-Gespräche.

VIERTER SCHRITT: Wählen Sie einen Bereich aus, in dem Sie und Ihr Partner sich im allgemeinen über den heutigen Zustand und über das, was jeder möchte, einig sind. Diskutieren Sie, was jeder von Ihnen tun könnte, damit erwünschte Verbesserungen erreicht werden können. Wählen Sie mit Bedacht als erstes den Bereich, wo Sie die größte Erfolgschance sehen. Wenn Sie auf diesem Gebiet die ersten Fortschritte machen, gehen Sie auf das nächste über, das Erfolg verspricht.

Gefahrensignale

Beim Streben nach einer engen Beziehung zum Partner achten Sie auf vier Dinge:

1. *Zeigen Sie nicht mit dem Finger auf den andern* – »er soll/sie soll« oder »er ist schuld/sie ist schuld«. Viele der Leute, die mich wegen Schwierigkeiten in ihrer Ehe konsultieren, haben es im Analysieren ihrer Partner zu wahrer Meisterschaft gebracht. Wenn ich aber einen der Patienten mit der Frage konfrontiere: »Was hätten Sie anders machen können?«, erhalte ich als Antwort nur einen leeren Blick. Diese Leute verstehen eine Sache nicht: Sie selbst schaffen häufig die Bedingungen, die das Verhalten aufrechterhalten, über das sie sich beschweren. Ihr Partner kann sich erst dann ändern, wenn Sie sich selbst ändern.

Fallbeispiel

Peggy, die im Verkauf einer großen Computer-Herstellungsfirma tätig war, und ihr Ehemann Frank, ein Rechtsanwalt, liebten einander, konnten aber nicht miteinander leben. Sie waren seit sieben Jahren verheiratet und unterhielten seit vier Jahren getrennte Wohnungen. Einer der Gründe dieser Situation waren ihre ständigen Auseinandersetzungen. Wenn sie eine Meinungsverschiedenheit hatten, versuchte jeder, sich durchzusetzen und dem andern zu beweisen, daß er im Unrecht sei. Dieses Verhalten beschönigten sie mit der Erklärung, daß sie »nach der Wahrheit suchten«. Dabei verloren sie aber völlig die gefühlsmäßige Interaktion aus den Augen, die sie aufrechterhalten wollten.

Eines Tages waren Peggy und Frank im Supermarkt beim Einkaufen. Frank sah eine Dose Oliven und legte sie in den Einkaufskarren. Vor der Kasse fragte er Peggy, wieviel seine Dose koste. Peggy antwortete: »Neunundfünfzig Cents.« Frank gab ihr das Geld, und sie steckte es in ihre Börse. Dies ärgerte ihren Mann. »Immerzu mache ich ihr Geschenke«, dachte er, »aber Sie schenkt mir nie etwas.« Dann fuhr er sie an: »Es ist unrecht von dir, dieses Geld einzustecken!«

Peggy dachte so darüber: »Es war doch eine Bagatelle. Ich habe es getan, ohne lange nachzudenken. Ich dachte doch nicht daran, daß er bezahlen könnte. Ich hab' das Geld einfach in meiner Zerstreutheit eingesteckt.«

Als die beiden in meiner Praxis dieses Vorkommnis diskutierten, wurde jeder zum Anwalt und stürzte sich auf sämtliche Kleinigkeiten, nur um zu beweisen, daß seine Darstellung die richtige sei.

Als ich sagte: »Wenn Sie irgendein zärtliches Gefühl ausgedrückt hätten, hätte das die ganze Geschichte verändern können«, fiel keinem der beiden etwas ein, das dies hätte bewirken können.

Ich sagte, sie hätten sich der Gefühlssprache bedienen können. In dem Augenblick, als Peggy das Geld einsteckte, hätte Frank zu ihr sagen können: »Ich bin gekränkt und verärgert, daß du die Cents genommen hast. Es geht mir gar nicht so sehr um das Geld, aber es zeigt deine Einstellung.«

Frank sagte, ja, so habe er dabei empfunden. Peggy erklärte, eine solche Reaktion hätte sie verstanden.

Dann fragte ich Peggy, was sie hätte tun können, damit Frank das Vorkommnis nicht so tragisch nehme. Sie verwandelte sich wieder in einen Anwalt und sagte: »Gar nichts. Er hätte mich nicht so anfahren sollen.«

Nun stellte ich Peggy eine andere Frage. »Sehen Sie, Ihr Mann hat eben gesagt, daß Sie ihn gekränkt haben. Denken Sie noch einmal nach – was hätten Sie in der Situation tun oder sagen können?«

Diesmal gab sie eine andere Antwort. »Ich hätte meinen Arm um ihn legen und ihn auf die Wange küssen können – in der Schlange vor der Kasse.«

Franks Gesicht heiterte sich auf. »Ja«, sagte er, »damit wäre alles wieder in Ordnung gewesen.«

So besserte sich die Situation zwischen den beiden Ehepartnern, als sie ihre rechthaberische Haltung aufgaben und auf das Bedürfnis verzichteten, zu beweisen, daß sie im Recht seien. Sie taten damit einen Schritt zu größerer Nähe in ihrer Beziehung.

---

2. *Geben Sie nicht Ihre eigene Identität auf* – was manchmal ganz unbewußt geschieht. Hüten Sie sich davor, zu einem Ehepaar zu werden, das ständig das Fürwort »wir« und niemals »ich« im Munde führt. Damit ersticken Sie sich selbst. Wenn man in einer engen Beziehung zu einem anderen Menschen lebt, lebt man in einem ständigen Austausch, der alle Dinge des Lebens umschließt. Diese ständige Gemeinsamkeit und enge physische Nähe schaffen die Notwendigkeit einer gewissen emotionalen Privatsphäre. Jeder Partner hat das Recht darauf, ein Mensch für sich zu sein.

3. *Es kann sein, daß der Partner sozusagen das Territorium des andern besetzt und ihm keine Freiheit läßt.* In diesem Fall läßt der eine Partner dem anderen keinen eigenen Freiraum, sondern beschränkt ihn in der irrigen Vorstellung, es sei »gut, *alles* gemeinsam zu haben«. Beispiele: Der eine Partner beginnt sich für die Vogelbeobachtung zu interessieren, worauf der andere in einschlägige Geschäfte rennt, um ein Fernrohr und andere Ausrüstungsgegenstände zu kaufen. Oder der eine Partner entwickelt ein fasziniertes Interesse an der italienischen Renaissance, und der andere fängt an, die entsprechende Literatur von vorn bis hinten zu studieren.

Ich hatte einen Fall, wo eine ältere Witwe, die einen Witwer mit zwei erwachsenen Kindern heiratete, beinahe die neue Ehe sprengte, weil sie unbedingt »die Mutter der Kinder« sein wollte. Es nahm nicht wenige Sitzungen in Anspruch, bis sie sich zu der Einsicht bereit fand, daß die Beziehung ihres Ehemannes zu seinen Kindern sein eigenes Territorium war.

Es ist schön, wenn man mit dem Ehepartner Dinge teilt – nicht gut ist aber eine hundertprozentige Gemeinsamkeit. Jeder Partner braucht ein Gebiet, das ihm selbst gehört. Ständige Gemeinsamkeit wird zur Versklavung.

4. *Das eigene Territorium kann zu einer Gefahr werden oder eine Entfremdung zwischen den Partnern herbeiführen.* Damit werden die Feststellungen im Punkt 3 eingeschränkt. In einer engen Beziehung kann es keine vollkommene Freiheit der Wahl des eigenen Territoriums geben. Alles, was beide Partner tun, kann sich auf die Beziehung auswirken, kann beim Partner Angst oder Unsicherheit auslösen und ihre Gemeinsamkeit in Gefahr bringen. Die Entscheidung für das Territorium, das man als sein Privatrevier wählt, muß diese möglichen Auswirkungen in Betracht ziehen.

Echte Nähe zu einem anderen Menschen, die große Gefühlstiefen erreicht, ist eine Erfahrung, die alle, die sie nicht gemacht haben, nur schwer zu verstehen vermögen. Sie entwickelt sich zu einem Wachstumsprozeß, der Jahre in Anspruch nehmen kann. Wenn Sie dazu fähig sind, werden Sie verstehen, was Mark Twain gemeint hat, als er schrieb: »Die Liebe scheint am raschesten zu wachsen und wächst doch am langsamsten. Kein Mann, keine Frau weiß, was die vollkommene Liebe ist, solange sie nicht ein Vierteljahrhundert verheiratet waren.«

6

Die aktive Einstellung zur Sexualität

In der idealen sexuellen Beziehung geben Mann und Frau einander Zärtlichkeit, Anregung und Liebe. Ihr Ziel ist, sich von allen Hemmungen freizumachen und ganz im Gefühl aufzugehen. Ihre Körper verschmelzen miteinander, so daß zwei Individuen eins werden. »Die erotische Liebe«, schreibt Erich Fromm, »beginnt mit Getrenntheit und endet im Einssein.«

Wahre Intimität erschöpft sich nicht darin, daß die beiden Partner sich gegenseitig einen Gefallen tun – »Ich errege sie und zur Belohnung erregt sie mich.« Um die ganze Wärme des Empfindens, deren der Partner fähig ist, zu bekommen, denkt man, wenn man sich ihm gibt, vor allem an seine oder ihre Freude. Man handelt nicht wie ein unbeteiligter Zuschauer, sondern teilt die seelischen und körperlichen Empfindungen des Partners, als wären es die eigenen.

Obwohl fast alle Menschen mit der Fähigkeit zur normalen sexuellen Reaktion geboren werden, stehen dieser höchsten Erfüllung in der engen Beziehung viele Hindernisse im Wege. Manche Menschen haben das Gefühl, daß Sex etwas »Schlechtes« . . . »Schmutziges« . . . »Perverses« sei, weil ihnen diese Einstellung während der prägsamen Jahre von Eltern, Lehrern, Kirche und Gesellschaft eingepflanzt wurde. Andere haben sich selbst beigebracht, mit dem Sexualakt Furcht, Ängste und Mutlosigkeit zu verbinden. Wieder andere bleiben gegenüber unzulänglichem Sex untätig; sie *wissen nicht*, daß sie im ehelichen Bett Besseres zustande bringen können.

Aber hinter all diesen Gründen steht ein einziger großer Grund: Wir lernen nicht, *wie* man Orgasmen bekommt. Wir lernen, wie man sie *nicht* bekommt. Doch was wir auf diesem Gebiet erlernt haben, können wir zumeist auch durch Lernen wieder ablegen. Dieser Grundsatz bildet das Hauptfundament der modernen Sexualtherapien.

Sexuelles Versagen geht nicht nur auf Dysfunktionen zurück, sondern auch auf gewöhnlichere Ursachen wie zu schwache Sexualfrequenz, zu geringe Abwechslung und Freiheit. Nach Schätzungen von Experten haben gegenwärtig mehr als die Hälfte aller Ehen in den Vereinigten Staaten mit sexuellen Problemen zu tun. Aber sexuelle Schwierigkeiten bedeuten mehr als ein Versagen der biologischen Mechanismen; sie ziehen die ganze Beziehung in Mitleidenschaft, behindern das Entstehen emotioneller Nähe und schaffen Spannungen und Zwist. Die Linderung eines sexuellen Problems kann eine tiefe Wirkung auf eine Ehe haben und dazu führen, daß die ganze Beziehung reifer, vertrauensvoller und enger wird.

Die Grundlage für Veränderungen

Passive Hinnahme unbefriedigender sexueller Verhältnisse kennzeichnet den Menschen mit schwachem Selbstbewußtsein. Sie bringen sich selbst um eine Chance, wenn Sie nicht sexuelle Techniken prüfen und probieren, die anderen geholfen haben und auch Ihnen zu einem befriedigenderem Sexualleben verhelfen können. Warum unnötig leiden? Von diesem Grundsatz ausgehend verfolgt das Selbstbewußtseinstraining im sexuellen Bereich ein dreifaches Ziel:

1. *Aufklärung über die Sexualität zu geben.* Wenn man einen Orgasmus erreichen will, muß man die Realität loslassen und sich der Selbstvergessenheit hingeben. Leider aber führen mangelndes Wissen oder inkorrekte und veraltete Kenntnisse oft zu gehemmtem Handeln, wodurch Spontaneität und freie Gefühlsäußerungen abgeblockt werden.

2. *Durch das Aufstellen und Erreichen sexueller Ziele eine aktive Einstellung zum Sex zu entwickeln.* Zwar sagt es sich leicht, daß in einer engen Beziehung der höchste Zweck der Sexualität der tiefste Austausch von Gefühlen sei, aber diese Vorstellung wirkt doch ziemlich abstrakt. Man strebt zwar nach diesem Glückszustand, aber für die meisten Menschen gibt es daneben, vorübergehend oder auf Dauer, auch noch andere Ziele. Da der Sex Freude macht, können Spaß und Genuß das Hauptziel sein. In Zeiten, wo man unter Streß steht, kann er als eine Quelle der Entspannung dienen. Zu anderen Zeiten liegt das Hauptgewicht auf seiner Funktion in der Fortpflanzung. Ebenso kann es aber auch sein, daß mit der sexuellen Betätigung sich weniger glückliche Ziele verbinden. So kann sie zu einer Pflicht oder zu einer rituellen und leeren Gewohnheit werden. In beiden Fällen büßt sie ihre Spontaneität ein.

Dies läßt sich ändern.

Eine aktive Haltung einnehmen heißt, daß man seine Sexualbeziehung einer Prüfung und Bewertung unterzieht. Anschließend prüft man Bereiche, in denen Verbesserungen möglich sind, und geht dieses Vorhaben systematisch an, wobei man immer mit dem Partner zusammenarbeitet. Wenn Sie initiativ werden, entwickeln Sie das Gefühl, bei Ihrer Suche nach der äußersten Intimität in Bewegung zu sein und diese Bewegung selbst zu steuern.

3. *Ihnen beim kommunikativen Lernen zu helfen.* Viele Menschen, die in oberflächlichen Beziehungen ihre Gefühle offen zeigen, scheuen vor dem letzten Schritt völliger Offenheit bei einer sexuellen Begegnung mit einem ihnen nahestehenden Menschen zurück. Da die sexuelle Betätigung eine derart intensive Preisgabe des Persönlichen mit sich bringt, fürchten sie sich verwundbar zu machen. Durch das ST *können* sie aber lernen, auf dieser intimen Ebene mit dem Partner in Kommunikation zu treten und durch den Lernprozeß ein bisher ungekanntes Nahesein zu erreichen.

Sexuelles Wissen

Ebenso wie man, wenn man ein soziales Kontaktnetz bauen will, die Rolle des ›small talk‹ richtig verstehen und in der engen Beziehung die Bedeutung des fairen Streits kennen muß, muß man die Sexualität verstehen, wenn man Erfüllung erreichen will. Zwei Schwierigkeiten treten häufig auf:

1. *Manchen Leuten fehlt es am sexuellen Wissen.* Einige Männer und Frauen haben starre Vorstellungen über das, was in sexuellen Beziehungen erlaubt und normal sei. Sogar intelligente, hochgebildete Leute, die über die verschiedenen Möglichkeiten des Geschlechtsverkehrs durchaus unterrichtet sind, zeigen sich in den Techniken sexueller Zärtlichkeiten naiv und unerfahren. Oft ist ihnen gar nicht bewußt, wie wenig sie wissen.

2. *Andere sehen nicht, daß neue wissenschaftliche und klinische Forschungsergebnisse unser Wissen auf dem Gebiet der Sexualität total verändert haben.* Die Arbeiten Kinseys und später die Untersuchungen der amerikanischen Sexologen Masters und Johnson ha-

ben auf diesem heiklen Gebiet die Türen für die wissenschaftliche Forschung weit aufgestoßen.

Die neuen wissenschaftlichen Forschungsergebnisse haben viele Vorstellungen über die Mechanik und Physiologie der menschlichen Sexualität stark verändert. Früher wurde zwischen einem klitoralen und einem vaginalen Orgasmus unterschieden. Inzwischen aber haben Masters und Johnson demonstriert, daß es keine zwei Arten Orgasmus gibt; bei der Frau ist *jede* Klimax klitoral.

Auch über die Masturbation herrschen heute andere Vorstellungen als früher. Noch vor nicht allzu langer Zeit galt die Selbstbefriedigung als »krankhaft«, als eine Entartung, die zu Erkrankungen führe, vom Krebs bis zu psychischen Leiden und Irrsinn. In der nächsten Phase wurde die Masturbation zwar akzeptiert, aber viele Leute, die falsche Begriffe von ihr hatten, waren schuldbewußt und niedergeschlagen, wenn sie sie praktiziert hatten. Heute gilt die Selbstbefriedigung als etwas Gutes, und in den neueren Sexualtherapien erweist sich die Anleitung zur Masturbation oft als erster Schritt zur Verbesserung des Sexualverhaltens. Viele Paare finden es angenehm und erregend, sich in Gegenwart des Partners selbst zu befriedigen.

Hier folgen einige der am häufigsten gestellten Fragen zum Thema Sex. Ich werde sie mit den heute herrschenden Vorstellungen in diesem sich rasch verändernden Bereich beantworten und mit diesen Antworten hoffentlich neues Wissen vermitteln, das Hemmungen aus dem Weg räumt.

FRAGE EINS: *Was ist im Sex normal? Welche sexuellen Betätigungen sind in einer engen Beziehung erlaubt und wo liegen die Grenzen?*

Die spezifischen Betätigungen, um die es hier geht, können eine breite Skala umfassen: von oralen und analen Praktiken über Sexspiele auf dem Wohnzimmerteppich bis zum Austausch unflätigen Sexualvokabulars. Wie kann man sich wirklich gehenlassen, wenn man Angst hat, etwas »Abnormales« zu tun, oder wenn es einen geniert, daß der Partner etwas praktiziert, was einem als »unerlaubt« vorkommt? Die Hemmungen, die viele Leute haben, sind verständlich. Selbst heute noch sind zahlreiche angesehene Theoretiker und

Praktiker auf dem Gebiet des menschlichen Verhaltens der Ansicht, die einzige ›normale‹ sexuelle Betätigung bestehe in der ›heterosexuellen geschlechtlichen Vereinigung‹ (das heißt, konventioneller Geschlechtsverkehr zwischen Partnern verschiedenen Geschlechts). Sie sehen in jeder anderen Form sexueller Aktivität ein Zeichen von Unreife, einen Ausdruck innerer Konflikte oder das Symptom einer psychischen Fehlentwicklung. Viele betrachten sogar sexuelles Vorgeplänkel mit Mißtrauen und wollen darin zumindest teilweise eine Regression zur kindlichen Sexualität sehen, die keinen anderen Ausdruck finden kann.

Es fällt schwer, die wissenschaftlichen Grundlagen auszumachen, auf die sich diese enge Einstellung stützt. Untersuchungen über das Sexualverhalten von Säugetieren und anderen menschlichen Gesellschaften zeigen eine breite und vielfältige Skala akzeptierter sexueller Praktiken. Vermutlich so ungefähr alles, was anatomisch möglich ist, wurde und wird irgendwo, zu dieser oder jener Zeit, akzeptiert.

Heute nehmen die Sexualtheoretiker im allgemeinen den Standpunkt ein, daß bei beiderseitiger Zustimmung so ziemlich jede sexuelle Betätigung zwischen Erwachsenen normal ist. Je stärker man sich in seinem Tun lockert, desto mehr lockert man sich auch in seinem Fühlen.

Dies soll allerdings nicht heißen, daß es zwischen Erwachsenen, die mit beiderseitiger Bereitschaft sexuelle Betätigung vollziehen, kein abnormales Sexualverhalten gäbe. Es soll nur gesagt werden, daß die Bezeichnung ›abnormal‹ nicht dem Inhalt des Aktes beigelegt werden kann – mit anderen Worten: Es hat nichts ›Abnormales‹, daß man etwas Bestimmtes tun will oder tut. Orale und anale Sexualität oder sexueller Fetischismus sind an sich weder normal noch abnormal. Der Grad der Normalität beziehungsweise Abnormalität wird von der *Freiheit der Wahl* bestimmt, die man hat. Wenn man die Kontrolle über den Akt verliert, wenn er zwanghaft wird und man seine Entscheidungsfreiheit einbüßt – dann wird er unnormal.

Um ›normalen‹ Sex handelt es sich, wenn:
– man etwas tut, weil man es tun will, entweder zur eigenen Befriedigung oder weil man seinem Partner Genuß bereiten will;
– wenn man sich frei fühlt, etwas anderes zu tun, falls man will.

Wenn Sie sich an diese Leitsätze halten, können Sie aufhören, sich Sorgen zu machen, sie seien nicht ›normal‹. Überlegen Sie nicht lange, lassen Sie Ihre Hemmungen fahren und seien Sie natürlich.

FRAGE ZWEI: »*Was meinen Sie eigentlich mit einverstandenen Partnern. Wie soll ich wissen, ob er einverstanden ist?*«

Einverstandene Partner sind Menschen, die ihre eigenen Wünsche gut genug kennen, um ohne Zwang oder Einschränkungen eine Entscheidung zu treffen, ob sie ja oder nein sagen wollen.

Ob der Partner einverstanden ist, können Sie durch Kommunikation, durch Fragen, Diskussionen und eine offene Aussprache über sexuelle Dinge feststellen. Wenn der eine Partner nur die Gedanken des anderen zu lesen versucht und zur falschen Antwort gelangt, sind Hemmungen die Folge.

Eine Frage ist eine Bitte. Sie haben das Recht, nein zu sagen. Nehmen wir als Beispiel, Ihr Ehemann wünscht oralen Sex, sie aber wollen das nicht. Wenn Sie wirklich etwas dagegen haben, lehnen Sie ab. Es ist viel besser, nein zu sagen, als sich zu etwas zu zwingen, was einem nicht liegt. Aber daß es Ihnen nicht liegt, heißt nicht, daß Sie es niemals tun sollten. Es kann vorkommen, daß Sie zu einer Handlung, die Ihnen unangenehm ist, bereit sind, weil Sie Ihrem Partner Lust bereiten und ihm Ihre Liebe zeigen wollen. Aber Sie tun es aus freier Entscheidung, nicht weil Sie sich gezwungen fühlen. Achten Sie auch darauf, ob echte, eigene Antipathie gegen die Sache der wahre Grund ist oder nicht vielmehr Angst oder weil Ihre Mutter Ihnen beigebracht hat, daß so etwas ›unanständig‹ ist.

FRAGE DREI: »*Sie befürworten Freiheit im tatsächlichen Sexualverhalten, aber meine Wunschphantasien gehen viel weiter. Ich habe Angst, daß mich meine Phantasien überwältigen, wenn ich mich ungehemmt gehenlasse, und daß ich dann wirklich pervers werde. Ist die Gefahr nicht groß?*«

Dies deutet auf ein Problem – entweder ist eine passive Haltung zur Sexualität vorhanden oder eine hemmende Angst. Sexuelle Gefühle gewinnen durch ein freies, ungehemmtes Ausleben an Spontaneität und Tiefe, und Wunschphantasien sind ein Weg, dieses Ziel zu erreichen. Phantasien können auf mögliche Quellen der Lustbefriedigung hinweisen, die man noch nicht ausprobiert hat, aber ausprobieren sollte. Wenn Sie sie mit Ihrem Partner teilen, kann dies zu gesteigerter körperlicher Stimulation und Nähe führen.

Noch einige Hinweise zu sexuellen Phantasien.

In sexuellen Wunschphantasien spiegeln sich nicht unbedingt unbewußt wirkende Kräfte. Manche sind lediglich Angewohnheiten, die Sie erlernt haben, um sich anzureizen. Es spricht einiges dafür, daß man den Inhalt von Sexualphantasien ganz zufällig erwerben kann, ebenso wie man in anderen Lebensbereichen Wissen ohne Absicht und zufällig sammelt.

Zwischen Phantasie und Handeln besteht ein Unterschied. Nur weil Sie sich vorstellen, mit einem anderen Menschen als mit Ihrem Partner zusammen zu sein, heißt nicht, daß Sie mit ihm tatsächlich Sexualverkehr haben möchten. Wenn Sie eine homosexuelle Phantasie haben, ist damit nicht gesagt, daß Sie homosexuell sind oder sich nach homosexueller Betätigung sehnen. Im allgemeinen bedeutet es nicht mehr, als daß Sie die Phantasie hatten und von ihr erregt wurden. Basta.

Phantasien können zu Schwierigkeiten führen, wenn sie Macht über Sie gewinnen und zum einzigen Weg werden, auf dem Sie sexuelle Befriedigung erleben können. Oder wenn sich die Phantasie zwischen Sie und Ihren Partner drängt und eine Distanz schafft, die Sie beide spüren. Wenn dies geschieht, richten Sie, sobald Sie sich dem Höhepunkt nähern, Ihre Aufmerksamkeit konzentriert auf Ihren Partner. Auf diese Weise fangen Sie an, die sexuelle Erregung mit Ihrem Partner zu assoziieren statt mit der Phantasie, und schließlich kann es dazu kommen, daß der Partner diese als Lustquelle ersetzt. Sobald Ihnen das einigermaßen konsequent gelingt, setzen Sie den Prozeß der Phantasieunterbrechung früher in Gang. Zuerst kann es sein, daß Sie die Aufmerksamkeit nur ein paar Sekunden lang an Ihren Partner binden können und dann das Bedürfnis haben, zu dem zurückzukehren, was Sie sich vorstellen, halten Sie aber trotzdem an dieser Übung fest und versuchen Sie, sich immer länger auf den Partner zu konzentrieren.

FRAGE VIER: »*Wie steht es mit den ›wirklichen‹ sexuellen Problemen? Zum Beispiel wenn ein Mann keine Erektion zustande bringt oder zu rasch zum Höhepunkt kommt? Oder wenn die Frau keinen Orgasmus bekommt oder wenn sich bei ihr die Vagina verengt, so daß der Mann nicht eindringen kann oder ihr beim Eindringen Schmerzen bereitet?*

Diese Schwierigkeiten sind die am häufigsten auftretenden sexuellen Dysfunktionen. Es gibt sie noch in anderen Spielarten sowie zahlreiche weitere Störungen. Heute herrscht zu den Ursachen sexueller Dysfunktionen folgende Ansicht:

1. Die sexuelle Reaktion ist eine natürliche Antwort auf sexuelle Stimulation. Sie stellt sich spontan ein und kann nicht erzwungen werden.

2. Wenn Sie ängstlich sind, stört diese Angst die sexuellen Reize und verhindert, daß sie sich voll entfalten. Dies führt dazu, daß die natürliche sexuelle Reaktion nicht eintreten kann.

3. Die am häufigsten auftretende Angst ist die Furcht vor einer Dysfunktion. Die Frau fragt sich besorgt, ob sie zur Klimax kommen wird; der Mann sorgt sich, ob er eine Erektion zustande bringen wird. Diese Ängste werden zu sich selbst erfüllenden Prophezeiungen. *Genau das, worüber sie sich sorgen, tritt noch leichter ein.* Beim nächstenmal ist dann die Angst noch stärker, was die Dysfunktion wahrscheinlicher macht. Und so dreht sich die sexual-neurotische Spirale weiter.

4. Die Befürchtungen des nicht betroffenen Partners (ohne Dysfunktion) beginnen die Spiralbewegung zu verstärken und tragen dazu bei, daß die Schwierigkeit fortdauert. Betrachten wir als Beispiel die möglichen Reaktionen einer Frau, deren Ehemann Potenzschwierigkeiten hat:

a) Sie zeigt, daß sie enttäuscht ist, was bei ihm Ärger – sogar Wut – auslöst. Sie beginnt ihn zu verachten.

b) Sie entwickelt Zweifel an sich als Frau. Dies kann zu einer außerehelichen Beziehung führen, in der sie nach geschlechtlicher Befriedigung wie nach Bestätigung in ihrer Weiblichkeit sucht.

c) Sie meidet vielleicht jeden sexuellen Kontakt, sogar jede Bekundung zärtlicher Gefühle. Dies schafft eine ständige Spannung zwischen den beiden Partnern und verhindert auch, daß sich die sexuellen Schwierigkeiten beheben.

d) Da sie innerlich gespannt ist, entwickelt sie möglicherweise auch bei sich eine Dysfunktion.

Der von der Dysfunktion Betroffene empfindet riesige Schuld- und Unzulänglichkeitsgefühle. Aber auch der ›nicht betroffene‹ Partner bringt Ängste und Konflikte in die Beziehung ein, die stören.

5. Den neu entwickelten Sexualtherapien (die auf Masters und Johnson zurückgehen) geht es vor allem darum, *Angst zu vermindern und die Empfänglichkeit für sexuelle Reize zu verstärken.* Um dieses Ziel zu erreichen, haben Sexualtherapeuten einige ziemlich komplexe Techniken entwickelt. Wer sich darüber unterrichten möchte, sollte ›Human Sexual Inadequacy‹ von William H. Masters und Virginia E. Johnson und ›The New Sex Therapy‹ von Helen S. Kaplan lesen.

6. Viele der neuen therapeutischen Methoden wirken zunächst mechanistisch und unpersönlich, weil sie auf ziemlich technischen Übungen beruhen. In Wahrheit aber ist die Sache ganz anders. Die Übungen selbst mögen zwar mechanistisch sein, aber die Behandlung legt immer das Gewicht auf die Kommunikation und den Gefühlsaustausch zwischen den Partnern. Wenn dabei gegenseitige Achtung und Liebe zum Ausdruck kommen, können Kommunikation und Aussprachen über sexuelle Probleme sehr viele Schwierigkeiten lösen. Ein paar einfache Grundratschläge zu Dysfunktionen:

a) Unterziehen Sie sich in jedem Fall erst einer ärztlichen Untersuchung, bevor Sie irgendwelche Schlüsse ziehen. Man neigt zu rasch dazu, sexuelle Probleme auf psychische Ursachen zurückzuführen. Sexuelle Dysfunktionen können eine Reihe medizinisch-biologischer Gründe haben.

b) Sprechen Sie über das Problem. Verschaffen Sie sich Klarheit, worin es wirklich besteht. Viele Ehepartner glauben, das sexuelle Problem zwischen ihnen zu kennen, während in Wirklichkeit die Sache ganz anders liegt. Ein Beispiel: Ein vor kurzem verheirateter Student suchte mich wegen vorzeitiger Ejakulation auf, war aber zu

Erektionen innerhalb der Vagina fähig, die, ohne Samenerguß, bis zu einer halben Stunde dauern konnten. Eine nähere Untersuchung ergab, daß seine Frau leicht frigide war, und da er es nicht schaffte, bis sie zum Höhepunkt kam, gaben sie ihm beide die Schuld, obwohl er eine ganz respektable Leistung erbrachte. Schließlich behandelte ich ihre Frigidität, und das Problem war gelöst.

c) Denken Sie an das Wichtigste, wenn Sie versuchen, eine Dysfunktion zu beheben: die Angst zu verringern und die Stimulation zu vergrößern. Verlegen Sie das Gewicht von dem Aspekt, der Ihnen Schwierigkeiten bereitet, und stärken Sie das Lustempfinden, das sich mit anderen sexuellen Aspekten verbindet.

Wenn zum Beispiel das Problem in Potenzschwierigkeiten des männlichen Partners besteht, plagt ihn die Furcht, sein Glied werde sich nicht ausreichend aufrichten, um in die Frau einzudringen. Eine Möglichkeit besteht darin, daß die beiden mehrere Wochen hindurch versuchen, sexuelle Zärtlichkeiten so erregend, lustvoll und zärtlich wie möglich auszutauschen, *ohne jedoch einen Koitus zu versuchen.* Kommt die Frau nicht zum Höhepunkt, bedienen Sie sich der gleichen Methode, wobei Sie davon ausgehen, daß Sie beide nicht versuchen, eine Klimax bei ihr herbeizuführen. Hinter ihrer Angst steht die Sorge: »Werde ich zum Orgasmus kommen?« Bei der Anwendung dieser Methode beseitigen Sie die Angst und stärken die sexuelle Stimulation in anderen Bereichen.

d) Widmen Sie den äußeren Umständen viel Aufmerksamkeit (Zeitpunkt, Ort, bei Licht oder im dunklen), bei denen Sie sexuell zum Erfolg kommen, und machen Sie sie sich zunutze.

Fallbeispiel

Ein vierzigjähriger Mann suchte mich wegen Potenzschwierigkeiten auf. Beim Liebesspiel und im Bett bekam er überhaupt keine Erektion. Wenn aber er und seine Frau einander streichelten und beide voll bekleidet waren, hatte er in diesem Punkt nicht die geringsten Schwierigkeiten. Martin erklärte sich die Sache mit zwei Gründen: daß seine Hose auf die Genitalregion drückte und daß er wußte, es wurde *keine* sexuelle Leistung von ihm erwartet. Seine Frau bemerkte zwar, daß Martin unter diesen Bedingungen zu einer Erektion fähig war, aber weder sie noch er wußten, wie sie diesen Umstand nutzen könnten, um seiner Schwierigkeit beizukommen.

Ich stellte ihnen als Aufgabe: »Überlegen Sie sich, was Sie daraus machen können.« Zur nächsten Sitzung kamen sie mit einem Plan – der tatsächlich funktionierte. Martin hatte alles an, von den Schuhen bis zu seinem marineblauen Anzug. Seine Frau wollte eigentlich, daß er sich ausziehe, aber er fürchtete, dadurch unter Druck zu kommen. Sie schlossen einen Kompromiß. Sie hatte ein Kleid an, aber nichts darunter. Nun setzten sie sich nebeneinander und streichelten sich. Wenn Martin eine volle Erektion hatte und sie bereit war, öffnete sie ihm den Hosenschlitz, holte den erigierten Penis heraus und setzte sich, das Gesicht ihm zugewendet, auf seinen Schoß. Auf diese Weise machten sie den ersten Schritt zur Behebung seiner Dysfunktion.

---

e) Prüfen Sie, in welchen anderen Bereichen Ihrer Beziehung Sie Befriedigung und Befriedigungsdefizite erleben. Die Sexualität existiert nicht in einem Vakuum, und es kommt vor, daß man seine sexuellen Schwierigkeiten durch unausgesprochene Mißlaunigkeit über andere Dinge noch ernster macht.

f) Sie können gemeinsam den Entschluß fassen, bei einem Fachmann Hilfe zu suchen. Das ist weder schmerzhaft noch müssen Sie sich auf eine endlose Behandlung mit fragwürdigem Ergebnis gefaßt machen. Die modernen therapeutischen Methoden zur Behebung von Dysfunktionen nehmen nur relativ kurze Zeit in Anspruch und sind häufig recht wirkungsvoll. Wenn Sie nicht wissen, wohin Sie sich wenden sollen, fragen Sie Ihren Hausarzt.

FRAGE FÜNF: »*Welchen Einfluß hat die sich wandelnde Vorstellung von der Rolle der Frau auf die sexuelle Beziehung?*«

Die Rolle der Frau in der Sexualität hat sich zweifelsohne verändert. Die Vorstellung ist passé, daß sie nur der Befriedigung des Mannes zu dienen habe oder daß es ›ungehörig‹ sei, wenn sie im Sexleben die Initiative ergreift oder selbst aktiv daran teilnimmt. Sie hat die Rechte und Pflichten, welche die Gleichberechtigung mit sich bringt, und damit hat sie auch die Verantwortung für ihre eigene sexuelle Erfüllung übernommen.

Doch nach wie vor überlassen viele Frauen es ihrem Partner, ihre geschlechtlichen Bedürfnisse zu erfüllen. Um sexuelle Befriedigung zu erlangen, muß die Frau aber ihrem Partner beibringen, wie er es am besten anstellt. Dies bedeutet, daß sie sagt: »Das war mir angenehm« oder »Mach es sanfter« oder was immer sie ihm mitteilen will, wobei sie mit ihm Gefühle und Wünsche austauscht, die Hand ihres Partners nimmt und ihm zeigt, was sie möchte und wo und wie er es tun soll. Die Übernahme von Verantwortung heißt auch, daß sie sich so verhält, daß sich ihr eigenes Lustempfinden erhöht; beispielsweise das Becken in eine Lage zu bringen, in der sie maximal stimuliert wird.

Sie muß auch die Pflicht übernehmen, ihrem Partner Befriedigung zu schenken. Sie läßt sich zeigen, wie sie es am besten anstellt, fragt ihn, wenn sie etwas nicht weiß, und hört ihm zu, wenn er etwas erklärt. Indem sie eine größere Sensibilität für ihn und seine Gefühle entwickelt, erreicht sie selbst einen höheren Grad der Erfüllung, und beide Partner kommen einander näher.

Die sexuelle Gleichberechtigung, die viele Frauen erlangt haben, hat Probleme geschaffen. Die Anzeichen häufen sich, daß die Anerkennung des Rechts der Frauen auf sexuelle Erfüllung von vielen Männern als Druck und Belastung empfunden wird. Dies bringt Angstgefühle in die sexuelle Betätigung, die zu einer Dysfunktion führen können. Es wird von einer wachsenden Zahl von Potenzstörungen bei Männern berichtet. Damit sind die Frauen aufgerufen, durch Verständnis und Kommunikation diese Angst zu beseitigen.

Die aktive Einstellung

Im Unterschied zu den psychologischen Techniken, die nach den in den Tiefen des Unbewußten liegenden Ängsten forschen, welche die

Libido beeinträchtigen, benützt das Selbstbewußtseinstraining Diagramme, Fragebogen, Tests, Aufgaben und ein stufenweises Heranarbeiten an ein verbessertes Liebesleben. Dies führt dazu, daß Patienten, die mich wegen sexueller Schwierigkeiten aufsuchen, zuerst gegen das ›Mechanische‹ rebellieren, wenn sie erfahren, wie die Behandlung aussieht. Sie sagen: »Ich möchte Sex haben, wenn ich danach Lust habe. Das ganze System, das Sie vorschlagen, ist künstlich und völlig unpersönlich. Es nimmt dem Sex die Spontaneität.«

Doch sie sehen das Entscheidende nicht. Natürlich ist das Ziel die spontane und unbefangene sexuelle Betätigung. Aber wenn man sexuelle Schwierigkeiten hat, hat man ja bereits unzuträgliche Gewohnheiten angenommen. Das Selbstbewußtseinstraining versucht nur, neue Gewohnheiten zu entwickeln, die einem mehr entsprechen. Sobald sich diese gefestigt haben, können Sie auf das ST-Notizbuch und die Übungen verzichten, und die Spontaneität wird zurückkehren oder sich in neuer Form wieder melden.

Wünschen Sie häufiger sexuelle Betätigung?

Finden Sie, daß Ihr Partner zwar körperlich geschickt ist, aber beim Sex immer distanziert und unbeteiligt bleibt?

Wünschen Sie sich Ihren Partner aktiver bei sexuellen Zärtlichkeiten?

Wenn Sie Ihr Sexleben aktiv verbessern wollen, müssen Sie zunächst prüfen, wo Sie gegenwärtig stehen und welches Ziel Sie anstreben. Dann gehen Sie Schritt für Schritt auf dieses Ziel zu. Grundsätzlich setzt sich dieser Prozeß aus drei Teilen zusammen:

1. *Bestimmen Sie präzise das Sexualverhalten, das Sie verändern wollen.* Diese Zielbestimmung unterscheidet sich von anderen, die ich in diesem Buch behandle, weil in diesem Fall zwei Personen beteiligt sind. Es ist wichtig, daß beide Partner das Problem im gleichen Licht sehen und ein Ziel aufstellen, mit dem sie beide einverstanden sind. Allein schon die Verständigung über das Ziel kann zu größerer Nähe zwischen ihnen führen. Wenn Sie beispielsweise über die Häufigkeit Ihrer sexuellen Beziehungen sprechen, kann die intime Aussprache viele Einstellungen ans Licht bringen, die Sie zur Sexualität, zu Ihrem Partner und zu Ihren eigenen Wünschen haben. Dadurch kommen sich auch die Partner innerlich näher.

2. *Entwerfen Sie einen systematischen Plan für die Verhaltensänderung.* Bestimmen Sie die betreffenden Verhaltensarten ganz präzise und vorzugsweise so, daß sie sich zählen oder messen lassen. Um diese Methode im Bereich des Sexuellen zu illustrieren, werde ich Laborübungsprogramme auf den Gebieten sexuelles Entscheidungsverhalten, sexuelle Befriedigung und Häufigkeit der Sexualbeziehungen vorschlagen. Vergessen Sie nicht, daß es Ihnen um eine Reihe von Erfolgen und die Bewegung in Richtung auf ein Langzeit-Ziel geht; deshalb sollten die Ziele, die Sie für jeden einzelnen Schritt aufstellen, einigermaßen erreichbar sein.

3. *Setzen Sie den Plan in Aktion um.* Selbstkontrolle gibt eine gute Möglichkeit festzustellen, welche Veränderungen eintreten. Wie bei jeder neuen Gewohnheit wirken diese neuen Verhaltensarten zu Anfang vielleicht unnatürlich und gezwungen, schließlich aber werden sie Ihnen ganz selbstverständlich. Sie werden Sie Ihrem persönlichen Stil anpassen und dann zum nächsten Schritt übergehen. Wenn der angestrebte Erfolg ausbleibt oder sich nicht halten läßt, gehen Sie davon aus, daß an Ihrem Programm etwas falsch ist. Entweder war der betreffende Schritt zu schwierig, oder aber Sie und Ihr Partner waren sich über das Ziel und die Art des Vorgehens doch nicht einig. Sprechen Sie miteinander darüber und formulieren Sie es neu.

Wie man den Prozeß
des sexuellen Entscheidungsverhaltens verändert

Vor kurzem konsultierten mich Tom und Betty Jones wegen eines Problems in ihren sexuellen Beziehungen. Ihre Ehe, die am Anfang sehr glücklich gewesen war, hatte in fünf Jahren schweren Schaden genommen. Das Grundproblem: Jeder von beiden war der Meinung, daß der andere alles bestimme, von der Entscheidung, wann und wo man Sex haben sollte, bis über die Beendigung des Koitus. Beide fühlten sich vom anderen unter Druck gesetzt, aber sie hatten sich niemals offen ausgesprochen. Betty erklärte mir: »Ich kann über Sex nicht sprechen.« Tom äußerte die gleiche Hemmung.

Ich ließ beide einen Fragebogen über sexuelle Pflichten in der Ehe ausfüllen, der dem Vorbild des Fragebogens in Richard und Freida Stuarts ›Marital Pre-Counseling Inventory‹ nachgebildet war. Als ich Tom und Betty mit ihren jeweiligen Antworten konfrontierte, war die erste Reaktion schiere Ungläubigkeit. Betty sagte zu Tom: »Du kannst doch nicht glauben, daß *ich* bestimme, wann wir ins Bett gehen. *Du* entscheidest das immer.« Tom sagte: »du kannst nicht sagen, daß ich bestimme, wann wir ins Bett gehen. Das entscheidest doch immer *du*.« Ihre Antworten in dem Fragebogen kommentierten sie mit ähnlichen Feststellungen, die alle ichbezogen waren. Dann verwandelten sie sich in zwei streitende Parteien vor Gericht, und jeder versuchte zu beweisen, daß er im Recht sei. Ich trat dazwischen und brachte sie auseinander. Plötzlich sahen sie die amüsante Seite ihrer Antworten und begannen zu lachen. Sie gingen mit dem Entschluß nach Hause, ihre Einstellung zu ändern, indem sie zuerst ihr Handeln veränderten. Das Hauptproblem in ihrem Fall war die Kommunikationsschwäche. Sobald sie sich über das Problem klar geworden waren, fiel es ihnen leicht, es aktiv zu korrigieren.

Erste Laborübung zur Sexualität

ZWECK: Den Grad der Zufriedenheit mit der gegenwärtigen Aufteilung der Sexualentscheidungen zu bestimmen.

ERSTER SCHRITT: Nehmen Sie Ihr ST-Notizbuch oder ein Blatt Papier und zeichnen Sie folgende Tabelle:

Entscheidung über	Wer trifft sie	Wer sollte sie nach Ihrem Wunsch treffen?	Differenz
A) Zeitpunkt der sexuellen Betätigung			
B) Einleitende Initiative			

C) Ort der se- xuellen Be- tätigung		
D) Umgebung und ähnliche Um- stände		
E) Beginn des Koitus		
F) Art der sexu- ellen Zärt- lichkeiten		
G) Stellung beim Geschlechts- akt		
H) Beendigung des Koitus		

ZWEITER SCHRITT: In die Spalte mit der Überschrift »Wer trifft sie« tragen Sie ein, wer in allen Phasen der gemeinsamen sexuellen Betätigung (nach Ihrer Ansicht) die Entscheidung trifft. Benützen Sie dazu die Zahlen der folgenden Skala:

1. Jedesmal der Mann   4. Ungefähr zu gleichen Teilen
2. Fast immer der Mann   5. Mehr Frau als Mann
3. Mehr Mann als Frau   6. Fast immer die Frau
                7. Jedesmal die Frau

DRITTER SCHRITT: In der nächsten Spalte geben Sie unter Verwendung der gleichen Skala an, wer nach Ihrem Wunsch die Entscheidung treffen sollte.

VIERTER SCHRITT: Sind die Zahlen verschieden, dann ziehen Sie die kleinere von der größeren ab und tragen die Differenz in Spalte vier ein. Dies zeigt Ihnen den Grad Ihrer (Un-)Zufriedenheit mit der Entscheidungsverteilung. Wenn beispielsweise hinter A (Zeitpunkt der sexuellen Betätigung) sowohl in der zweiten als auch in der dritten Spalte eine 5 (Mehr Frau als Mann) steht, sind Sie mit diesem Zustand zufrieden. Findet sich jedoch hinter B (Einleitende Initiative) in der zweiten Spalte eine 7 (Jedesmal die Frau) und in der dritten eine 4 (Ungefähr zu gleichen Teilen), so sieht die Sache anders aus. Die Frau, die diese Bewertungen vorgenommen hat, ist der Ansicht, daß sie immer die Initiative übernimmt und damit unzufrieden ist, weil sie die Entscheidung zu gleichen Teilen mit dem Partner teilen möchte.

Das Wichtige ist nicht, wer jeweils bestimmt, sondern wie sehr (oder wenig) Sie damit zufrieden sind.

FÜNFTER SCHRITT: Ebenso wie Sie sollte auch Ihr Partner eine solche Tabelle ausfüllen. Sehen Sie sich die Bewertungen des anderen erst an, wenn Sie beide damit fertig sind.

SECHSTER SCHRITT: Vergleichen Sie Ihre Tabellen. Diskutieren Sie jede Differenz, die über zwei Punkte hinausgeht. Wenn Ihre Bewertungen unterschiedlich ausgefallen sind, versuchen Sie nicht zu beweisen, daß Ihre die bessere ist; gehen Sie davon aus, daß Ihr Partner einen vernünftigen Grund für seine Bewertung hat, und versuchen Sie, diesen Grund zu verstehen.

Wenn die Tabellen nur mäßige Unterschiede aufweisen, können Sie mit den notwendigen Schritten beginnen.

Fallbeispiel

Rita und Leonard, die in einem Mansardenzimmer zusammen lebten, hatten einige Schwierigkeiten mit ihrem Sexleben. Der Fragebogen zur Entscheidungsverteilung zeigte, daß beide der Ansicht waren, Leonard bestimme in fast allen Fällen (›Note‹ 2), daß er 3 wollte (Mehr Mann als Frau) und daß Rita gerne 4 (gleiche Verteilung) gehabt hätte. Beide vertraten die Meinung, sie sollte öfter die sexuelle Initiative übernehmen. Zu sexuellen Zärtlichkeiten oder zum Koitus kam es zwischen ihnen durchschnittlich dreimal in der Woche. Die Aufgabe, die ich stellte: Während des nächsten Monats

sollte Rita bei allen sexuellen Zärtlichkeiten die Initiative übernehmen, ob sie Lust dazu hatte oder nicht, und sich bemühen, dies dreimal wöchentlich zu tun. Das fiel Rita nicht leicht. Sie hatte die Einstellung ihrer Mutter – »Es gehört sich nicht, daß eine Frau im Bett
eine aktive Rolle spielt« –, weswegen sie nie gelernt hatte, wie sie
sich dabei verhalten sollte. Leonard legte sich auf die Couch, und
Rita übte die Rolle des Partners, der die Initiative ergreift. Sie lernte,
ihn durch Worte zu erregen, begann ihn spielerisch in Stimmung zu
bringen und legte schließlich einfach die Arme um seinen Hals und
sagte: »Jetzt.« Innerhalb von vier Wochen hatte Rita diese Fertigkeiten so weit eingeübt, daß sie keine weitere Behandlung brauchte.
Inzwischen war sie imstande, so häufig sexuelle Begegnungen ein-
zuleiten, daß sie und Leonard zufrieden waren.

Wenn Sie feststellen, daß zwischen Ihnen und Ihrem Partner in einem oder mehr Punkten des sexuellen Entscheidungsverhaltens eine
ausgeprägte Differenz besteht, müssen Sie vielleicht zuerst an Bereichen arbeiten, wo der Unterschied nicht so groß ist, bis Sie die
schwierigeren angehen.

In der folgenden Laborübung bestimmen Sie den sexuellen Bereich, wo eine Verbesserung notwendig ist, und lernen, wie bestimmte Techniken der offenen Aussprache zu größerer Freude an
der Sexualität beitragen können.

Zweite Laborübung zur Sexualität

ZWECK: Eine Bewertung Ihrer Zufriedenheit oder Unzufriedenheit
in einzelnen sexuellen Bereichen.

Dies ist eine einfache Methode der Analyse Ihrer eigenen sexuellen Reaktionen.

ERSTER SCHRITT: Nehmen Sie Ihr ST-Notizbuch oder ein Blatt Papier und tragen Sie die verschiedenen Aspekte und Phasen sexueller
Betätigung wie folgt ein:

A) Einleitung von sexuellen Zärtlichkeiten
B) Sexuelle Zärtlichkeiten
C) Koitus
D) Nachkoitale Phase
E) Gefühlsbekundungen des Partners
F) Eigene Gefühlsbekundungen
G) Häufigkeit sexueller Zärtlichkeiten
H) Dauer sexueller Zärtlichkeiten
I) Häufigkeit des Geschlechtsverkehrs
J) Dauer des Geschlechtsverkehrs

ZWEITER SCHRITT: Geben Sie den Grad der jeweiligen (Un-)Zufriedenheit an, indem Sie neben jeden der Buchstaben A bis J die entsprechende Zahl setzen. Diese Zahlen geben die durchschnittliche (Un-)Zufriedenheit in der letzten Zeit wieder.

0 = furchtbar	3 = in Ordnung
1 = schlecht	4 = ausgezeichnet
2 = mittelmäßig	5 = hinreißend

Bei diesem – nach einem ähnlichen, von Richard B. Stuart entworfenen – Test sollten Sie vor dem ›Halo-Effekt‹ auf der Hut sein, der bei solchen Bewertungen häufig auftritt. Es gibt zwei Arten des ›Halo-Effekts‹: Sie haben einen allgemeinen, pauschalen Eindruck von Ihrer sexuellen Zufriedenheit und übertragen diesen auf jeden einzelnen Punkt. Oder Sie lassen die Gefühle, die mit einem bestimmten Punkt verbunden sind, auf einen anderen überströmen. Sie empfinden zum Beispiel den Koitus als ›furchtbar‹ (0) und lassen von diesem Eindruck Ihre Beurteilung sexueller Zärtlichkeiten beeinflussen – obwohl Sie diese eigentlich ›in Ordnung‹ (3) finden. Bemühen Sie sich, jeden Punkt gesondert für sich zu behandeln.

DRITTER SCHRITT: Schreiben Sie in Ihr ST-Notizbuch oder auf ein Blatt Papier drei Dinge, die Sie tun können, um Ihrem Partner mehr sexuelle Zufriedenheit zu verschaffen. Darunter verzeichnen Sie drei Dinge, die Ihr Partner tun kann, um Sie sexuell zufriedener zu machen. Diese Punkte sollten zweierlei sein:

Präzise. Schreiben Sie nicht: »Sollte liebevoller sein.« Nennen Sie die Verhaltensarten, in denen sich dies ausdrückt. Zum Beispiel: »Sollte zärtlichere Dinge zu mir sagen« oder »sollte mich öfter küssen«.

Positiv. Schreiben Sie nicht: »Sollte nach dem Verkehr nicht so rasch das Bett verlassen.« Drücken Sie es positiv aus: »Sollte nach dem Verkehr länger und enger bei mir liegenbleiben.«

VIERTER SCHRITT: Sie und Ihr Partner sollten diese Aufgaben unabhängig voneinander machen und dann vergleichen, was Sie aufgeschrieben haben. Manchmal führt schon das Erkennen eines speziellen Problems zu einer spontanen Diskussion, die dann Veränderungen zur Folge hat. Auf diese Weise bessert sich die Situation. Ihre gegenseitige Zufriedenheit wächst, Sie kommen einander näher.

FÜNFTER SCHRITT: Sie müssen Ihre Partnerdiskussion vielleicht aufteilen. Es ist zwar einfach zu sagen: »Sprich doch mal über deine sexuellen Probleme«, aber vielen Leuten fällt es schwer, diesem Rat zu folgen, da die Sexualität ein hoch-emotionales Thema ist. Manche von uns sind außerstande, konstruktiv darüber zu sprechen, und einige können sich überhaupt nicht dazu äußern.

Beginnen Sie eine Serie von 20-Minuten-Gesprächen. Folgen Sie dabei zwei Grundregeln: *Kommen Sie nicht auf die Vergangenheit zu sprechen* – gleichgültig, ob es sich um etwas handelt, das am Abend vorher oder vor zehn Jahren passiert ist –, es sei denn, das Vorkommnis illustriert ein *erwünschtes* Verhalten. *Erwähnen Sie auf keinen Fall, welche Dinge Ihr Partner abstellen soll.* Legen Sie das Gewicht auf die speziellen Verhaltensarten, die sie verstärkt sehen wollen. Falsch wäre: »Beiße mich nicht so fest!« Richtig dagegen: »Beiße mich doch zärtlicher.«

Benützen Sie in Ihren Gesprächen den Fragebogen als Ausgangspunkt. (Ich gehe dabei von der Annahme aus, daß es Ihnen schwerfällt, über Sex zu sprechen und Sie deshalb Schritt für Schritt vorgehen müssen.) Die Gespräche sollten nicht länger als jeweils zwanzig Minuten dauern, und am besten bestimmt man im voraus, wer den Anfang machen soll. Jeder Partner bekommt zehn Minuten. Benützen Sie einen Wecker. Sie *müssen* aufhören, wenn der Wecker klingelt, selbst wenn Sie mitten in einem wichtigen Satz sind. Dies hat den Zweck zu verhindern, daß in der Frühphase des Übens von Sex-Gesprächen die Diskussion ausufert. Das Gespräch kann sogar kürzer dauern als die festgesetzten zwanzig Minuten.

Erstes Gespräch: Der Partner Nr. 1 beschreibt mindestens drei (höchstens sechs) Dinge, die der Partner Nr. 2 tun könnte, um den sexuellen Genuß von Partner Nr. 1 zu verbessern. Bei diesem Eingangsgespräch besteht die Rolle von Partner Nr. 2 lediglich darin, zu begreifen, was der andere von ihm wünscht. Er/sie kann zwar Fragen stellen und Feststellungen machen, aber nur zum Zweck der Klärung. Wenn Partner Nr. 1 fertig ist oder der Wecker klingelt, ist Partner Nr. 2 an der Reihe und beschreibt, was er vom anderen möchte.

Zweites Gespräch: Der Partner Nr. 1 offenbart seine Gefühle und Ansichten über die Wünsche von Partner Nr. 2. Mit einem einfachen »In Ordnung« ist es nicht getan. Er/sie muß sagen, was er/sie wirklich über jede einzelne Verhaltensänderung denkt.

Wenn es angebracht ist, kann er/sie anfangen, von Wunschvorstellungen zu sprechen. Der Partner Nr. 2 widerspricht in dieser Phase nicht. Er enthält sich auch jeder Provokation. Sein Ziel: zu verstehen, wie Partner Nr. 1 empfindet. Dann sagt Partner Nr. 2, was er über die Wünsche von Partner Nr. 1 denkt. Beispielsweise könnte er sagen: »Mir ist klar, daß du vorher gern mehr oralen Sex hättest, aber ich weiß nicht, ob mir das Spaß machen würde. Ich bin nicht sicher, ob ich dir auf diesem Gebiet geben kann, was du gern hättest. Aber du sagst auch, du würdest es gern öfter machen, wenn du oben liegst. Dazu bin ich sofort bereit.«

Drittes Gespräch. Wenn es soweit ist, sollten die beiden Partner eine gewisse Kommunikation hergestellt haben und die Bedürfnisse und Wünsche des anderen besser kennen. In diesem Gespräch nun entwerfen Sie einen Plan, wie sie sich künftig verhalten wollen. Vielleicht erzielen sie vollkommene Übereinstimmung. Wenn nicht, dann verhandeln sie miteinander, oder sie setzen sogar einen Sexual-Vertrag auf.

Weitere Schritte zu aktiver Kommunikation

Lenken Sie den nächsten Schritt in eine positive Richtung. Die Sache ist nie hoffnungslos. Selbst wenn ein Paar seine Befriedigung nur daraus bezieht, daß man still nebeneinanderliegt und sich in den Armen hält, ist auch das ein Ausgangspunkt. Welchen nächsten Schritt kann man tun, der in die richtige Richtung führt? Denken Sie nicht: »Wie furchtbar ist alles«, sondern: »Was können wir tun?« Seien Sie auch hier präzise.

Beschränken Sie Ihre Gespräche über Sex auf das Verhalten und dehnen Sie sie nicht auf den Kern der Persönlichkeit aus. Viele Leute begehen den Fehler, die Schuld bei der betreffenden Person statt bei einem spezifischen Verhalten zu suchen. Vorwürfe wie »Du bist nicht weiblich genug« oder »du bist kein Mann« kränken den Partner. Er kann sich nicht dagegen wehren oder wird zunehmend gleichgültig. Aber der Satz »du machst dir anscheinend zu viele Gedanken über den Sex« kann zu der konstruktiven Frage führen: »Was können wir beide tun, damit du dir weniger Gedanken machst?«

Sagen Sie, was Ihnen gefällt. Ein einfaches »Ich hab' das gern, was du da tust« bei sexuellen Zärtlichkeiten kann eine sehr nützliche Kommunikation sein. Sagen Sie Ihrem Partner die speziellen Dinge, die er/sie tun kann, um Sie zu erregen – Dinge, die schon getan wurden oder die Sie gerne ausprobieren würden. Wenn Sie nicht einer Meinung sind, sprechen Sie darüber.

Sprechen Sie offen über die Dinge, die Sie belasten. Ein gelegentliches »Zwischen uns klappt's nicht ganz« oder »Tut mir leid wegen gestern abend« reicht dafür nicht. Sprechen Sie auch in diesem Fall über ganz bestimmte Punkte.

Die Kommunikation wird dann wirklich blockiert, wenn der eine Partner eine Klimax vorspielt und der andere das Theater glaubt. Es kommt häufig vor, daß eine Frau sich verhält, als komme sie zum Höhepunkt, und damit ihren Partner hinters Licht führt. Dies führt dazu, daß der Mann das Richtige zu tun glaubt und sich infolgedessen die sexuelle Betätigung nicht verbessert. Auch Männer spielen manchmal eine Klimax vor. Es kann sein, daß die Ejakulation eintritt, aber ohne daß sie das Gefühl einer herrlichen Befriedigung dabei haben. In einer engen Beziehung hindert Unaufrichtigkeit die Partner immer daran, ihre sexuellen Schwierigkeiten zu lösen.

Wenn Sie schon seit längerer Zeit ein sexuelles Problem haben, besprechen Sie es mit Ihrem Partner. Zumindest kann Ihre Offenheit die Zweifel Ihres Partners an seiner/ihrer Sexualität beseitigen und so die Situation etwas entspannen. Sie erleichtert auch die Entscheidung über den nächsten Schritt.

Achten Sie auf das, was Sie *anders* machen können. Stellen Sie sich die Frage: »Was kann ich tun, damit mein Partner weniger ängstlich wird? Was kann ich tun, damit er mehr vom Sex hat? . . . Damit ich mehr davon habe?« Machen Sie nicht den Fehler, sich vorzuklagen: »Er sollte anders sein« oder »Sie sollte sich zusammenreißen.« Solche Klagen können nicht zu konstruktivem Handeln führen.

Geben Sie Ihrem Partner Unterricht ohne Worte. Zeigen, wie man es macht, kann mehr bewirken als tausend Worte. Zum Beispiel wissen die meisten Männer nicht, wie man die Klitoris stimuliert. Sie spielen meistens mit dem oberen Teil, während die Frauen es meist lieber haben, wenn man sie an der Seite streichelt. Führen Sie Ihrem Partner die Hand. Bewegen Sie sie so, daß Sie dabei Lust empfinden. Zeigen Sie ihm, wo er berühren, wie stark er drücken soll, welchen Rhythmus Sie gern haben. Dann geben Sie ihm verbale Hinweise: »sanfter«, »stärker«, »schneller«, »langsamer«, während er die Bewegung wiederholt.

Wie man die Häufigkeit der sexuellen Akte erhöht

Viele Leute wünschen sich eine Veränderung bei zahlreichen sexuellen Verhaltensarten – besonders in der Häufigkeit der geschlechtlichen Kontakte. Hilfreich ist, wenn die beiden Partner sich auf den Versuch einer Änderung einigen, obwohl ihre Ansichten über das Endziel auseinandergehen.

Wie oft haben Sie Sex?

Wie oft hätten Sie gern sexuelle Betätigung?

Um darauf eine Antwort zu geben, *müssen Sie definieren, was Sie unter Sex verstehen* – das heißt, Sie müssen unterscheiden zwischen Geschlechtsverkehr und sexuellen Zärtlichkeiten ohne Geschlechtsverkehr.

Dies ist ein durchaus wesentlicher Unterschied. Viele Leute sind der Ansicht, alle sexuellen Zärtlichkeiten müßten zum Geschlechtsverkehr oder zumindest zur Klimax führen. Und wenn sie irgendwann aus irgendeinem Grund zum Geschlechtsakt oder zur Erreichung der Klimax unfähig sind, vermeiden sie überhaupt alle sexuellen Zärtlichkeiten. Damit bringen sie sich und ihre Partner um eine wichtige Quelle lustvoller Betätigung. Diese alleinige Konzentration auf den Geschlechtsakt kann dann sogar dessen Häufigkeit beeinträchtigen.

Um die Frequenz des Geschlechtsaktes zu erhöhen, müssen Sie zuerst einmal feststellen, wie oft Sie überhaupt Koitus haben. In einem so delikaten Bereich kommt es leicht vor, daß man die tatsächliche Sachlage verzerrt sieht. Sie müssen die Realität prüfen.

Dritte Laborübung zur Sexualität

ZWECK: eine Art ›Buchführung‹, damit Sie auf einen Blick erkennen können, wann Sie sexuelle Betätigungen hatten, welcher Art sie im einzelnen waren und wie häufig sie pro Woche vorkamen.

ERSTER SCHRITT: Kaufen Sie sich einen großen Kalender, möglichst einen, wo jeder Tag seinen eigenen Kasten hat, was eine bessere Deutlichkeit der Eintragungen ermöglicht. Er sollte viel Platz für Ihre ›Buchführung‹ bieten und ziemlich breite Ränder haben. Den rechten Rand benützen Sie für die wöchentlichen Gesamtzahlen.

ZWEITER SCHRITT: Benutzen Sie den folgenden Kode für die Eintragung der sexuellen Kontakte, die tatsächlich stattgefunden haben:
Z   bedeutet, daß es zu sexuellen Zärtlichkeiten kam;
K   bedeutet, daß es zu sexuellen Zärtlichkeiten kam und ein Partner oder beide die Klimax erreichten;

G   bedeutet, daß es an diesem Tag zum Geschlechtsverkehr kam.
Dabei wird angenommen, daß dem Geschlechtsakt sexuelle
Zärtlichkeiten vorausgingen.

DRITTER SCHRITT: An den Tagen, an denen es zu Sexualkontakten
kommt, tragen Sie das entsprechende Symbol in die obere rechte
Ecke des betreffenden Kastens im Kalender ein. Kommt es zu einem
weiteren Kontakt, setzen Sie ein zweites Symbol unter das erste.

VIERTER SCHRITT: Tragen Sie am Ende der Woche die Gesamtzahlen jedes einzelnen Aktes auf dem Kalenderrand ein. Verfahren Sie
so vier Wochen lang, um ein gutes Bild zu gewinnen.
    Beispiel: Mark und Mary hatten in der ersten Woche zweimal
Geschlechtsverkehr und einmal sexuelle Zärtlichkeiten ohne Klimax, was zusammen drei Sexualkontakte ergab. In der zweiten Woche kam es wiederum zu drei Kontakten, je einem aus jeder Kategorie. Während der dritten Woche betrug die Zahl der sexuellen
Kontakte vier: zweimal sexuelle Zärtlichkeiten ohne Klimax, einmal
Zärtlichkeiten mit Höhepunkt, einmal Geschlechtsverkehr. In dieser Woche hatten Mark und Mary am Sonnabend zweimal geschlechtlichen Kontakt.
    Ich fragte sie: »Wie erklären Sie Ihr Sexualverhalten am Sonn-
abend?« Dies führte zu einer präzisen Darlegung der Gründe, die
sie zwar beide kannten, aber nie ausgesprochen hatten. Am Sonnabend gingen ihre beiden Kinder, der zwölfjährige Sohn und die
zehnjährige Tochter, früh aus dem Haus, weil sie mit ihrem Jugend-
klub etwas unternahmen. So hatten die Eltern keine unaufschiebba-
ren Pflichten und tauschten häufig sexuelle Zärtlichkeiten aus, wenn
die Kinder fort waren. Mary hatte geschlechtliche Betätigung lieber,
wenn die Kinder aus dem Haus waren, und bei Mark war an einem
Wochenendvormittag, wenn er entspannt und ausgeruht war, das
Verlangen nach Sex stärker.
    Allein diese Erkenntnis führte zu einer Veränderung. Mark und
Mary begannen, hin und wieder zum Wochenende fortzufahren –
ohne die Kinder. Der Umstand, daß beiden bewußt war, daß ihr
Mini-Urlaub sexuelle Gründe hatte, machte die Sache noch prik-

kelnder. »Ich komme mir so köstlich schlimm dabei vor«, sagte Mary.

Legen Sie sich eine Tabelle an. Sie hilft Ihnen, ein klareres Bild über die Dinge zu gewinnen, die Sie verändern wollen.

Wenn man die Frequenz der sexuellen Betätigung ändern will, stehen einem häufig einige psychologische Hemmnisse im Weg. Man kann sich, wie meine Patienten es tun, folgende Fragen stellen:

»*Was ist die normale Frequenz?*« Unsere Erziehung hat uns derartige Zweifel an unserer sexuellen Zulänglichkeit, solche Angst vor sexuell abweichendem Verhalten eingeflößt, daß wir es als Gefahr für uns empfinden, über oder unter der ›normalen‹ Frequenz zu liegen. Die normale Frequenz ist jedoch keineswegs eine feste Norm, sondern hängt von Ihrer körperlichen Gesundheit, physischen Verfassung, Ihrem Alter, Ihrer gefühlsmäßigen Einstellung zu Ihrem Partner und von der Qualität Ihrer gegenseitigen Beziehung, Ihrer unmittelbaren Umwelt, allgemeinen Lebensgestaltung und einer Unmenge weiterer Variablen ab. Was normal ist, läßt sich einfach nicht bestimmen. Verschwenden Sie also keine Gedanken an die sogenannte Normalität und tun Sie, was Sie tun wollen.

»*Wie soll ich wissen, wie oft ich eine sexuelle Betätigung möchte? In meinen Phantasien folgt ein Geschlechtsakt auf den anderen, aber ich weiß, daß ich das gar nicht schaffen kann.*« Dies ist ein Punkt, wo die ›Buchführung‹ einen auf dem Boden der Wirklichkeit hält. Vergangene Woche hatten Sie viermal Geschlechtsverkehr? Reicht Ihnen dieses Quantum, oder würden Sie es gern erhöhen? Probieren Sie es aus, damit Sie sehen, was sie wirklich befriedigt. Sie können es erst dann wissen, wenn Sie es praktisch getestet haben.

»*Was hat es für einen Sinn, mir klarzumachen, was ich möchte? Mein Partner macht ja doch nicht mit.*« Es kann wie bei vielen anderen Dingen in einer engen Beziehung vorkommen, daß die Bedürfnisse und Wünsche der beiden Partner unterschiedlich sind. Sie bekommen zwar vielleicht nicht, was Sie sich wünschen, aber vergessen Sie nicht, daß eine aktive Diskussion besser ist als die passive Hinnahme eines unbefriedigenden Zustandes.

»*Wie komme ich zu mehr Sex, als ich jetzt habe?*« Bei zu wenigen Sexualkontakten kann man sich einer bestimmten ST-Technik be-

dienen: der Methode der sukzessiven Annäherung, wobei man sowohl Zeitpunkt für die Kontakte festsetzt als auch Buch darüber
führt.

Fallbeispiel

Der fünfunddreißigjährige Roy und die dreißigjährige Peggy, seit
sechs Jahren kinderlos verheiratet (sie möchten vorläufig noch keine
Kinder), wollten die Häufigkeit des Geschlechtsverkehrs erhöhen.
Ihre ehelichen Schwierigkeiten entwickelten sich zu einer Krise, als
Peggy entdeckte, daß Roy mehrere kurze Affären mit anderen
Frauen gehabt hatte. Er gab als Grund dafür an, daß er sich ständig
frustriert gefühlt habe. »Peggy und ich, wir haben nur selten sexuellen Kontakt«, sagte er mir. Peggy ihrerseits beklagte sich, daß Roy
ihr ständig mit diesem Thema in den Ohren liege.

Damals arbeiteten wir zwar an anderen Problemen in der Behandlung, aber wir bestimmten doch die Sexualfrequenz, indem wir
vier Wochen lang die Kalendermethode benutzten. Die Eintragungen ergaben, daß Roy und Peggy in den ersten beiden Wochen einmal Verkehr und während der zweiten vierzehn Tage zweimal Koitus und einmal sexuelle Zärtlichkeiten mit Klimax hatten (sie
brachte ihn manuell zum Höhepunkt). Sie konnten sich über ein
Häufigkeits-Ziel nicht einig werden. Während er drei- oder viermal
die Woche wünschte, war für sie einmal schon mehr als genug.

Wir wandten die Methode der sukzessiven Annäherung in der
Form sexueller ›Verabredungen‹ an. Jede Woche sollten sie wenigstens eine ›Verabredung‹ haben; wenn beide es wünschten, auch
mehrere. Jede Verabredung mußte vierundzwanzig Stunden vorher
festgelegt werden, und der Zeitpunkt war mit Sorgfalt zu wählen.
Zum Beispiel sollten sie keinen vereinbaren, an dem er Überstunden
machen mußte und spät in der Nacht nach Hause kommen würde.
Das Ziel der ›Verabredung‹ war nicht Geschlechtsverkehr, sondern
der Austausch sexueller Zärtlichkeiten: Berühren, Streicheln, intime
Gespräche über Sex. Sie setzten einen eigenen Vertrag zum Punkt
Geschlechtsverkehr auf, der notwendig wurde, weil Peggy sich se-

xuell ausgenützt fühlte und Roy sie tatsächlich ausnützte. Das Ziel bestand darin, daß Roy Peggy so erregen sollte, daß sie einen Koitus wünschte. Die Bedingungen des Vertrages sahen so aus:
– Roy sollte keinen Versuch zum Geschlechtsverkehr machen, bis Peggy laut sagte: »Ich will.« Wenn sie keinen Geschlechtsverkehr wünschte, brauchte sie den Grund weder zu erklären noch sich zu entschuldigen. Doch beim Frühstück am nächsten Morgen sollte sie Roy zwei bestimmte Dinge sagen, die er hätte tun – oder verstärkt tun – sollen, um in ihr den Wunsch nach Geschlechtsverkehr zu wecken. Sie sollte kein Sterbenswörtchen darüber sagen, was er falsch gemacht hatte.
– Wenn es nicht zum Koitus, aber zu sexuellen Spielereien kam, sollte sie (falls Roy es wünschte) ihn jedes zweite Mal zum Höhepunkt bringen, manuell oder oral (die Wahl war ihr überlassen). Der Zweck dieser Regel – dies jedes zweite Mal zu tun – bestand darin, ihre Vorstellung zu verändern, daß *alle* sexuellen Spielereien zur Klimax führen müßten. Eine Ausnahme von dieser Regel war vorgesehen: Wenn Peggy zu einer nicht vorgesehenen Zeit den starken Wunsch verspürte, ihm zu einer Klimax zu verhelfen, so sollte dies erlaubt sein.

Diese Übung zeitigte zwei Folgen. Roy entwickelte mehr Verständnis für Peggys sexuelle Bedürfnisse. Er hörte auf, sie auszunutzen. Peggy begann sich weniger ausgebeutet zu fühlen, trat für ihre eigenen sexuellen Ansprüche ein, statt Sex überhaupt zu verweigern, und entwickelte große Lust daran, Roy in Erregung zu bringen. Beide behandelten einander mit mehr Rücksicht, und das Verhältnis zwischen ihnen wurde enger.

Nach zwei Monaten hatten die beiden zwar noch zahlreiche Probleme zwischen sich zu lösen, aber es kam nun spontan zu sexuellen Kontakten, und zwar in einer solchen Häufigkeit, daß sie es nicht mehr nötig hatten, vorher bestimmte Zeitpunkte festzusetzen.

Wenn Sie die Methode der sukzessiven Annäherung zur Erhöhung der Frequenz sexueller Kontakte anwenden, behalten Sie Ihr Ziel im Auge; eine Reihenfolge von Erfolgen.

● Die ›Verabredungen‹, die Sie festsetzen, sollten eine Frequenz ansetzen, die etwas über Ihrer derzeitigen sexuellen Aktivität liegt.

● Vergrößern Sie die Zahl der ›Verabredungen‹ in kleinen Schritten. Doch vereinbaren Sie nicht zu viele, die Sie dann nicht einhalten können. Die Zunahme kann sich auf eine ›Verabredung‹ alle drei Wochen beschränken.

● Das Ziel der ›Verabredung‹ ist sexueller Kontakt, nicht unbedingt Geschlechtsverkehr.

● Benutzen Sie die weiter oben beschriebene Kalender-Methode, um sich auf dem laufenden zu halten.

● Wenn Sie die angestrebte Frequenz erreicht haben, bleiben Sie noch einige weitere Wochen bei Ihrem Vorgehen und Ihrer ›Buchführung‹.

● Wenn Sie irgendwann hinter dem vorgegebenen Ziel zurückbleiben, setzen Sie die ›Verabredungen‹ neu fest.

Die Sprache der Sexualität

In der intimen Kommunikation können Worte eine Wirkung ausüben, die weit über den Effekt von reinen Anweisungen oder Belobigungen hinausgeht. Sie können nicht nur an sich Erregung bewirken, sondern auch die emotionale Gemeinsamkeit verstärken.

Sie können bestimmte Worte und Wendungen in dreifacher Weise zur Verbesserung Ihrer sexuellen Beziehungen anwenden:

1. *Benutzen Sie Worte, um Ihre zärtlichen Gefühle dem Partner mitzuteilen*, wie beispielsweise den allerwichtigsten Satz: »Ich liebe dich.«

2. *Benutzen Sie Worte, um sich gegenseitig zu erregen.* Die Spannweite reicht von simplen Feststellungen wie »herrlich« oder »wunderbar« bis zu Bemerkungen über körperliche Reaktionen wie »Mich schauert's«, »Schau nur, wie steif du ihn mir gemacht hast« und Aussagen über Ihre Empfindungen: »Hör auf, sonst zerreißt's mich« oder »du machst mich wahnsinnig«.

Manche Wörter oder Wendungen sind an sich schon erregend.

Worte wie »Schwanz« oder »Möse« oder Sätze, in denen sie enthalten sind, können die sexuelle Empfindung ungemein intensivieren. Es kann erregend wirken, wenn man diese Ausdrücke benützt, um den anderen um etwas zu bitten oder zu beschreiben, was man gerade tut. So können zum Beispiel Bemerkungen wie »Nimm meinen Schwanz in den Mund« oder »Wie dick sich dein Pimmel in meiner Möse anfühlt« Ihrem Sexleben eine neue Dimension geben.

Wenn Ihnen solche Ausdrücke und Sätze zuwider oder peinlich sind, dann setzen Sie an ihre Stelle etwas, was Ihnen mehr entspricht. Manche Leute werden dadurch in Stimmung gebracht, daß man verschiedenen Teilen der Anatomie Namen gibt und sie behandelt, als wären sie Personen oder Freunde. »Da bist du ja, Johnny«, sagt die Frau zum Penis ihres Mannes. »Freut mich, dich zu sehen. Laß dich mit einem Küßchen begrüßen.« Manche Leute entwickeln eine ganz eigene Sprache auf diesem Gebiet.

Dieser Gebrauch der Sex-Sprache bewirkt mehr als nur eine Steigerung der Erregung. Unterhaltungen dieser Art zwischen den Ehepartnern schließen die übrige Welt aus und bringen die beiden einander noch näher.

3. *Üben Sie, nach dem Kontakt miteinander darüber zu sprechen.* Unterhalten Sie sich hinterher darüber, so wie Sie es auch bei anderen gemeinsamen Betätigungen zu tun pflegen. Besprechen Sie auch mögliche neue Experimente. Die einfache Feststellung: »Ich höre so viel über Vibratoren . . . das möchte ich doch irgendwann mal ausprobieren«, kann einen ganz neuen Bereich sexueller Aktivität erschließen.

Teilen Sie Ihre Wunschphantasien mit Ihrem Partner. Dies kann zu größerer Intimität und zur Entdeckung neuer Lustquellen führen.

● Wenn Sie keine sexuellen Phantasien haben, üben Sie sich solche Vorstellungen ein. Stellen Sie sich jeden Tag einmal etwas Erregendes vor. Dann versuchen Sie, die Phantasien auszudehnen und auszugestalten (beliebt sind Vorstellungen wie: Sex in einem Bordell in Paris, als Prostituierte zu arbeiten, sich einen Harem zuzulegen, sexuell erregende Kleidung zu tragen, vergewaltigt zu werden). Zu Anfang sind die Wunschphantasien vielleicht noch unbeholfen und hölzern, aber es besteht die Chance, daß sie schließlich Kreativität und Spontaneität gewinnen.

● Wenn Sie Angst haben, Ihre Wunschvorstellungen preiszugeben oder wenn Ihr Partner sie anscheinend mit einem gewissen Unbehagen hört, erzählen Sie sie nicht auf einmal, sondern phasenweise. Zuerst geben Sie einen allgemeinen Umriß und fügen dann schrittweise die Einzelheiten hinzu. Wenn Sie sich beide daran gewöhnt haben und Ihre Hemmungen ablegen, sollte es Ihnen möglich sein, gemeinsam die gesamte Phantasie zu genießen.

Fallbeispiel

Eine Frau konsultierte mich wegen partieller Frigidität. Es war ihr nicht möglich, beim Geschlechtsverkehr zur Klimax zu gelangen. Sie vertraute mir ihre Lieblingsphantasie an, in der sie sich als eine junge Polynesierin sah, die den Matrosen eines ganzen Schiffes zu Willen war. Die Patientin war zwar der Ansicht, sie könne zum Orgasmus kommen, wenn sie beim Geschlechtsverkehr an diese Vorstellung denke. Aber sie sah darin einen Akt der »Untreue gegenüber meinem Mann«.

Auf mein Zureden erzählte sie ihrem Ehemann ihre Südsee-Phantasie. Zu ihrer Überraschung ermutigte er sie, sie sich während des ehelichen Verkehrs vorzustellen. Tatsächlich erreichte sie endlich eine Klimax. Dazu brachte er noch Verbesserungen an – zum Beispiel begann er während des Koitus einen der Matrosen in erregender Weise zu beschreiben. Ganz in das Spiel vertieft, setzte er die Beschreibung noch fort, als sie die Phantasie nicht mehr brauchte, weil sie schon zum Höhepunkt gekommen war.

Durch die Veränderung eines Sexualverhaltens kann man sein ganzes Leben verändern und damit zu einem glücklicheren Menschen werden. Wie diese Frau können auch Sie eine aktive Haltung gegenüber der Sexualität einnehmen. Wenn es Ihnen nicht möglich ist, mit all den Angeboten des ST zu experimentieren, die ich in diesem

Buch vorgetragen habe, versuchen Sie es erst einmal mit einer – und dann mit einer zweiten. Vielleicht wird dadurch Ihr ganzes Leben anders. Doch sollten Sie, während Sie auf das Ziel größter Intimität in der engen Beziehung zustreben, eines nicht vergessen: Das stärkste aller Liebesmittel ist die Liebe.

7

Selbstbewußtsein durch Selbststeuerung

In der *Odyssee* erzählt Homer, wie nach der Eroberung von Troja Odysseus und seine Gefährten in See gingen, um in die Heimat zurückzukehren. Ihre Route nach Ithaka führte an der Insel der Sirenen vorbei. Diese waren grausame Geschöpfe, halb Frau, halb Vogel, die Seefahrer mit ihrem betörenden Gesang an Land lockten, um sie dann zu verschlingen. Odysseus wurde von der Liebeszauberin Circe vor dieser Gefahr gewarnt und beschloß, sie zu vermeiden. Er verstopfte all seinen Gefährten die Ohren mit Wachs und ließ nur die eigenen unverstopft, so daß nur er allein die Sirenengesänge hören würde, wenn sein Schiff sich der Insel näherte. Um ihnen nicht selbst zum Opfer zu fallen, ließ er sich vorsichtshalber von seinen Männern fest an den Mast binden. So gelang es Odysseus, das Schiff sicher an den Sirenen vorüberzusteuern und sich und alle seine Männer vor dem Tod zu bewahren.

Diese mythische Tat vollbrachte Odysseus durch das, was im modernen psychologischen Jargon als *Reizentfernung* und *Reaktionsverhütung* bezeichnet wird. Wenn jemand, der eine Abmagerungsdiät einhält, alles Eßbare außer Sichtweite schafft, praktiziert er Reizentfernung. Wenn er den Kühlschrank absperrt, so daß er nicht an die Eßwaren herankommt, übt er Reaktionsverhütung.

Sie können Ihr eigenes Verhalten modifizieren, steuern und verändern. Durch die Anwendung einer Reihe von Verhaltenstechniken können Sie Zufälligkeiten, Handlungen, Belohnungen, sogar Bestrafungen so gestalten, daß Ihr Verhalten sich nach Ihren Wünschen formt. Sie können sogar eine schlechte Angewohnheit loswerden, die Ihnen sozusagen zum Persönlichkeitsmerkmal geworden ist, und unerwünschte Arten des Verhaltens gegen wünschenswerte austauschen.

Durch die Veränderung Ihres eigenen Verhaltens werden Sie wahrhaft selbstbewußt.

Denn die Herrschaft über sich selbst, oft als Selbststeuerung, Selbstbeherrschung oder Willensstärke bezeichnet, ist ein wichtiger Teil des selbstbewußten Charakters.

Wenn Sie etwas vollbringen, das Ihnen Respekt bei sich selbst einträgt, nimmt Ihr Selbstwertgefühl zu. In einer Formel läßt sich dies so ausdrücken:

*Erstrebtes Verhalten → Zufriedenheit → gesteigertes Selbst-
wertgefühl.*

Umgekehrt sinkt das Selbstwertgefühl, wenn man Dinge hinaus-
schiebt, sich beim Essen nicht beherrscht oder andere Schwächen
zeigt, die die Selbstachtung schmälern. In Kapitel 1 habe ich die Formel Selbstbewußtsein = Selbstwertgefühl aufgestellt. Selbststeu-
ernde Verhaltensarten müssen als Teil des Selbstbewußtseins betrachtet werden, denn um wirklich selbstbewußt zu sein, muß man
Herr seiner selbst sein.

Es ist schwierig zu sagen, wie man so vage Begriffe wie ›Herr seiner selbst‹ oder ›Willensstärke besitzen‹ in die Wirklichkeit umset-
zen soll. Wenn Sie sie jedoch analysieren, werden Sie feststellen, daß
es dabei eigentlich nur um eine Reihe spezieller Gewohnheiten geht,
die alles mögliche betreffen können, ob man nun zuviel ißt oder
seine Arbeit in unbefriedigender Weise ausführt. Beinahe jede Gewohnheit läßt sich verändern, beseitigen oder erlernen. Wenn man
erst einmal weiß, worum es sich handelt, kann man sie vielleicht
schon verändern, indem man diesen Vorsatz faßt. Hier besteht also
der Trick nur darin, die spezielle Gewohnheit zu identifizieren. Bei
anderen Gewohnheiten sind verändernde Eingriffe zuweilen ungleich schwieriger und erfordern vielleicht ein komplexes Trainingsprogramm. Machen Sie sich klar, daß selbst die Veränderung einer
belanglosen schlechten Angewohnheit (wie ordentliches Aufräumen
der Kleider vor dem Schlafengehen, statt sie achtlos auf einen Stuhl
zu werfen) einem das befriedigende Gefühl gibt, daß man sich in der
Hand hat.

B. F. Skinner, der vielleicht einflußreichste unter den lebenden
amerikanischen Psychologen, schreibt: »Es nützt wenig, wenn man
jemandem sagt, er solle von seiner ›Willensstärke‹ oder seiner
›Selbstbeherrschung‹ Gebrauch machen. Er weiß nicht, was er tun
soll. Wenn wir aber die spezifischen Komponenten betrachten, aus
denen das besteht, was wir ›Selbstbeherrschung‹ nennen, haben wir
den praktischen Vorteil zu wissen, welche Dinge zu tun sind, wenn
man sie zu verändern versucht.«

Warum Ihnen die Selbststeuerung mißlingt

Ihr Verhältnis zu sich selbst zu ändern ist ebenso wichtig wie Veränderungen an Ihnen selbst, die den Zweck haben, Ihre Beziehungen zu anderen Menschen zu verbessern. Wie Sie sich verhalten, ist anderen oft gleichgültig. Es macht ihnen in Wirklichkeit nichts aus, ob Ihre Schreibtischschublade unaufgeräumt ist, ob Sie zehn Kilo Übergewicht haben oder Ihre Freizeit sinnlos vergeuden. Für *Sie* selbst aber ist es sehr wichtig, ob Sie Ihre Gewohnheiten in der Hand haben oder von ihnen beherrscht werden. Schlechte Angewohnheiten können derartige Angst auslösen, daß sie Ihre Stimmungen beeinflussen, Ihre Einstellung zu sich selbst und Ihre ganze Lebensgestaltung beeinträchtigen.

Warum kann man schlechte Gewohnheiten nicht einfach in gute verwandeln, indem man den Entschluß dazu faßt?

Man schafft es nicht, weil man niemals die Fertigkeiten der Selbstveränderung gelernt hat. Wenn man nicht weiß, wie man etwas anfangen soll, kann man es auch nicht – und dieser Mangel an Wissen hält einen vielleicht davon ab, es zu versuchen. Häufig rationalisieren Leute ihre Unfähigkeit, etwas zu verändern, damit, daß das unerwünschte Verhalten irgendein unbewußtes Bedürfnis befriedige.

Man schafft es nicht, weil man passiv ist. Das Verhalten mißfällt einem zwar, aber man macht keinen Versuch, es zu ändern. Diese Untätigkeit verstärkt das Gefühl der Hilflosigkeit, das einen erfüllt.

Man schafft es nicht, weil man den Begriffsgehalt der Willensstärke nicht erfaßt hat. Der Appell, daß man von seiner Willensstärke Gebrauch machen soll, bedeutet, daß man in einem gewissen Maß Macht über das eigene Handeln besäße, wenn man nur handeln wollte.

Fallbeispiel

Frank Edwards, ein vierzigjähriger leitender Angestellter der mittleren Managementebene, suchte mich auf, weil er die Angewohnheit hatte, die Dinge vor sich her zu schieben. Er leistete zwar brillante Arbeit, lieferte sie aber immer erst zwei Monate nach dem Fertigstellungstermin ab. Dies hatte dazu geführt, daß er bei Beförderungen ständig übergangen wurde und bedrückt und niedergeschlagen war.

Seit mehr als zwanzig Jahren hatte Frank diesem Problem mit verschiedenen Methoden beizukommen versucht. Aber nichts hatte ihm geholfen, ein halbes Jahr verhaltenstherapeutische Behandlung ebensowenig wie eine psychoanalytische und hypnotische.

Als Frank während einer unserer Sitzungen gerade über seine innere Spannung sprach, weil er wieder einmal mit einem Bericht in Verzug war, wandte ich mich ihm zu, blickte ihn an und sagte: »Hören Sie, Sie wissen genau, daß Sie diesen Bericht abschließen können. Bringen Sie sich dazu. Setzen Sie Ihren Willen ein.«

Ich sprach weiter und erklärte Frank, daß er eine falsche Vorstellung von den Dingen habe. Er sei der Meinung, daß sich ohne irgendein *neues* Verhalten seinerseits das richtige Verhalten plötzlich von selbst einstellen werde. Er glaube, bei dieser im Grunde passiven Haltung bleiben zu können und es trotzdem irgendwie zu schaffen, daß die Arbeit rechtzeitig fertig wurde. »Willenskraft«, definierte ich ihm, »bedeutet, daß es *bei Ihnen selbst* liegt und nicht an irgendeinem äußeren Umstand oder einer inneren Kraft. Sie müssen *die Dinge in Gang bringen* – das heißt in diesem Fall den Bericht abschließen, der in drei Wochen fällig ist.«

Frank war verblüfft und sagte: »In mehr als zwanzig Jahren therapeutischer Behandlung hat mich noch nie jemand aufgefordert, meine Willenskraft einzusetzen. Ich könnte es ja mal versuchen.« Die Bezeichnung »Willenskraft« gab Frank den Anhaltspunkt, sein Leben selbst in die Hand zu nehmen – in diesem Fall, den Bericht rechtzeitig vorzulegen. Es fiel ihm zwar nicht leicht, die Arbeit fertigzustellen, aber *er schaffte es.* Das neue Verständnis, das Frank von dem Wort ›Willenskraft‹ gewann, und die Aktivität, die es in ihm auslöste, waren der Wendepunkt in seiner Behandlung.

Die Theorie der Verhaltensänderung

Um zu verstehen, wie man die ›Willenskraft‹ und ihren Einsatz durch das ›Wie‹ ergänzen kann, ist es notwendig, sich ein Bild von den Arbeiten B. F. Skinners zu machen.

Skinner betont, daß die entscheidende Beziehung zwischen einer Person und ihrer Umgebung bestehe. Ein Mensch *emittiert* ein Verhalten, gibt es von sich. Dieses Verhalten wirkt auf die Umgebung (die Welt, die einen umgibt). Mit anderen Worten, das Verhalten zeitigt Folgen und wird seinerseits, nach Skinner, »von seinen Folgewirkungen geformt und aufrechterhalten«. Diese Folgewirkungen nun, die Skinner »Verstärkung« nennt, bestimmen den Grad der Wahrscheinlichkeit, daß ein Mensch sein Verhalten wiederholen wird. Die Folgen – Ereignisse, die *unmittelbar* nach einer bestimmten Handlung eintreten – wirken auf das Verhalten zurück. Diese Wirkung kann in drei verschiedenen Formen eintreten:

1. VERSTÄRKUNG. Die Folgen stärken das Verhalten und die Neigung, es zu wiederholen. Dieser Fall tritt unter zwei Bedingungen ein:

a) *Die Folge kann sein, daß irgend etwas in die Situation eingebracht wird.* Dies wird als *positive Verstärkung* bezeichnet. Im allgemeinen gilt Belohnung als Synonym für positive Verstärkung. Sie kann materielle Form annehmen wie Geld, Geschenke, Essen. Die Belohnung kann auch ein sozialer Verstärker wie Lob, Aufmerksamkeit, Zuneigung, Liebe sein. Oder Ihre eigenen Empfindungen von Freude oder Zufriedenheit.

Viele Leute legen den Terminus positive Verstärkung falsch aus und glauben, es müsse in jedem Fall etwas Gutes sein. Aber nicht alle positiven Verstärker sind Belohnungen. Ihr Verhalten kann die Folge haben, daß Ihr Ehepartner Sie anschreit oder daß Sie ängstlich werden. Wenn diese Konsequenzen das Verhalten, das ihnen unmittelbar vorangegangen ist, befestigen und stärken, sind sie als positive Verstärker anzusehen. Sie wurden der Situation hinzugefügt.

Bei der Veränderung Ihres selbstgesteuerten Verhaltens wird dies zu einem wichtigen Punkt. Wenn Sie eine bestimmte Gewohnheit verändern wollen, suchen Sie nach den positiven Verstärkern, die Ihr unerwünschtes Verhalten aufrechterhalten, und beseitigen Sie sie. Beschränken Sie sich bei der Suche nach diesen Verstärkern nicht nur auf solche, die angenehm und lohnend sind. Die Verstärkung kann von jedem Folgeeffekt ausgehen, den das Verhalten nach sich zieht. Wenn man ihn beseitigt, schwächt man das Verhalten.

Jede Reaktion, die eine Mutter auf das Verhalten ihres Kindes zeigt – ob sie nun die Form verständnisvoller Aufmerksamkeit oder zornigen Anschreiens annimmt –, kann eine positive Verstärkung liefern. Zuweilen wirken die Verstärker äußerst subtil. Einer meiner Patienten hatte die zwanghafte Angewohnheit, in Restaurants zuviel Trinkgeld zu geben. Es gelang uns zuerst nicht, die Verstärker zu bestimmen, die bewirkten, daß er an dieser Geldverschwendung festhielt. Aber dann erzählte er: »Jedesmal, wenn ich zuviel Trinkgeld gebe, bekommt meine Frau einen ärgerlichen Ausdruck.« Herb wollte sie nicht bewußt verärgern, und als sie (auf meine Anweisung) diese Reaktion unterdrückte, schwächte sich seine Gewohnheit ab, zuviel Trinkgeld zu geben. Dies führt uns zum Leitgedanken bei der Feststellung der Verstärker unerwünschter Verhaltensarten: Wenn das Verhalten, das verändert werden soll, sich abschwächt, nachdem man eine bestimmte Folgewirkung beseitigt hat, dann war in dieser Folgewirkung der Verstärker zu sehen.

b) *Die Folge kann sein, daß irgend etwas aus der Situation entfernt wird.* In diesem Fall spricht man von *negativer* Verstärkung. Manche Leute legen irrigerweise die Bezeichnung ›negativ‹ so aus, als ob etwas Schlechtes einträte, und verwechseln sie mit Bestrafung. In Skinners Terminologie bedeutet negativ nichts anderes als ›minus‹ – irgend etwas wurde aus der Situation entfernt und stärkt damit Ihr Verhalten oder erhält es aufrecht. Ein Beispiel: Sie geraten mit Ihrer Arbeit im Büro in Verzug, und Ihr Vorgesetzter kritisiert Sie deswegen. Wenn Sie den Rückstand aufgearbeitet haben, stellt er seine Kritik ein. Daß Sie mit Ihrer Arbeit nachgekommen sind, hat die Folge, daß Ihr Chef nicht mehr sagt: »Was ist eigentlich mit Ihnen los« – aus der Situation ist ein Element entfernt worden. Auf diese Weise vermehrt eine negative Verstärkung Ihr besseres Arbeitsverhalten oder stabilisiert es. Die unangenehme Folgewirkung ist beseitigt.

Oft wird Verhalten, das von Selbstkontrolle zeugt, durch negative Verstärkung stabilisiert. Doch diese kann – wie jede Art von Verstärkung – in zwei Richtungen wirken, zum Guten und zum Schlechten. Nehmen wir als Beispiel zwei Männer, denen es unangenehm ist, Rechnungen zu zahlen. Die Rechnungen stapeln sich auf, was beide bedrückt und ihnen ein höchst unangenehmes Gefühl gibt.

Sagen wir, der eine setzt sich an seinen Schreibtisch und stellt Schecks für das Finanzamt, die Stadtwerke und seinen Hauswirt aus. Dann schickt er sie weg. Dieser Schritt nimmt den Druck von ihm. In Zukunft wird es ihm mehr Ansporn sein, Rechnungen zu zahlen. Daß er sich aufgerafft hat, die Rechnungen endlich zu begleichen, gibt ihm ein Gefühl der Zufriedenheit, das die neue Gewohnheit und sein eigenes Selbstwertgefühl zusätzlich stärkt.

Der andere, nehmen wir an, setzt sich stundenlang vor den Fernsehapparat, um sich vor den aufgestapelten Rechnungen zu drücken. Auch dies beseitigt den inneren Druck, stabilisiert aber die schlechte Angewohnheit, die Dinge vor sich her zu schieben. Wenn ihm die Show auf der Mattscheibe wirklich gefällt, wird dieses Verhalten sogar noch stärker, weil er es mit Zufriedenheit verbindet. Aber er ist unzufrieden mit sich, weil er sich nicht aufraffen kann.

2. LÖSCHUNG. Wenn ein Verhalten keine Folgewirkung hat, wird es schwächer und verschwindet schließlich aus dem Verhaltensrepertoire. Wenn man einen Witz erzählt und niemand darüber lacht oder sonstwie reagiert, ist man weniger darauf versessen, diesen Witz ein anderes Mal wieder zu erzählen.

Die Beseitigung der Verstärkung ist der einzige Weg, ein bestimmtes Verhalten zu löschen. Wenn man eine schlechte Angewohnheit hat und die Verstärker identifizieren und beseitigen kann, wird dieses Verhalten verschwinden. Falls Sie sich dieser Löschmethode bedienen, bedenken Sie viererlei:

a) Es kann sein, daß das Verhalten, das man löschen will, zunächst sogar noch zunimmt. Darauf folgt häufig ein scharfer Rückgang. Man muß sich darüber im klaren sein, daß eine Löschung ihre Zeit braucht.

b) Wenn man die Löschtechnik verwendet, darf die schlechte Angewohnheit *nie* verstärkt werden. Schon eine einzige Verstärkung kann eine starke Wirkung haben.

c) Wenn man das spezielle Verhalten gelöscht hat, kann es wieder auftreten, falls die Verstärkungsbedingungen sich verändern. Beginnt sich eine schlechte Angewohnheit, die Sie bereits losgeworden sind, wieder zu melden, achten Sie auf veränderte Folgewirkungen dieses Verhaltens. Wahrscheinlich werden Sie feststellen, daß Sie alte Verstärker wieder ins Spiel gebracht oder aber neue entwickelt haben.

d) Manchmal löscht man *erwünschte* Gewohnheiten durch die unbeabsichtigte Beseitigung von Verstärkern. Die Wiederherstellung der Verstärker ermöglicht auch die Wiederherstellung der erwünschten Gewohnheit.

Fallbeispiel

»Früher konnte ich sehr sparsam mit Geld umgehen«, sagte Marty Wilden in einer unserer Behandlungssitzungen zu mir, »aber mit einemmal gelingt mir das nicht mehr.« Ich versuchte den Verstärkungen auf die Spur zu kommen, die früher Martys Sparsamkeit stabilisiert hatten. Er erzählte mir, daß er lange Jahre jeden Freitag in der Mittagspause zu einer Bank in der Nähe seiner Arbeitsstätte gegangen sei und einen gewissen Betrag einbezahlt habe. An der Kasse waren meistens hübsche, junge Frauen, die ihn anlächelten, ein freundliches »Danke sehr« sagten und manchmal sogar etwas mit ihm flirteten. Dann nahm Marty eine Stellung an, die fünf Kilometer von dieser bestimmten Bankfiliale entfernt war. Er begann seine Einzahlungen per Post zu machen. Plötzlich hörte er auf zu sparen. Um die Verstärker wieder ins Spiel zu bringen und das erwünschte, jetzt gelöschte Verhalten, jede Woche eine Summe einzuzahlen, wieder in Gang zu bringen, veranlaßte ich Marty, sein Konto auf eine Bank in der Nähe seiner neuen Arbeitsstätte zu übertragen. Auch dort waren die Kassiererinnen hübsch, höflich und zum Flirten aufgelegt. Marty hat seinen alten Brauch wiederaufgenommen,

Freitagmittag zur Bank zu gehen und Geld auf sein Sparkonto einzuzahlen.

3. BESTRAFUNG – die Unterdrückung von Verhalten. Dazu kommt es unter Bedingungen, die das direkte Gegenteil von Verstärkung darstellen. Entweder wird eine positive Verstärkung aus der Situation entfernt oder ihr eine unangenehme Folgewirkung unmittelbar am Anschluß an das Verhalten hinzugefügt. Anders ausgedrückt: etwas Angenehmes tritt nicht mehr ein, oder etwas Unangenehmes beginnt einzutreten.

Das unerwünschte Verhalten wird durch Bestrafung nicht gelöscht (dies läßt sich nur durch die Beseitigung der Verstärkung bewirken), sondern lediglich unterdrückt. Wenn man die Bestrafung beseitigt, kehrt das Verhalten in der Regel zurück. Deshalb sind Bestrafungen recht unwirksame Mittel, um Gewohnheiten zu verändern. Man wendet sie an, und wenn das unerwünschte Verhalten zurückkehrt, muß man neuerdings bestrafen, um es wieder zu unterdrücken.

Unter einer Bedingung allerdings kann sich die Bestrafung als äußerst wirkungsvoll erweisen: Die Unterdrückung der Gewohnheit ermöglicht die Entwicklung eines Alternativverhaltens. Man bestraft das unerwünschte Verhalten, ersetzt es durch das Alternativverhalten und stärkt dieses.

Fallbeispiel

Tom, der sich in einer psychiatrischen Klinik aufhielt und mit dem ich übte, hatte Sorgen, weil er zu dick wurde. Er analysierte sein eigenes Verhalten und engte das Problem auf zwanghaften Süßigkeitenverzehr ein. Leider konnte Tom niemals ein Verhalten verstärken, bei dem er auf die Süßigkeiten verzichtete, da er es nie praktizierte. Er beschloß, sich selbst zu bestrafen, um auf diese Weise seine Leidenschaft für kalorienreiche Leckereien zu unterdrücken.

Er legte eine Liste von Organisationen an, die ihm verhaßt waren (beispielsweise der Ku-Klux-Klan), schrieb eine Reihe von Schecks über fünfundzwanzig Dollar aus und auch Deckbriefe, in denen er erklärte, sein Beitrag sei dafür bestimmt, »die Fortführung der guten Arbeit zu unterstützen«. Er gab die Briefe und Schecks einem anderen Klinikinsassen und instruierte ihn: »Ich werde Sie jeden Morgen anrufen und melden, daß ich am Abend vorher keine Süßigkeiten gegessen habe. Wenn ich nicht anrufe, nehmen Sie an, daß ich meinen Vorsatz nicht gehalten habe. Geben Sie den ersten Brief auf – und machen Sie das immer so weiter.«

Weil Tom diese Organisationen haßte, gelang es ihm zwei Wochen lang, sich zu beherrschen. Dann aß er beim Abendessen zwei Stück Apfelkuchen, rief am nächsten Morgen nicht an, und sein Bekannter schickte prompt Toms ersten Brief mit seiner Spende für den Ku-Klux-Klan ab.

Der Trick funktionierte. Tom berichtete mir: »Durch diesen Brief an den Ku-Klux-Klan haben eine ganze Reihe von Organisationen, die ich hasse, meine Adresse bekommen. Und jetzt muß ich jedesmal, wenn ich etwas Süßes sehe, an diese schreckliche Post denken, die die mir schicken.«

Denken Sie noch einmal daran: Der einzige Weg, ein Verhalten zu vermehren, besteht darin, es zu verstärken. Die einzige Möglichkeit, es loszuwerden, es zu löschen. Die Bestrafung ist nur begrenzt anwendbar.

Fehlender Einfluß auf Verstärkungen

Es gibt eine spezielle Verhaltenssituation, in der man keinen Einfluß auf seine Verstärkungen hat. Zum Beispiel weiß das Kind mit einer unvernünftig handelnden Mutter nie, ob sein Verhalten verstärkt, übersehen oder bestraft werden wird. Es gibt keinen Bezug zwischen dem, was es tut, und den Wirkungen, die darauf folgen. Ein anderes Beispiel wäre ein Arbeitnehmer mit einem unberechenbaren

Chef. Er leistet vorzügliche Arbeit und empfängt dafür an einem Tag hohes Lob, am nächsten wird sie überhaupt nicht beachtet. In solchen und ähnlichen Situationen bekommen die Opfer das Gefühl, daß sie wehrlos hinnehmen müssen, was mit ihnen geschieht. Sie haben keinen Einfluß auf ihre Verstärker. Manche Theoretiker vertreten die Auffassung, daß Depressionen in erster Linie auf diese ›erlernte Hilflosigkeit‹ zurückgehen.

Interessanterweise stimmt dies mit einer der psychoanalytischen Theorien zur Depression überein, die Dr. Edward Bibring aufgestellt hat. Dr. Bibring sieht als einen Zentralkern der Depression das Bewußtsein des Ich von seiner Hilflosigkeit und Ohnmacht und führt dies auf Traumata aus der Kindheit zurück. Aber ob nun frühkindliche Traumata die Ursache sind oder nicht, der Mensch ohne Selbstbewußtsein neigt dazu, sich hilf- und machtlos zu fühlen, woraus depressive Stimmungen entstehen. Wenn er selbstbewußter wird, erwirbt er eine ›erlernte Befähigung‹ und lindert damit seine Depressivität.

Diskriminative Reize

Erwachsene Menschen verbringen einen großen Teil ihres Lebens unter dem Einfluß diskriminierender Stimuli. Diese signalisieren, welche Arten unseres Verhaltens Folgewirkungen haben – verstärkt oder bestraft werden. Auf diese Weise lernen wir, uns in unterschiedlichen Situationen unterschiedlich zu verhalten. Man lernt eine Reihe diskriminierender Stimuli, die einem signalisieren, daß man, wenn man bei einem Fußballspiel brüllt, Verstärkung in irgendeiner Weise erhält – etwa das Gefühl, zu der Menge der Zuschauer zu gehören, oder der Kontakt zu einem Menschen, der neben einem steht und ein freundschaftliches Gespräch anfängt. Auf die gleiche Weise hat man eine Reihe diskriminierender Stimuli in sich aufgenommen, die signalisieren, daß man, wenn man beim Gottesdienst schreit, durch starre, mißbilligende Blicke und Ermahnungen, »stille zu sein«, bestraft wird. Die Folge ist, daß man auf dem Fußballplatz brüllt und sich in der Kirche ruhig verhält.

Man bekommt Schwierigkeiten, wenn man die falschen S^Ds (Skinners Abkürzung für diskriminierende Stimuli) für sein Verhalten gelernt hat. Wenn man schon den *Anblick* von Nahrung – ein Kuchen im Schaufenster einer Konditorei, eine Schüssel Pommes frites auf dem Tisch – mit einem S^D gleichsetzt, der zum Essen auffordert, dann hat man wahrscheinlich Übergewicht, kann sich beim Essen nur schwer im Zaum halten und wirft sich vor, daß es einem an Willensstärke fehlt.

Unangebrachte S^Ds können eine beherrschende Rolle in Ihrem Leben spielen. Sie treten vielleicht bei der Arbeit oder beim Studium auf und signalisieren, daß es angenehm für Sie wäre, Freunde anzurufen und sich mit ihnen zu unterhalten. Also ruft man an und unterhält sich – ein Verhalten, das mit Arbeiten oder Studieren unvereinbar ist. Bald machen Sie sich Vorwürfe, daß Sie faul sind, sich vor der Arbeit drücken und andere schlechte Arbeitsgewohnheiten haben. Doch das Problem liegt nicht in Ihrem Verhalten oder in den Verstärkungen, sondern in den Signalen, auf die Sie reagieren. Wenn Sie Herr Ihrer selbst werden wollen, müssen Sie vielleicht die S^Ds verändern.

Ich habe, wie man feststellen wird, nicht über das Unbewußte, über emotionale Konflikte oder Instinkttriebe gesprochen. Um diese Dinge geht es Skinner nicht. Er vertritt die Ansicht, daß es zur Veränderung von Verhaltensarten genüge, die Interaktion zwischen der Person und ihrer Umwelt zu verstehen. Er sagt, die Wissenschaft habe solange keine Fortschritte gemacht, als die Wissenschaftler vor Galilei sich mit dem beschäftigten, was im Innern fallender Steine, die auf die Erdanziehung reagieren, vor sich gehe. Die Wissenschaft kam erst voran, als Galilei sich mit den äußeren Kräften befaßte, die auf einen fallenden Stein wirken, und dabei feststellte, daß alle Gegenstände, wie schwer oder leicht sie auch sind, mit der gleichen Geschwindigkeit fallen, wenn auf sie nur die Schwerkraft wirkt.

In den dreißiger Jahren begann Skinner, eine Theorie des Verhaltens zu formulieren, die auf der Beziehung zwischen der Häufigkeit des Verhaltens und seinen Folgewirkungen basiert. Schließlich stellte er fest, daß er durch die Steuerung von Verstärkungen Tauben sogar dazu dressieren konnte, Ping-Pong zu spielen.

Skinner beschäftigt sich mit Verhalten, das »auf die Umwelt wirkt, um Wirkungen hervorzubringen«, und nennt dies »operantes Verhalten«. Als das operante Verhalten der Tauben Skinners Forderungen genügte, verstärkte er es (positiv) durch Futter. Er steuerte das Verhalten der Tiere, indem er Bedingungen schuf, unter denen ein bestimmtes erwünschtes Verhalten verstärkt oder belohnt wird, um seine Wiederholung zu gewährleisten. Man stellte mit Interesse fest, daß es nicht nur humaner ist, Tiere, Kinder oder erwachsene Menschen durch die Belohnung von erwünschtem statt durch die Bestrafung von unerwünschtem Verhalten ›abzurichten‹, sondern daß diese Methode auch bessere Wirkungen zeitigt.

Skinner demonstrierte durch seine Experimente, daß Verhalten in vorhersagbarer Weise verändert werden kann, und zwar allein durch die Beeinflussung der äußeren Folgewirkungen dieses Verhaltens und ohne jeden Bezug zu den Vorgängen, die sich innerhalb des Tieres abspielen. Er und andere haben gezeigt, daß sich auch menschliches Verhalten genauso vorhersagbar formen läßt. Die Vertreter der Skinnerschen Schule vertreten die These, daß alle Arten des Verhaltens von dessen Folgewirkungen abhängig seien.

Seine Gegner führen dagegen das Argument ins Feld, daß Menschen schließlich keine Tauben seien. Nach ihrer Ansicht ist Skinners Ansatz nur begrenzt gültig, da er die Arten des Verhaltens ignoriere, die nur beim Menschen auftreten – namentlich jene Gebiete, bei denen das Denken (so stark durch die menschliche Sprachfähigkeit beeinflußt) und die ›conation‹ (ein psychologischer Terminus, der Impuls, Begehren, Wollen und Zweckstreben bezeichnet) beteiligt sind. Ohne die Frage entscheiden zu wollen, ob Skinners Erkenntnisse auf alle Arten von Verhalten zutreffen, läßt sich doch sagen, daß wir seine Techniken der der Verstärkung, Löschung und Bestrafung anwenden können, um die Beherrschung unserer Gewohnheiten zu verbessern. Wenn Sie mit Ihrem Verhalten nicht zufrieden sind, geben Sie die Schuld nicht Ihrem Mangel an Willensstärke, Selbstdisziplin oder Energie. Betrachten Sie diese Eigenschaften als Gewohnheiten. Entscheiden Sie, welche Veränderungen Sie herbeiführen wollen, und beginnen Sie ein gezieltes Programm zu ihrer Durchführung.

8

Wie man seine eigenen Gewohnheiten ändert

Wie kann man sich neue, bessere Gewohnheiten zulegen und alte, schlechte ablegen?

Kann man es schaffen, plötzlich zu Verabredungen pünktlich zu kommen, wenn man sein ganzes Leben immer mit einer halben Stunde Verspätung erschienen ist?

Kann man lernen, eine Fastenkur einzuhalten, obwohl doch die Erfahrung zeigt, wie schwach man ist, wenn sich der Appetit meldet?

Schafft man es, von unüberlegtem Geldausgeben auf Sparsamkeit umzuschalten?

Der Mensch hat zahlreiche Gewohnheiten verschiedener Art. Beispielsweise persönliche wie Unordentlichkeit oder die Unsitte, an den Fingernägeln zu knabbern. Manche betreffen die Arbeit: Man schiebt Dinge, die erledigt werden müssen, vor sich her, kommt jeden Tag zu spät oder ist unfähig, sich zu konzentrieren. Andere Gewohnheiten sind sozialer Art. Zu ihnen gehören übermäßiger Sarkasmus, Unernst oder die Unfähigkeit, Namen zu behalten.

Um welche Gewohnheit es sich auch handelt, wenn Sie sie verändern wollen, müssen Sie folgende fünf Schritte tun:

I: Identifizieren Sie die Gewohnheit, die Sie ändern möchten

Dieser wichtige erste Schritt schließt auch die Identifizierung der Bedingungen ein, unter denen das betreffende Verhalten (zum Beispiel mangelnder Eifer beim Studium, Schlampigkeit) auftritt. Durch die Veränderung dieser Umstände kann man das Verhalten in den Griff bekommen und in der gewünschten Richtung verändern.

1. Bestimmen Sie präzise die Verhaltensarten, die an der unerwünschten Gewohnheit beteiligt sind. Wenn man die Verhaltensarten, die man verändern will, nicht genau kennt, gerät man bei seinem Vorhaben in Schwierigkeiten. Regel: *Identifizieren Sie die Verhaltensarten so, daß Sie sie zählen oder messen können.*

Beispiel: Der neunundzwanzigjährige David Martin suchte mich auf, weil er mit seiner Schlampigkeit unzufrieden war. Diese schlechte Angewohnheit hatte ein Ausmaß erreicht, daß er niemals Freunde in seine Wohnung einlud und sogar selbst nur noch ungern nach Hause ging. David wollte »ordentlich werden«, aber das Ordentlich-Werden besteht aus vielen einzelnen Verhaltensarten. Ich veranlaßte David, eine Woche lang Buch darüber zu führen, und hier folgen einige der spezifischen Verhaltensarten, die er notierte:

Er machte sein Bett nicht, bevor er aus dem Haus ging.

Er ließ die schmutzigen Teller vom Abend vorher auf dem Eßtisch stehen.

Er verteilte seine Unterwäsche, Socken, Hemden, Papiere wahllos in Schubläden, so daß er immer Schwierigkeiten hatte, das zu finden, was er suchte.

Er beschmutzte das Waschbecken im Badezimmer mit Rasiercreme und Zahnpaste.

Sobald David die Verhaltensarten genau kannte, war er in der Lage, einen Aktionsplan zu entwerfen, um sich Ordentlichkeit anzugewöhnen. Eine nützliche Technik: Kontrollieren Sie sich eine Woche lang mit Hilfe eines Notizbuches. Jedesmal, wenn Sie auf etwas stoßen, was in die Kategorie der Gewohnheit fällt, die Sie verändern wollen, schreiben Sie es auf. Seien Sie sich bewußt, daß man leichter lernt, sein Bett zu machen, ehe man aus dem Haus geht, als sich Ordentlichkeit schlechthin anzugewöhnen.

2. Messen Sie das identifizierte Verhalten, damit Sie wissen, wie häufig es auftritt, bevor Sie Ihr Programm planen. Diese ›Vor‹-Phase sagt Ihnen später, wovon Sie ausgegangen sind, so daß Sie messen können, welche Fortschritte Sie gemacht haben. Es gibt mehrere Dinge zu messen: die Häufigkeit, in der das Verhalten auftritt, der Abstand, in dem es innerhalb einer bestimmten Zeit aufeinanderfolgt, die Dauer des Verhaltens.

3. Untersuchen Sie den Verhaltensablauf. Vielleicht gelingt es nicht, die Schlußphase unter Kontrolle zu bringen, aber sie kommt ja nicht aus heiterem Himmel. Zumeist gehen ihr mehrere Verhaltensphasen voraus. Es ist manchmal möglich, eine Gewohnheit am Anfang oder in der Mitte des Ablaufs, bevor es in Schwung kommt, zu verändern.

II: Schließen Sie eine Art Vertrag, daß Sie Ihr Verhalten ändern wollen

1. Diese bindende Absichtserklärung – entweder mit sich selbst oder mit jemand anderem – muß äußerst präzise abgefaßt sein. Das Gelöbnis: »Ich werde fleißiger studieren«, genügt nicht, weil es zu vage ist. Es ist weder durch Zählen noch durch Messen zu kontrollieren. Das Versprechen »Ich werde jeden Tag zwei Stunden studieren« ist besser, da man die Tage zählen kann, an denen man diese zwei Stunden wirklich einhält. Selbst ein Vorsatz wie »Ich werde rechtzeitig zur Arbeit kommen« ist vielleicht zu unpräzise. Sind Sie noch rechtzeitig dran, wenn Sie mit zwei Minuten Verspätung ankommen? Wie steht der Fall bei zehn Minuten Verspätung? Wie sieht es aus, wenn Sie zu spät kommen, aber Ihr Vorgesetzter bemerkt es nicht? Es ist viel besser, das Versprechen präzise zu fassen, wie etwa: »Ich werde jeden Morgen nicht später als neun Uhr im Büro eintreffen.« Aber selbst dieses »eintreffen« ist vielleicht noch nicht klar genug. Bedeutet es, daß Sie in der Eingangshalle eintreffen . . . oder sich an Ihren Schreibtisch setzen?

Dies demonstriert die Notwendigkeit einer präzisen Bestimmung der Verhaltensarten, um die es geht, wenn man sich vornimmt, »nichts aufzuschieben«, »ordentlicher zu sein«, »sich besser anzuziehen«, »meine Zeit besser zu nutzen«.

Ohne eine präzise Absichtserklärung läuft man Gefahr, sich selbst vorzumachen, daß man sein Gelöbnis erfüllt habe. Zu dieser Feststellung gelangen Dr. Allen Marlatt von der University of Washington und Dr. Burt E. Kaplan von der University of South Florida, als sie untersuchten, was aus guten Vorsätzen wird, die zum neuen Jahr gefaßt werden. Je vager der Vorsatz war, um so eher wurde berichtet, daß man ihn eingehalten habe. Es ist einfacher, überzeugt zu sein, »daß man mehr mit der Welt im Einklang ist«, als zu glauben, man habe zehn Pfund Gewicht verloren, wenn die Waage zeigt, daß man in Wahrheit drei Pfund zugenommen hat. Schreiben Sie den Vorsatz auf, damit Sie ihn nicht versehentlich verändern können.

2. Erzählen Sie einem anderen Menschen von Ihrer Absicht oder, noch besser, teilen Sie sie ihm in schriftlicher Form mit. Ideal wäre

es, wenn der Betreffende Ihre Verhaltensänderung überwachen könnte. Wollen Sie Ihr Verhalten beim Arbeiten verändern, teilen Sie Ihre Absicht einem Bürokollegen mit, nicht einem Freund, mit dem Sie sich jeden Dienstagabend auf der Kegelbahn treffen. Geht es ums Kegeln, sprechen Sie mit jemandem darüber, der mit Ihnen kegelt, und nicht mit dem netten Mann im Kopierraum. Seien Sie dabei präzise. Er kann nicht wissen, ob Sie »aufgehört haben, sich Sorgen zu machen«, aber er kann feststellen, ob Sie eine Arbeit rechtzeitig erledigen.

Eine Warnung: Wählen Sie nicht einen Freund, der Ihren Vorsatz durch Lob verstärkt. Loben Sie sich auch selbst nicht dafür, daß Sie den Entschluß gefaßt haben. Verfallen Sie aber auch nicht in das andere Extrem, Ihren Vorsatz jemandem mitzuteilen, der sich dagegen aussprechen würde, weil Sie sich künftige Vorsätze erschweren würden.

3. Nehmen Sie sich etwas vor, was Sie schon in naher Zukunft erreichen können. Der am ersten Weihnachtsfeiertag gefaßte Vorsatz »Ich werde mich nie wieder bei einer Weihnachtsfeier im Büro betrinken« taugt wenig, da die Gelegenheit, ihn zu verwirklichen, zeitlich zu fern liegt.

4. Setzen Sie sich eine Reihe von Erfolgen zum Ziel. Wählen Sie ein Verhalten aus, bei dem eine große Erfolgschance besteht, und arbeiten Sie daran. Wenn Sie Erfolg haben, wird es für Sie leichter, andere Verhaltensarten in Angriff zu nehmen, und einfacher, neue Vorsätze als Ausgangspunkt für Projekte zur Selbstveränderung zu fassen. Nehmen wir beispielsweise an, Sie schieben Dinge vor sich her, die im Haushalt erledigt werden müssen. Es ist unrealistisch, wenn Sie sich sagen: »Ich muß mir den ganzen Sonnabend für die Hausarbeit vornehmen.« Setzen Sie sich eine Reihe von Zielen: a) eine Stunde Hausarbeiten am Sonnabendvormittag; b) wenn dies zur Gewohnheit geworden ist, heißt das nächste Ziel, am Sonnabendvormittag zwei Stunden Hausarbeit; dann zwei Stunden am Vormittag und zwei am Nachmittag.

Fahren Sie in diesem Schema fort, bis Sie Ihr großes Ziel erreicht haben.

III: Prüfen Sie die Situation, um festzustellen, ob Sie das unerwünschte Verhalten erschweren und das erwünschte erleichtern können

1. Bringen Sie die Stimuli unter Kontrolle, die das unerwünschte Verhalten auslösen. Dies tat Odysseus, als er seinen Gefährten die Ohren mit Wachs verstopfte, so daß sie die verführerischen Sirenengesänge nicht hören konnten; er machte den Stimulus unwirksam.

Oft sendet die nichtpersonale Umwelt, in der man lebt und arbeitet, das falsche Signal aus.

a) Wenn man in seinem Wandschrank und seinen Schubfächern nicht genügend Platz hat, kann von diesen Umständen das Signal ausgehen, daß es schwierig ist, Kleidung und Kleidungszubehör ordentlich zu verstauen. Damit wird ordentliches Verhalten nicht verstärkt und die Wahrscheinlichkeit geringer, daß Sie den Schrank und die Schubfächer aufräumen.

b) Wenn ein Schüler Physik zu lernen versucht, während sein kleiner Bruder im gleichen Zimmer fernsieht, kann sich der diskriminative Reiz einstellen, der ihm sagt, es würde ihm auch Spaß machen, die Sendung anzusehen (positive Verstärkung), oder sie würde ihn von dem Druck befreien, das Boylesche Gesetz lernen zu müssen (negative Verstärkung). Daraufhin hört er zu lernen auf und setzt sich vor den Fernsehapparat.

Nehmen Sie Veränderungen an Ihrer Umgebung vor, um Signale für unerwünschtes Verhalten auszuschalten und Signale für das erwünschte zu stärken. Zum Beispiel können, wenn Sie mehr Platz für Ihre Sachen im Kleiderschrank und in den Schubfächern schaffen, S^Ds wirksam werden, die signalisieren, daß es leichter ist, Ordnung zu halten. Das Erledigen von Hausaufgaben in einem Zimmer, in dem kein Fernsehgerät steht, beseitigt den unerwünschten Reiz, der von dem Apparat ausgeht. Die S^Ds, die zum Lernen anregen, gewinnen die Oberhand.

2. Verhindern Sie die unerwünschte Reaktion. Häufig läßt sich zwar der Reiz nicht ausschalten, aber durch Veränderungen in der Umgebung kann man verhindern, daß die unerwünschte Reaktion eintritt. Ein Beispiel: Ein Schriftsteller hatte die Gewohnheit, seine

Freunde anzurufen statt zu arbeiten. Er fand folgende Lösung des Problems: Jeden Morgen blockierte er die Ziffernscheibe des Telefonapparates durch ein Schloß und gab den Schlüssel seiner Frau. Diese sperrte das Schloß um zwei Uhr nachmittags auf, zu einer Zeit, da er in der Regel sein Tagespensum erledigt hatte. Schließlich brauchte er das Schloß nicht mehr und war sehr stolz auf seine »verbesserte Selbstbeherrschung«.

3. Unterdrücken Sie das unerwünschte Verhalten durch Selbstbestrafung. Bestrafung ist, wie schon erwähnt, zumeist keine wirkungsvolle Methode zur Verhaltensänderung. Diese läßt sich ungleich besser durch Verstärkung oder Verstärkungsentzug bewerkstelligen. Zuweilen jedoch zeigt sich das erwünschte Verhalten überhaupt nie, oder man kann es nicht verstärken, weil die schlechte Gewohnheit überaus stark ist, oder man findet die Verstärker nicht, welche die schlechte Gewohnheit stabilisieren, und kann es aus diesem Grunde nicht löschen. Liegen die Dinge so, kann die Technik der Bestrafung vielleicht helfen.

Ebenso kann sie nützlich sein, wenn eine sofortige Verhaltensänderung notwendig ist. Beispielsweise wenn eine unerwünschte Gewohnheit die Gefahr heraufbeschwört, daß man seine Stellung verliert, falls man sie nicht sofort abstellt. In einem solchen Fall ist die Bestrafung vielleicht die einzig mögliche Methode. Vergessen Sie nicht: Sie muß entschieden sein und sofort nach dem unerwünschten Verhalten verhängt werden.

Fallbeispiel

Alan Wood hatte bereits drei Jobs verloren, weil er es den Kunden gegenüber an Höflichkeit fehlen ließ. Er befürchtete, daß er nun auch seine neue Stellung als Verkäufer in einem Warenhaus aus diesem Grund verlieren werde. Da die Zahlung einer Hypothekenrate fällig war, mußte er seine schlechte Gewohnheit sofort beseitigen.

Zu diesem Zweck entwarf ich eine Bestrafungstechnik. Ich gab Alan den Auftrag, in einem Geschäft für Scherzartikel ein kleines Gerät zu kaufen, das wie ein Feuerzeug aussah, aber einem einen ziemlich starken elektrischen Schlag versetzte, wenn man darauf drückte. Ich verfolgte mit dem Scherzartikel durchaus keine scherzhaften Absichten. Jedesmal, wenn er merkte, daß er etwas gesagt hatte, was ein Kunde als Grobheit auffassen konnte, griff er in die Hosentasche, in der er den Scherzartikel trug, drückte darauf und verpaßte sich einen elektrischen Schlag. Schon nach wenigen Tagen stellte er eine Veränderung in seinem Verhalten fest. Nach einigen weiteren Tagen begannen sein Abteilungsleiter und die Arbeitskollegen diese Veränderung zu verstärken, was sein höfliches Verhalten stützte. Auch seine Kunden halfen ihm mit Verstärkung. Schon nach ungefähr einer Woche brauchte Alan den Schocker nur noch selten, behielt ihn aber für alle Fälle noch eine Weile in der Hosentasche. »Wenn ich weiß, daß er da ist, hält mich allein schon das von Grobheiten ab«, sagte er zu mir.

4. Formen Sie das erwünschte Verhalten. Wenn es Ihnen schwerfällt, sofort das gewünschte Verhalten zu entwickeln, fangen Sie einfach an, wo Sie jetzt stehen, und gehen Sie allmählich in die Richtung, auf die es Ihnen ankommt. Manchmal ist dies mit der Technik des ›Anwärmens‹ zu bewerkstelligen. Ein Beispiel: Eine Werbetexterin hatte Schwierigkeiten, ihre Arbeit anzugehen. Zum ›Anwärmen‹ heftete sie nach Arbeitsbeginn zuerst alle Texte ab, die sie am Vortag verfaßt hatte. Das Durchlesen ihrer Texte und das Nachdenken, wie sie ihren nächsten Entwurf besser machen könnte, beschäftigten sie so, daß es ihr ganz leicht fiel, mit der Arbeit für den betreffenden Tag zu beginnen.

Einem Schüler fällt es vielleicht leichter, zuerst nicht Geschichte, sondern Mathematik zu lernen oder umgekehrt. Einem Manager fällt es vielleicht leichter, die Arbeit eines bestimmten Tages nicht mit der Zusammenstellung des Jahresschlußberichtes, sondern mit einer Konferenz oder einem Diktat zu beginnen, weil ihn der Umgang mit Menschen stimuliert.

Eine Warnung: Bleiben Sie bei jedem Schritt nur so lange, bis Sie zum nächsten übergehen können. Halten Sie sich zu lange mit einem Anfangsschritt auf, so bleiben Sie vielleicht dort hängen.

IV: Ermitteln Sie, welche Folgewirkungen Ihres unerwünschten Verhaltens dieses verstärken

Sie müssen die unmittelbaren Konsequenzen Ihres Handelns aufspüren (die nicht unbedingt angenehme zu sein brauchen). Wie sie auch aussehen, gehen Sie davon aus, daß sie die Verstärker sind. Berücksichtigen Sie immer die unmittelbare Folgewirkung. Die Frau, die eine Abmagerungskur macht, klagt über die negativen Folgen übermäßigen Essens. Sie will keine Übergrößen tragen. Sie stellt sich die Frage, warum trotzdem die unangenehmen Konsequenzen ihren gewaltigen Kalorienverbrauch nicht eindämmen. Die Antwort ist, daß sie einen derartigen momentanen Genuß oder eine so große Spannungsminderung empfindet, wenn sie ihre Platte Schweinebraten mit Klößen verschlingt, daß sie das Endresultat – noch mehr Körpergewicht – ganz vergißt.

Theoretisch wissen wir:

● Wenn auf ein Verhalten eine (negative oder positive) Verstärkung folgt, wird es gestärkt.

● Wenn auf ein Verhalten eine Bestrafung folgt, nimmt das Verhalten ab.

Was geschieht, wenn auf ein bestimmtes Verhalten zunächst eine verstärkende Konsequenz und dann eine Bestrafung folgt? Das Verhalten wird aufrechterhalten oder sogar zunehmen. Allein die unmittelbare Folgewirkung ist wichtig. Andere zählen nicht. Beispiel: Ein zwanghafter Trinker kippt mehrere Gläser Whisky hinter die Binde. Er fühlt sich entspannt und wohlig. Später wird ihm fürchterlich übel. Diese zweite Folgewirkung zählt nicht. Er trinkt weiter, weil ihm die erste Konsequenz ein Wohlgefühl gab.

1. Manchmal muß das Verhalten der menschlichen Umgebung verändert werden, um die Folgewirkungen auszuschalten, die die unerwünschte Gewohnheit stabilisieren oder stärken. Dies veranschaulicht der Fall von Lucille, einer geistesgestörten hospitalisierten Patientin, die ständig Besuche in der Station der Schwestern machte und damit deren Arbeit störte und behinderte. Diese Heimsuchungen dauerten zwei Jahre lang fort. Die Schwestern ließen sich deutlich anmerken, wie verärgert sie über Lucille waren, doch es half

nichts. Darauf legten sie sich die Einstellung zu: »Sie ist zu blöd, um zu begreifen.«

Als sich Verhaltenstherapeuten des Falles Lucille annahmen, stellten sie schon bald fest, daß das Verhalten der Pflegerinnen geändert werden müsse. Sie instruierten die Schwestern, Lucilles Besuchen keinerlei Beachtung zu schenken und sie völlig zu übersehen. Diese hielten sich daran. In den vergangenen Jahren hatte Lucille durchschnittlich sechzehn Besuche pro Tag in der Schwesternstation absolviert. Nachdem die Pflegerinnen aufgehört hatten, ihr Verhalten zu verstärken, verringerten sich die Visiten auf täglich zwei.

Im täglichen Leben gibt es ein Beispiel, das jedem vertraut ist, der einmal versucht hat, eine Schlankheitskur durchzuhalten. Wenn er schwach wird und einer kalorienreichen Lockung erliegt, sagen alle zu ihm: »Das ist Gift für dich« oder »Hast du deine Diät ganz vergessen?« Indem sie ihre Aufmerksamkeit auf den Rückfall richten, verstärken sie dieses Verhalten. Wenn der Betreffende aber die Diät einhält, übersehen die anderen das gern und entziehen damit diesem erwünschten Verhalten die Verstärkung. Ihr Verstärkungsverhalten ist das genaue Gegenteil dessen, was notwendig wäre, um das Festhalten an der Schlankheitskur zu erleichtern.

2. Die Verstärker, die das unerwünschte Verhalten stabilisieren, müssen beseitigt werden. Man muß die Wirkungen, die unmittelbar auf die unerwünschte Handlung folgen, identifizieren und sie entweder künftig ausschalten oder unwirksam machen. Ohne diese Verstärkung wird das Verhalten schwächer werden und schließlich verschwinden.

a) Man beseitigt den Verstärker völlig, so daß er überhaupt nicht tätig werden kann. Auf diese Weise verändert man die Situation, so daß die unerwünschten Folgewirkungen, zu denen es derzeit kommt, nicht mehr auftreten.

Fallbeispiel

Eine zwanzigjährige Studentin konsultierte mich wegen Ihrer Gewohnheit, sich Haare auszurupfen (eine bei Männern wie Frauen weit verbreitete unerwünschte Angewohnheit). Wenn Dina über ihren Büchern saß, pflegte sie sich Strähnen aus ihrem hübschen Blondschof zu zupfen. Sie nahm zwei oder drei Strähnen und band sie sich eng um die Spitze des Zeigefingers, so daß sie die Fingerkuppe zusammendrückten. Sie gab an, daß ihr »dieses Druckgefühl sehr angenehm« sei. Daraufhin beschlossen wir, das Druckgefühl, das den Verstärker darstellte, zu beseitigen. Ich veranlaßte Dina, sich eine Mullbinde um den Zeigefinger zu wickeln, wodurch sie für den angenehmen Druck unempfindlich wurde. Sie ging einige Wochen mit dem bandagierten Finger umher, und dann hatte sie ihre Angewohnheit überwunden.

---

b) Läßt sich der Verstärker nicht beseitigen, ist es vielleicht möglich, ihn durch die Einführung einer anderen Folgewirkung außer Wirkung zu setzen – durch eine Konsequenz, die stärker ist als die vorige, so daß diese ihre Macht verliert.

Fallbeispiel

Ein Mann, der als Pianist in einem Nachtklub arbeitete, suchte mich auf, weil er zwanghaft an seinen Fingernägeln knabberte. Das Nägelkauen war ihm unangenehm, weil dabei immer seine häßlichen Hände zum Vorschein kamen. Ich schlug ihm vor, in der nächsten Drogerie zu fragen, welches Mittel er auf die Fingernägel auftragen könnte, um ihm das Nagelbeißen zu verleiden. Es gibt Präparate mit einem scharfen, höchst unangenehmen Geschmack, die man auf die Nägel streichen kann. Er befolgte meinen Rat, und damit war das Problem auch schon gelöst. Einige Wochen später rief er mich an und sagte: »Meine Fingernägel wachsen wieder.« Und ein halbes Jahr später meldete er: »Ich brauche das Präparat nicht mehr, weil sich die Sache geregelt hat.«

---

c) Verwenden Sie bildliche Vorstellungen, um die Verstärkungen unter Kontrolle zu bringen. Bei der Technik der verdeckten Sensibilisierung – entwickelt von Joseph R. Cautela, Professor für Psychologie am Boston College und früher Präsident der Vereinigung zur Förderung der Verhaltenstherapie – denkt man sich eine höchst unangenehme Szene aus (beispielsweise, daß man sich übergibt, von einem scharfen Hund gebissen wird oder daß Ratten über einen kriechen). Wenn man dann das unerwünschte Verhalten beginnt, stellt man sich die Szene vor. Dies sollte möglichst lebendig geschehen und erst dann eingestellt werden, wenn man aufhört zu tun, was man nicht tun will. Sobald dieser Punkt erreicht ist, schaltet man auf die bildliche Vorstellung einer angenehmen Situation um – das glatte Gegenteil der abstoßenden Vorstellung. In der Praxis des Therapeuten agiert der Patient in der bildlichen Vorstellung sowohl das unerwünschte Verhalten als auch die abstoßende Szene, und anschließend praktiziert er die Methode in realen Lebenssituationen. Die Szenen sind zwar für den Patienten wie den Therapeuten möglicherweise sehr unangenehm, aber sie tragen stark dazu bei, die erstrebte Veränderung herbeizuführen.

V: Legen Sie sich die erwünschte Gewohnheit zu

Dafür ist es notwendig, daß man ganz präzise weiß, wie das eigene Verhalten aussehen soll. Außerdem braucht man ein System von Verstärkern, die für einen arbeiten. Es kann sein, daß irgend etwas an sich die Qualitäten eines Verstärkers hat und Ihre Freunde es als eine großartige Belohnung betrachten, daß es aber bei Ihnen diese Funktion nicht übernehmen kann. Jemand, der Frostwetter und jede Art von sportlicher Betätigung haßt, wird keine Belohnung darin sehen, wenn ihm ein Wochenende in Zermatt versprochen wird. Wählen Sie solche Verstärker, die Ihnen entsprechen.

1. Bei der Wahl positiver Verstärker ist zwischen drei Arten zu unterscheiden.

a) Soziale Verstärker. Es wurde bereits erwähnt, daß Ihre Freunde mit Lächeln, Aufmerksamkeit, Interesse und Lob dazu beitragen können, daß Sie Fortschritte machen.

b) Dinge, die Ihnen Freude machen. Dabei kann es sich um etwas handeln, was Sie sich sehr wünschen, zum Beispiel ein neues Kleid, einen Bummel durch Nachtlokale oder einen Ausflug zum Angeln. Oder um etwas, was Sie allgemein gerne tun: ein Glas Martini zum Mittagessen oder einen Kriminalroman in einem Zug durchzulesen.

c) Etwas, was man sehr häufig tut – Kämmen, Kissen aufschütteln, Make-up auflegen, einen Schaufensterbummel machen. Wenn Ihnen kein Verstärker einfällt, überlegen Sie, welche Dinge Sie häufig tun, und benutzen Sie sie als Belohnung. Diese Verhaltensregel trägt die Bezeichnung ›Premack-Prinzip‹ (nach Dr. David Premack, der sie formuliert hat). Premack hat gezeigt, daß Dinge, die man in einer zwanglosen Situation am häufigsten tut, sich als Verstärker verwenden lassen. Wenn Sie ein nur selten geübtes Verhalten stärken wollen, führen Sie es aus und lassen Sie darauf ein häufiges folgen. Nehmen wir beispielsweise an, es fällt Ihnen schwer, mit Ihrer Frühgymnastik zu beginnen, die Sie sich vorgenommen haben. Da es Ihre Gewohnheit ist, immer die Frühnachrichten im Rundfunk zu hören, schalten Sie das Radio an, sobald Sie mit den gymnastischen Übungen beginnen.

2. Die Anwendung Ihrer positiven Verstärker.

a) Die Verstärkung kann dem erwünschten Verhalten nicht vorausgehen, sie muß danach kommen. Stellen Sie sie sich als eine Belohnung vor. Kein erwünschtes Verhalten – also auch keine Belohnung. Beispiel: Wenn Sie die schlechte Angewohnheit haben, ständig zu spät zur Arbeit zu kommen, dürfen Sie Ihren Morgenkaffee erst trinken, wenn Sie vollständig angezogen und bereit sind, um halb acht Uhr aus dem Hause zu gehen.

Jean, meine Frau, behauptet, diese Technik habe es ihr trotz ihrer Vollzeitbeschäftigung ermöglicht, außerdem noch vier Bücher zu schreiben. Wenn Sie jeden Morgen um sechs Uhr aus dem Bett kommt, um an einem Buch zu arbeiten, spendiert sie sich zum Mittagessen am Sonnabend eine Bloody Mary und ein gebratenes Tatarbeefsteak. Schafft sie es auch am Sonnabend, um sechs aufzustehen, belohnt sie sich mit einem Mittagessen im Restaurant. All diese Prämien hängen von der Bedingung ab, daß sie um sechs Uhr aufsteht – gelingt es ihr nicht, dann gibt es auch keine Bloody Mary, kein Tatarbeefsteak, kein Mittagessen im Restaurant.

b) Denken Sie daran, daß in der Regel dasjenige Verhalten, das der Verstärkung unmittelbar vorausgeht, verstärkt wird. Wenn man sich zuviel Zeit läßt, ein erwünschtes Verhalten zu verstärken, kommen andere, irrelevante Verhaltensarten dazwischen, und die Verstärkung stützt dann diese – nicht das Verhalten, an dessen Stärkung einem liegt. Natürlich ist es nicht notwendig, daß man die konkrete Belohnung in genau dem Augenblick erhält, in dem man sich in der erwünschten Weise verhalten hat. Eine ›Marke‹, ein gutgeschriebener Punkt oder auch nur das Wissen, daß man den Verstärker verdient hat, sind ebenso wirksam. Jean weiß, daß sie sich am Sonnabend Ihre Bloody Mary genehmigen darf, wenn sie die ganze Woche über morgens um sechs aufsteht.

c) Überwachen Sie sich. Kontrollierende Aufzeichnungen können als Verstärker wirken. Benützen Sie dabei Tabellen, Kurven oder sonstige Darstellungen, die Ihnen nützlich sind. Zählen Sie, wie häufig Sie das Verhalten pro Tag zeigen. Wenn es sich um eine Handlung handelt, die Sie nur einmal täglich ausführen, wie beispielsweise um neun Uhr an Ihrem Arbeitsplatz zu erscheinen, genügt Ihnen eine ganz einfache Liste.

Schon die Selbstkontrolle für sich kann Ihr Verhalten verändern. Ein einfaches Mittel dafür ist ein Golfzähler. Wenn Sie beispielsweise die Gewohnheit haben, bei der Arbeit in den Tag hineinzuträumen, bedienen Sie jedesmal den Zähler, wenn Sie sich ertappen, daß Sie zum Fenster hinaussehen oder Gedanken nachhängen, wenn Sie sich auf Ihre Arbeit konzentrieren sollten. Führen Sie darüber Buch und übertragen Sie am Ende des Tages die Gesamtsumme auf ein Diagramm oder in eine Tabelle, die Sie so aufstellen, daß sie ins Auge fallen. Ein Diagramm ist im allgemeinen besser, weil man die Lage der Dinge auf einen einzigen Blick sieht. Seien Sie nicht überrascht, wenn sich sehr rasch Veränderungen einstellen, nachdem Sie mit der Selbstkontrolle begonnen haben.

Nach meinen eigenen Feststellungen ist die Technik der Selbstkontrolle sehr nützlich für Vertreter, Börsenmakler und andere Geschäftsleute, die aus Geschäftsgründen viel telefonieren müssen. Oft schaffen sie diese vielen Telefonate nicht. Dann sind sie deprimiert, zutiefst unzufrieden mit sich selbst und machen sich Sorgen, daß ihnen möglicherweise Aufträge entgehen oder daß sie ihren Job verlieren könnten. In der Regel wissen sie genau, wie viele Anrufe sie pro Tag erledigen müßten. Wenn mich ein Patient wegen eines solchen Problems konsultiert, veranlasse ich ihn, sich ein Notizbuch zu kaufen. Er nimmt für jeden Wochentag, an dem er arbeitet, eine Seite und notiert jeden geschäftlichen Anruf. Am Ende des Tages addiert er die Anrufe. Diese einfache Methode der Selbstkontrolle bewirkt in vielen Fällen, daß der Patient mit seiner eigenen Leistung zufrieden wird.

d) Sie können sich im Geist für ein bestimmtes Verhalten belohnen. Dabei kommt die von Joseph R. Cautela entwickelte Technik der verdeckten Verstärkung zur Anwendung, die ich in Kapitel IV auf soziale Situationen angewandt habe. Man nimmt sich das Verhalten vor, das man stärken will, stellt sich vor, daß man es ausführt, und verstärkt es durch bildliche Vorstellung. Diese Methode läßt sich auch auf Gewohnheiten anwenden. Erinnern wir uns, Sie müssen dabei:

- an das Verhalten denken, das Sie ausführen wollen;
- sich die Ausführung vorstellen;
- dann sich das Kommando »Verstärken!« geben und auf eine bildlich vorgestellte Belohnung umschalten;
- dies in einzelnen Gruppen von je zehn Verstärkungen immer wiederholen. Auf diese Weise geben Sie dem Verhalten, das Sie in der Praxis ausführen wollen, positive Verstärkung – alles in der bildlichen Vorstellung. Denken Sie daran, daß diese Übung vielleicht Hunderte von Malen wiederholt werden muß.

Ein Studienanfänger, der eine Arbeit über irische Dramatiker schreiben sollte und eine kreative Blockierung entwickelte, hatte mit dieser Technik großen Erfolg. Seine bildliche Vorstellung: die verschiedenen Schritte, die notwendig waren, um die schriftliche Arbeit zum Abschluß zu bringen. Seine bildlich vorgestellte Verstärkungsszene: wie er seine Freundin küßte.

e) Machen Sie es sich schwerer, Belohnungen zu verdienen. Schrauben Sie Ihre Zielwerte immer höher. Zum Beispiel geben Sie sich am Anfang Ihre Belohnung jedesmal, wenn Sie pünktlich zur Arbeit kommen. Dann müssen Sie an drei aufeinanderfolgenden Tagen pünktlich kommen, um den Lohn zu erlangen ... später eine ganze Woche ... dann zwei Wochen. Wenn Sie eine Belohnung dreimal hintereinander verdient haben, erschweren Sie die Bedingungen. Eine Möglichkeit besteht darin, ein Punktesystem aufzustellen. Jede einzelne Handlung innerhalb des erwünschten Verhaltens bringt Punkte ein, aber man braucht eine Reihe von Punkten, bis man sich eine Belohnung gewährt. Eine andere Möglichkeit ist die Anwendung der unregelmäßigen, willkürlichen Verstärkung. Manchmal bekommt man die Belohnung, manchmal aber nicht. Entscheiden Sie darüber durch einen Münzwurf. Ein dritter Weg: die Anwendung des Modellierungssystems. Dabei werden zunehmend approximative Annäherungen an das angestrebte Verhalten verstärkt. Zuerst belohnen Sie sich, wenn Sie fünfundzwanzig Minuten zu spät kommen, dann bei fünfzehn und danach bei fünf Minuten. Auch in diesem Fall ist es wichtig, sich nicht allzu lange bei einem einleitenden Schritt zum erstrebten Verhalten aufzuhalten.

f) Machen Sie sich klar, daß das Gefühl, etwas für sich selbst zu tun, einen kraftvollen Verstärker darstellen kann.

Ich behandelte einen sehr erfolgreichen jungen Rechtsanwalt. Seine Schwierigkeit: Er konnte nicht sparen. Wir erarbeiteten ein ziemlich komplexes Übungsprogramm zum Zweck der Stärkung seines Sparverhaltens. Als Verstärker verwendeten wir beispielsweise die Anerkennung seiner Sekretärin, ein Programm der Eigenkontrolle und das Wachsen seines Bankguthabens. Ken, der junge Anwalt, fand schließlich, daß er seinen Ausgabenleichtsinn besiegt und die erstrebte Gewohnheit der Sparsamkeit entwickelt habe. Zum Abschluß der Behandlung sagte er zu mir: »Wissen Sie, keines der Dinge, die wir verwendet haben, war der beste Verstärker. Der beste Verstärker war, daß ich jedesmal, wenn ich zur Bank gehe, stolz auf mich bin. Ich weiß, ich habe mich selbst in der Hand.«

9

Verstärkungsmangel
= Depression

Manche Menschen leiden an einem Zustand chronischer Depression, weil es in ihrem Leben keine positiven Verstärker gibt.

In der Regel hat diese Situation eine der drei folgenden Ursachen:

1. Man hat sein Leben so eingerichtet, daß es nur wenig Möglichkeiten der Verstärkung gibt. Depressivität kann eine durchaus natürliche Reaktion auf ein ödes, ereignisloses Leben sein. Ich bin zahlreichen Menschen begegnet, denen ihre Arbeit verhaßt ist, die nur wenig Freunde und soziale Kontakte haben, keine Interessen oder Steckenpferde besitzen. Allein und ohne Freunde sitzen sie Abend für Abend, Wochenende für Wochenende zu Hause vor dem Fernsehapparat, sehen sich Shows an, die sie langweilen, und sind von einer tiefen Unzufriedenheit mit sich selbst erfüllt. Manche haben schon seit Jahren keinen Urlaub genommen. Sie rationalisieren ihre Untätigkeit mit Feststellungen wie: »Mich zieht es nirgends hin« oder »Es gibt nichts, was ich tun möchte.« Es ist verständlich, daß jemand kein Ende seines traurigen Daseins sieht, wenn er mit seiner Arbeit, seinen sozialen Kontakten, seinem Zuhause, seinen Bekannten und Freunden, seinem ganzen Leben und sogar mit sich selbst unzufrieden ist und nichts unternimmt, um an dieser Lage etwas zu ändern. Durch sein fades, sinnloses Dasein hat er sich in eine Situation gebracht, in der eine Wende zum Guten nicht eintreten kann.

2. Man hatte früher einmal positive Verstärker in seinem Leben, aber sie sind verlorengegangen. Es gibt mehrere Situationen im Leben, durch die positive Verstärker oder potentielle Quellen positiver Verstärkung ausgeschaltet werden. Ein Mann stirbt, und seine Frau bleibt trauernd zurück. Ein Manager verliert mit fünfundfünfzig Jahren seine Stellung, für die er »dreiunddreißig Jahre mit ganzem Einsatz gearbeitet« hat. Ein älterer Mensch geht ohne Vorbereitung in Pension und sieht sich plötzlich einem unausgefüllten Leben gegenüber. Das einzige Kind eines Ehepaares heiratet und zieht in eine tausend Kilometer entfernte Stadt. Die Mutter, deren Leben bisher mit ihrer Tochter ausgefüllt war, weiß nun mit ihrer Zeit nichts anzufangen – und füllt häufig ihre leeren Stunden mit depressiven Gedanken. Der Verlust, den man erleidet, kann einen Teil des Körpers

betreffen wie ein Bein, einen Arm oder eine Brust. Oder er ist psychischer Art, wie wenn man sich nicht mit der entschwundenen Jugend abfinden kann.

Viele Theoretiker vertreten die Auffassung, daß die Bedeutung der Verstärker, die man verliert, die Depression hervorbringe – das Syndrom der Leere bedeutet für die Mutter, daß sie nicht länger gebraucht wird. Der Mann, dem gekündigt wurde, sieht im Verlust seiner Arbeit ein Zeichen seiner beruflichen Unzulänglichkeit. Körperliche Beeinträchtigungen bedeuten nach Meinung der Betroffenen, »daß mich kein Mann (oder keine Frau) begehren wird«. Der Tod eines nahestehenden Menschen bringt den Verlust von Zuneigung und möglicherweise Einsamkeit mit sich.

Aber so wichtig die ›Bedeutung‹ eines Verlustes auch ist, das Gefühl der Depression kann auch ohne sie ausgelöst werden. Der Verlust von Verstärkungsmöglichkeiten kann eine depressive Reaktion hervorrufen, ohne daß mit ihnen eine ›Bedeutung‹ verlorenginge. So zum Beispiel bei Studenten, die endlich das Examen geschafft haben: die Quelle der Verstärkung, die fast das ganze bisherige Leben gesprudelt hatte – Zeugnisse, Diplome, Anerkennung durch Lehrer und Professoren, erfolgreiche Seminararbeiten – ist mit einemmal versiegt. Eine ähnliche Reaktion tritt häufig bei Männern ein, die aus dem Militärdienst entlassen worden sind. Sie kehren nach Hause zurück und fühlen sich deprimiert ohne das vertraute Verstärkungspotential des Kasernenlebens, der vorgeschriebenen Pflichten und der Autoritätspersonen.

3. Man macht negative Verstärkungen zum Mittelpunkt seines Lebens. Ich habe weiter oben erläutert, daß eine negative Verstärkung dann eintritt, wenn irgend etwas – in der Regel etwas Unangenehmes – aus der Situation entfernt oder wenn sein Eintreten verhindert wird. Wenn diese Art von Verstärkung dominant wird, setzt man sich das Ziel zu verhindern, daß sich die Situation verschlechtert. Man will seine Einbußen möglichst gering halten, statt Gewinne zu erzielen. Verstärkung empfängt man nicht daraus, daß einem Gutes widerfährt, sondern daraus, *daß man etwas Schlechtes nicht noch schlimmer werden läßt*. Leider ist dieser defensive Zustand, bei dem die Dinge nie besser werden, die Grundlage zahlrei-

cher Ehen. Bestenfalls verliert man nicht, und man richtet alles so ein, daß angenehme Dinge nicht eintreten können. In dieser defensiven Situation glaubt man, ein Weg, Verluste zu vermeiden, bestehe darin, immer weniger zu tun. Man wird apathisch und verliert seine Motivation.

Ob der Mangel an positiven Verstärkern nun auf Ihrer Lebensgestaltung, einer Veränderung in Ihrem Leben oder dem Vorherrschen negativer Verstärkungen beruht – Sie müssen, um eine positive Verstärkung zu erlangen, *gezielt* nach neuen Quellen der Lebensfreude suchen, nach Dingen, die Ihnen eine positive – statt der negativen – Einstellung zu Ihrer Umwelt, zu sich selbst und zur Zukunft geben werden. Sie müssen Dinge tun, die Ihnen Zufriedenheit schenken. Sie müssen mit großer Aufmerksamkeit auf alle, auch die schwächsten, Regungen von Freude achten, die sich entwickeln. Der alte Witz über die Frau, die bedrückter Stimmung war und sich deswegen einen neuen Hut kaufte, hat nicht wenig Aussagewert.

Es ist leicht, Menschen, die depressiv gestimmt sind, zur Aktivität aufzufordern, und schwer für sie, diesen Rat zu befolgen. Eines der Merkmale depressiver Stimmung ist ja die Unfähigkeit, etwas zu unternehmen. Immer wieder bekomme ich von solchen Patienten zu hören: »Was könnte ich schon tun, was mich befriedigen würde? Und selbst wenn ich etwas täte, wozu denn? Ich hätte ja doch keine Freude daran. Es würde mich nicht aufheitern.«

Und doch kann man – wie bei den meisten Programmen des Selbstbewußtseinstrainings – irgendeinen Punkt finden, an dem sich ansetzen läßt. Selbst wenn Sie zu einer aktiven Suche nach Verstärkungen außerstande sind, ist es Ihnen vielleicht möglich, dies in der Phantasie zu tun.

Erste Laborübung bei depressiven Stimmungen

ZWECK: Als erster Schritt zur Linderung depressiver Gefühle positive Verstärkung durch den Einsatz der Phantasie zu geben.

ERSTER SCHRITT: Legen Sie eine Liste von Dingen an, die Ihnen

Freude machen, *wenn Sie sie sich vorstellen*. Gehen Sie systematisch die folgenden Bereiche durch: Essen, Trinken, Hobbys, Unterhaltung, Sport, Sex, Arbeit, Umgang mit Menschen, Reisen oder jede andere Kategorie, die Ihnen einfällt. Sie suchen dabei nach bestimmten Betätigungen, die Ihnen wenigstens ein kleines bißchen Freude bereiten. Dabei kann es sich um ganz einfache Dinge handeln, wie Schokoladeneis lutschen, klassische Musik hören oder einen Kriminalroman lesen. Oder es handelt sich um etwas Anspruchsvolleres wie die Vorstellung, daß andere Menschen sich bemühen, mit Ihnen zusammen zu sein, oder daß Sie eine Liebesbeziehung zu irgendeinem Menschen haben. Beschränken Sie sich nicht auf die Realität. Versuchen Sie alles, was Ihnen ein bißchen angenehm sein könnte – zum Beispiel die Vorstellung, wie es wäre, wenn Sie den Nobelpreis gewonnen hätten. Gleichgültig, wie niedergedrückt und elend man sich auch fühlt, fast jeder kann irgend etwas finden, was ihm zumindest einen Hauch von Freude gibt.

Zweiter Schritt: Nehmen Sie eines (oder mehrere) von den ausgewählten Dingen, das Ihnen relativ viel Freude macht (Sie werden möglicherweise zwischen ein wenig und ein ganz klein wenig Freude wählen müssen). *Stellen Sie sich vor,* daß Sie die Sache tun, und versuchen Sie einzufangen, was Ihnen diese Vorstellung gibt. Wiederholen Sie die Vorstellung mehrere Male. Bemühen Sie sich, das Phantasiebild jedesmal klarer und ausführlicher zu machen, und halten Sie alle angenehmen Gefühle fest, die es vielleicht hervorruft. Wiederholen Sie diese Prozedur mit jeder Sache, die Sie sich vorgestellt haben.

Dritter Schritt: Machen Sie diese Übung jeden Tag. *Sie versuchen dabei, sich die positive Verstärkung zu geben, die Sie durch tatsächliches Handeln nicht bekommen können.* Ihr ST-Ziel: Die depressive Stimmung soweit zu lindern, daß Sie fähig werden, *irgend etwas praktisch statt in der Phantasie zu tun.*

Vielleicht ist es Ihnen möglich, an Ihre Depressionskur aktiver heranzugehen als mit Verstärkung durch Phantasie. In diesem Fall ist Ihr Ziel, die Gewohnheit zu entwickeln, *mehr Dinge zu tun, die*

Ihnen vielleicht etwas Freude machen werden. Befolgen Sie dabei die Regeln für die Entwicklung neuer Gewohnheiten.

Zweite Laborübung bei depressiven Stimmungen

ZWECK: Einen Plan zu gesteigerter Aktivität zu erstellen, der Ihnen hilft, schließlich neue Quellen positiver Verstärkung zu finden.

ERSTER SCHRITT: Legen Sie eine Liste bestimmter Tätigkeiten an, die ein gewisses Verstärkungspotential besitzen. Diese können eine breite Skala umspannen, von einem Museumsbesuch und einem Einkaufsbummel durch ein Kaufhaus bis zu einem Anruf bei einem befreundeten Menschen, einem Essen in Ihrem Lieblingsrestaurant oder einem Ausflug zum Angeln. Dabei sollte es sich um etwas handeln, was Sie unschwer ausführen können und im letzten halben Jahr nicht getan haben. Wenn Sie überaus depressiv gestimmt sind, kann es auch etwas ganz Einfaches sein, wie etwa ein halbstündiger Spaziergang in einem Park.

ZWEITER SCHRITT: Notieren Sie den Tag und die Tageszeit, zu der Sie Ihr Vorhaben ausführen wollen. Wenn der Zeitpunkt kommt, *müssen Sie tun, was Sie sich vorgenommen haben.* Dies ist mir besonders wichtig. Ausnahmen sind nicht zugelassen.

DRITTER SCHRITT: Führen Sie zunächst jede Woche das Vorhaben nur einmal aus. Nach einiger Zeit erhöhen Sie diese Zahl. Kontrollieren Sie Ihr Verhalten mittels einer Tabelle, in der Sie jedesmal vermerken, wenn Sie tun, was Sie sich vorgenommen haben.

VIERTER SCHRITT: Machen Sie sich noch einmal klar, daß Sie diese Übung durchführen, um Ihre Aktivität zu erhöhen. *Die Aufgabe hat nicht den Zweck, Ihnen Lebensfreude zu geben.* Es kann sein, daß Sie am Anfang keinerlei Freude empfinden. Dennoch müssen Sie, um das Endziel der positiven Verstärkung zu erreichen, auf jede angenehme Reaktion achten, auch wenn sie noch so geringfügig und flüchtig ist. Notieren Sie deshalb nach Erledigung jeder Aufgabe den höchsten Grad angenehmer Gefühle, die Sie dabei empfunden haben. Verwenden Sie zu diesem Zweck eine numerische Skala, bei der 0 keinerlei angenehme Empfindungen und 100 vollkommenen Überschwang anzeigt. Dies dient dem Zweck, die Empfindungsfähigkeit für angenehme Gefühle wiederzuerwecken, die Sie sich durch Lernen abgewöhnt haben. Es führt auch zu einer aktiveren Einstellung. Sie lernen, daß Sie zu Ihren Freuden selbst beitragen müssen und nicht verlangen können, daß sie Ihnen in den Schoß fallen.

Ich will nicht behaupten, daß diese Ratschläge leicht zu befolgen sind. Ich weiß, daß sie um so schwerer zu verwirklichen sind, je stärker die Depressivität ausgebildet ist. Sie gelten für Fälle leichter Depression. Ich habe jedoch in meiner Tätigkeit als Praktiker erlebt, daß diese einfachen Übungen allen möglichen depressiven Leuten geholfen haben, ihren Antrieb zurückzugewinnen.

Noch eine Bemerkung: Es gibt Leute, die zwar viele Verstärker in Ihrem Lebensumkreis, aber irgendwie die Empfänglichkeit dafür eingebüßt haben und von einer allgemeinen Stimmung der Niedergeschlagenheit erfüllt sind. Beispiel: eine alleinstehende junge Frau konzentriert sich derart darauf, daß sie keinen Ehemann hat, daß sie nicht mehr sieht, was sie wirklich besitzt – sie sieht attraktiv aus, hat eine gute Stellung und einen ansehnlichen Kreis männlicher und weiblicher Freunde. Oder nehmen wir den Mann, der nach fünfunddreißig Ehejahren seine Frau verloren hat und nun von Trauer und Schmerz erfüllt ist. Noch lange nach ihrem Tod beschäftigt ihn ganz der schwere Verlust. Er hat keinen Blick für die freundschaftliche und besorgte Zuwendung anderer Menschen und für die Dinge, die ihm geblieben sind. Der Verlust ist Realität. Aber Realität ist auch, daß es in seinem Leben noch viele angenehme Dinge gibt. Wenn er sie ausschließt, entwickelt sich die Trauer zu einer depressiven Stimmung.

Wenn Sie die schönen Seiten nicht erkennen, die es tatsächlich in Ihrem Leben gibt, dann ist Ihnen vielleicht das Wissen eine Stärkung, daß Sie beginnen, *Ihre Depression unter Kontrolle zu bringen.*

Fallbeispiel

Jack Phelan, vierzig Jahre alt, ein angesehener australischer Biologe, hatte eine Frau, die ihn zärtlich liebte, drei wohlgeratene Kinder und einen glänzenden Ruf als Wissenschaftler. Er übersiedelte aus seiner Heimat zunächst in die Karibik, dann nach London und schließlich nach New York, wobei sich die Möglichkeiten für seine Forschungstätigkeit jedesmal verbesserten. Doch all diese angenehmen Dinge hatten keine Wirkung auf Jacks Zustand, den er als ein Gefühl »zunehmender Erstarrung« beschrieb.

Als Jack mich aufsuchte, hatte seine Arbeit unter seinen ständigen Depressionsstimmungen zu leiden begonnen; er war unfähig zu der letzten Anstrengung, die nötig war, um seine gegenwärtigen Forschungsarbeiten ebenso glanzvoll abzuschließen, wie es in der Vergangenheit immer der Fall gewesen war. Er hatte die Freude an der Sexualität verloren und begann den Umgang mit anderen Menschen zu meiden. Es kam immer häufiger vor, daß er sein Mittagessen allein einnahm.

Ich versuchte es bei ihm zuerst mit der Methode, seine Phantasie einzusetzen. In meiner Praxis gelang es ihm, in der Vorstellung Freude an angenehmen Dingen zu empfinden, aber dies hatte keine Wirkung auf sein depressives Verhalten in der Lebensrealität. Nach diesem Fehlschlag entwickelte ich für ihn Programme, in denen er Dinge tun sollte, die ihm früher Freude bereitet hatten, beziehungsweise solche, die er noch nie versucht hatte. Doch seine »Erstarrung« verschlimmerte sich noch.

Schließlich ging ich dazu über, die Technik der Selbstkontrolle bei ihm anzuwenden; er sollte in einem Diagramm den Grad seiner Depressivität tagweise festhalten. Seine Denkart als Wissenschaftler fand daran Gefallen. Nach einer Reihe von Wochen stellte er fest, daß er imstande war, seine Depressionsstimmung gezielt zu senken. Dies war ein zwar langsamer, aber stetiger Prozeß. Er sagte: »Wenn mir bewußt wurde, daß das Gefühl der Erstarrung über mich kam, raffte ich mich irgendwie auf und gab mir für kurze Zeit das Gefühl, wieder lebendig zu sein.«

Nach meiner Vermutung hatte sich folgendes abgespielt: Jack hatte das Fehlverhalten entwickelt, sich depressiven Stimmungen zu überlassen, und sich gegen ihr Überhandnehmen immer weniger gewehrt. Statt etwas dagegen zu unternehmen, hatte er seine Zuflucht zu Medikamenten genommen, psychoanalytische Literatur gelesen und einen Therapeuten nach dem anderen aufgesucht. Wenn er von einem Land in ein anderes übersiedelte, hatte er zuerst einen Psychotherapeuten ausfindig gemacht, bevor er sich ein Haus suchte. Die Technik der Selbstkontrolle, eine sehr wirkungsvolle Methode zur Veränderung von Gewohnheiten, hatte es ihm ermöglicht, ein aktiveres Verhalten und die der Depressivität entgegenwirkende Gewohnheit, sich lebendig und engagiert zu fühlen, zu entwickeln.

Nach zehn Wochen Behandlung war Jacks Problem gelöst, und er stellte die Besuche bei mir ein. Ungefähr anderthalb Jahre später rief er mich an und berichtete, daß ihn zwar hin und wieder das Gefühl der Erstarrung befalle, er es aber mit Hilfe der Selbstkontrolle beseitigen könne.

10

Wie man schlank wird – und schlank bleibt

Während Millionen unglücklicher Menschen in aller Welt an Unterernährung leiden und verhungern, werden die Wohlstandsländer von der Geißel der Fettsucht heimgesucht. In den Vereinigten Staaten, aber auch in der Bundesrepublik sind Abmagerungskuren zum weitestverbreiteten Heimsport geworden.

Doch die Statistiken bieten ein trauriges Bild. Von den Millionen Amerikanern, die jedes Jahr fasten, nehmen *nur zehn Prozent* auf die Dauer ab. Gleichgültig welches Abmagerungsrezept sie befolgen: Sie werden zwar vorübergehend schlank, *aber sie bleiben es nicht.*

Die Sache läuft in der Regel nach einem bestimmten Schema ab. Zuerst wird einem die Kleidung zu eng. Ein Freund oder der Ehepartner kritisiert: »Du bist zu dick.« Man fühlt sich dick und unattraktiv. Betroffen beginnt man eine Gewaltkur, die so zwischen sechzig und neunzig Tage dauert. Man verliert Gewicht. Aber ein halbes Jahr später ist der ganze Speck wieder da! Die Erklärung liegt darin, daß man seine Eßgewohnheiten nicht grundlegend verändert. Um eine dauerhafte Änderung herbeizuführen, muß man sich jedoch für das gesamte künftige Leben umstellen, nicht nur für eine kurze Zeit.

Drei Hauptgründe sind die Ursache, warum man sich beim Essen nicht genügend beherrscht.

1. Leute mit Übergewicht sind in hohem Maß äußeren Reizen (dem Anblick und Geruch von Eßwaren) ausgeliefert. Wenn etwas zu essen da ist, essen sie es; nicht Hungergefühl, sondern die Verfügbarkeit von Nahrung löst die Eßlust aus. Beim Anblick einer appetitanregenden Werbeaufnahme in einer Illustrierten läuft ihnen das Wasser im Mund zusammen, und schon plündern sie den Kühlschrank leer. Auch zahlreiche indirekte Reize stimulieren ihre Eßlust. Sie assoziieren Nahrungsaufnahme mit Fernsehen und Bücherlektüre und sitzen Erdnüsse kauend vor der Abendschau oder über einem Roman.

2. Sie haben an irgendeinem Punkt in ihrem Leben ein Fehlverhalten in der Nahrungsaufnahme erlernt. Die Gewohnheit übermäßigen Essens wird aufrechterhalten, weil sie ihnen Genuß bereitet, Sicherheit gibt oder eine zeitweilige Linderung von Gefühlen wie

Angst, Ärger oder Niedergeschlagenheit verschafft. Manche von ihnen essen, um Streßbelastungen zu vermeiden. Infolge ihrer Dickleibigkeit können sie gewissen spannungerzeugenden Situationen – wie der Nähe zum anderen Geschlecht – aus dem Wege gehen.

3. Manche Leute haben Übergewicht, weil ihrem Körper zuwenig abverlangt wird. Sie essen vielleicht nicht zuviel, aber der Körper verbrennt die aufgenommene Nahrung nicht ausreichend. Zuweilen führt die zu geringe körperliche Betätigung zu vermehrter Nahrungsaufnahme.

Die ST-Methoden zur Gewichtssteuerung helfen Ihnen, in allen drei Fällen die Lage in den Griff zu bekommen. Dabei unterziehen Sie sich nicht einer radikalen Hungerkur. Eine Hungerkur zielt darauf ab, Ihr Gewicht zu reduzieren, nicht Ihr Verhalten zu verändern. Es braucht seine Zeit, eine neue Gewohnheit, die von Dauer sein soll, zu entwickeln, und eine starke und rapide Gewichtsabnahme läßt sich für diesen Zweck kaum lange genug in Gang halten. Daher besteht das Ziel in einer durchschnittlichen Gewichtsverringerung von ein bis zwei Pfund pro Woche und einer langfristig wirksamen Veränderung der Eßgewohnheiten.

Dabei wendet man die Prinzipien der Selbststeuerung an. Man sucht nach den Reizen, welche die unerwünschte Eßlust auslösen, und beseitigt sie. Man bestimmt so präzise wie möglich das spezifische Verhalten hinsichtlich Nahrungsaufnahme und körperlicher Betätigung, das man verändern will. Man eliminiert die Verstärker, die zur Zeit die unerwünscht hohe Nahrungsaufnahme aufrechterhalten, und ersetzt sie durch Verstärker – beziehungsweise man stärkt diese, falls schon vorhanden –, die das erwünschte Eßverhalten stützen.

Gesteuerte Experimente, wie sie besonders an der University of Michigan, der Columbia University und am Medical College der University of Pennsylvania durchgeführt wurden, haben den Erfolg dieser Methode demonstriert. Der Fettsucht-Experte Dr. Albert J. Stunkard, früher Leiter der psychiatrischen Abteilung an der University of Pennsylvania und gegenwärtig Vorstand des Departments für Psychiatrie an der Stanford University School of Medicine, schreibt, die Anwendung der Verhaltenstherapie bei Gewichtszu-

nahme »stellt den ersten signifikanten Fortschritt seit Jahren dar . . .
Früher mußte man bei Abmagerungsprogrammen nur leiden und
durchhalten; dieses Programm aber bietet eine Möglichkeit, durch
hartes Arbeiten zum Erfolg zu gelangen.«

Die Veränderung von Eßgewohnheiten:
ein Fünf-Punkte-Programm

Erster Punkt: Machen Sie sich Ihre Eßgewohnheiten klar

Sie können sie erst dann verändern, wenn Sie wissen, wie sie aussehen. Legen Sie ein ›Diät-Tagebuch‹ an, das Sie eine Woche lang führen und in das Sie das Was, Wann, Warum und Wo Ihrer Nahrungsaufnahme eintragen. Dieses Register führen Sie in Ihrem
ST-Notizbuch, wobei Sie für jeden Tag der Woche eine eigene Seite
benützen. Ziehen Sie Linien über jede Seite und schreiben Sie über
die Spalten:

- Die Zeit, zu der Sie etwas gegessen haben
- Wo Sie etwas gegessen haben
- Welche Art Nahrung Sie konsumiert haben
- Ob Sie allein oder mit jemand zusammen gegessen haben
- Wieviel Sie gegessen haben
- Womit Sie während der Nahrungsaufnahme beschäftigt waren
- In welcher Stimmung Sie waren, als Sie etwas aßen

Diese Eintragungen werden Ihnen ein viel deutlicheres Bild geben, was Sie wirklich alles essen, und Ihnen die Umwelt- und psychologischen Stimuli verdeutlichen, die mit Ihrer Nahrungsaufnahme verbunden sind. Eine dreißigjährige Hausfrau berichtete mir,
sie habe nach zweiwöchiger Selbstkontrolle zum erstenmal erkannt,
daß Ärger und Zorn sie zum Essen stimulierten. Als ihr das bewußt
geworden war, ging sie jedesmal, wenn sie sich geärgert hatte, aus
der Küche und schrieb auf, welche Gefühle sie bewegten. Dadurch
verminderte sie ihren Ärger und hielt sich davon ab, etwas zu essen.
Eine andere Frau hatte eine unglückliche, deprimierte Schwester, die

sie regelmäßig zur Mittagszeit anrief, um ihr das Herz auszuschütten. Nach diesen Anrufen aß meine Patientin jedesmal zuviel. Als ihr der Zusammenhang aufging, bat sie ihre Schwester, den täglichen Anruf auf die Zeit nach dem Abendessen zu verschieben.

Zweiter Punkt: Bringen Sie die Reize unter Kontrolle

Leute mit Normalgewicht essen, wenn sie hungrig sind, nicht, weil Sachen zu essen da sind. Aus einer Reihe von Experimenten wissen wir, daß bei Menschen mit Übergewicht das Vorhandensein von Nahrung Eßlust auslöst. Da es viele Gelegenheiten zur Nahrungsaufnahme gibt, essen zu dicke Menschen ständig – am Schreibtisch, in Imbißstuben, auf der Straße, vor dem Fernsehgerät, vor dem Einschlafen im Bett und so fort und fort.

Da Leute unter einer Vielzahl von Umständen Nahrung zu sich nehmen, verbinden sich zahlreiche verschiedene Stimuli mit dem Akt des Essens. Diese werden zu diskriminativen Reizen (Reize, die Konsequenzen signalisieren), welche die Botschaft aussenden: »Los – iß etwas!« Ein solches Signal kann von Ihrem Fernsehgerät ausgehen, oder es erreicht Sie, wenn Sie am Schreibtisch sitzen, mit Lektüre beschäftigt sind, im Auto sitzen oder vielleicht einfach, wenn Sie sich in Ihrem Schlafzimmer befinden.

Es würde einer übermenschlichen Willensstärke bedürfen, all den Verlockungen zu widerstehen. Viel leichter ist es dagegen, die Signale zu schwächen, die von diesen Reizfaktoren ausgehen. Der erste Schritt besteht in der Verringerung der Zahl der Stimuli, die Sie mit dem Akt des Essens verbinden. Dabei wird nicht verlangt, daß Sie zu essen aufhören, sondern daß Sie darüber bestimmen, wo und wann Sie etwas essen.

1. Zu Hause dürfen Sie zu jeder Zeit alles essen, was Sie essen möchten, *aber immer an demselben Platz*. Wenn Sie dafür Ihren Eßzimmertisch wählen, heißt das, daß Sie niemals im Wohnzimmer, im Schlafzimmer oder vor dem Ausguß in der Küche etwas essen dürfen.

2. Wenn Sie essen, dürfen Sie zur gleichen Zeit *nichts* anderes tun.

Sie dürfen dabei weder die Zeitung lesen noch eine Handarbeit machen oder fernsehen. Wenn Sie Ihren Lieblings-Quizmaster sehen und dabei ein unwiderstehliches Verlangen nach einer Schokoladewaffel empfinden, müssen Sie das Fernsehgerät abschalten, sich die Waffel holen und sie am Eßzimmertisch knabbern. Wenn Sie damit fertig sind, können Sie den Fernsehapparat wieder einschalten.

Fallbeispiel

Als Jane Jones mich aufsuchte, gestand sie: »Ich bin hoffnungslos versessen auf Schokolade.« Jane, die Ende zwanzig war, hatte festgestellt, daß ihre zwanzig überflüssigen Pfunde ihre Beziehung zum männlichen Geschlecht beeinträchtigten. »Ich komme mir dick vor und habe keine Selbstsicherheit. Ich kann mich nicht geben, wie ich möchte, und stoße deshalb die Männer ab«, erklärte sie mir mit traurigem Blick. Bei den Mahlzeiten aß Jane nur das normale Quantum, einen Cocktail trank sie nur hin und wieder, aber ihre Leidenschaft für Schokolade fesselte die zwanzig Pfunde an ihre Hüften. Jeden Nachmittag um drei Uhr verließ sie das Büro, ging zum nächsten Zeitungskiosk und kaufte zwei, drei Riegel Schokolade, die sie vertilgt hatte, bevor Büroschluß war. Manchmal ging sie nach der Arbeit noch einmal zu dem Kiosk, kaufte noch zwei Riegel, steckte sie in ihre Handtasche und verdrückte sie im Omnibus.

Als ich ihr den Vorschlag machte, als ersten Schritt ihren täglichen Schokolade-Konsum ein wenig einzuschränken, versicherte sie mir, daß ihr dies unmöglich wäre. »Ich kann nicht, ich brauche die Schokolade unbedingt.«

Offensichtlich wirkten viele Signale auf Jane ein. Mein Ziel war, diese Lockungen zu vermindern. Ich arbeitete ein Programm für Jane aus. Sie konnte soviel Schokolade essen, wie sie wollte, aber nur unter drei Bedingungen: Erstens durfte sie jedesmal nur einen einzigen Riegel kaufen, zweitens durfte sie ihn nur in einem Lokal essen, und drittens mußte sie jeden einzelnen Riegel registrieren, den sie verzehrte.

Ihre Firma unterhielt eine hauseigene Cafeteria, wo es einen Automaten für Süßigkeiten gab. Immer wenn Jane das Verlangen nach Schokolade verspürte, mußte sie in die überfüllte Cafeteria (nicht zu dem Zeitungskiosk) gehen, sich einen Riegel Schokolade ziehen, an einem Tisch Platz nehmen, ihre ›Sünde‹ in eine Merkliste eintragen, und dann durfte sie den Riegel verspeisen. Wollte sie sich noch einen zweiten zu Gemüte führen, hatte sie wieder zu dem Automaten zu gehen, Geld einzuwerfen, die Schokolade zu ziehen und die übrige Prozedur zu wiederholen. Wenn sie das Bedürfnis nach Schokolade im Omnibus verspürte, mußte sie aussteigen, eine Cafeteria suchen, hineingehen, einen Riegel Schokolade kaufen, sich an einen Tisch setzen, ihre Liste ankreuzen. Dann erst durfte sie die Schokolade aufessen.

Da Jane ernsthaft mit ihrer Gewohnheit brechen wollte, arbeitete sie willig mit. Das Wissen, daß Sie eine unbegrenzte Menge von Schokolade essen durfte, beseitigte ihre Entzugsangst. Beinahe zwei Monate vergingen, bis sie sich bewußt wurde, daß ihr Schokoladekonsum beträchtlich zurückgegangen war. Dann bemerkte sie, daß sie nur noch selten das Signal »Iß!« empfing, wenn Sie an Ihrem Arbeitsplatz oder unterwegs war. Nun ging sie viel seltener in die Cafeteria. Wir engten die Stimulationsmöglichkeiten ein und erreichten damit, ihre Sucht unter Kontrolle zu bringen. Vier Monate nach Beginn der Behandlung war Jane von ihrer Schokolade-Gier geheilt. Falls sie rückfällig werden sollte, weiß Jane nun, wie sie damit fertig werden kann. Wenn es ihr nicht möglich gewesen wäre, an dem Reizbegrenzungsplan festzuhalten, hätte ich schrittweise vorgehen und einen Reiz nach dem anderen ausschalten müssen, was viel mehr Zeit in Anspruch genommen hätte.

---

3. Vermeiden Sie es, *kalorienreiche* Nahrungsmittel zu kaufen. Die Regale in den Supermärkten quellen über vor verbotenen und verführerischen Dingen, die viel Stärke und Zucker enthalten. Halten Sie solche Verlockungen aus Ihrer Wohnung fern. Kaufen Sie nach einer Einkaufsliste, und nehmen Sie nur soviel Geld mit, daß es gerade für die Lebensmittel reicht, die Sie wirklich brauchen. Damit vermeiden Sie Extraausgaben für Kuchen, Süßigkeiten und Teigwa-

ren. Wenn eine bestimmte Schokoladentorte Ihr Ruin ist, lassen Sie die Finger davon. Ihr Mann und Ihre Kinder werden sicher darauf verzichten, damit Sie in Ihrer Diätkur nicht gestört werden. Setzen Sie ihnen etwas anderes vor, was keine große Versuchung für Sie ist.

4. Kaufen Sie Ihre Lebensmittel *nach* dem Mittag- oder Abendessen ein. Dr. Richard B. Stuart, Professor an der University of British Columbia und Verfasser des Buches ›Slim Chance in a Fat World‹, untersuchte das Verhalten von Frauen mit Übergewicht und stellte fest, daß Käuferinnen, die nach dem Abendessen einkauften, um zwanzig Prozent weniger nach Hause trugen als Frauen, die ihre Besorgungen vor dem Essen erledigten.

5. Benützen Sie *kleinere* Teller. Lassen Sie Ihre Portion größer erscheinen, als sie tatsächlich ist. Die gleiche Menge Essen wirkt auf einem Salatteller größer als auf einem normalen flachen Teller. Servieren Sie sich Ihr Hauptgericht auf einem Salatteller. Experimente haben ergeben, daß Leute mit Übergewicht lieber den kleineren Teller nehmen, auch wenn sie selbst die gleiche Menge Essen auf einen solchen und einen größeren verteilt haben.

Wenn Sie eine Schwäche für Kekse haben, bringen Sie nicht die ganze Packung auf den Tisch. Legen Sie ein paar auf einen Teller. Drei Kekse auf einem Teller wirken ganz anders als die gleiche Zahl, die man aus der Packung zieht und verdrückt. Entsprechend größer ist Ihre Befriedigung.

6. Servieren Sie *keine* kalorienhaltigen Würzen oder Saucen zu den Mahlzeiten. Wenn Ihre Kinder Schokoladesirup auf ihre Pfannkuchen wollen, sollen sie ihn sich selbst in der Küche holen.

7. Machen Sie erlaubte Speisen so *dekorativ* wie möglich. Ein schön aufgeschnittener Rettich kann verlockend wirken. Legen Sie ein besonders hübsches Set unter den Teller und verwenden Sie Ihre hübschesten Kristallschalen.

Dritter Punkt: Verändern Sie Ihr Verhalten beim Essen

Sie müssen spezielle Techniken entwickeln, die Ihnen helfen, die Nahrungsaufnahme an sich unter Kontrolle zu bringen.

1. Essen Sie *langsamer.*

a) Nehmen Sie jedesmal nur einen Bissen und legen Sie die Gabel weg, während Sie ihn auf der Zunge zergehen lassen.

b) Zählen Sie beim Essen, wie oft Sie einen Bissen in den Mund nehmen. Nach jedem dritten legen Sie Gabel und Messer neben den Teller, bis Sie gekaut und geschluckt haben.

c) Irgendwann im Verlauf des Essens machen Sie eine Pause von einer oder sogar zwei Minuten. Oder legen Sie mehrere Male während einer Mahlzeit jeweils fünf Minuten, die Sie an Ihrer Uhr messen, das Besteck weg. Dieser Trick hilft, den Automatismus an der Gewohnheit des hastigen Essens zu brechen. Einer meiner Patienten hatte einen raffinierten Einfall, um sein Tempo zu drosseln: Er benutzte Eßstäbchen.

d) Wenn Sie feststellen, daß Sie trotz alledem noch immer rascher essen als andere, setzen Sie sich als letzter an den Tisch und stehen als erster auf. Versuchen Sie, eßbaren Dingen aus dem Wege zu gehen.

2. Lassen Sie immer einen *Rest* auf Ihrem Teller, auch wenn es nur ein Bissen ist. Mit dieser Technik macht man einen Anfang im Kampf gegen das Fehlverhalten, nur deswegen zu essen, weil Essen zur Verfügung steht. Ziel: Sie sollen essen, wenn Sie hungrig, und aufhören, wenn Sie satt sind.

3. Machen Sie sich das Verzehren kalorienreicher Nahrung so *schwierig* wie möglich. Dr. Stanley Shacter von der Columbia University hat gezeigt, daß dicke Menschen weniger bereit sind, zur Erlangung von Nahrung Energie aufzuwenden, als normalgewichtige Personen. In den Experimenten, die er durchgeführt hat, aß nur einer von zwanzig Fettleibigen Nüsse, wenn er sie vorher knacken mußte.

Wenden Sie diese theoretischen Erkenntnisse auf Ihr eigenes Eßverhalten an. Wenn Sie gern Weißbrot essen, müssen Sie es zuvor erst toasten. Stecken Sie jedesmal nur eine einzige Scheibe in den Toaster. Räumen Sie erst den Laib Weißbrot weg, bevor Sie die Scheibe essen.

Wenn Sie schon einmal dabei sind, Ihr Eßverhalten zu ändern, richten Sie es so ein, daß alle kalorienhaltigen Speisen eine Menge

Zeit für die Zubereitung in Anspruch nehmen. Wenn Sie beispielsweise Kuchen essen möchten, dann backen Sie einen Marmorkuchen – und zwar aus den einzelnen Zutaten, nicht aus einer Backmischung.

4. Beschränken Sie Ihre *kleinen Imbisse*. Durch die Veränderung spezifischer Verhaltensarten, die an sich belanglos wirken, dämmen Sie Ihre Nahrungsaufnahme zwischen den Hauptmahlzeiten ein.

a) Zweigen Sie von den Mahlzeiten eine Kleinigkeit, die Sie essen dürfen, als Happen für die Zwischenmahlzeit ab. Heben Sie die Scheibe Brot, die Ihnen zum Frühstück erlaubt ist, für Ihre Kaffeepause um zehn Uhr auf.

b) Legen Sie sich Gewohnheiten zu, bei denen man nicht zugleich essen kann. Wenn Sie sich regelmäßig um zehn Uhr morgens ein Stück Kuchen erlauben, waschen Sie sich künftig um diese Zeit das Haar, oder Sie schreiben einen Brief. Gehen Sie zur Arbeit, so legen Sie in diese Zeit eine Besorgung, die Sie aus dem Büro führt.

c) Richten Sie Ihre kleinen Imbisse genauso wie eine Hauptmahlzeit an – auf einem Teller. Dies bereitet mehr Umstände und hilft, die Stimuli unter Kontrolle zu bringen.

d) Halten Sie eine gewisse Menge kalorienarmer Eßwaren wie rohe Karotten, Sellerie, Radieschen und Gurken in Bereitschaft, die Karotten geribbelt, den Sellerie in Stäbchen, die Gurken in Scheiben und so, daß Sie rasch an sie herankommen.

5. Machen Sie Ihre Schwächen im Bereich des Eßverhaltens ausfindig und *beseitigen* Sie sie. Viele Hausfrauen nehmen zu, weil sie aufessen, was ihre Kinder auf den Tellern zurückgelassen haben. Wenn Sie diese Angewohnheit haben, werfen Sie die Essensreste sofort in den Abfalleimer. Wenn Ihr Kind ein Schokoladekeks möchte und Sie jedesmal auch eines essen, geben Sie diese Gewohnheit auf und lassen es allein knabbern. Auch in diesem Fall müssen Sie nach Verhaltensarten suchen, die es zu verändern gilt. In vielen Fällen erscheinen sie belanglos. Aber die Eindämmung kleiner Unsitten im Eßverhalten stützt eine aktive – und präzise, nicht vage – Einstellung zur Gewichtsverminderung.

6. *Kontrollieren Sie sich selbst.* Das Ziel der Veränderung von Eßgewohnheiten besteht natürlich darin, die Kalorienaufnahme zu

verringern. Dr. Jean Mayer, Professor für Ernährungswissenschaft an der Harvard School of Public Health, schreibt: »Man kann schon dadurch dick werden, daß man jeden Tag nur ein Prozent mehr ißt, als der Körper braucht.« Dieses zusätzliche Butterbrot zum täglichen Frühstück kann dazu führen, daß man in einem Jahr zehn Kilo zunimmt.

Setzen Sie sich ein erreichbares Ziel, wieviel Kalorien Sie pro Tag konsumieren wollen. Es ist oft nicht möglich, dieses Ziel sofort zu erreichen, so daß man sich ihm in Etappen annähern muß. Nehmen wir an, Sie verbrauchen 3800 Kalorien pro Tag und möchten gern auf 1200 kommen. Da Sie diesen Sprung nicht auf einmal schaffen, setzen Sie sich eine Reihe von Etappenzielen – zuerst eine Senkung auf 2500, dann auf 1600 und schließlich auf die angestrebten 1200 Kalorien täglich. Denken Sie auch hier daran, daß Sie eine Serie von Erfolgen anstreben.

a) Schreiben Sie täglich die konsumierten Kalorien auf. Schätzen Sie jedesmal, wenn Sie etwas zu sich nehmen, die Zahl der enthaltenen Kalorien ab und notieren Sie die Gesamtzahl auf Karteikarten. Auf diese Weise wissen Sie zu jeder Tageszeit, wie Ihr Stand in bezug auf die Zielmenge aussieht. Jeden Tag tragen Sie abends die Gesamtzahl in ein Diagramm ein, das Sie so aufstellen, daß Sie es jederzeit ohne Schwierigkeiten sehen können.

b) Kontrollieren Sie Ihr Gewicht. Dieses Programm zur Verhaltensänderung zielt auf eine durchschnittliche Gewichtsabnahme von ein bis zwei Pfund wöchentlich ab. Wenn die Waage nach mehreren Wochen keinen Gewichtsverlust anzeigt, sind daraus zwei Schlüsse zu ziehen: Entweder haben Sie Ihre Kalorienaufnahme zu hoch angesetzt und müssen sie senken, oder aber Sie unterschätzen den Kaloriengehalt der Nahrung, die Sie zu sich nehmen. Prüfen Sie das nach und führen Sie die notwendigen Korrekturen durch.

7. Unternehmen Sie etwas, um unangenehme und unglückliche Gefühle und Stimmungen unter Kontrolle zu bringen, die zu Unmäßigkeit beim Essen führen. Es kann sein, daß Sie Ihr unerwünschtes Eßverhalten aufrechterhalten, weil Sie damit bestimmte emotionale Reaktionen zu verringern glauben. Die Bemerkungen, die Sie unter der Rubrik ›In welcher Stimmung Sie waren, als Sie et-

was aßen‹ in Ihr ST-Notizbuch eingetragen haben, sollten Ihnen zeigen, ob das auf Sie zutrifft. Hier folgen einige Anregungen, wie man diese Gefühle und Stimmungen in den Griff bekommt.

a) Nahrungsentzug. Nehmen Sie täglich drei regelmäßige, geplante Mahlzeiten ein. Leute, die zuviel essen, lassen häufig das Frühstück aus und nehmen nur ein leichtes Mittagessen zu sich oder ersetzen es durch ein Getränk. Abends aber holen sie alles wieder herein und prassen, weil sie einen Heißhunger haben und sich für berechtigt halten, ein Schlemmermahl und um Mitternacht noch einen herzhaften Imbiß zu sich zu nehmen. Auf diese Weise nimmt man fast immer viel mehr Kalorien zu sich als bei regelmäßigen, geplanten Mahlzeiten, die über den Tag verteilt sind.

b) Einsamkeit, Langeweile oder depressive Stimmungen. Wenn Sie von solchen Stimmungen befallen und zugleich von dem Drang heimgesucht werden, den Kühlschrank zu plündern, muß ein Programm von Betätigungen zur Hand sein, durch die Sie sich leicht ablenken können. Halten Sie sich eine Liste von Freunden, die Sie anrufen können. Legen Sie sich daneben eine zweite an, auf denen eine Reihe von Pflichten im Haushalt stehen. Meine Frau pflegt in solchen Augenblicken ihren Kleiderschrank in Ordnung zu bringen. Eine meiner Patientinnen hatte in ihrer Küche einen halbfertigen Knüpfteppich griffbereit an einem Haken hängen. Eine andere legte sich Topfpflanzen als Hobby zu. Sie können sich mit anderen Menschen, mit beruflichen Dingen oder gängigen Hobbys beschäftigen, aber die betreffenden Betätigungen sollten nichts mit Essen zu tun haben.

c) Ärger und Zorn. Versuchen Sie es damit, Ihre Wut an Kissen auszulassen, statt sich etwas in den Mund zu stopfen. Noch besser, falls überhaupt möglich, ist es, mit selbstbewußter Entschlossenheit die Ursachen anzugehen, die Ihre Zornreaktion ausgelöst haben.

d) Müdigkeit. Leute, die müde sind, glauben manchmal, durch Essen frische Energie zu gewinnen. Wenn man seine Eßgewohnheiten unter Kontrolle halten will, muß man auch sein Schlafverhalten in den Griff bekommen. Schlafen Sie ausreichend, damit Sie den Tag gut durchstehen.

Es wirkt vielleicht sonderbar, daß in einem Programm zur Gewichtsabnahme von Schlaf und Hobbys die Rede ist, aber die klinische Erfahrung lehrt, daß sehr viele Männer und Frauen mit Übergewicht die Rolle, welche Nahrungsmittel in ihrem Leben spielen, leichter verändern können, wenn sie allgemein vernünftige Lebensgewohnheiten entwickeln.

Vierter Punkt: Verändern Sie Ihre körperlichen Betätigungen

Viele Leute haben merkwürdige Vorstellungen von körperlicher Betätigung. Sie glauben, um eine nennenswerte Zahl von Kalorien zu verbrennen, müsse man ungeheuer viel spazierengehen, laufen, heben, schieben, mit Hanteln arbeiten oder was sonst noch. Und obendrein meinen sie, all dies müsse auf einmal geschehen. Sie argumentieren: „Man muß fünfzehn Stunden spazierengehen, um ein Pfund Speck zu verlieren, und fünfzehn Stunden sind einfach zuviel." Die Wirklichkeit sieht anders aus. Wenn man täglich in raschem Tempo eine Stunde spazierengeht, kann man innerhalb von zwei Wochen dabei ein Pfund Gewicht verlieren. Auf ein Jahr übertragen, bedeutet das eine Abnahme von fünfundzwanzig Pfund.

Viele Leute nehmen auch an, körperliche Betätigung mache hungriger. Das trifft nicht zu. Untersuchungen haben ergeben, daß Ratten, denen man die Möglichkeit zur Bewegung nahm, mehr als sonst fraßen und fett wurden. Wenn sie sich wieder bewegen durften, fraßen sie weniger und behielten ihr normales Gewicht. Dieses Ergebnis ist auch auf den Menschen anwendbar. In seinem Buch ›The Thin Book by a Formerly Fat Psychiatrist‹ schreibt Dr. Theodore Rubin: »Ich habe sowohl mit mir selbst als auch mit Patienten experimentiert und festgestellt, daß bei körperlicher Betätigung die Gewichtsabnahme um zehn Prozent erhöht wird.«

Sie müssen sich körperliche Betätigung zur Gewohnheit machen.

1. Stellen Sie fest, welche körperlichen Betätigungen Sie gegenwärtig überhaupt betreiben, und verstärken Sie sie um den Gegenwert von 500 Kalorien täglich.

Körperliche Betätigung gliedert sich in drei Kategorien: leicht, mäßig und anstrengend.

Bei leichter Betätigung werden pro Minute vier Kalorien verbrannt. In diese Kategorie fallen langsames Tanzen, Gartenarbeit, Golf, Tischtennis, Spazierengehen bei einem Tempo von viereinhalb Kilometern in der Stunde.

Bei mäßiger Betätigung werden pro Minute sieben Kalorien verbrannt. Zu dieser Kategorie gehören rasches Tanzen, schwere Gartenarbeit, Schwimmen, Tennis (Einzel), Gehen bei einem Tempo von sieben Kilometern in der Stunde.

Bei anstrengender Betätigung verbrennen pro Minute zehn Kalorien. Diese Kategorie schließt ein: Treppensteigen auf- und abwärts, kräftige Gymnastik, Radfahren mit zwanzig Stundenkilometern, Dauerlauf, Seilhüpfen. Denken Sie daran, daß 3800 Kalorien ein Pfund Fett bedeuten.

Bevor Sie damit beginnen, täglich Körperübungen zu machen, bei denen Sie 500 Kalorien verlieren, müssen Sie wissen, in welchem Maß Sie sich gegenwärtig körperlich betätigen.

a) Nehmen Sie für jeden Tag der Woche eine Karteikarte oder benützen Sie Seiten in Ihrem ST-Notizbuch. Teilen Sie jede Karte in drei Spalten ein: leichte, mäßige und anstrengende körperliche Betätigung. Jedesmal, wenn Sie eine dieser Betätigungen schätzungsweise fünfzehn Minuten (dazwischen können Pausen liegen) ausgeführt haben, tragen Sie ein Zeichen in die betreffende Spalte ein. Jedes Zeichen unter »leicht« entspricht sechzig Kalorien (fünfzehn Minuten multipliziert mit vier Kalorien pro Minute), unter »mäßig« 105 Kalorien (fünfzehn Minuten mal sieben) und unter »anstrengend« 150 Kalorien (fünfzehn Minuten mal zehn).

Montag	Leicht	Mässig	Anstrengend
	(jedes Zeichen bedeutet 60 Kalorien	(jedes Zeichen bedeutet 105 Kalorien	(jedes Zeichen bedeutet 150 Kalorien)

b) Auf einer eigenen Seite in Ihrem ST-Notizbuch tragen Sie für jeden Tag die Gesamtzahl der Kalorien ein, die Sie durch körperliche Betätigung verbraucht haben.

c) Machen Sie diese täglichen Aufzeichnungen zwei Wochen lang, damit Sie ein Bild von Ihren körperlichen Betätigungen bekommen – und anschließend erhöhen Sie deren Zahl.

2. Eliminieren Sie die Reize, die zur Untätigkeit stimulieren. Fahren Sie beispielsweise Ihren Wagen in die Garage statt ihn vor dem Haus stehenzulassen. Damit bewirken Sie vielleicht, daß Sie zu Ihren Freunden, die zwei Straßen weiter wohnen, zu Fuß gehen.

3. Stärken Sie die Reize, die zur Aktivität stimulieren. Betreiben Sie eine neue Sportart. Informieren Sie sich über Gymnastikkurse und melden Sie sich bei einem an. Unternehmen Sie ähnliche Dinge zusammen mit Freunden. Dies wird Ihnen helfen, ein Übungsprogramm zu entwerfen und einzuhalten. Ein Hinweis: Wählen Sie eine körperliche Betätigung, die Ihnen Spaß macht. Vergessen Sie nicht, daß Sie Erfolg haben wollen.

Fünfter Punkt:
Entwickeln Sie ein System positiver Verstärkungen
Mit anderen Worten, belohnen Sie sich

Als erstes müssen Sie das Verhalten, das Sie verstärken wollen, klar definieren. Es kann die geringere Kalorienaufnahme an einem bestimmten Tag sein. Oder der Kalorienverbrauch durch eine Stunde körperlicher Übungen. Es kann einer von mehreren speziellen Handlungen sein, wie der Verzicht auf die letzten Bissen auf Ihrem Teller. Vielleicht wollen Sie auch das Erreichen bestimmter Gewichtsabnahmeziele verstärken.

Sie verstärken diese Verhaltensarten oder andere durch die Anwendung der Methoden, die ich in Kapitel 8 beschrieben habe. Wählen Sie die Belohnungen aus, die bei Ihnen wirksam sind. Ein paar Hinweise:

1. Noch einmal: Wählen Sie keine Belohnungen in Form von Eßbarem.

2. Setzen Sie ungescheut Ihre Freunde und Angehörigen zum Zweck der Verstärkung ein. Sagen Sie ihnen, an welchen Verhaltensarten Sie arbeiten – nur an einem bestimmten Platz essen beispiels-

weise oder zusätzliche körperliche Übungen –, und erteilen Sie ihnen folgende Instruktionen:

a) Wenn Sie das betreffende Verhalten zeigen, sollte der Freund, das Kind oder der Ehepartner etwas dazu bemerken, Sie ermuntern, soziale Verstärkung geben. Bleibt das Verhalten aus, sollten sie darüber hinweggehen und sich nicht anmerken lassen, daß sie Ihren Ausrutscher bemerkt haben.

b) Wenn Sie allein leben und niemand haben, der Sie überwachen kann, führen Sie Diagramme für Nahrungsaufnahme und körperliche Betätigung und zeigen Sie sie in regelmäßigen Abständen einem guten Freund. Der Freund gibt Verstärkung wie unter a) aufgeführt.

c) Sind Sie verheiratet, lassen Sie sich von Ihrem Ehepartner helfen – aber seien Sie dabei vorsichtig. Er oder sie ist vielleicht nicht wirklich daran interessiert, daß Sie an Gewicht verlieren. Dr. Richard B. Stuart führte an der University of Michigan Interviews mit fünfzig Ehemännern durch, die den Wunsch äußerten, daß ihre Ehefrauen eine Abmagerungskur machten. Die Befragung ergab jedoch, daß nur siebenundzwanzig der Männer bereit waren, ihre Frauen dabei zu unterstützen. Sie fürchteten unangenehme Konsequenzen für sich, beispielsweise, daß man nicht mehr gemeinsam bei Tisch sitzen werde, daß die Frau bei Auseinandersetzungen in einer besseren Position wäre, daß es zu einer Scheidung oder zu Untreue der Frau kommen könne.

3. Erinnern Sie sich an Ihren Vorsatz, sich Ihre Verstärker immer schwerer erreichbar zu machen. Beim erstenmal versprechen Sie sich, daß Sie, wenn Sie die fünf Kilometer ins Büro zu Fuß gehen, Bob anrufen und sich mit ihm für Freitagabend zum Pokern verabreden dürfen. Schon bald sollten Sie an drei aufeinanderfolgenden Tagen zu Fuß ins Büro gehen, bis Sie sich Ihre Belohnung genehmigen.

4. Versuchen Sie es mit dem Spielmarken- oder Punktesystem als Verstärkungstechnik. Zum Beispiel bekommen Sie drei Punkte, wenn Sie bei einer Mahlzeit an Ihrer Diät festhalten, oder vierzig Punkte, wenn Sie sie drei Tage nacheinander einhalten, oder 150 Punkte, wenn Ihnen dies eine ganze Woche gelingt. Sie brauchen für

die verschiedenen Verstärker eine unterschiedliche Punktezahl – für fünfundzwanzig Punkte erhalten Sie einen nachmittäglichen Kinobesuch; für 1500 gibt es einen Wochenendausflug.

Fallbeispiel

Sosehr die achtundzwanzigjährige Lucille Crandall, eine erfolgreiche Börsenmaklerin, sich auch bemühte, es gelang ihr nicht, eine Schlankheitsdiät einzuhalten. Das machte ihr großen Kummer. »In allen anderen Dingen bin ich ein Erfolg«, sagte sie zu mir, »nur diesen Bereich meines Lebens hab' ich nicht in der Hand.« Um in diesem Punkt Selbstbeherrschung zu erlangen, war Lucille bereit, ihr Wochenend-Retiro (»wo ich geistig auftanke«) als Verstärker einzusetzen.

Sie nahm pro Tag durchschnittlich 3800 Kalorien zu sich. Ihr Ziel: täglich 1200 Kalorien. Wir erarbeiteten ein Punktesystem, das ihr helfen sollte, ihr Vorhaben in mehreren Phasen zu verwirklichen.

● Eine Kalorienaufnahme von weniger als 3500 pro Tag brachte einen Punkt. Blieb sie unter 3000, kam noch ein Punkt hinzu.

● Wenn sie das Wochenende in ihrem Häuschen am Meer verbringen wollte, mußte sie sich während der Woche acht Punkte verdienen. Lucille fühlte sich dazu imstande. Wir setzten diese Zahl so an, damit sie mindestens an einem Tag der Woche unter 3000 Kalorien bleiben mußte, wenn sie das Wochenende auf dem Lande verbringen wollte.

Lucille verdiente sich die acht Punkte in dieser ersten Woche, und wir senkten die Kalorienzahl für die ersehnten Punkte unverzüglich auf 3300 beziehungsweise 2800. Mit dieser Annäherungsmethode brauchte Lucille fünf Monate, bis sie ihr Ziel von 1200 Kalorien täglich erreichte. Als sie soweit war, hatte Lucille die Überzeugung gewonnen, daß sie sich bei der Nahrungsaufnahme in der Hand hatte. Sie richtete sich noch ein Vierteljahr nach dem Verstärkersystem durch Punkte und greift noch heute darauf zurück, wenn sie bemerkt, daß sie anfängt, schwach zu werden.

5. Benutzen Sie kreative Verstärker.

a) Werfen Sie für jeden Tag, an dem Sie Ihr Kalorien-Limit nicht überschreiten, ein Markstück in Ihr Sparschwein. Der Inhalt des Sparschweins sollte für etwas bestimmt sein, was Sie sich wirklich sehr wünschen.

b) Schenken Sie die Pfunde, die Sie verlieren, einem Kind. Legen Sie für jedes Pfund, das Sie abnehmen, ein Fünfmarkstück für eine karitative Organisation wie die UNICEF beiseite. Von der Summe, die sich auf diese Weise ansammelt, nehmen Sie für jedes Pfund, das Sie wieder zunehmen, ein Fünfmarkstück weg. Es wird Ihnen schäbig vorkommen, wenn Sie sich vorstellen, daß Sie hungernden Kindern Geld wegnehmen.

c) Tun Sie sich mit einem ebenfalls zu dicken Freund zusammen. Für jeden Tag, an dem Sie Ihre Diät nicht einhalten, legen Sie ein Fünfmarkstück in eine Schachtel. Wer von Ihnen beiden gewinnt, bekommt am Monatsende das ganze Geld.

d) Machen Sie Ihre Erfolge optisch anschaulich. Lassen Sie sich dabei etwas einfallen. Eine Frau kaufte sich zwei große Plastiktüten. Jedesmal, wenn sie ein Pfund Gewicht verlor, schüttete sie ein Pfund Mehl in die Tüte, auf die sie »abgenommen« geschrieben hatte. Nahm sie zu, schüttete sie ein Pfund Mehl in die andere, auf der »zugenommen« stand. Der Anblick der zweiten Tüte wurde ihr derart widerwärtig, daß sie es fertigbrachte, ständig abzunehmen.

e) Manchmal liefert das Leben selbst die notwendige Verstärkung.

Fallbeispiel

Mary Paparella wog 189 Pfund – gut sechzig Pfund zuviel. Das Übergewicht kümmerte sie selbst zwar nicht viel, aber ihrem Ehemann gefiel es nicht. Er lehnte es ab, mit ihr unter die Leute zu gehen. Seit fünf Jahren hatte er sie niemals begleitet, wenn sie aus dem Haus ging, nicht einmal am Heiligen Abend zum Besuch der Christmette.

Wir erarbeiteten für Mary ein Abmagerungsprogramm, bei dem ihre Angehörigen ihr Unterstützung geben sollten, wenn sie ihr Kalorien-Limit einhielt. Der Ehemann weigerte sich, Mary bei ihrer Schlankheitskur in irgendeiner Weise zu unterstützen, aber die Kinder halfen ihr mit Komplimenten wie »O Mutti, du bist großartig. Du hast ja die Spaghetti auf deinem Teller nur zur Hälfte gegessen.«

Mary hielt an ihrer Diät fest. Nach einem halben Jahr hatte sie ihr Gewicht auf 155 Pfund reduziert, und nun begann ihr Ehemann spontan wieder mit ihr auszugehen. Dadurch verlor Mary die Motivation, weiter abzunehmen und wurde allmählich wieder korpulenter. Als ihr Mann dies bemerkte, sagte er – ohne daß ich ihn dazu aufgefordert hätte – zu ihr: »Du nimmst wieder zu. Ich gehe nicht mehr mit dir aus.« Mary bekam sich wieder in die Gewalt und erreichte zum zweitenmal die Marke von 155 Pfund. Jedesmal, wenn sie wieder zunimmt, unterbricht ihr Mann nun ihre gemeinsame Teilnahme am gesellschaftlichen Leben. Er beteiligte sich zwar kaum an unserem Abmagerungsprogramm, und Mary kam auch nie auf 129 Pfund, aber er lieferte genau die richtige Art von Verstärkung.

Die verhaltenstherapeutische Veränderung Ihrer Eßgewohnheiten macht es Ihnen möglich, *schlank zu werden und schlank zu bleiben.*

Die Beherrschung Ihrer Eßgewohnheiten kann Ihnen auch ein Gefühl größerer Zufriedenheit mit sich selbst geben. Wenn Sie Ihre Einstellung zum Essen verändern, erreichen Sie mehr als nur eine Verringerung Ihres Gewichtes. Sie erreichen, daß der Ärger über sich selbst, die Scham und der Selbstekel verschwinden, all die Dinge, die Sie mit Selbstverachtung erfüllen. Einer meiner Patienten sagte zu mir: »Mein ganzes Leben habe ich zugenommen, abgenommen und wieder zugenommen. Jetzt aber habe ich mein Gewicht unter Kontrolle und bin endlich mit mir selbst zufrieden.«

11

Selbstbehauptung im Berufsleben

Wachen Sie am Montagmorgen mit dem Gefühl auf: Ich kann heute einfach nicht an die Arbeit gehen?

Leben Sie in ständiger Angst, Ihre Stellung zu verlieren?

Verrichten Sie Arbeiten, die eigentlich von Leuten unter Ihrer Position erledigt werden müßten?

Werden Sie, obwohl Sie sehr gute und befriedigende Arbeit leisten, bei Beförderungen und Gehaltserhöhungen ständig übergangen?

Haben Sie Angst vor dem Erfolg?

Gleichgültig, wie Ihre Einkommenssituation aussieht – ob Sie Handwerker, Angestellter oder ein hochbezahlter Manager sind –, wenn Sie eine der vorstehenden Fragen mit ja beantworten, fehlt es Ihnen an Selbstbewußtsein in einem wichtigen Lebensbereich: in Ihrem Berufsleben. Ihr Mangel an Selbstbewußtsein wirkt sich nicht nur auf das Arbeitsentgelt aus, das Sie nach Hause bringen, sondern auch auf die Meinung, die Sie von sich selber haben.

Wie es um Ihre Fähigkeit zu selbstbewußtem Auftreten bestellt ist, zeigt sich am klarsten, wie Sie mit den Problemen Liebe und Beruf zurechtkommen.

Um in diesen beiden Bereichen selbstbewußt zu agieren, müssen Sie eine aktive Einstellung zeigen und sich Ziele setzen, die Ihr Selbstwertgefühl stärken. Aber in der engen Beziehung der Liebe sollten Ihre Ziele in Offenheit, Kommunikation und der Enthüllung Ihres ganzen Gefühlslebens gegenüber dem Partner bestehen. Die Gefühle stehen an erster Stelle. Im Berufsleben liegt das Schwergewicht woanders. Nicht was man empfindet, steht im Vordergrund, sondern das, was man tut. Gefühle kommen erst an zweiter Stelle. Erfolg und Leistung sind die Ziele. Aus diesem Grund sind die menschlichen Beziehungen am Arbeitsplatz weniger eng und in der Regel oberflächlich. Wenn man in diesem Bereich Gefühle äußert, liegt die Betonung mehr auf Angemessenheit als auf Offenheit. Bei der Verfolgung beruflicher Ziele bleibt man ein Mensch für sich, der zwar mit anderen umgeht, aber in einem gewissen Abstand zu ihnen steht. Die Arbeit selbst wird zu einer Erweiterung des Ich, in ihr drückt man etwas von sich aus – seine persönliche Art, Raschheit, die Art und Weise, wie man mit beruflichen Problemen umgeht. Je selbstbewußter man sich in Beziehung zur Arbeit verhält und je unbefangener man zeigt, „so bin ich", um so mehr Befriedigung gewinnt man. Wenn die Struktur der Arbeitsumwelt oder eigene psychologische Sperren dies verhindern, stellen sich Unlustgefühle, Widerwillen und das Gefühl der Entfremdung ein.

Selbstbewußtsein im Berufsleben umschließt fünf Grundfertigkeiten:

1. Eine aktive Einstellung. Sie müssen Ihre Arbeitsziele durchdenken, sich überlegen, welche Schritte Sie tun müssen, um sie zu erreichen, und wie Sie dabei Ihre Talente möglichst nutzbringend einsetzen können.

2. Tüchtigkeit. In Ihrer Arbeit treten manchmal Störungen, Hindernisse und Blockierungen auf, weil Sie nicht die notwendigen Fertigkeiten für Ihre spezielle Tätigkeit besitzen. Dazu können noch Schwierigkeiten der Selbststeuerung kommen. Es kann sein, daß man schlechte Arbeitsgewohnheiten hat und daß es einem an Disziplin und Konzentrationsfähigkeit fehlt.

3. Die Beherrschung der eigenen Unsicherheit und Ängste. Unangemessene emotionale Reaktionen beeinträchtigen die Arbeitsleistung. Eine allgemeine innere Gespanntheit kann Müdigkeit, Reizbarkeit und Fehlbeurteilungen bewirken. Die Angst vor einer speziellen Arbeitssituation kann dazu führen, daß man ausgerechnet jener Aufgabe aus dem Wege geht, die unbedingt getan werden muß – und damit verhindert, daß man sein Arbeitsziel erreicht.

4. Gute interpersonale Beziehungen in der Arbeit. Lillian Roberts, eine bekannte amerikanische Personalberaterin, sagte einmal zu mir: »Die meisten Leute werden an die Luft gesetzt, weil sie mit anderen nicht auskommen.« Man muß die Fähigkeit besitzen, mit Vorgesetzten, Gleichgestellten und Untergebenen zurechtzukommen, Forderungen und Bitten auszusprechen, notfalls nein zu sagen und mit Attacken fertig zu werden.

5. Die Kunst, sich innerhalb des Systems zu behaupten. Die Voraussetzung dafür ist, daß man die ›soziologische‹ Struktur seiner Arbeitsumgebung kennt und die spezifischen Fertigkeiten besitzt, die es einem ermöglichen, mit dem System oder auch gegen es zu arbeiten, um die Ziele zu erreichen, die man sich gesetzt hat.

Typologie des Selbstbewußtseinsmangels im Berufsleben – vom Zaghaften bis zum Ausgenutzten

Innerhalb der Struktur der Arbeitsumwelt gibt es viele Typen, die von Schreibtisch zu Schreibtisch variieren – manche temperamentvoll, manche stille Naturen, andere tüchtig oder untüchtig, faul oder fleißig. Eine ganze Gruppe wird durch ein gemeinsames Merkmal gekennzeichnet: Mangel an Selbstbewußtsein. Ich teile die Leute, die am Arbeitsplatz nicht genügend Selbstsicherheit zeigen, in sechs Grundkategorien ein:

1. *Der Zaghafte.* Er leistet gute Arbeit, ist bei allen gern gesehen und geachtet, bringt es aber nicht weiter. Keine Beförderung, nur selten eine Gehaltserhöhung, immer mehr Arbeit, aber keine zusätzliche Verantwortung. Immer der gleiche Trott. Die Situation mißfällt ihm. Er möchte aufsteigen oder wenigstens sein Arbeitsgebiet wechseln. Aber er wird nicht selbst aktiv, sondern wartet darauf, daß ihm jemand anders diese Möglichkeit verschafft. Gelegentlich äußert er seine Wünsche, aber derart zaghaft, daß sie nicht verstanden werden oder leicht zu ignorieren sind. In vielen Fällen bleibt er im Schatten, weil er zwar *für die Firma selbstsicher* auftritt, nicht aber für sich selber. Er hat entweder seine beruflichen Ziele nicht durchdacht oder nicht überlegt, wie er den nächsten Schritt tun soll.

2. *Der Mann im Hintergrund.* Er leistet vorzügliche Arbeit, aber niemand weiß es. Für alles, was er tut, stecken andere das Lob ein. Er bleibt ewig der Kuli und wird niemals der Boß. Sein Problem besteht darin, daß er sowohl das Zeug als auch den Ehrgeiz hat, es zum Boß zu bringen. Aber wegen seiner starken Unsicherheit hat er es nie gelernt, die Aufmerksamkeit anderer auf seine Leistungen zu lenken. Seine Vorgesetzten und Arbeitskollegen nützen seine Ideen aus. Er läßt es mit sich geschehen – und ist voller Groll darüber.

3. *Der Mann, der selber sein ärgster Feind ist.* Er setzt Aggressivität an die Stelle von Selbstbewußtsein. Zwar leistet er gute Arbeit, aber er stiftet Unfrieden und legt sich mit allen Leuten an. Diesen mißfällt seine unangenehme, unleidliche Art so sehr, daß sie gar

nicht hinhören, wenn er etwas sagt – auch wenn es Hand und Fuß hat.

4. *Der ewig Unzuverlässige*. Er bringt sich nicht dazu, richtig zu arbeiten und läßt damit sein Potential ungenutzt. Seine Selbststeuerung ist mangelhaft. Vielleicht schiebt er die Dinge vor sich her, liefert seine Arbeit zu spät ab oder verträumt den Tag. Wenn er sich schließlich aufrafft, leistet er Vorzügliches; aber seine schlechten Arbeitsgewohnheiten verhindern, daß er befördert wird. Leute, die seine Talente kennen, fragen sich, warum er es nicht weitergebracht hat. Die Vorgesetzten sind zuerst von ihm enttäuscht, dann erwarten sie sich keine großen Leistungen mehr von ihm oder sind gereizt, weil seine schlechte Arbeitsdisziplin sie in Schwierigkeiten bringt. Er fürchtet, daß man ihm kündigen wird. Oft wird er auch auf die Straße gesetzt.

5. *Der Jeremias*. Sein Problem ist seine Passivität. Er jammert immerfort über den Arbeitsdruck, das Betriebsklima, die Art, wie die Leute mit ihm sprechen und umgehen. Aber er macht sich nie Gedanken, was *er selbst* daran ändern könnte. Seine Meinung ist, »die anderen müßten etwas tun«. Aber er spricht nicht mit ihnen über seine Probleme, bringt keine Änderungsvorschläge zur Sprache, zumindest nicht bei den richtigen Leuten. Statt dessen lamentiert und jammert er dort, wo ihm niemand helfen kann.

6. *Der Ausgenutzte*. Mit einem liebenswürdigen Lächeln sagt er ja zu allem, worum man ihn ersucht. Er ist nicht nur überarbeitet, sondern gibt häufig auch seine Freizeit dran und bekommt dafür nur selten ein »danke«. Er hat nicht gelernt, unzumutbare Bitten und Forderungen abzulehnen oder auch nur zu sagen: »Schaun Sie, es ist unmöglich, diese ganze Arbeit heute zu schaffen. Was sollen wir tun?« Das Ergebnis: Weinkrämpfe oder Wutausbrüche im Büro, häufig Depressionsstimmungen und Mißmut zu Hause, und schließlich kündigt man Hals über Kopf und sucht sich eine neue Stellung.

Die meisten Leute sind sich der wirtschaftlichen Bedeutung ihrer beruflichen Tätigkeit bewußt. Sie wissen, daß die Arbeit, mit der sie ihr tägliches Brot verdienen, darüber bestimmt, wo und wie sie leben, welche Schulen ihre Kinder besuchen, welche Kleidung sie sich kaufen, ob sie sich, wenn sie in den Ruhestand treten, ein Eigenheim in einer hübschen Gegend leisten können.

Doch an diesem Punkt bleiben sie stehen, statt noch einen Schritt weiter zu gehen. Sie durchdenken nicht die Rolle, die ihre berufliche Tätigkeit in ihrem Leben spielt. Sie geben sich keine Rechenschaft darüber, was sie in die Arbeit investieren wollen und was sie sich von ihr erwarten. Die Folge ist, daß sie das, was sie möchten, nicht erreichen, und mit dem, was sie bekommen, unzufrieden sind.

Das ST und Ihre berufliche Tätigkeit

Die Berufstätigkeit bedeutet für den einen dies, für den anderen jenes, je nach Naturell, Alter, Ausbildung, verfügbaren Arbeitsmöglichkeiten, der allgemeinen Zielsetzung im Leben des Betreffenden. Welche Art von beruflicher Tätigkeit Sie anstreben und behalten möchten und wie Sie Ihre Arbeit ausführen, was Sie leisten möchten, können nur Sie selbst entscheiden. Wenn man darüber keine Entscheidung trifft, führt dies oft zu unerfreulichen Folgen wie Frustration, Langeweile, Mißmut. Da die Berufstätigkeit einen so großen Lebensbereich darstellt, können diese Folgen auf alle anderen Bereiche Ihres Lebens ausstrahlen.

Welche Bedeutung Sie der Arbeit in Ihrem Leben beilegen, gleichgültig, ob Sie in einer Automobilfabrik am Fließband stehen, als Angestellter in einer mittelgroßen Firma arbeiten oder als Konzernchef ein sechsstelliges Jahreseinkommen beziehen, in jedem Fall und in jeder beruflichen Position ist das Selbstbewußtsein von erstrangiger Bedeutung. Hier folgt ein Leitfaden aus sieben Punkten, der Ihnen helfen soll, diese Eigenschaft zu erlangen.

I. Machen Sie sich Ihre Ziele im Beruf klar

Als ich die Beziehung zu der Frau anknüpfte, die später meine Ehefrau wurde, stellte ich rasch fest, daß sie in ihrer beruflichen Tätigkeit für große Projekte verantwortlich war und hohes Ansehen genoß.

Aber sie erhielt das Gehalt der Sekretärin eines Direktors der unteren Rangklasse. Die Diskrepanz zwischen Jeans Können und Leistung und der Anerkennung, die sich in Gehalt und Status ausdrückte, war mir unbegreiflich.

Als ich sie besser kennenlernte, wurde mir die Sache klar. In ihrer Tätigkeit war Jean völlig selbstsicher. In ihrer Planung verfolgte sie zwei Ziele: erstens »das Beste« für die Zeitschrift zu leisten, in deren Redaktion sie eine führende Stelle innehatte, und zweitens zur Zufriedenheit ihres Chefs zu arbeiten. Was sie persönlich betraf, war ihre Selbstsicherheit unterentwickelt. Sie dachte nie an ihre eigenen Bedürfnisse, stellte sich niemals die Frage: »Was möchte ich eigentlich im Leben erreichen? Was erwarte ich mir selber von dieser Tätigkeit?« Das Ergebnis war, daß sie alles klaglos hinnahm, jahrelang in der gleichen Stellung blieb und niemals das Gehalt oder die Beförderungen erhielt, die sie nach ihrer Meinung verdient hatte. Als sie schließlich doch an Geld und Prestige zu denken begann, tat sie dies *außerhalb* ihres Jobs. Sie begann Bücher und Artikel zu schreiben, was sie viel Freizeit und Energie kostete, während sie ihre anspruchsvolle Arbeit beim Magazin »Seventeen« weiterführte. Ihr Ehrgeiz in diesem Bereich hatte sich festgefahren. Es war ihr unmöglich, ihre übergroße Bescheidenheit aufzugeben.

Jeans Fall ist einigermaßen typisch. Vielen Menschen fehlt Selbstbewußtsein, weil sie ihre Ziele nicht klar bestimmt haben. Es gibt viele möglichen Ziele und Zielkombinationen im Berufsleben.

Rationale Ziele

1. Der Job ist nur dazu da, daß man mit ihm seinen Lebensunterhalt verdient. Man arbeitet seine acht Stunden täglich, kassiert Lohn oder Gehalt und zahlt damit seine Rechnungen. Man ist bereit, für einen Aufschlag Überstunden zu machen, will aber selbst entscheiden können, ob man zu bestimmten Zeiten Überstunden machen will. Wenn einem die Arbeit Spaß macht, um so besser. Wenn nicht, nun, es läßt sich aushalten. Selbstachtung hat man, weil man arbeitet, sie kommt nicht davon, welche Arbeit man tut. Die Dinge, die einem

Befriedigung geben, erlebt man anderswo. Das Ziel besteht darin, das Notwendige in der Arbeit zu tun und dafür zu sorgen, daß die berufliche Tätigkeit die anderen Beschäftigungen, die einen wirklich interessieren, möglichst wenig behindert und stört. Diese Denkart kann zu zwei unangenehmen Situationen führen:

a) Wenn es außerhalb der Arbeit nichts gibt, was einen erfüllt. Peter Sterns hatte keinerlei Interesse an seiner untergeordneten Beamtenstellung bei einer staatlichen Behörde, aber die Sicherheit seines Arbeitsplatzes und sein Pensionsanspruch bedeuteten ihm viel. Trotzdem fand er seine Arbeit »lähmend« und sein ganzes Leben von dieser Lähmung beeinträchtigt. »Ich bin deprimiert«, sagte er in unserer ersten Sitzung. »Ich bin jetzt dreiundvierzig und hab' keinen Spaß am Leben.«

Peter meinte, die einzige Lösung für ihn bestehe darin, den Posten aufzugeben, der ihm »lähmte«, aber er sah auch die Nachteile, wenn er auf seine Beförderungs- und Pensionsrechte verzichtete. Ich versuchte ihm klarzumachen, daß es nicht darum ging, die Stellung aufzugeben oder zu behalten, sondern daß er sie in der richtigen Perspektive sehen müsse. Sein »fader« Posten verschaffte ihm, seiner Frau und seinen drei Kindern Einkommen und Sicherheit, garantierte ihm seine Hypothekenraten und verlangte ihm nur fünfunddreißig Arbeitsstunden in der Woche ab. Für Peter ging es darum, daß er seine kreativen Energien einsetzte, um seine berufliche Tätigkeit und seine Aktivitäten in der Freizeit sinnvoll zu gestalten. Dies sah er ein und handelte danach.

b) Wenn eine abwechslungsarme Berufstätigkeit zuviel von Ihrem Leben beansprucht. Viele Schriftsteller, Maler und Dichter müssen tagsüber Geld verdienen, um sich die Freiheit zu sichern, die sie zum Schaffen brauchen. Der amerikanische Komponist Charles Ives war zweiunddreißig Jahre als Angestellter im Versicherungsgewerbe tätig. Problematisch wird es, wenn die Nebentätigkeit zuviel Bedeutung gewinnt und zuviel Zeit in Anspruch nimmt. Ein Beispiel: Als John Brown seine therapeutische Behandlung bei mir begann, hatte er seine Ziele aus den Augen verloren. Er hatte eine erfolgversprechende Karriere als Konzertpianist begonnen, mußte aber sein Brot verdienen. Deshalb begann er Klavierunterricht zu geben. Bevor es

ihm richtig bewußt wurde, war sein Tag mit Klavierstunden ausgefüllt. Es blieb ihm kaum Zeit zum Üben, und er mußte sogar ein
Konzert absagen, weil er sich nicht hatte vorbereiten können. Ohne
es zu bemerken, hatte er sein erstrebtes Ziel – Konzertpianist zu
werden – mit einem anderen vertauscht, an dem ihm im Grunde
nichts lag – dem Dasein eines Klavierlehrers. Unsere Lösung: Wir
bestimmten eine vernünftige Zahl von Stunden, die er mit Klavierunterricht verbringen sollte, und nannten sie seinen Broterwerb.
Diese Regelung ermöglichte es ihm, wieder auf sein ursprüngliches
Ziel umzuschalten. Übrigens hatte sich John, als er mich zum erstenmal aufsuchte, seine Lage in keiner Weise klargemacht. Er hatte
nur gesagt: »Ich bin deprimiert.«

2. Man will möglichst viel Geld verdienen. Um dieses Ziel zu erreichen, ist man bereit, Lebensfreude, Freizeit und menschliche Beziehungen zu opfern. Man nimmt Belastungen und Sorgen in Kauf,
um sich ein hohes Einkommen zu sichern. Im Gegensatz zur ersten
Kategorie, wo der Job an zweiter Stelle kommt, geht er hier über
alles. Dabei geht es nicht um die Art der Arbeit, sondern nur um
die Möglichkeit, Geld zu machen.

3. Man strebt nach Ruhm, Status, gesellschaftlichem Prestige. Um
dieses hohe Ziel zu erreichen, nimmt man bereitwillig Verpflichtungen auf sich. Dabei ist allerdings nicht zu vergessen: Je höher man
steigt, deto mehr rückt man in den Mittelpunkt und Vordergrund,
desto mehr Anfeindungen und Spannungen ist man ausgesetzt.

4. Man wünscht sich eine persönlich lohnende Arbeit, bei der die
eigenen Interessen und das eigene Können zur Geltung kommen.
Viele Leute erreichen dieses Ziel niemals, da sie auf dem verkehrten
Gebiet anfangen und dann nicht mehr den Mumm haben, damit auf-
zuhören. Manchmal läßt sich dies nicht vermeiden. Was einem ein
bestimmter Job bringt, kann man erst sagen, wenn man drin steckt.
Der Nobelpreisträger Albert Szent-Györgyi schreibt in seinem
Buch »The Crazy Ape«: »Immer wenn junge Leute mich aufsuchen
und mir erklären, sie wollten in die Forschung gehen, weil sie das
menschliche Leiden lindern möchten, rate ich ihnen, sich lieber karitativen Aufgaben zu widmen. Die Forschung braucht Egoisten,
Leute, die von ›sinnlosen‹ Problemen fasziniert und bereit sind, für

eine Lösung alles hinzugeben, ihr eigenes Leben eingeschlossen.« Man kann nicht zuverlässig verhindern, daß man im falschen Bereich anfängt, aber sobald man es erkannt hat, muß man aussteigen, ehe es zu spät ist.

5. Man erwartet von seiner Berufsarbeit, daß sie einem Möglichkeiten zur Selbsterweiterung gibt, daß man nicht stagniert. Dieses Ziel bringt oft ständige Bewährungsproben und ein hohes Angstniveau mit sich.

6. Man will etwas für die Gesellschaft tun, sozial sinnvolle Arbeit leisten. Man hat den tiefempfundenen Wunsch, die Welt menschlicher zu machen, den Benachteiligten zu helfen, eine staatsbürgerliche Pflicht zu erfüllen oder durch Widerstand gegen den Staat die Gesellschaft zu verändern. Für Menschen, die so denken, kommt der Hauptantrieb von einem Prinzip, das sie verwirklichen wollen.

Dies sind nur ein paar wenige der möglichen Ziele. Manche sind miteinander unvereinbar. In der Regel kann man kaum zugleich viel Geld verdienen und eine völlig gesicherte Stellung haben. Andere dagegen lassen sich miteinander verbinden. Wenn Sie Ihr Hauptziel bestimmen, gewinnen Sie Klarheit, worauf sich Ihr Einsatz im Berufsleben vor allem richten sollte.

Doch neben den rationalen, realistischen Zielen gibt es auch neurotische, die nichts mit der Realität zu tun haben.

Neurotische Ziele

1. Das Gefühl, gebraucht zu werden. Man muß das Gefühl haben, daß man unentbehrlich ist. Wenn man weggeht, bricht alles zusammen – eine Theorie, die nur selten der Realität standhält. Solche Leute glauben oft von sich, daß sie sich aus Loyalität gegenüber ihrem Arbeitgeber so stark für die Firma einsetzen. Aber sind sie ebenso loyal zu sich selbst? Oder arbeiten sie mehr, als von ihnen verlangt werden kann, weil sie vor sich selbst überspielen wollen, daß es ihnen an Selbstbewußtsein fehlt oder daß sie in anderen Lebensbereichen nicht glücklich sind?

2. Das Bedürfnis, bei anderen Leuten lieb Kind zu sein, statt Re-

273

spekt bei ihnen zu erwecken. Viele Menschen mit unterentwickeltem Selbstbewußtsein beschäftigen sich sehr mit der Frage, ob sie anderen Leuten angenehm sind oder nicht. Sie fürchten, daß sie die anderen gegen sich einnehmen könnten, wenn sie eine Bitte (und sei sie noch zu unzumutbar) ablehnen, für ihr eigenes Recht eintreten, ihren Standpunkt mit Entschiedenheit vertreten oder bei einem schwierigen Projekt Erfolg haben. Diese Gefahr kann bestehen. Aber im Arbeitsleben *zählt Achtung mehr als Sympathie*. Achtung bringt mehr ein. Der Satz: »Er ist ein netter Kerl, aber kann man ihm eine verantwortungsvolle Aufgabe übertragen?« drückt zwar Sympathie aus, aber auch einen deutlichen Mangel an Respekt.

3. Das Bedürfnis, Situationen zu meistern, die man nicht meistern kann. Manche Leute, die Schwierigkeiten in der Arbeit haben, schreiben die Schuld daran sich selber zu. Sie glauben, die Situation ertragen zu müssen, bis die Sache durchgestanden ist; zu kündigen würde nach ihrer Ansicht bedeuten, daß sie sich drücken. In ihrem Job als Innenarchitektin hatte Mary Edwards eine ältere Chefin, die sie als ein »bösartiges Weib« beschrieb – »sie verlangt zuviel, hat keine Achtung vor mir, nutzt mich aus«. Eine andere Innenarchitektin, die »einen netten Eindruck machte«, hatte Mary angeboten, bei ihr zu arbeiten. Aber sie zögerte, das Angebot anzunehmen, und sagte: »Es muß meine eigene Schuld sein, wie meine Chefin mit mir umgeht. Wenn ich den neuen Job annehme, drücke ich mich nur. Ich sollte bleiben, bis ich Mrs. Marks soweit habe, daß sie mich mit Respekt behandelt. Außerdem lerne ich bei ihr eine Menge, weil sie soviel weiß.« In Wahrheit waren die beiden Chefinnen beruflich gleichermaßen angesehen. Nach einigen Sitzungen bei mir nahm Mary dann doch den anderen Job an und war ganz überrascht, wie sich ihr eigenes Verhalten veränderte. Ihre innere Spannung verschwand, und sie begann Freude an der Arbeit zu haben. Auch gab sie zu: »Diese Frau versteht genauso viel wie Mrs. Marks.«

4. Das Bedürfnis, immer das brave Kind zu sein, um gelobt zu werden. Solche Leute verwechseln die *aufgabenorientierte* Einstellung – wo man das Gewicht darauf legt, gute Arbeit im Beruf zu leisten – mit der *ich-orientierten*, wo man durch seine berufliche Leistung sich selbst beweisen will. Wer dieses Verhalten zeigt, macht

sich verwundbar, empfindlicher für Streß und Störungen und verliert die objektiven Arbeitsgegebenheiten aus dem Auge.

5. Das Bedürfnis bei allen Leuten Mitgefühl zu erwecken. Man macht sich unbewußt die Arbeit so schwer, daß alle Leute sagen: »Sie Ärmster.« Auf diese Weise verschafft man sich die Verstärker, die man möchte – Mitgefühl und Anteilnahme –, nicht aber jene, die den beruflichen Interessen am dienlichsten sind.

Für die Bestimmung beruflicher Ziele sollten die gleichen Kriterien wie bei anderen selbstbewußten Handlungen gelten. Wird das Ziel, das Sie wählen, Ihnen in der Richtung weiterhelfen, die Sie im Leben einschlagen möchten? Wird es Ihre Selbstachtung stärken?

Machen Sie sich vor allem klar, daß eine Veränderung Ihrer Lebensumstände auch eine Änderung Ihrer Ziele nach sich ziehen kann.

II. Seien Sie aktiv!

Gehen Sie mit einer aktiven Einstellung daran, sich eine berufliche Tätigkeit zu suchen, die für Sie die richtige ist. Es genügt nicht, daß man weiß, welches berufliche Ziel man hat. Man will es ja auch erreichen. Nehmen wir an, Sie haben sich Ihr Ziel überlegt und beschließen, sich eine neue Stellung zu suchen. Dies können Sie auf zweierlei Weise in Angriff nehmen.

Wenn Sie an die Sache mit einer passiven Haltung herangehen, lesen Sie die Stellenangebote in der Zeitung, schicken eine Bewerbung auf ein Inserat, das Ihnen zusagt, und warten die Antwort ab. Oder Sie machen wiederholte Besuche beim Arbeitsamt und stellen sich bei allen Arbeitgebern vor, zu denen man Sie schickt. Es kann sein, daß Sie auf diese Weise zu einer großartigen, glänzend bezahlten Stellung kommen, aber die Chancen sind nicht sehr groß.

Bei der aktiven Haltung sind die Beantwortung von Stellenangeboten und Besuche beim Arbeitsamt mit nachfolgenden Vorstellungen nur zwei von vielen Möglichkeiten.

1. Entwerfen Sie Ihre Gesamtstrategie. Erlernen Sie die Kunst, Jobs ausfindig zu machen und eindrucksvolle Bewerbungen abzu-

fassen. Dafür gibt es eine Reihe guter Bücher, die Ihnen helfen können.

2. Verschaffen Sie sich die notwendigen Informationen. Studieren Sie das Branchenverzeichnis im Telefonbuch oder beschaffen Sie sich bei der Handwerkskammer und ähnlichen Organisationen Material über Firmen, in denen es vielleicht passende Stellungen für Sie gibt. Sprechen Sie mit Freunden und Freunden von Freunden, die sich auskennen und Ihnen helfen können.

3. Erlernen Sie die Kunst, bei Vorstellungen einen vorteilhaften Eindruck zu machen. Wenn Sie das Gefühl haben, daß Ihnen die Beantwortung bestimmter Fragen (wie etwa: »Wie stellen Sie sich Ihre Tätigkeit in fünfundzwanzig Jahren vor?« . . . »Warum haben Sie eigentlich Ihre letzte Stelle verloren?« oder »Sie sind jetzt schon ein halbes Jahr stellungslos. Warum war es so schwierig für Sie, eine Arbeit zu finden?«) schwerfallen wird, üben Sie die Antworten, ehe Sie sich vorstellen. Benützen Sie ein Tonbandgerät, hören Sie Ihre Antworten ab und versuchen Sie, sie zu verbessern. Noch besser: Spielen Sie die Situation mit einem Freund oder Ihrem Ehepartner im Rollenspiel durch. Das Feedback wird Ihnen helfen, Ihre Antworten zu verbessern.

4. Treten Sie möglichen Arbeitgebern unbefangen und selbstsicher gegenüber. Machen Sie den richtigen Mann bei der Firma ausfindig, in der Sie gerne arbeiten möchten, und versuchen Sie bei ihm einen Termin zu bekommen. Günstig ist es, wenn ein Freund die Sache arrangieren kann, aber es ist nicht notwendig. Sie können es allein tun. Diese Taktik ist besonders Leuten zu empfehlen, die bereits über vierzig sind. Ein Beispiel: Eine Frau, die ich kenne und die in der Public-Relations-Abteilung einer Fluggesellschaft beschäftigt war, verlor ihren Job, als die Gesellschaft ihren Personalbestand reduzierte. Acht Monate verbrachte sie mit fieberhafter Job-Suche, unterbrochen von Depressionsanfällen. Dann fragte sie sich plötzlich: »Was möchte ich eigentlich tun?« Ihre Antwort: »Ich möchte Public Relations für eine große Automobilfirma machen.« Einige Jahre vorher hatte sie während eines Mexiko-Urlaubs einen Manager von General Motors kennengelernt, der ihr seine Karte gab. Grace schrieb ihm nicht erst lange, sondern flog nach Detroit,

rief ihn um neun Uhr morgens in seinem Büro an und saß ihm zwei Stunden später gegenüber. Er gab ihr einen Empfehlungsbrief an einen Kollegen in der General-Motors-Zentrale in New York mit. Es dauerte zwar ein paar Monate, aber Grace arbeitet heute für den Konzern – und sie war Ende vierzig, als sie sich den Job angelte.

Die aktive Methode kann Ihnen zu einer besseren Stellung verhelfen. Noch wichtiger aber ist, daß diese Technik Ihnen das Gefühl gibt, sich mehr in der Hand zu haben, und die Selbstachtung stärkt.

III. Werden Sie sich über Ihr Können klar

Wenn man eine neue Stellung antritt, weiß man nur in seltenen Fällen alles, was man in dieser Tätigkeit wissen muß. Oder es fehlt zwar nicht an den nötigen Kenntnissen im Hauptarbeitsgebiet, wohl aber in sekundären Bereichen. Wenn man aktiv daran geht, Lücken auszufüllen, stärkt man sich selbst den Rücken und verbessert die Qualität seiner Arbeitsleistung. In diesem Fall entwickelt sich nicht die Ängstlichkeit, die sich einstellt, wenn man etwas tun soll, von dem man weiß, daß man damit überfordert ist. Ebenso vermeidet man das unbehagliche Gefühl wegen der möglichen Folgen – ob man nun Kritik vom Chef einstecken muß oder einen Kunden verliert.

Manchmal führt mangelndes Können zu *Vermeidungsverhalten*. Weil man die Arbeit nicht gut genug kann und das weiß, schiebt man sie vor sich her, wofür man sich dann schämt.

Fallbeispiel

Der fünfunddreißigjährige Myron Walters hatte seine Arbeit als Assistent in der Personalabteilung einer großen Firma sehr gern. Im allgemeinen verrichtete er sie gewissenhaft, aber er brauchte immer zu lange, wenn er die Reisekostenabrechnungen von Firmenangehörigen kontrollieren mußte. Sein Vorgesetzter war darüber aufgebracht. Als Myron dieses Problem mit mir besprach, vertraute er mir an, daß er sich seiner Rechenkünste sehr unsicher fühle. In der

Volks- wie in der Oberschule war die Mathematik immer das Fach gewesen, in dem er am schlechtesten abschnitt. Ich gab Myron die Anweisung, sich ein Rechenbuch für Grundschüler zu kaufen und jeden Tag eine halbe Stunde einfache Übungen in Addieren, Multiplizieren und Dividieren zu machen. Mit Erstaunen stellten wir beide fest, daß er nicht einmal das Einmaleins beherrschte. Sobald Myron sich im Rechnen firm fühlte, schob er die Arbeit des Nachprüfens von Reisekostenbelegen nicht mehr vor sich her. Durch die Lösung dieses kleinen, aber wichtigen Problems stärkte er sein Selbstwertgefühl – und erhielt eine Gehaltserhöhung.

1. Lernen Sie Fertigkeiten und erwerben Sie Kenntnisse, die Ihnen helfen, in eine höhere Stellung aufzurücken, wenn das Ihr Ziel ist. Möglichkeiten dafür geben Ihnen Ihr Arbeitsbereich, das Lesen einschlägiger Bücher, Selbstunterricht und der Besuch von Ausbildungskursen. Der Erwerb neuer Kenntnisse erhöht Ihre Chancen auf eine Beförderung, wenn die richtigen Leute davon erfahren.

2. Legen Sie sich eine aktive Einstellung zu Ihrer Arbeitsumgebung zu, um sie optimal für sich zu gestalten. Scheuen Sie sich nicht, um einen bequemeren Stuhl oder eine neuere Schreibmaschine zu bitten. Wenn ständig Leute in Ihren Arbeitsraum platzen, halten sie die Tür geschlossen, damit man merkt, daß Sie ungestört sein wollen. Einer meiner Patienten klagte, daß er im Büro ständig abgelenkt werde; auf meinen Rat verrückte er seinen Schreibtisch um fünfundvierzig Grad, was die optische Ablenkung verringerte und ihn weniger empfindlich für Lärm machte.

3. Gehen Sie mit der Technik der Selbststeuerung gegen schlechte Gewohnheiten an, die Ihre Arbeit beeinträchtigen – wie Zuspätkommen, Konzentrationsmangel und Arbeiten vor sich herschieben. Ich habe die Techniken der Selbststeuerung sehr ausführlich in den Kapiteln 7 und 8 dargestellt. Zur Gedächtnisauffrischung:

a) Idenfizieren Sie das Verhalten, das Sie verändern wollen.

b) Entwerfen Sie ein präzises Programm für die Veränderung dieses Verhaltens.

c) Nehmen Sie sich etwas vor, was einigermaßen die Aussicht bietet, daß Sie es erreichen – und zwar bald. Streben Sie nach einer Serie von Erfolgen.

d) Prüfen Sie die Situation, um herauszufinden, ob Sie das unerwünschte Verhalten erschweren und das erwünschte leichter machen können.

e) Üben Sie das erwünschte Verhalten ein. Positive Verstärker wie Lob von Freunden und Geschenke, mit denen Sie sich selbst belohnen, sind dabei hilfreich.

f) Kontrollieren Sie sich selbst. Führen Sie Tabellen. Wenn Sie konstatieren, daß Sie das erwünschte Verhalten häufiger und das unerwünschte seltener zeigen, wird Ihnen dies den Rücken stärken.

IV. Lernen Sie, Ihre Gepanntheit unter Kontrolle zu bringen

In der täglichen beruflichen Arbeit führt eine ständige Gespanntheit zu vielen Auswirkungen. Sie kann dafür verantwortlich sein, daß es Ihnen schwerfällt, sich auf die Arbeit zu konzentrieren, daß Ihr Urteilsvermögen getrübt wird, so daß Sie falsche Entscheidungen treffen. Sie kann einen so instabil und hyperempfindlich machen, daß man sich über Bagatellen fürchterlich ärgert. Dadurch beeinträchtigen sich Ihre Arbeitsleistung und auch Ihre Beziehungen zu Kollegen, Vorgesetzten und Untergebenen. Gespanntheit zehrt Energie auf und kann zu schweren Erschöpfungszuständen nach der Tagesarbeit, zu Schlaflosigkeit und sogar zu Erkrankungen führen, zu denen es wegen der geschwächten Widerstandskraft des Körpers kommt. Ebenso kann sie zu psychosomatischen Beschwerden wie hohem Blutdruck oder Magengeschwüren beitragen.

Für das Opfer reichen die Folgen noch weiter. Weil man der Spannung nicht Herr wird, fühlt man sich hilflos und denkt wegen dieser Hilflosigkeit weniger an sein Interesse. Häufig geht man belastenden Situationen aus dem Weg, vermeidet es, bei einer Besprechung seinen Standpunkt zu vertreten oder um anspruchsvollere Aufgaben zu bitten. Damit begrenzt man seinen Arbeitsbereich und schränkt die Möglichkeiten ein, es weiterzubringen, oder aber man stellt unzumutbare Forderungen an andere.

Einige Leute besitzen zwar die Fähigkeit, sich zu entspannen, denken aber, weil sie so passiv sind, nie daran, sie zu nutzen. Zu ihnen sage ich: »Wenn Sie merken, daß Ihre Gespanntheit zunimmt, bringen Sie sich dazu, sich zu entspannen« oder: »Geben Sie sich jede Stunde den Befehl ENTSPANNEN und befolgen Sie ihn dann.« Durch eine aktivere Einstellung können Sie das Problem der Gespanntheit überwinden.

Für die meisten Leute ist das nicht einfach. In den dreißiger Jahren hat ein Arzt aus Chicago, Dr. Edmund Jacobson, gezeigt, daß man ebensogut wie Autofahren oder Tennisspielen auch eine Entspannungstechnik erlernen kann. Aber Dr. Jacobsons Methode – die, wie er betont, nicht aus Übungen, sondern darin bestand, die eigenen Spannungen zu erkennen und abzuschalten – verlangte in der Regel fünfzig bis 200 Trainingsstunden und täglich eine Stunde Üben.

Im Selbstbewußtseinstraining verwenden wir viel kürzere Übungen. Die Vollentspannungsübung nimmt zwanzig Minuten in Anspruch, die Mittlere Entspannungsübung sieben Minuten. Sie finden sich im Anhang dieses Buches. Der Zweck dieser Übungen: Ihnen die Möglichkeit zu geben, in der Arbeit wie auch in anderen Lebenssituationen Ihre Gespanntheit aufzulösen.

Laborübungen in Entspannung

Bevor Sie mit den Vollentspannungsübungen beginnen, müssen Sie bestimmte Dinge tun und sich klarmachen.

Erster Schritt: Schätzen Sie Ihr Spannungsniveau anhand einer Sud-Skala ab (Sud ist ein Kürzel für »subjective units of disturbance«, d.h. für subjektive Verstimmungseinheiten).

0 -------------------- 100

Null bedeutet, daß Sie sich völlig entspannt fühlen und daß keinerlei Gespanntheit vorhanden ist. Die Zahl 100 am anderen Ende zeigt höchste Gespanntheit an – den Zustand größter innerer Verkrampfung, in dem Sie sich vorstellen können. In diesem Augenblick können Sie sich weder in der Null- noch in der 100-Situation befinden. Allein schon deswegen, weil Sie dieses Buch in der Hand halten, ist bei Ihnen eine gewisse Muskelanspannung vorhanden, so daß der Stand o nicht in Frage kommt. Wenn Sie auf 100 wären, könnten Sie sich unmöglich genug konzentrieren, um diese Hinweise zu lesen. Die Übungen verfolgen das Ziel, daß Sie nach ihrem Abschluß näher an Null herangerückt sind oder es sogar erreicht haben.

ZWEITER SCHRITT: In der Übung fordere ich Sie auf, sich eine »angenehme Szene« vorzustellen, beispielsweise am Strand oder bei einem Spaziergang auf dem Land. Sie sollte neutral sein (neutral in dem Sinn, daß sie keine potentiell spannungerzeugenden Elemente enthält).

Wenn es Ihnen Schwierigkeiten bereitet, sich die angenehme Szene vorzustellen, denken Sie nur an das Wort RUHIG. Ziel der Übung: Sie sollen fähig werden, sich so zu konditionieren, daß Sie immer dann, wenn Sie an Ihre bestimmte angenehme Szene denken, sich automatisch entspannen. Die Szene ist der Stimulus, der Ihre Reaktion auslöst. Wenn Sie ganz eingeübt sind und an Ihre Szene oder das Wort RUHIG denken, sollte allein dies schon zu einer gewissen Entspannung führen.

DRITTER SCHRITT: Benützen Sie die Übung, um zu untersuchen, was aus Ihrer Gespanntheit wird, wenn Sie sich entspannen. Die Vollentspannungsübung besteht aus drei Teilen. Zuerst spannen Sie große Muskelpartien an. Durch die gesteuerte Zunahme der Anspannung wird Ihnen klarer, *wo* Sie sie empfinden und wie sie sich bemerkbar macht. Sie bleiben etwa sieben Sekunden so angespannt und entspannen sich dann schlagartig. Dadurch empfinden Sie das Gefühl der Befreiung von einem Spannungszustand. Im zweiten Teil wiederholen Sie das Ganze an verschiedenen Teilen Ihres Körpers. Zuletzt stellen Sie sich die angenehme Szene vor oder denken an das Wort RUHIG und entspannen systematisch sämtliche Körperpartien.

VIERTER SCHRITT: Am Anfang ihres Selbsttrainings führen Sie die Vollentspannungsübung einmal täglich oder auch öfter durch, wenn Sie es für notwendig halten. Wenn Sie dabei einen Tag auslassen, ist dies noch keine Katastrophe. Die Übungen sind kein Zwangsritual. Sie sollen zur Entspannung führen, nicht noch zusätzlichen Zwang und Druck erzeugen. Setzen Sie die Vollentspannungsübung fort, bis Sie mit einiger Zuverlässigkeit jedesmal nahe an den Nullwert herankommen. Machen Sie anschließend jeden zweiten Tag die Mittlere Übung. Wenn sich dies als wirksam erweist, machen Sie die Mittlere Übung nur noch zwei- oder dreimal und die Vollübung einmal pro Woche. Fühlen Sie schließlich, daß Sie Ihre Spannungszustände in der Hand haben, wenden Sie die Übungen nur noch an, wenn Sie sie brauchen.

FÜNFTER SCHRITT: Sie müssen allein sein, wenn Sie die Übungen ausführen, entweder aus dem Gedächtnis oder per Tonband. Wenn außer Ihnen noch jemand bei Ihnen zu Hause ist, schließen Sie die Tür. Hängen Sie den Telefonhörer aus. Legen Sie sich auf ein bequemes Sofa oder auch auf den Teppich. Dämpfen Sie die Beleuchtung. Schalten Sie das Fernsehgerät ab. Schließen Sie den Hund in einem anderen Zimmer ein. Sie müssen für die Zeit, welche die Übung benötigt, jede Unterbrechung ausschalten.

Wenn die Übungen Ihnen keine Entspannung bringen, machen sie unmittelbar davor etwas Gymnastik. Diese körperliche Betätigung fördert die Entspannung, und Sie werden nach und nach dieses Gefühl mit dem Entspannungstraining selbst verbinden. Schließlich sollte es Ihnen möglich sein, die Gymnastik abzubrechen und mit den Übungen selbst zu beginnen.

Wenn Sie während der Übungen einschlafen, durchkreuzen Sie die mit ihnen verbundene Absicht. Das Ziel besteht darin, daß Sie die Situation in den Griff bekommen. Selbst wenn Sie die Übungen zur Bekämpfung von Schlaflosigkeit anwenden, versuchen Sie wachzubleiben, bis sie abgeschlossen sind.

SECHSTER SCHRITT Führen Sie in Ihrem ST-Notizbuch über die Entspannungsübungen Buch und bedienen Sie sich dabei der Sud-

Skala. Jedesmal, wenn Sie eine Übung beendet haben, tragen Sie den erreichten Sud-Wert ein. Im Laufe der Zeit sollte es Ihnen gelingen, die Sud-Werte zu senken, wobei Ihnen die aufgezeichneten positiven Resultate ein Ansporn sein werden.

Die beiden ersten Übungen, die sich im Anhang dieses Buches finden, sind zur Schulung bestimmt. Im täglichen Berufsleben können Sie eine viel kürzere Methode anwenden.

Praktische Entspannungsübung

ZWECK: Sie sollen fähig werden, Ihr Entspannungstraining in der Arbeit und in anderen Situationen auf Abruf anzuwenden.

ERSTER SCHRITT: Öffnen Sie den Mund und holen Sie tief Luft. Halten Sie den Atem an.

ZWEITER SCHRITT: Sagen Sie viermal nacheinander »Atem anhalten!« zu sich, wobei Sie die Abstände so einrichten, daß Sie ungefähr sieben Sekunden den Atem anhalten. Üben Sie mit Hilfe des Sekundenzeigers einer Armbanduhr, bis Sie den richtigen Rhythmus gefunden haben.

DRITTER SCHRITT: Denken Sie beim Ausatmen an Ihre angenehme Szene und entspannen Sie dabei die Muskeln.

Sie können sich beibringen, diese Übung an Ihrem Schreibtisch oder sogar im Konferenzzimmer zu machen, ohne daß jemand es bemerkt. Ich habe sie selber bei einer Live-Sendung im Fernsehen durchgeführt!

Diese Entspannungsübungen sind besonders nützlich in drei Fällen, die sich nachteilig auf die Leistung im Berufsleben auswirken.

Schlaflosigkeit. Sie können im Büro keine Glanzleistungen erbringen, wenn Sie sich in der vorhergehenden Nacht im Bett umhergewälzt, Schafe gezählt oder sogar hysterische Anfälle bekommen haben, weil Sie nicht einschlafen konnten. Mehrere Experimente haben demonstriert, daß sich Entspannungsübungen bei Schlaflosigkeit günstig auswirken. Die Sache geht ganz einfach: Bereiten Sie sich aufs Einschlafen vor und machen Sie die Vollentspannungsübung. Wenn Sie damit fertig sind, stellen Sie sich anhaltend Ihre angenehme Szene vor. Lassen Sie Ihre Gedanken nicht abschweifen. Wenn sie abgeschweift sind, holen Sie sie zurück, durch die angenehme Szene oder den Befehl RUHIG. Wenn Sie bemerken, daß sich irgendein Teil Ihres Körpers anspannt, entspannen Sie ihn bewußt. Wenn Sie den Zustand der Entspanntheit bewahren können, ist zu hoffen, daß Sie in den Schlaf gleiten.

Allgemeine Gespanntheit in der Arbeit. Eine allgemeine innere Verkrampfung während der Arbeitszeit beeinträchtigt das Urteilsvermögen und führt zu Erschöpfung. Ihr Entspannungstraining sollte bewirken, daß Sie Ihre Passivität gegenüber einem ständigen Spannungszustand verlieren und allmählich das Gefühl bekommen, sie im Griff zu haben. Nehmen Sie sich vor, sich jede Stunde (oder sogar halbe Stunde) einmal durch die kurze praktische Entspannungsübung zu lockern. Sie nimmt nur ein paar Sekunden in Anspruch und läßt sich am Schreibtisch, im Restaurant bei einem Essen mit Geschäftspartnern, bei Verhandlungen mit einem Kunden oder dann ausführen, wenn Sie auf dem Weg ins Büro des Chefs sind.

Flugreisen. Heutzutage müssen viele Leute aus beruflichen Gründen das Flugzeug benützen. Aber ich habe oft erlebt, daß Leute eine Stellung, die ihnen eigentlich zusagte, ablehnten, weil sie etwas gegen das Fliegen haben. Andere überwinden zwar ihre Angst davor, sitzen aber wähend des ganzen Flugs zitternd auf ihrem Platz. Diese weitverbreitete Angst vor dem Fliegen läßt sich vielleicht mit Hilfe der Entspannungsübungen überwinden.

Machen Sie die Übungen im Liegen, bis Sie sich einigermaßen entspannt fühlen.

Nun wiederholen Sie die Übungen im Sitzen, bis Sie merken, daß die Spannung deutlich nachläßt.

Simulieren Sie die Situation im Flugzeug. Suchen Sie sich einen Sessel, der einem Sitz im Flugzeug halbwegs ähnlich ist. Stellen Sie sich vor, Sie säßen in der Maschine. Während Sie die Übungen ausführen, versuchen Sie die Anspannung Ihrer Muskeln möglichst niedrig zu halten. Wenn Sie dann in der Maschine sind, führen Sie die Vollentspannungsübung aus, sobald Sie Ihren Platz eingenommen haben. Sollten Sie während des Fluges spüren, daß die innere Spannung wieder steigt, machen Sie die Übung noch einmal.

V. Lernen Sie, die Angst unter Kontrolle zu bringen

Lernen Sie, die spezifische Angst unter Kontrolle zu bringen, die Sie mit einer bestimmten Aufgabe zu verbinden gelernt haben.

Es kann sein, daß Sie in Ihrer beruflichen Tätigkeit neben allgemeinen inneren Spannungen auch Furcht vor ganz bestimmten Situationen empfinden. Sie sind zwar beispielsweise ein perfekter Werbetexter, werden aber nervös, wenn Sie über Nahrungsmittel schreiben sollen. An sich sind Sie zwar ein Typ, der jedem anderen Menschen alles mögliche andrehen kann, aber es ist Ihnen unangenehm, telefonisch einen Termin zu vereinbaren. Der Verhaltenstherapeut nennt diese spezifischen Ängste ›Phobien‹, und damit sind nicht nur Ängste gemeint, sondern jede unangemessen emotionale Reaktion – wie ungewöhnliche innere Spannung, Depressivität, Gereiztheit oder Wut –, die von einer bestimmten Situation ausgelöst wird. Am Arbeitsplatz können solche Reaktionen dazu führen, daß Sie schlechte Leistungen zeigen oder Ihre Stellung verlieren.

Die systematische Desensibilisierung bei Phobien

Zur Behandlung von Phobien wendet die Verhaltenstherapie die Technik der systematischen Desensibilisierung an. Wir wissen, daß Sie einen bestimmten Stimulus (beispielsweise der abgeschlossene enge Raum eines Lifts, die Kritik eines Vorgesetzten) mit einer gestörten Reaktion verbinden. Diese Art des Reagierens ist erlernt. Wenn man fähig ist, den angstauslösenden Reiz mehrere Male ohne Beunruhigung auf sich wirken zu lassen, ist die bedingte Angstreaktion vermutlich durch eine nichtphobische ersetzt. Die Angst wird wahrscheinlich verschwinden.

Durch die systematische Desensibilisierung werden die Ängste, welche die Angstreaktion bewirken, Schritt für Schritt abgebaut. Dabei geht man von der Theorie aus, daß die Reaktion durch Entspannung gehemmt wird, da der Zustand der Entspannung mit Angst unvereinbar ist. Schließlich verliert der Stimulus die Fähigkeit, bei Ihnen Angst auszulösen. (Dies ist Dr. Joseph Wolpes »Prinzip der reziproken Hemmung«, das ich in Kapitel 1 erwähnt habe.) Häufig gehen Eltern bei ihren Kindern so vor, ohne daß sie sich dessen bewußt sind. Wenn ein Dreijähriger Angst vor dem Meer hat, führt ihn seine Mutter an der Hand bis zum Rand und hebt ihn jedesmal hoch, wenn sich eine Welle nähert. Wenn das Kind ruhiger geworden ist, redet die Mutter ihm zu, einen Fuß in die Welle zu tauchen und schließlich ins Wasser zu waten. So überwindet das Kind Schritt für Schritt schließlich seine Angst.

Beachten Sie, daß die Mutter mit einer Situation beginnt, in der das Kind relativ wenig Angst hat. Sie geht in Etappen an den Angstkern (wahrscheinlich die Furcht, im Wasser unterzugehen) heran. In jeder Phase hilft sie dem Kind, das bange Gefühl zu überwinden. Bei dieser Methode wird, wie bereits festgestellt, eine Stufenfolge konstruiert.

Der gleichen Technik bedient sich der Therapeut, wenn er in seiner Praxis die systematische Desensibilisierung anwendet. Zusammen mit dem Patienten entwickelt er Szenen von unterschiedlichem Angstgrad innerhalb des Bereichs der Phobie. (Wenn der Patient beispielsweise ein Professor ist, der Angst hat, in der Öffentlichkeit zu sprechen, könnte die Stufenfolge so aussehen: vor fünf Personen sprechen . . . vor zehn . . . vor zwanzig . . . vor dreißig in einem kleinen Saal . . . vor tausend Menschen in einem Auditorium maximum.) Dann beginnt er mit der Szene, die den geringsten Angstgehalt hat und veranlaßt den Patienten, sie sich vorzustellen. Falls der Patient dabei unruhiger wird, weist er ihn sofort an, sich zu entspannen. So spielt er mit dem Patienten immer wieder jede einzelne Szene durch, bis diesen die Vorstellung in keinerlei Weise mehr beunruhigt. Dann gehen sie zum nächsten Schritt über.

Auf diese Weise bringt der Therapeut dem Patienten bei, mit Situationen, die früher Angst oder Furcht bei ihm ausgelöst haben, das

Gefühl der Angstfreiheit zu verbinden. In der Regel wird das Gefühl verminderter Beunruhigung auch auftreten, wenn der Partner in der Lebensrealität vor diese Situation gestellt wird.

Dies ist eine ziemlich technische Methode, die Sachkenntnis verlangt. Wird sie nicht korrekt angewandt, besteht eine gewisse Gefahr, daß die Phobie sich verschlimmert. *Man kann sie nicht an sich selbst praktizieren.* Man kann aber die Technik auf Problemsituationen in der Lebensrealität *adaptiert* übertragen.

Desensibilisierung in realen Situationen

Bei der systematischen Desensibilisierung in der Praxis des Therapeuten stellt sich der Patient die Reizsignale vor, welche die Spannung auslösen. Ebenso ist es möglich, sich in realen Situationen zu desensibilisieren. Das Prinzip bleibt dasselbe: Sie streben eine Reaktion an, die Ihre Angst hemmt und in Gegenwart der angsterregenden Stimuli eintritt. Oder einfacher ausgedrückt: Wenn Sie die gefürchteten Situationen tatsächlich entspannt durchleben können, werden Sie in solchen Situationen schließlich keine Angst mehr empfinden. Diese Methode wird systematische Desensibilisierung *in vivo* (im realen Leben) genannt. Sie ist sehr nützlich im Beruf.

1. Bilden Sie eine Stufenfolge. Zunächst bestimmen Sie einen Ausgangspunkt. Nehmen Sie Ihre angstauslösende Situation und suchen Sie einen Punkt, wo die Angst sehr gering ist und nur einen Anstieg von höchstens zehn Punkten auf Ihrer Sud-Skala bewirkt. Es ist manchmal schwierig, Problemsituationen zu finden, die sich für die Selbstdesensibilisierung eignen. Im allgemeinen fällt es den Patienten am leichtesten bei den ›Ding-Phobien‹, wie Angst vor großer Höhe oder Aufzügen, alles Dinge, die von großer Bedeutung für die berufliche Tätigkeit sind, die Sie ausüben oder ausüben können. Nehmen wir die Höhenangst. Bestimmen Sie einen Ausgangspunkt für sich. Es kann sein, daß Sie aus einem Fenster im fünften oder im ersten Stock hinausblicken oder auch, daß Sie auf der untersten Sprosse einer steilen Leiter stehen. Wählen Sie als ersten Schritt eine Situation, in der Sie sich nur leicht unbehaglich fühlen.

Dann bestimmen Sie die Signale, die bei Ihnen Angst auslösen. Vielleicht macht es Sie schon ängstlich, wenn das Fenster offen ist und noch ängstlicher, wenn Sie sich hinausbeugen und direkt in die Tiefe schauen. Mit Hilfe dieser ›Signale‹ denken Sie sich eine Reihe von Situationen aus, mit denen man die Höhenangst stufenweise angehen kann.

Ich behandelte einmal eine junge Anwaltssekretärin, die Angst davor hatte, in irgendeinem Gebäude höher als bis zum dritten Stock zu gehen. Da die meisten Anwaltskanzleien in Manhattan sich in Wolkenkratzern befinden, war Kathy schließlich gezwungen, eine Stellung als Verkäuferin in einer Boutique im Erdgeschoß anzunehmen. Nachdem sie mich zum erstenmal aufgesucht hatte, verbrachte sie drei Wochen damit, in Aufzügen bis zum dritten Stockwerk zu fahren und dabei Entspannung zu üben. Schließlich gewöhnte sie sich daran und fuhr bis zur vierten Etage. Sie fuhr immer höher und höher hinauf – und heute arbeitet sie in einer Anwaltsfirma im zweiunddreißigsten Stock.

2. Sie brauchen nicht die gesamte Stufenfolge aufzustellen, bevor Sie mit der *In-vivo*-Methode beginnen. Während Sie sich selbst desensibilisieren, werden Sie möglicherweise feststellen, daß Sie tatsächlich, im Leben, auf andere Signale reagieren als auf jene, die Sie ursprünglich für verantwortlich gehalten hatten. In diesem Fall werden Sie Ihre Stufenfolge vielleicht revidieren müssen. Versuchen Sie auf jeden Fall, drei, vier Schritte vorauszuplanen.

3. Schulen Sie sich in den drei Entspannungsmethoden. Die Praktische Entspannungsübung sollten Sie einwandfrei beherrschen.

4. Nehmen Sie sich jede Situation gesondert vor. Wiederholen Sie sie immer wieder, bis die vorherige Angst völlig verschwunden ist. Wenn Sie sich ganz entspannt fühlen, können Sie sich die nächste Stufe vornehmen.

Fallbeispiel

Einer meiner Patienten, der auf Stellungsuche war, hatte große Angst, wenn er sich vorstellen mußte. Seine *In-vivo*-Lösung: Er stellte sich bei Firmen vor, bei denen er keinesfalls arbeiten wollte oder wo er sicher war, daß er den Job nicht bekommen würde. Da er wußte, daß es nicht um eine Anstellung ging, empfand er nur relativ wenig Angst. Diese Entspannungsübung war sehr wirksam und verminderte deutlich seine Angst bei späteren Vorstellungen, wo es ihm ernst war.

Das Leben selbst liefert nicht immer so bereitwillig Gelegenheiten zur Desensibilisierung. Vielleicht müssen Sie die schwierige Situation im Rollenspiel simulieren. Sie brauchen die Hilfe eines Freundes, der Ihnen die beunruhigenden Signale gibt. Denken Sie daran, daß Sie sich jedesmal, wenn er das Signal gibt und Sie auch nur leicht beunruhigt reagieren, auf die Entspannung konzentrieren sollten. Er sollte jedes Signal so lange geben, bis Sie keine Spannung mehr empfinden. Dann gehen Sie zum nächsten Schritt über.

Nehmen wir an, es geht darum, eine Gehaltserhöhung zu erbitten. John Jones befürchtet, daß sein Chef ihm kündigen wird, wenn er eine Aufbesserung verlangt. Er bringt sein Anliegen mit dem Satz vor: »Mr. Smith, ich möchte mit Ihnen über eine Gehaltserhöhung sprechen. Ich finde, ich habe eine verdient.« Sein Freund Brown, der im Rollenspiel die Partie des Chefs übernimmt, kann darauf in folgender Abstufung reagieren:

- »Nun, ich werde mir die Sache durch den Kopf gehen lassen.«
- »Da bin ich mir nicht so sicher. Geben Sie sich Mühe, und dann reden wir in einem Vierteljahr noch mal darüber.«
- »Gehaltserhöhung? Kommt nicht in Frage. Sie haben in der letzten Zeit sogar nachgelassen, und ich habe mir schon überlegt, ob ich Sie nicht gehen lassen soll.«
- »Gehaltserhöhung? Sie sind gekündigt!«

Diese Reaktionen sollen nur eine Anschauung geben. Die tatsächlichen Wendungen müssen auf Ihre speziellen Ängste zugeschnitten werden. Sie müssen nicht einmal auf einer echten Wahrscheinlichkeit beruhen. Im oben dargestellten Fall weiß John, daß die Gefahr einer Kündigung kaum besteht. Und dennoch hält ihn diese irrationale Angst davon ab, um eine Gehaltsaufbesserung zu ersuchen, die er verdient. Die Verwendung des Satzes »Sie sind gekündigt!« hilft, die Angst zu beseitigen. Wenn Sie die Technik des Rollenspiels benutzen, machen Sie die Sache so realistisch wie möglich. Der Freund sollte jeden einzelnen der Reizsätze solange wiederholen, bis Sie sich spannungsfrei fühlen.

5. Wenden Sie die Technik der Desensibilisierung an, um die Angst vor Symptomen zu behandeln. Manche Leute fürchten sich in Wirklichkeit nur vor den Angstsymptomen. Sie wissen, daß bestimmte Situationen – wie die Vorlage eines Berichts beim Chef – häufig Zittern, Erröten, Benommenheit oder ein ungutes Gefühl im Magen hervorrufen und daß diese Symptome ihrerseits eine sekundäre Angst auslösen. In diesem Fall geht es darum, daß man sich beibringt, es gar nicht so weit kommen zu lassen. Wenn Ihnen dies gelingt, wird Ihr Selbstvertrauen zurückkehren, Ihre Angst schwächer werden, und Sie werden imstande sein, Ihre Scheu, vor bestimmten Leuten zu sprechen oder an einer bestimmten Konferenz teilzunehmen, zu überwinden.

Wenn Sie während einer Konferenz spüren, daß Sie nervös werden, wenden Sie die Praktische Entspannungsübung an. Dies nimmt nur ein paar Sekunden in Anspruch und verlangt nur einen Teil Ihrer Aufmerksamkeit. Wenn es Ihnen gelingt, die Angst auch nur ein bißchen zu verringern, haben Sie schon den üblichen Ablauf durchbrochen, der zu Ihrer inneren Panik führt.

Sobald Sie merken, daß Sie unruhig werden, versuchen Sie der Nervosität körperlich und geistig entgegenzuwirken. Bewegen Sie die Arme. Kramen Sie in Ihren Papieren. Blicken Sie zum Fenster hinaus. Stellen Sie sich vor, daß der Vorsitzende wie verrückt durch den Saal rennt. Denken Sie an den Speerfisch, den Sie letzten Sommer gefangen haben. Achten Sie darauf, wie – und ob überhaupt – diese ablenkenden Beschäftigungen Ihre Angst verändern.

VI. Lernen Sie, gute menschliche Beziehungen herzustellen

Der Eindruck, den Sie im Berufsleben machen, wird nicht allein von der Art Ihrer Tätigkeit und der Tüchtigkeit bestimmt, mit der Sie

sie ausführen. Ihr Erfolg oder Versagen im Job und Ihre eigene Zufriedenheit hängen in erheblichem Maß von den Beziehungen zu anderen Menschen ab.

Sie brauchen in diesem Bereich die gleichen Fertigkeiten wie sonst beim Umgang mit anderen Leuten, wie beispielsweise die Fähigkeit, Bitten auszusprechen, um einen Gefallen zu ersuchen, nein zu sagen, positive und negative Gefühle angemessen zum Audruck zu bringen. Aber im Berufsleben sind die Selbstbehauptungsziele andere. Sie brauchen ein angenehmes Verhältnis zu den anderen, um Ihre Arbeit richtig zu tun. Hier streben Sie keine engen persönlichen Beziehungen an. Zwar können sie sich trotzdem entwickeln, aber dann verlassen sie bald den engen Bereich der Arbeit. Am Arbeitsplatz geht es Ihnen darum, Ihre Arbeitsziele zu erreichen. Dabei entwikkeln sich Komplikationen, weil man in den meisten Situationen auf hierarchische Strukturen – Untergebene, Gleichgestellte und Vorgesetzte – Rücksicht zu nehmen hat. Das angemessene Verhalten wird von unterschiedlichen Kriterien bestimmt.

Viele Leute haben einen falschen Begriff von Selbstbewußtsein im Arbeitsleben. Sie unterscheiden nicht zwischen Selbstbewußtsein und Aggressivität. Doch Selbstbewußtsein bedeutet nicht, daß man den ganzen Betrieb durcheinanderbringt oder einem Arbeitskollegen in die Fresse schlägt, sondern ehrliche Kommunikation im richtigen Augenblick, um beiderseitige Arbeitsziele zu erreichen.

Ein Leitfaden: selbstbewußtes Verhalten

1. Machen Sie es den Leuten leicht, das zu tun, was Sie von ihnen wollen. Wenn Sie beispielsweise um eine Gehaltserhöhung ersuchen wollen, bemühen Sie sich, die Situation so einfach zu machen, daß der Chef ja sagen kann.

a) Erklären Sie Ihrem Chef, warum Sie nach Ihrer Ansicht eine Gehaltsaufbesserung verdienen. Lassen Sie sich nicht erst lange nach den Gründen ausfragen. Beispiel: Eine Abteilungsleiterin in einer Bank hatte den Verdacht, daß man ihr weniger zahlte als männlichen Abteilungsleitern. Eines Tages nahm sie ihren ganzen Mut zusammen und suchte den Direktor auf. Sie erklärte ihm, daß ihre Kreditgeschäfte den zweieinhalbfachen Umfang dessen hätten, was ihre vier männlichen Kollegen zusammen an solchen Geschäften abgeschlossen hatten. Der Boß sagte nur: »Mein Gott!« Kurz danach erhielt sie eine sehr ansehnliche Gehaltserhöhung.

b) Bringen Sie Ihr Anliegen im geeigneten Augenblick vor. Wenn Ihre Firma sich in einer schwierigen wirtschaftlichen Lage befindet, sind die Aussichten natürlich weniger günstig als in Zeiten erfolgreicher Geschäfte.

c) Üben Sie zu Hause. Wenn Sie nicht den Mut aufbringen, um eine Gehaltszulage zu bitten, studieren Sie Ihr Vorhaben mit einem engen Freund oder dem Ehegatten im Rollenspiel ein.

Fallbeispiel

Wendy Hilten hatte das ST-Konzept in einer meiner Gruppen gelernt. Ihr Mann Robert hatte ein halbes Jahr vorher eine neue Stellung in der Rechtsabteilung einer großen Gesellschaft angetreten. Er war von seinem neuen Job enttäuscht, denn erstens fühlte er sich unterbezahlt, und zweitens gab man ihm nach seiner Ansicht nur Routinesachen. Er empfand seine Arbeit als langweilig, da sie ihm keine Chance bot, etwas leisten zu können. Sie kamen überein, daß Robert mit seinem Chef sprechen müsse, und zwar dann, wenn dieser seine tägliche Frage stellte: »Na, wie geht's denn so?«

Wendy übte mit Robert im Rollenspiel. Sie spielte den Chef. Sie erarbeiteten Roberts Einleitungssatz (»Es freut mich, daß Sie mich fragen, weil ich jetzt ein halbes Jahr hier bin und über ein paar Dinge mit Ihnen sprechen möchte«). Sie übten auch Roberts Antwort, falls der Chef seine Bitte um mehr Gehalt mit dem Satz beantwortete: »Wir überlegen uns eine Gehaltserhöhung erst, wenn jemand ein Jahr bei uns gearbeitet hat.« In diesem Fall sollte Robert den Chef bitten, ihm die Möglichkeit zu geb, mehr zu leisten, so daß er sicher mit einer Gehaltsaufbesserung am Jahresende rechnen konnte.

Was dann wirklich geschah, unterschied sich nur wenig vom Rollenspiel. Robert ergriff die Gelegenheit zu sagen: »Es gibt ein paar

Dinge, über die ich gerne mit Ihnen sprechen würde.« Er bekam zwar keine Aufbesserung, aber der Chef räumte ein: »Ich weiß, Sie sind unterbezahlt, und ich kämpfe schon seit einiger Zeit mit der Verwaltungsspitze um Gehaltserhöhungen. Sie geben mir weitere Munition. Ich bin sehr froh, daß Sie die Sache zur Sprache gebracht haben.« Er hatte nicht gewußt, daß Robert so langweilige Arbeit erledigen mußte. Er übertrug ihm unverzüglich mehrere anspruchsvolle Aufgaben und richtete es so ein, daß Robert noch am gleichen Nachmittag an einer sehr interessanten Konferenz der Firmenjuristen teilnehmen konnte.

2. Sprechen Sie frei heraus – wenn Sie jemanden loben, wenn Sie sich von anderen nicht heruntermachen lassen oder Ihren Standpunkt verteidigen wollen. In der Regel geben solche Situationen die Gelegenheit, die Gefühlssprache einzusetzen, die Fähigkeit des Neinsagens zu beweisen und überhaupt für sich selber einzutreten. In folgenden Situationen ist es angebracht, offen zu sprechen:

a) Als Vorgesetzter müssen Sie Feedback geben. Die Untergebenen möchten wissen, was Sie von ihrer Arbeit halten. Sie können Lob oder konstruktive Kritik aussprechen, aber äußern Sie Ihre Meinung in positiver Form. Reiten Sie nicht auf den Dingen herum, die der Betreffende falsch gemacht hat, sondern sagen Sie ihm, wie er sie besser machen kann.

Fallbeispiel

Ich behandelte einmal den fünfzig Jahre alten Vizepräsidenten einer Maschinenbaufirma, dem es sehr schwerfällt, mit Leuten offen zu sprechen. Ich schulte ihn deshalb im Gebrauch der Gefühlssprache. Mehrere Wochen probten wir, wie er sich auf seinen wöchentlichen Gruppengesprächen verhalten sollte, bei denen Untergebene Vorschläge machten und diskutierten. Dann übertrug Tom das, was er in den therapeutischen Sitzungen einstudiert hatte, auf die Praxis. Er berichtete mir: »Es war die anregendste Konferenz, die ich jemals hatte.« Wenn ein Angestellter einen Vorschlag machte, hatte Tom sofort anschließend geäußert, wie er darüber dachte – »Ich finde das gut« oder »Ich finde das nicht gut«. Dieses veränderte Verhalten hatte eine lebhafte Gruppendiskussion ausgelöst. Tom erkannte: »Jetzt sehe ich, was ich vorher falsch gemacht habe. Wenn jemand einen Vorschlag machte, habe ich nicht darauf reagiert. Statt dessen gab ich dem nächsten das Wort. Diesmal aber habe ich durch sofortiges Feedback die ganze Gruppe in die Diskussion gezogen.« Anschließend nahmen wir uns Toms Verhalten gegenüber Gleich- und Höhergestellten vor, und als er lernte, offener zu sein, verschwand seine Angst, Gefühle zu zeigen.

b) Sie müssen für sich selber eintreten. Wenn Sie mit anderen Leuten zu tun haben, kommt es unvermeidlich irgendwann vor, daß diese bewußt oder unbeabsichtigt Dinge tun, die nachteilig für Sie, Ihre Arbeit, Ihr Ansehen in der Firma sind. Setzen Sie sich zur Wehr, indem Sie frei Ihre Gefühle äußern.

Wenn zum Beispiel jemand ständig Ideen für sich in Anspruch nimmt, die von Ihnen stammen, haben Sie das Recht, zu sagen: »Ich finde nicht richtig, was Sie getan haben. Sie wissen doch ganz genau, daß der Vorschlag, den Sie heute vormittag bei der Besprechung gemacht haben, mein Einfall war. Machen Sie das nicht noch einmal.« Wenn Sie das Verhalten des anderen stillschweigend hinnehmen, ermutigen Sie ihn, es beim nächstenmal wieder so zu machen. Wenn Sie Ihre Gefühle zum Ausdruck bringen, ist damit zwar nicht garantiert, daß der andere aufhören wird, Ihre Ideen zu klauen, aber er wird es sich beim nächstenmal vielleicht zweimal überlegen. Außerdem haben Sie das Recht, ihm den Ideendiebstahl schwerer zu machen. Zum Beispiel *sprechen* Sie nicht mehr mit ihm darüber, wenn Sie einen glänzenden Einfall haben; sie unterrichten ihn davon auf einer Aktennotiz und lassen eine Abschrift Ihrem Chef zugehen.

Auch gegenüber dem Störenfried im Büro sollten Sie Ihre Gefühle ausdrücken. Sagen Sie zu ihm: »Ich werde böse, wenn Sie meine Zeitung wegnehmen« ... »Es paßt mir ganz und gar nicht, wenn Sie Ihre Sachen auf meinem Schreibtisch essen und Brösel liegenlassen«

... »Wie kommen Sie dazu, über mich Lügenmärchen zu verbreiten?« Drücken Sie taktvoll aus, was Sie denken, aber sorgen Sie dafür, daß man Sie versteht. Dann setzen Sie dem Störenfried Grenzen – er oder sie weiß, daß Sie Bescheid wissen. Wenn Sie nie den Mund auftun, wird er Ihnen weiterhin die Zeitung stehlen, auf Ihrem Schreibtisch essen und Lügen über Sie erzählen.

c) Sie können als Untergebener zu einem Vorgesetzten nein sagen. Sie haben zwar durchaus Anlaß, wenn Sie zögern, einem Mann etwas abzuschlagen, der darüber entscheiden kann, wann Sie Urlaub nehmen, befördert werden, eine Gehaltserhöhung bekommen. Manche Leute in Machtpositionen wollen niemals das Wort »nein« hören, aber die meisten Chefs sind menschlich und werden Sie respektieren, wenn Sie Ihr Nein in der richtigen Form vorbringen. Ihre negative Antwort muß auch den Grund enthalten, warum Sie ablehnen. Wenn ein Freund zu Ihnen sagt: »Machen wir das und das«, ist es durchaus am Platz, wenn Sie ihm antworten: »Nein, ich bin nicht in der Stimmung dafür.« Im Arbeitsleben aber muß Ihre abschlägige Antwort weniger von Gefühlen als von sachlichen Aspekten bestimmt sein.

Nehmen wir an, ein Vorgesetzter sagt: »Ich möchte, daß Sie heute abend länger bleiben und diese Arbeit fertig machen.« Sie können es darauf mit drei Typen von Antworten versuchen, je nach Lage der Dinge.

- »Nein, tut mir leid, aber ich kann nicht. Ich habe mich schon vor langer Zeit für heute abend verabredet.«
- »Nein, als ich in die Firma eintrat, hab' ich Ihnen doch gesagt, daß ich immer auf meine Mittagspause verzichte, aber den Zug um 16.57 Uhr erreichen muß.«
- »Nein, das wäre nicht gut. Ich habe diese wichtige Besprechung morgen vormittag um neun, und da muß ich frisch sein. Wenn ich heute erst um Mitternacht nach Hause komme, bin ich morgen nicht in guter Form.«

Nein sagen heißt nicht, daß man sich immer durchsetzt, aber die Reaktion macht den Weg dafür frei, über die Sache zu diskutieren und zu verhandeln. Ob Sie gewinnen, verlieren oder ein Unentschieden erzielen, wenn Sie frei heraussprechen, sind Sie zufriedener mit sich selber. Das gilt auch für Chefs. Wenn es ihnen schwerfällt, den Leuten, die für sie arbeiten, etwas abzuschlagen, wirkt sich diese Selbstunsicherheit sowohl auf ihre eigene Arbeit als auch auf ihre Selbstachtung nachteilig aus.

d) Wenn Sie selbständig in einem Dienstleistungsberuf tätig sind, müssen Sie Ihre Honorarforderungen selbstbewußt stellen. Bei Waren liegt der Fall anders; man kennt seine Selbstkosten, addiert eine vorher festgesetzte Gewinnspanne. Bei Dienstleistungen jedoch handelt es sich um Ihren Zeitaufwand und Ihr fachliches Können. Sie überlegen sich objektiv, wie hoch das angemessene Honorar wäre. Aber dann kommen Ihnen Zweifel. »Bin ich wirklich so viel wert?« . . . »Und wenn ich den Kunden/Klienten/Patienten verliere?« . . . »Wenn er sagt, das Honorar ist für meine Leistung zu hoch? Ist das auf mich gezielt, ein Zweifel an meinem fachlichen Können?« Viele Leute, die sich mit solchen Gedanken selbst herabsetzen, verlangen weniger Geld und sind dann unzufrieden. Ein Designer sagte zu mir: »Ich bin zu sehr auf Aufträge angewiesen. Ich unterbiete die anderen und verliere dabei, finanziell und seelisch.« Nach meiner eigenen Feststellung verlangen auch viele Psychotherapeuten, die eine Praxis aufbauen, zu niedrige Honorare, und zuweilen kommt dies sogar bei gut eingeführten Therapeuten vor.

Dieses Problem kann das berufliche Ansehen in Gefahr bringen. Dabei ist es oft mit einer einfachen Übung zu beheben. Setzen Sie zuerst die Höhe des Honorars fest. Wenn Sie sich nicht sicher sind, besprechen Sie sich mit jemandem, dessen Urteil zuverlässig ist. Dann beginnen Sie den laut gesprochenen Satz zu üben »Mein Honorar für diese Sache beträgt . . . Mark.« Sprechen Sie den Satz auf ein Tonband oder sagen Sie ihn zu Ihrem Ehepartner, Zimmerkollegen, zu einem Freund. Dann sprechen Sie ihn gegenüber dem Kunden/Patienten/Klienten aus. Vielleicht ist er damit einverstanden. Akzeptiert er den Betrag nicht, müssen Sie vielleicht noch eine zweite Entscheidung fällen: »Bin ich bereit, in diesem speziellen Fall für ein geringeres Honorar zu arbeiten?« Wenn Sie diese bewußte Entscheidung treffen, nachdem Sie Ihre Forderung vorgebracht haben, spricht viel dafür, daß Sie hinterher nicht mit sich unzufrieden sind.

3. Bestimmen Sie Ihre Verhaltensschwächen in interpersonalen Beziehungen im Arbeitsleben und arbeiten Sie an ihrer gezielten Veränderung. Versuchen Sie die damit verbundene Angst zu verringern oder ändern Sie überhaupt Ihr Vorgehen.

a) Wenn man jemandem kündigen muß. Niemand tut das gern, aber manchmal ist es nicht zu vermeiden. Wenn Ihnen die Entlassung eines unfähigen Angestellten so unangenehm ist, daß Sie den Schritt unterlassen haben, desensibilisieren Sie sich. Bestimmen Sie die möglichen Reizsignale, die Ihnen die Sache erschweren, und behandeln Sie sie dann im Rollenspiel mit irgend jemandem. Zumeist gehören sie zwei Kategorien an:

● Es ist Ihnen unangenehm zu sagen: »Sie sind gekündigt.«

● Sie fühlen sich unbehaglich wegen der möglichen Reaktion des Betreffenden, dem Sie kündigen.

Wenn der erste Fall zutrifft, bilden Sie eine Stufenfolge aus folgenden Erklärungen:

»Herr Schmidt, bemühen Sie sich bitte, besser zu arbeiten.«

»Herr Schmidt, die Sache steht schlecht, und wir müssen uns vielleicht von Ihnen trennen.«

»Sie arbeiten nicht gut genug. Wir werden uns von Ihnen trennen müssen.«

»Sie arbeiten miserabel. Sie sind gekündigt.«

Sie sind vielleicht entschlossen, den Satz »Sie sind gekündigt« auf keinen Fall auszusprechen, aber indem Sie die Desensibilisierung bis zu diesem Punkt führen, machen Sie es sich leichter zu sagen: »Wir werden uns von Ihnen trennen müssen.«

Wenn Sie unbehaglich darüber sind, was der Angestellte sagen könnte, fürchten Sie in der Regel entweder eine aufgebrachte oder tränenreiche Reaktion. Hier folgt das Beispiel einer Stufenfolge zorniger Reaktionen, auf die Sie im Rollenspiel Antworten einstudieren können:

Ein niedergeschlagenes: »Nun gut, tut mir leid, daß es nicht geht.«

Ein aufgebrachtes: »Sie sind sehr unfair zu mir.«

Ein zorniges: »Sie benutzen mich ja nur, um Ihre eigenen Mängel zu vertuschen.«

Ein Wutausbruch: »Der Teufel soll Sie holen. Sie sind ein ganz gemeines Schwein!«

Wenn Sie einen Tränenausbruch fürchten oder Angst haben, daß der Betreffende jammert, Sie brächten ihn ins Armenhaus, üben Sie durch Rollenspiel Ihre Antworten auf folgende Reaktion ein:

»Es tut mir leid, daß es nichts geworden ist.«

»Das kommt zu einer sehr ungünstigen Zeit für mich. Ich brauche das Geld, und es ist nicht leicht, einen Arbeitsplatz zu finden.«

»Ich hab' Ihnen nichts davon gesagt, daß mein kleiner Sohn schwer krank ist. Das heißt, daß ich ihm die Behandlung nicht verschaffen kann, die er unbedingt braucht.«

Ein hysterischer Ausbruch oder ein erloschenes »Das war meine letzte Chance. Ich weiß nicht, was ich jetzt tun soll. Ich tauge eben zu nichts.«

Entspannen Sie sich gezielt beim Rollenspiel der Situation, um die es in Ihrem Fall geht, bis Sie jeden Schritt angstfrei machen können. Gehen Sie dann zum nächsten über. Und schließlich führen Sie das Eingeübte in der Praxis aus.

b) Sie wissen, was Sie tun wollen, aber nicht, wie Sie dabei Ihre Selbstachtung bewahren können. Besonders Frauen würden gern für ihre Rechte eintreten, aber infolge der gesellschaftlichen Indoktrinierung glauben sie, es wäre »unweiblich« und »maskulin«, wenn sie Forderungen stellen, um Gehaltserhöhungen ersuchen oder nach Beförderungen streben.

Laborübung für Frauen

Wenn Sie eine Frau sind, wissen, was Sie wollen, aber nicht, wie Sie es erreichen können, ohne sich ungerechtfertigte Vorwürfe zu machen, dann benutzen Sie eine Form der Technik des ›Idealisierten Selbstbildes‹, entwickelt von Dr. Susskind vom Hunter College.

Stellen Sie sich die ideale Frau vor, die Sie gern im Berufsleben wären. Wie sieht sie aus? Welche Charaktermerkmale hat sie?

Wie würde diese ideale Frau in der Situation handeln, um die es Ihnen geht? Was würde sie sagen, tun, wie würde sie sie anpacken?

Spielen Sie im Geist die Situation ein paarmal im Rollenspiel durch (dies wird *verdecktes Modellernen* genannt). Und zwar so lange, bis Sie imstande sind, sich so in der Lebensrealität zu verhalten. Ich habe Leute gekannt, die diese Technik hundertmal üben mußten, bis sie beherrschten – aber sie schafften es! Versuchen Sie es auch!

Die Technik des ›idealisierten Selbstbildes‹ kann Ihnen helfen, die tatsächlichen Verhaltensweisen zu bestimmen, die Sie an den Tag legen möchten, und das verdeckte Modellernen sollte Ihnen bei der Ausführung eine Unterstützung sein.

c) Üben Sie Problemsituationen vorher. Versetzen Sie sich in Bereitschaft. Erwarten Sie nicht, daß Ihnen, wenn es soweit ist, ein Engel vom Himmel zu Hilfe kommt. Benützen Sie die Verhaltensprobe. Angst wird häufig schwächer, wenn man die Dinge in der Hand hat.

Ein Beispiel: Lorna Elman, eine Sozialarbeiterin, hatte eine gewaltige Angst, bei der wöchentlichen Besprechung in ihrer Behörde Fälle vorzutragen. Vor allem fürchtete sie sich davor, daß man ihr eine Frage zu einem Betreuungsfall stellen könnte, die sie nicht zu beantworten vermochte. Ich instruierte Lorna, sie solle, wenn sie die Darstellung eines Falles vorbereitete, zugleich eine Liste von Fragen zusammenstellen, die möglicherweise gestellt würden, und die Antworten darauf einüben. Sie machte diese Hausaufgabe, und dies führte zu einem zweifachen Ergebnis: Erstens stellte sie, weil sie den Fall gründlicher durchdachte, einen besseren Bericht zusammen, und zweitens gewann sie die Sicherheit, daß sie jede Frage beantworten könne, die ein anderer Mitarbeiter möglicherweise stellte. Dies hieß nicht, daß sie die korrekte Antwort auf jede gestellte Frage wüßte; aber es bedeutete, daß sie eine sachverständige Antwort geben konnte. Nachdem Lornas Angst sich abgeschwächt hatte, begann es ihr tatsächlich Spaß zu machen, ihre Fälle vorzutragen.

d) Man kann sich nicht auf alles vorbereiten, was kommt. Sie müssen fähig sein, spontan kreativ zu denken und Ihre Gedanken so auszudrücken, daß sie bei anderen Menschen ankommen. Diese Fähigkeit ist von besonderer Bedeutung bei wichtigen geschäftlichen

Besprechungen und Konferenzen, aber ebenso bei zwanglosen Zusammenkünften und sogar Zweierkontakten. Sie können sich selbst schulen.

Laborübungen in Denken und Kommunikation

ZWECK: Ihnen zu helfen, kreative Ideen zu entwickeln – und sie anderen zu vermitteln.

Die folgenden Übungen, von Michael Brown übernommen und adaptiert, sollen Ihnen helfen, rasch zu denken und interessant zu erzählen. Ich verwende sie in der ST-Gruppenbehandlung, aber Sie können sie auch mit Hilfe eines Freundes oder Tonbandgerätes und eines Spiegels anwenden.

ERSTER SCHRITT: Wählen Sie irgendein Thema und sprechen Sie eine Minute lang möglichst interessant darüber.

ZWEITER SCHRITT: Erstens: Sprechen Sie über etwas aus Ihrem Leben. Erklären Sie beispielsweise in einer Minute, warum Sie das Schreibpapier, das Sie benützen, für das beste auf dem Markt halten, oder wie Sie nach achtzehn vergeblichen Versuchen einen bestimmten Materialengpaß in Ihrer Firma überwunden haben. Der Sinn dieser Übung besteht darin, über ein sachlich-nüchternes Thema interessant zu sprechen.

Zweitens: Sprechen Sie anschaulich und einfallsreich über ein völlig unernstes Thema. Erklären Sie, warum Sie glauben, ein ausgewachsenes, menschenfressendes Krokodil gäbe ein perfektes Haustier ab, oder warum Sie finden, ein bestimmtes Schnulzenprogramm sei »die pädagogisch wertvollste Sendung im Fernsehen«, oder wie der Bocksbeutel zu seinem Namen gekommen ist. Der therapeutische Wert dieser Übung besteht darin, daß der Patient mit dem Thema überrumpelt und dadurch geschult wird, rasch und einfallsreich zu denken, wie es ihm in so vielen beruflichen und geschäftlichen Situationen abverlangt wird.

DRITTER SCHRITT: Nach Ihrem einminütigen Vortrag bewerten Sie die Ansprache sowohl nach dem Inhalt als auch nach der Form. Hätten Sie phantasievoller sprechen können? Haben Sie laut, fest und ohne Pausen gesprochen? War Ihre Haltung selbstsicher?

Bei dieser Übung treten, wie ich festgestellt habe, immer wieder gewisse Schwierigkeiten auf. Wenn Sie Ihre Erzählung nicht durch das Wort »ich« personalisieren, kommt sie uninteressant heraus. Machen Sie sie zu abstrakt und allgemein, statt präzise zu sprechen, sind Ihre Zuhörer gelangweilt. Vermeiden Sie die Gefahr, sich am Anfang auf zu viele Einzelheiten einzulassen, so daß Sie nie zum eigentlichen Thema kommen.

VIERTER SCHRITT: Nachdem Sie Ihre Ansprache bewertet haben, tragen Sie sie noch einmal vor. Dabei bemühen Sie sich, noch einfallsreicher zu sprechen. Ich kenne eine Gruppe leitender Angestellter, die sich mit solchen Übungen auf alle wichtigen Besprechungen und Konferenzen vorbereitet.

4. Machen Sie sich klar, daß auch andere Leute Gefühle haben. Nicht alle Reaktionen Ihrer Mitarbeiter beziehen sich auf Sie. Sie sind Menschen für sich, unabhängig von Ihnen, mit ihren eigenen Gedanken, Gefühlen und Problemen. Wenn ein Kollege ein Verhalten zeigt, das Sie ärgert, so liegt der Grund vielleicht nicht darin, daß Sie etwas Bestimmtes getan haben. Vielleicht hat er nur Kopfschmerzen, Krach mit seiner Frau gehabt, oder er macht sich Sorgen über seine Arbeit. Daß Sie in diesem Augenblick aufgabenorientiert sind, heißt noch nicht, daß er es ebenfalls ist.

VII. Lernen Sie, mit dem System fertig zu werden

Daß man in seinem Verhalten die richtigen Fertigkeiten beherrscht, ist eine notwendige, aber nicht hinreichende Voraussetzung. Sie müssen wissen, wo und wann Sie sie anwenden. Das heißt, daß Sie das System Ihrer Arbeitsumwelt im allgemeinen und Ihrer persönlichen Position innerhalb der Struktur im besonderen sehr gut kennen müssen. Sie müssen lernen, sich über Veränderungen innerhalb Ihrer Firma auf dem laufenden zu halten, und bestimmen, ob sie für Sie eine Bedrohung oder eine Chance darstellen. Wenn Sie ehrgeizig sind, müssen Sie in einem Bereich arbeiten, wo Ihre Leistungen Aufsehen erregen. Wenn Sie es in der Firma zu etwas bringen wollen, können Sie nicht in einem Winkel bleiben, wo man Sie nicht sieht. Sie müssen verstehen, daß gesellschaftliche Kontakte außerhalb der Firma wichtig sind, und sich über das Wie, Wann und Wo dieser sozialen Interaktion im klaren sein. Sie müssen die politische Einstellung, die Denkart und die Vorurteile der Leute in Ihrer Firma kennen. Wenn Sie das System kennen und durchschauen, können Sie die Entscheidungen fällen, die Sie treffen wollen.

1. Behalten Sie Ihr berufliches Ziel im Auge. Wenn sich eine günstige Gelegenheit ergibt, heißt das noch nicht, daß Sie sie ergreifen müssen. Es kann sogar sein, daß Sie durchaus von Ihrem Ziel abgelenkt werden. Oder die Chance führt dazu, daß Sie Ihre gegenwärtige Situation in einem neuen Licht sehen.

Fallbeispiel

Dick Harris, ein farbiger Arzt, ließ sich von mir wegen Selbstbewußtseinsproblemen in engen Beziehungen behandeln. Im Lauf der Behandlung wurde ihm die Position des Leiters der Pädiatrie-Abteilung an einer sehr angesehenen medizinischen Hochschule angeboten. Dr. Harris konnte sich nicht entscheiden, ob er das Angebot annehmen oder ablehnen solle.

Ich tat zweierlei, um es ihm leichter zu machen, eine Entscheidung zu treffen. Ich veranlaßte ihn, sich das berufliche Dasein vorzustellen, das er in fünf Jahren führen möchte. Außerdem ließ ich ihn die beruflichen Pflichten des Department-Leiters beschreiben, und anschließend mußte er sich vorstellen, daß er diese Tätigkeit ausführte. Die Diskrepanz zwischen dem, was er wollte, und dem, was er erhalten würde, trat klar ins Licht. Als Leiter des Department hätte er eine Unmenge Verwaltungsarbeit zu leisten und könnte sich nicht der klinischen Tätigkeit und der Forschung widmen, worauf sich seine Wünsche richteten. Er kam zu der Erkenntnis, daß die Chance, die ihm geboten wurde, ihn von seinen wirklichen Zielen wegführen würde.

Aber als Dr. Harris das nächstemal in meiner Praxis erschien, berichtete er, daß er die Position doch angenommen habe. »Einen Punkt haben wir nicht überlegt«, sagte er. »Diese medizinische Hochschule hat noch nie einen schwarzen Department-Chef gehabt, und es ist wichtig, einen solchen Präzedenzfall zu schaffen. Diesem Prinzip zuliebe bin ich bereit, meine privaten Ziele zu opfern.« Damit handelte er nach einer bewußt getroffenen, freien Entscheidung, und er besaß genug Selbstbewußtsein, um seine Ziele ihr unterzuordnen beziehungsweise diese zu verändern.

2. Lernen Sie, mit den Vorurteilen fertig zu werden, denen Sie begegnen. Manchmal kann man darüber diskutieren. Manchmal aber muß man sich zur Wehr setzen. Dies gilt besonders für Frauen im Berufsleben; denn trotz aller Fortschritte, die die Befreiung der Frau gemacht hat, fällt es noch immer zahlreichen Männern schwer, einem weiblichen Vorgesetzten Achtung entgegenzubringen, und andere sind der Meinung, es sei durchaus in Ordnung, daß Männer mehr verdienen.

Fallbeispiel

Peggy Berke konkurrierte mit einem Mann in ihrer Firma um einen bestimmten Posten. Sie bekam ihn, und der Mann, der ihr vorher gleichgestellt gewesen und nun ihr Untergebener war, begann ihr das Leben schwerzumachen. Er ließ sich absichtlich Zeit beim Arbeiten und brachte damit Peggy in Schwierigkeiten. Sie war sich darüber im klaren, daß sie ihn sich vornehmen mußte, hatte aber Angst davor. »Es reicht schon, daß ich ihm den Posten weggeschnappt habe«, sagte sie zu mir. »Warum soll ich ihn jetzt ganz kastrieren und ihm den letzten Rest seiner Männlichkeit nehmen?« Wir nahmen uns die Situation im Rollenspiel vor. Peggy überwand ihre Bedenken und führte schließlich die Aussprache herbei. »Zwischen uns gibt es ein Problem«, begann sie, legte die Situation dar und fragte dann: »Was können wir tun?« Dabei fühlte sie sich wie ein Chef. Sie wußte, wenn der Mann künftig nicht bessere Arbeit leistete, hatte sie das Selbstvertrauen, ihm die Kündigung nahezulegen. Nach der Aussprache war das Klima zwischen ihnen viel freundlicher, und die Leistung des männlichen Untergebenen verbesserte sich beträchtlich. Peggy hatte ihre Position gefestigt.

---

3. Lernen Sie entscheiden, wann Sie eine Stellung aufgeben. Manchmal ist das System zu unelastisch, oder es gibt einem nicht die Möglichkeiten, seine Ziele zu verwirklichen. Eine Frau, die früher Direktionssekretärin gewesen war, gab Schreibmaschinenunterricht an einer Handelsschule für Mädchen. Die Arbeit bedrückte sie zwar, aber es war ihr angenehm, daß sie die lästigen Pflichten des Sekretärinnenjobs los war. In der therapeutischen Behandlung bei Dr. Iris Fodor in New York analysierte sie, welche andere Arbeit, die ihr besser gefiel, sie sich suchen könnte. Ihre Lösung: eine Anstellung an einer Abendschule, wo man sie viel besser bezahlte und sie männliche und weibliche Kollegen hatte.

Manchmal ist das System nicht das Richtige für Sie, weil Ihre Ziele oder Ihre Arbeitsbedingungen sich verändert haben. Vor diese Probleme war ich selbst zweimal in meinem Leben gestellt. Das eine Mal war vor langen Jahren, als ich eine ganztägige Beschäftigung innerhalb eines Krankenhauses hatte und daneben abends ein paar Stunden privat praktizierte. Das Einerlei im Krankenhaus drückte derart auf meine Stimmung, daß davon meine eigene Arbeit in Mitleidenschaft gezogen wurde. Eines Tages las ich einen sehr schlecht abgefaßten psychologischen Befund über einen Patienten und sah dann am Ende der Seite meine eigene Unterschrift. »Wie hab' ich mir so etwas Miserables nur durchgehen lassen können?« sagte ich mir. Ich mußte die Anstellung im Krankenhaus aufgeben. Ich beschloß, das Risiko einzugehen und ganztägig privat zu praktizieren, obwohl ich für meine erste Ehefrau und ein Kind zu sorgen hatte und ein zweites unterwegs war. Schon zwei Monate danach war mein Einkommen wieder auf seiner vorigen Höhe.

Der zweite Fall ereignete sich vor kurzem. Ich war fünfzig Jahre alt, gehörte dem Lehrkörper einer medizinischen Hochschule an, hatte mich scheiden lassen und wieder verheiratet und enorme finanzielle Verpflichtungen. Über Nacht kam es an der Hochschule zu einer Reihe administrativer Veränderungen. Die meisten Lehrer, von denen ich viel hielt, kündigten. Es war niemand mehr da, der mir einen Ansporn zur Bewährung geben konnte, und die Verwaltungsleute behinderten mich in meiner Arbeit. Mir blieb nichts übrig, als ebenfalls zu gehen. Inzwischen hatte ich eine glänzende berufliche Reputation, und als ich nach Teilzeitbeschäftigung im akademischen Bereich Ausschau hielt, bekam ich eine ansehnliche Zahl von Angeboten. In den meisten Fällen wurde gute Bezahlung geboten, aber ich wäre von der großen Bahn meiner beruflichen Entwicklung abgelenkt worden. Ich entschied mich für das Angebot, das mir die Chance bot, beruflich weiterzukommen, obwohl die Stelle weniger gut dotiert war. Dafür hatte sie einen anderen Vorteil. Weil ich mich dort entfalten konnte, stieg mein Ansehen und damit auch der Umfang meiner Privatpraxis.

Ich möchte betonen, daß mich beide Male eine starke Angst erfüllte, als ich die Entscheidung traf. Es hätte auch schiefgehen können. Ich hatte Glück, und es ging nicht schief.

Aber war es nur Glück? Bei mir hat es geklappt. Würde es in Ihrem Fall klappen? Ich war mir über mein Ziel im klaren: die Möglichkeit zu beruflicher Entfaltung. Für jemanden, dem es in erster Linie um Sicherheit geht, wären diese Entscheidungen falsch gewesen.

Im Berufs- und Geschäftsleben sollten Sie sich immer zwei Fragen stellen:

Was ist mein Ziel?

Was muß ich tun, um es zu erreichen?

12

Die Gruppe

Dies ist die Geschichte einer ST-Gruppe, die sich im Winter 1973/74 bei mir zu Hause zu zehn aufeinanderfolgenden wöchentlichen Sitzungen versammelte, die jeweils anderthalb Stunden dauerten.

Von den acht Mitgliedern der Gruppe – die zwischen fünfundzwanzig und sechzig Jahre alt und in den verschiedensten Berufen, vom Installateur bis zur Kinderärztin, tätig waren – hatten sich fünf früher einer analytisch ausgerichteten Therapie unterzogen. Bei einem Mitglied hatte sie gut angeschlagen, bei einem anderen mäßig gut, bei zwei Leuten hatte sie keine guten Resultate erbracht, und ein Mitglied war nach seinen eigenen Worten dadurch »vom Regen in die Traufe« geraten.

Nach den zehn Wochen Selbstbewußtseinstraining hatte jeder der Teilnehmer sich in irgendeiner Weise verändert. Bei manchen waren die Veränderungen beträchtlich.

Die Mitglieder der Gruppe:

– Tess A., eine schlanke, etwas verkrampfte Kinderärztin Anfang Vierzig. Obwohl bei ihr die analytische Therapie erfolgreich gewesen war, fand sie, daß sie noch ein Problem zu überwinden hatte. Sie war unfähig, nein zu sagen – zu den Müttern der Kinder, die sie behandelte, zu ihrer Sekretärin, zu ihrem Ehemann. Die Folge davon war, daß Tess ständig neue Belastungen auf sich nahm, gegen ihren Willen und obwohl sie keine Zeit dafür hatte.

– Rose W., Leiterin einer karitativen Einrichtung in einem Armenviertel, sechzig Jahre alt. Ihr Problem, wie sie es darstellte, beschränkte sich auf ihre Tätigkeit. »Es fällt mir nicht schwer, mit einzelnen Leuten zu sprechen, aber Gruppen jagen mir einen Schrecken ein. Ich zittere am ganzen Leib, wenn ich eine Rede halten muß, und in meiner Stellung muß man viel in der Öffentlichkeit sprechen.«

– Dorothy M., eine ehemalige Schauspielerin, die vor zwanzig Jahren in einer Reihe von Broadway-Shows führende Rollen neben den Hauptdarstellern gespielt, aber die Bühnenlaufbahn für Ehe und Mutterschaft aufgegeben hatte. Nun, mit vierzig und den Kindern im Internat, sehnte sie sich danach, auf die Bühne zurückzukehren. Doch in diesen beiden Jahrzehnten hatte Dorothy ihr Selbstvertrauen verloren. Sie sagte: »Die haben mich doch alle vergessen. Ich habe mein Aussehen verloren, und die Leute werden mich ablehnen. Ich weiß auch nicht, ob ich überhaupt noch spielen kann.«

– Jill J., eine fünfundzwanzigjährige verheiratete Direktionssekretärin, die unzufrieden war, weil sie so wenig Freunde hatte, und sich ein Netz sozialer Kontakte verschaffen wollte.

– Willie R., ein fünfunddreißigjähriger Installateur, der in die Behandlung gekommen war, weil seine Frau, eine Lehrerin, es unbedingt wollte. Willie hatte sich wie in allen Dingen ihrem Wunsch gefügt. In der Arbeit war er sehr selbstsicher und tüchtig, aber zu Hause übernahm er nie die Initiative. Seine Frau wollte ihn aktiv und energisch sehen. Das war auch Willies Wunsch, aber er wußte nicht, wie er es anstellen sollte.

– Lyle S., ein Programmierer Anfang dreißig, Dreißig, mich ursprünglich wegen seiner ehelichen und sexuellen Schwierigkeiten aufgesucht. Sein Problem war seine Aggressivität. Er war hochgewachsen und schlank und wirkte auf den ersten Blick sehr ruhig; doch wenn er den Mund auftat, bekam man schneidende, sarkastische Bemerkungen und unbeherrschte Ausbrüche zu hören. Er war nicht nur unfähig, Ärger angemessen auszudrücken, sondern es fiel ihm auch schwer, zärtlich zu seiner Frau zu sein, die er an sich sehr liebte.

– Ernie K., ein dreißigjähriger Taxichauffeur (der Mann, der »vom Regen in die Traufe« gekommen war, als er sich nach der traditionell-analytischen Methode therapieren ließ). Wie Lyle verhielt auch er sich aggressiv gegen andere Menschen. Er hatte eine »Stinkwut« auf den Verkehr in Manhattan, bildete sich ein, die Polizisten seien »wie der Teufel hinter mir her«, und bekam ständig Streit mit Fahrgästen. Außerdem litt Ernie an einer ungeheuren inneren Verkrampfung. Dies zeigte sich schon in der ersten Gruppensitzung. Er schloß zwar mit den sieben anderen Mitgliedern Blickkontakt, starrte sie aber derart an, daß er alle gegen sich einnahm. Ernie, der unverheiratet war, bewohnte ein möbliertes Zimmer als Untermieter, und seine Begegnungen mit den Fahrgästen stellten praktisch seine einzigen sozialen Kontakte dar.

– Frank B., ein zweiundvierzigjähriger Buchhalter bei einer großen Firma, der der Ansicht war, er hätte es schon viel weiter bringen müssen. Franks Problem: Er war homosexuell. Er war der Überzeugung, wenn er in der Arbeit irgendwann den Mund aufmachte, würden seine Arbeitskollegen ihn angewidert zurechtstauchen.

Die erste Sitzung benützte ich dazu, die Mitglieder der Gruppe miteinander bekannt zu machen, ihre einzelnen Ziele zu bestimmen und eine aufgabenorientierte Einstellung herzustellen. In den folgenden Sitzungen wandte ich eine Reihe von ST-Techniken an, von Entspannungsübungen bis zum Rollenspiel.

Bei Ernie zum Beispiel verfolgte ich zwei Ziele: erstens seine Verkrampfung zu lockern. In der Gruppe mußte er üben, sich zu entspannen und dann diese Technik auf die Lebenspraxis übertragen, beim Taxifahren und im Umgang und Gespräch mit Fahrgästen. Zweitens wollte ich sein Verhalten so formen, daß er fähig wurde, mit seinen Fahrgästen im normalen Ton und ohne Aggressivität umzugehen. Ich brachte ihm auch bei, wie man mit Leuten fertig wird, die einen schlecht behandeln. Mit Ernie wie auch mit Rose, Willie, Tess und Lyle übten wir viel mit der Technik des Rollenspiels. Bei Jill und Dorothy wandte ich die Methode der Verhaltensaufgaben an. Jill lernte, im Aufzug zu Mitbewohnern guten Tag zu sagen und zusammen mit ihrem Mann Umgang mit anderen Ehepaaren aufzunehmen. Dorothy gab ich Anleitungen, wie sie ihre Verbindungen zum Theater auffrischen konnte.

Eine enorme Hilfe war die Interaktion innerhalb der Gruppe. Frank beispielsweise fürchtete, die anderen könnten entdecken, daß er homosexuell war, und würden ihn deswegen ablehnen. Vor allem vor Ernies Reaktion hatte er Angst. Deshalb mußte ich Frank ›Einzelunterricht‹ geben und mit ihm im Rollenspiel üben, der Gruppe gegenüber ohne Furcht aufzutreten. Ich übernahm dabei die Rolle Ernies. In der dritten Sitzung brachte Frank seine sexuelle Einstellung zur Sprache, und die anderen nahmen es auf, als hätten sie es längst gewußt. Ich fragte Ernie, was er dazu meine, worauf er die schlichte Antwort gab: »Das ist Franks Sache.« Diese Reaktion gab Frank Sicherheit für ein freies Auftreten an seinem Arbeitsplatz.

Hier folgte eine gedrängte Darstellung, wie das Ergebnis der zehnwöchigen Gruppensitzungen für jeden der Teilnehmer aussah.

Durch Band- und ST-Übungen in der Gruppe sowie durch praktisches Üben mit Müttern von ihren jungen Patienten und mit ihrer Sekretärin hatte Tess gelernt, nein zu sagen. Auch ihrem Ehemann, der viele Ansprüche an sie stellte, schlug sie nun manches ab. Dabei kristallisierte sich der Entschluß heraus, die Ehe aufzulösen. Sie sagte zu uns: »Ich weiß nicht, ob es gut oder schlecht ist, aber es muß geschehen.«

Rose hatte entdeckt, daß die Schwierigkeiten, die sie im Umgang mit Menschen hatte, sich nicht auf ihre berufliche Tätigkeit beschränkten. Die Offenheit, die sie sich zugelegt hatte, und die neu erworbene Fähigkeit, ihre Gedanken und Gefühle anderen mitzuteilen, hatten sich auch auf ihre Ehe ausgewirkt. Sie berichtete: »Mein Mann hat zu mir gesagt: ›Du hast dich in den zehn Wochen mehr verändert als in den fünfundzwanzig Jahren, die wir verheiratet sind!‹« Für Rose war der Wendepunkt in der Mitte unseres Gruppenprogramms gekommen. Ich hatte alle Teilnehmer gebeten, für die vierte Sitzung eine zwei Minuten lange Schilderung vorzubereiten, in der sie ein Ereignis beschreiben sollten, das sie vor dem zwanzigsten Lebensjahr erlebt hatten und das ihnen nahegegangen war. Rose erzählte die rührende Geschichte, wie ein Nachbarjunge, den sie sehr gern hatte, bei einem Jagdunfall ums Leben kam. Obwohl sie die Geschichte gut erzählte, war sie dabei ungemein nervös, wie sie gestand. Ich forderte sie deshalb auf, in der nächsten Sitzung noch etwas zu erzählen. Als Rose ins Zimmer trat, wirkte sie so verängstigt, daß ich ihr zunächst sagte, sie solle sich entspannen. Dies gelang ihr, und später sagte sie mir: »Das war der Punkt, an dem mit mir etwas anders geworden ist. Von da an hatte ich meine Angst unter Kontrolle.«

Die junge Jill hatte nun mit einer ganzen Gruppe von Leuten sozialen Kontakt und damit einen soliden Anfang für ein Kontaktnetz geschaffen. Unter ihren neuen Freunden war auch Rose.

Dorothy war begeisterter Stimmung. Bis zur zehnten Sitzung hatte sie eine Reihe von Bekanntschaften in der Theaterwelt aufgefrischt und wurde für eine bevorstehende Broadway-Inszenierung in Erwägung gezogen. In der ersten Sitzung hatte sie uns ein langes Register von Gründen aufgezählt, warum man ihr keine Rolle geben würde, weshalb es gar keinen Sinn hätte, sich zu bewerben. In der Schlußsitzung beschrieb sie einen Vorstoß, den sie kurz vorher unternommen hatte, und sagte stolz: »Diese Rolle hab' ich in der Tasche.«

Mit Lyle ging es auch voran. Durch umfangreiches Rollenspiel in der Gruppe, bei dem Auseinandersetzungen simuliert wurden, hatte er gelernt, Ärger und Zorn offen und angemessen zu äußern, ohne gleich Wutanfälle zu bekommen. Seine Sprache war nun nicht mehr aggressiv, sondern selbstbewußt. Er hatte auch gelernt, zärtliche Gefühle zu bekunden. Er spielte der Gruppe ein von seiner Frau besprochenes Tonband vor, auf dem sie über die Veränderungen berichtete, die in ihrer Beziehung eingetreten waren.

Bei Willie war nur ein Teilerfolg eingetreten. Er hatte begonnen, innerhalb seiner Ehe mehr Entscheidungsverantwortung zu übernehmen. Beispielsweise plante er den nächsten Urlaub für sich und seine Frau. Er unternahm auch mehr auf eigene Faust, etwa, daß er sich zusammen mit Freunden Hockeyspiele ansah. Aber er hatte noch einen langen Weg vor sich, und in seinem Fall war weiteres Selbstbewußtseinstraining angezeigt.

Frank hatte einen Arbeitskollegen (den er schon seit fünfzehn Jahren kannte) eingeweiht, daß er homosexuell war. Dieser hatte genauso reagiert wie die Mitglieder der Gruppe und lediglich bemerkt: »Das wissen doch alle längst, und keiner kümmert sich darum.« Als die Behandlung abgeschlossen wurde, war Frank zwar in seiner Firma nicht weitergekommen, aber ein halbes Jahr später wechselte er den Arbeitgeber und erhielt eine viel bessere Position.

Ernie war viel ruhiger geworden. Er stritt sich nicht mehr mit seinen Fahrgästen, und seine Trinkgeldeinnahmen hatten sich fast verdoppelt. Aber bei ihm war die Behandlung noch nicht abgeschlossen. Da er wegen seiner ruppigen Art keinen Bekannten- und Freundeskreis besaß, nahm ich ihn anschließend in eine andere ST-Gruppe auf, um ihm zu einem Netz sozialer Kontakte zu verhelfen.

Zum Schluß möchte ich auf eine der Fragen eingehen, die mir am häufigsten gestellt werden.

Frage: Da Sie sich soviel mit Selbstbewußtseinstraining beschäftigen – finden Sie, Sie sind dadurch selber selbstbewußter geworden?

Antwort: Ja. Ich beobachte an mir, daß ich ständig die Dinge tue, die ich meinen Patienten beizubringen versuche. Im Umgang mit Leuten und in meiner beruflichen Tätigkeit bemühe ich mich, mich zur Geltung zu bringen. Wenn ich mich mit Patienten über Ziele unterhalte, unterziehe ich meine eigenen Ziele einer Prüfung. Auf diese Weise habe ich meinen beruflichen Weg, meine Ehefrau und meine ganze Lebensgestaltung verändert.

Es hat bei mir gewirkt. Es kann auch bei Ihnen wirken.

Anhang

Die Vollentspannungsübung

Hier folgt der Text einer Tonbandaufnahme, die während einer Entspannungsübung aufgezeichnet und Patienten nach Hause mitgegeben wurde. Leser, die ihn für Ihren eigenen Gebrauch aufzeichnen möchten, sollten ihn von jemandem sprechen lassen, dessen Stimme bei Bedarf einen einlullenden Ton annehmen kann. Die Passagen über das Anspannen der Muskulatur sollten in munterem Ton vorgelesen werden. Die Stellen, in denen zur Entspannung aufgefordert wird, werden langsam und in einem besänftigenden, fast musikalischen Tonfall vorgetragen, der ein gewisses hypnotisches Element hat.[1]

Legen Sie sich hin. Ihre Augen sind geschlossen. Ihre Arme liegen am Körper, die Hände sind geöffnet. Richten Sie sich bequem zurecht. Wenn Ihnen abschweifende Gedanken kommen, sagen Sie STOP zu sich. Vertreiben Sie sie und konzentrieren Sie sich auf das, was Sie tun ...

Als erstes müssen Sie die Muskulatur im unteren Teil Ihres Körpers anspannen. Bringen Sie die Füße in eine Lage, daß die Zehen einwärts gerichtet und die Fersen durch einen kleinen Abstand getrennt sind. Biegen Sie die Zehen leicht nach unten und ebenso die

---

[1] Aus »Help Without Psychoanalysis«, Dr. Herbert Fensterheim, New York 1971.

Füße – jetzt aufwärts, zu sich her –, dabei werden die Muskeln an Ihren Schienbeinen und in den Waden angespannt. Zugleich spannen Sie die Schenkelmuskeln, spannen Sie die Gesäßmuskeln und den Anusmuskel an – nicht so stark, daß sie ganz straff sind, aber doch genug, daß Sie die Spannung spüren. Achten Sie darauf, achten Sie auf die Anspannung –. Angespannt, angespannt, angespannt – *(Pause von fünf Sekunden).*

Jetzt entspannen Sie sich – Sie merken, wie die Spannung ausströmt . . . Konzentrieren Sie sich darauf, Ihre Zehenmuskeln zu entspannen . . . Entspannen Sie die Beinmuskulatur . . . Entspannen Sie die Schenkelmuskeln . . . Entspannen Sie das Gesäß, den Schließmuskel . . . Jetzt konzentrieren Sie sich auf jeden Körperteil, den ich aufzähle . . . Zehen entspannt . . ., Beine entspannt . . ., Schenkel entspannt . . ., Gesäßmuskeln . . . entspannt . . . Die ganze Anspannung ist weg . . . *(Pause von zehn Sekunden).*

Nun ziehen Sie die Bauchmuskeln an. Spannen Sie sie so fest an, als wollte Ihnen ein Kind einen Ball gegen den Bauch schießen . . . Spannen Sie sie ganz fest . . . Achten Sie auf die Spannung . . . Halten Sie sie zehn Sekunden . . . Halten Sie sie . . . Gespannt . . ., gespannt . . ., gespannt . . .

Und jetzt entspannen Sie sich . . . Entspannen Sie Ihre Bauchmuskulatur . . . Lassen Sie sie schlaff werden . . . Versuchen Sie, die Muskeln tief in Ihrem Bauch zu entspannen . . . die Muskeln Ihrer Eingeweide . . . Lassen Sie sie erschlaffen . . . Sie sind immer entspannter, immer entspannter, immer entspannter . . . *(zehn Sekunden Pause).*

Und nun die Rückenmuskulatur . . . Biegen Sie den Rücken nach hinten . . ., bis Sie spüren, wie die Spannung kommt . . . Versuchen Sie, die Stellung der Anspannung zu bestimmen . . . Neben Ihrem Rückgrat verlaufen zwei lange Muskelstränge . . . Vielleicht spüren Sie da die Spannung . . . Empfinden Sie die Spannung überall, wo sie ist . . . Ihr Rücken ist angespannt . . ., angespannt . . . angespannt . . .

Und nun entspannen Sie sich . . . Entspannen Sie die Rückenmuskeln . . . Lassen Sie sie erschlaffen . . . Lassen Sie die ganze Spannung heraus . . . Ihr Rücken ist schlaff und schwer . . . Halten Sie ihn in diesem Zustand . . . Immer entspannter, immer entspannter, immer entspannter . . . *(zehn Sekunden Pause)*.

Und jetzt die Brustmuskeln . . . Holen Sie tief Luft und halten Sie den Atem an . . . Halten Sie ihn an . . . Fünf Sekunden . . . Sie bemerken, wie die Spannung kommt, während Sie die Luft anhalten . . . Achten Sie auf die Anspannung Ihrer Brustmuskeln . . . Suchen Sie, wo sie lokalisiert ist . . . Zehn Sekunden . . . Halten Sie weiter den Atem an . . . Sie erkennen das Gefühl der Anspannung . . . Fünfzehn Sekunden . . . Nun atmen Sie aus, langsam, so langsam, wie Sie können . . . Langsam . . . Atmen Sie jetzt leicht und unangestrengt, wie im Tiefschlaf . . . *(Pause)* . . . Lassen Sie weiter Ihre Brustmuskeln entspannt . . . Lassen Sie sie erschlaffen . . . Lassen Sie die Spannung ganz verschwinden . . . *(zehn Sekunden Pause)*.

Jetzt konzentrieren Sie sich auf jeden Teil des Körpers, wie ich ihn aufzähle . . . Bauch entspannt . . . Rücken entspannt . . . Die ganze Spannung ist weg . . . *(Pause)*.

Und nun die Muskeln Ihrer Finger, Arme und Schultern . . . Ballen Sie beide Hände zur Faust . . . Drücken Sie die Ellbogen durch . . . Ellbogen durchdrücken und die Arme gerade wie Stäbe . . . Heben Sie die Arme in einem Winkel von fünfundvierzig Grad . . . Die Arme sind in einem Winkel von fünfundvierzig Grad, halb zwischen der Couch und der Vertikalen ausgestreckt . . . Lassen Sie jetzt die Anspannung auf sich wirken . . . Achten Sie auf die Spannung . . . Achten Sie auf die Anspannung der Finger . . . die Spannung in den Unterarmen . . . in den Oberarmen und der Schulter . . . Halten Sie die Anspannung zehn Sekunden . . . Halten Sie sie . . . Halten Sie sie . . ., gespannt . . ., gespannt . . .

Und nun entspannen Sie sich . . . Hände öffnen . . . Arme an den Körper legen . . . Entspannen Sie sich jetzt . . . Entspannen Sie die Fingermuskeln . . . Lassen Sie sie erschlaffen . . . Entspannen Sie die Oberarmmuskeln . . . Lassen Sie sie schlaff werden . . . Und jetzt die Schultermuskeln . . . schlaff werden lassen . . . *(Pause)*. Finger sind entspannt . . . Arme entspannt . . . Schultern entspannt . . . Ihre Arme fühlen sich schlaff und schwer an . . . Nur lockern, lockern . . . *(zehn Sekunden Pause)*.

Und nun die Muskeln zwischen den Schulterblättern und die Nackenmuskulatur . . . Drücken Sie die Schultern durch, bis die Schulterblätter sich fast berühren . . . Zugleich biegen Sie den Hals nach hinten, bis Ihr Kinn zur Decke zeigt . . . Diese Körperpartien sind sehr empfindlich für nervliche Spannungen . . . Die meisten Leute empfinden in diesen Bereichen Angespanntheit am stärksten . . . Lassen Sie die Spannung auf sich wirken . . . Nicht so stark anspannen, daß es schmerzt . . . Achten Sie auf die Spannung . . . Lassen Sie sie anwachsen . . .

Nun entspannen . . . Entspannen Sie die Muskeln zwischen den Schulterblättern . . . Lassen Sie die Spannung ausströmen . . . Entspannen Sie die Nackenmuskeln . . . Lassen Sie sie schlaff werden . . . Die Nackenmuskeln stützen Ihren Kopf nicht . . . Ihr Kopf fällt schlaff aufs Kissen . . . Die ganze Spannung strömt aus . . . Sie spüren, wie sie ausströmt . . . *(zehn Sekunden Pause).*

Und nun die Muskeln der oberen Gesichtshälfte . . . Schneiden Sie eine Grimasse mit dem oberen Teil Ihres Gesichts . . . Kneifen Sie die Augen ganz fest zu . . . Rümpfen Sie die Nase . . . Legen Sie die Stirn in Falten . . . Stellen Sie fest, wo Sie die Spannung spüren . . . Achten Sie darauf . . . Sie stellen fest, daß Sie die Anspannung an der Stirne, zwischen den Augenbrauen, unter den Augen spüren . . .

Jetzt entspannen Sie sich . . . lassen Sie die ganze Spannung ausströmen . . . Konzentrieren Sie sich nur darauf, die Stirnmuskulatur zu entspannen . . . Lassen Sie sie erschlaffen . . . Entspannen Sie die Lider . . . Während sie sich entspannen, stellen Sie fest, daß sie schwer werden . . . Sie werden schläfrig, aber Sie wollen nicht einschlafen . . . Sie müssen wach bleiben . . . Entspannen Sie die Muskeln an der Nasenwurzel . . . Lassen Sie sie erschlaffen . . . Entspannen Sie die Wangenmuskeln . . . Erinnern Sie sich, wo sie gespannt waren . . . Lockern Sie sie . . . *(zehn Sekunden Pause).*

Und nun die Kiefer- und Zungenmuskeln . . . Beißen Sie die hinteren Zähne fest zusammen, drücken Sie sie aufeinander, bis die Kiefer ganz fest zusammengepreßt sind . . . Sie spüren die Anspannung in den Schläfen, neben den Ohren . . . Achten Sie darauf, wo Sie die Anspannung fühlen . . . pressen Sie die Zunge gegen die unteren Schneidezähne . . . Die Kiefer sind fest geschlossen . . . Die Zunge ist angespannt. Lassen Sie das Gefühl der Anspannung auf sich wirken . . . Halten Sie die Spannung, halten Sie sie . . .

Nun entspannen Sie sich. Entspannen Sie die Kiefermuskeln . . . Lockern Sie sie . . . Entspannen Sie den Zungenmuskel . . . Die Zahnreihen sollten etwas auseinander stehen . . . Der Unterkiefer hängt schlaff herunter . . . Immer entspannter, immer entspannter . . . *(zehn Sekunden Pause).*

Und jetzt die Muskeln um Mund und Kinn . . . Ziehen Sie sie an. Dies erreichen Sie am besten, wenn Sie grinsen . . . Ein breites Grinsen, schneiden Sie eine Grimasse . . . Blecken Sie die Zähne, die oberen und die unteren . . . Machen Sie den Mund ganz breit . . . Empfinden Sie die Anspannung in den Lippen, um den Mund, im Kinn . . . Lassen Sie die Spannung zunehmen . . . Halten Sie sie . . . empfinden Sie sie . . . Gespannt . . . gespannt . . . gespannt . . .

Nun entspannen Sie sich . . . Entspannen Sie die Muskeln um den Mund und im Kinn . . . Lockern Sie sie . . . Lassen Sie die ganze Spannung ausströmen . . . *(zehn Sekunden Pause).* Und jetzt versuchen Sie, die Halsmuskulatur zu entspannen . . . Entspannen Sie den weichen Teil des Halses, dort, wo Sie schlucken . . . Entspannen Sie die Kehlkopfmuskeln . . . Versuchen Sie konzentriert, hier die Anspannung herauszubekommen . . . *(zehn Sekunden Pause).* Damit ist der erste Teil der Übung abgeschlossen . . . Lassen Sie die Augen geschlossen, Sie entspannen sich noch.

Und nun beginnt der zweite Teil. Fragen Sie sich: Sind meine Beine irgendwie angespannt, meine Schenkel, mein Gesäß? Wenn ja, lockern Sie sie . . . Versuchen Sie, die Spannung restlos zu beseitigen . . . Immer entspannter, immer entspannter . . . *(zehn Sekunden Pause).* Dann fragen Sie sich: Ist mein Bauch, der Rücken, die Brust irgendwie angespannt? Wenn ja, bringen Sie die Spannung zum Verschwinden . . . Atmen Sie leicht und locker, wie im Tiefschlaf . . . Alle Spannung muß heraus . . . *(zehn Sekunden Pause).* Und nun fragen Sie sich: Sind meine Finger, Arme, Schultern irgendwie angespannt? Wenn ja, beseitigen Sie die Spannung . . . Lockern Sie die Arme, daß sie schlaff und schwer werden . . . *(zehn*

Sekunden Pause). Nun fragen Sie sich: Ist die Stelle zwischen den Schulterblättern oder der Nacken angespannt? Wenn ja, beseitigen Sie sie ... Ihr Kopf fällt kraftlos auf das Kissen ... *(Pause).* Und nun fragen Sie sich: Spüre ich irgendeine Anspannung im Gesicht, im Ober- und Unterkiefer, im Hals? Wenn ja, beseitigen Sie sie ... Die ganze Spannung muß weg ... Lockern Sie sich, lockern Sie sich ... *(Pause).*

Und nun gehen wir den dritten Teil der Übung an. Stellen Sie sich Ihre angenehme Szene vor, die Szene, von der weiter vorne die Rede war. Oder wenn Sie damit Schwierigkeiten haben, stellen Sie sich das Wort RUHIG vor ... Stellen Sie sich das Bild ganz klar und plastisch vor, nicht nur den Anblick, sondern auch die Geräusche, die Gerüche ... Wenn Ihre Gedanken abschweifen, zwingen Sie sie immer wieder zu der angenehmen Szene zurück. Und während das Bild vor Ihrem geistigen Auge schwebt, konzentrieren Sie sich darauf, die Zehenmuskeln zu entspannen ... Lockern Sie sie ... *(Pause).* Lockern Sie die Schenkelmuskeln ... Entspannen Sie sie ... *(Pause).* Lockern Sie die Gesäßmuskeln ... Entspannen Sie sie ... *(Pause).* Stellen Sie sich weiterhin Ihre angenehme Szene vor. Wenn Ihnen ablenkende Gedanken kommen, geben Sie sich nur den STOP-Befehl. Vertreiben Sie sie ... Nun konzentrieren Sie sich auf die Bauchmuskeln ... Lockern Sie sie ... Entspannen Sie sich ... *(Pause).* Entspannen Sie die Rückenmuskulatur ... *(Pause).* Entspannen Sie die Brustmuskeln ... Atmen Sie leicht und locker ... Stellen Sie sich weiterhin Ihre angenehme Szene vor ... *(Pause).* Entspannen Sie die Fingermuskeln ... Lockern Sie sie ... *(Pause).* Entspannen Sie die Unterarme ... *(Pause).* Entspannen Sie die Schultermuskeln ... Lockern Sie sie ... *(Pause).* Entspannen Sie die Schulterblätter ... Lockern Sie sie *(Pause).* Entspannen Sie die Nackenmuskeln ... Lockern Sie sie ... *(Pause).* Stellen Sie sich weiterhin die angenehme Szene vor. Entspannen Sie die Stirnmuskeln ... Lockern Sie sie *(Pause).* Entspannen Sie die Augenlider ... *(Pause).* Entspannen Sie die Muskeln an der Nasenwurzel ... Lockern Sie sie ... *(Pause).* Entspannen Sie die Kiefernmuskeln ... Entspannen Sie die Zunge ... Entspannen Sie die Muskeln um den Mund und im Kinn ... Lockern Sie sie ... *(Pause).* Entspannen Sie die Halsmuskulatur . . . Beseitigen Sie alle Angespanntheit . . . Sie spüren, daß Ihr ganzer Körper schlaff und schwer ist . . . Denken Sie noch immer an Ihre angenehme Szene . . . Ruhig und entspannt . . . Ruhig und entspannt . . . *(zehn Sekunden Pause).* Wenn Sie noch irgendwo einen Rest von Spannung fühlen, weg damit . . . *(dreißig Sekunden Pause).* Und jetzt werde ich von eins bis drei zählen. Wenn ich drei sage, richten Sie sich auf und öffnen die Augen. Sie sind ganz da und hellwach und erfrischt. Eins – zwei – drei.

Die Mittlere Entspannungsübung

Diese Übung ist dreizehn Minuten kürzer als die Vollentspannungsübung. Hier spannt man nicht jede Körperpartie für sich, sondern den gesamten Körper auf einmal an, hält die Spannung etwa sieben Sekunden und läßt dann schlagartig locker. Nächster Schritt: Man holt tief Atem, hält die Luft ungefähr zwanzig Sekunden an und atmet dann langsam aus. Dadurch steigt der Kohlendioxyd-Gehalt im Blut an. Schließlich stellt man sich die angenehme Szene oder das Wort RUHIG vor und entspannt den Körper wie in der Vollentspannungsübung.

Legen Sie sich hin. Nehmen Sie eine bequeme Lage ein. Arme am Körper. Hände offen. Augen geschlossen. Wenn Ihnen während dieser Übung ablenkende Gedanken kommen, befehlen Sie sich STOP, vertreiben Sie sie und konzentrieren Sie sich auf das, womit Sie gerade beschäftigt sind.

Erster Teil der Übung: Spannen Sie den ganzen Körper auf einmal an. Nicht so stark, daß Sie starr werden, aber doch so, daß Sie spüren können, wie die Spannung zunimmt. Ihre Aufgabe besteht darin, auf die Spannung zu achten und herauszufinden, wo Sie sie spüren.

Biegen Sie die Füße einwärts, Zehen beisammen, Fersen etwas auseinander. Drücken Sie die Zehen nach unten. Dadurch werden die Beinmuskeln angezogen. Spannen Sie die Schenkelmuskeln . . . spannen Sie das Gesäß . . . ziehen Sie die Bauchmuskeln an. Heben Sie die Arme, die Hände zur Faust geballt, die Ellbogen durchgedrückt. Drücken Sie die Augen zu . . . pressen Sie die Zähne aufeinander . . . spannen Sie das ganze Gesicht an, recken Sie den Kopf nach hinten, daß das Kinn zur Decke zeigt. Bleiben Sie so. Bleiben Sie so angespannt *(etwa sieben Sekunden)*. Entspannen Sie sich schlagartig. Die Arme wieder an den Körper, das Kinn herunter. Konzentrieren Sie sich auf das Gefühl, wie die Spannung ausströmt *(etwa zehn Sekunden)*.

Nun überprüfen Sie die Bein- und Schenkelmuskeln. Ist noch Anspannung da? Nehmen Sie sich eine Stelle nach der anderen vor und lockern Sie sie ganz. *(Ungefähr fünf Sekunden Pause)*. Entspannen Sie die Bauch- und Rückenmuskulatur. *(Fünf Sekunden Pause)*. Die Finger und Armmuskeln jetzt, sie sollen angenehm schwer werden *(fünf Sekunden Pause)*. Jetzt die Gesichtsmuskeln, entspannen Sie die *(fünf Sekunden Pause)*.

Nun atmen Sie tief durch den Mund ein und halten die Luft an. Halten Sie sie an. *(Fünfzehn bis zwanzig Minuten Pause.)* Nun lassen Sie sie langsam ausströmen *(Pause)*, und zuletzt atmen Sie leicht und locker wie im Tiefschlaf.

Und nun stellen Sie sich Ihre angenehme Szene vor und beenden die Übung wie die vorhergehende *(siehe S. 318, zweiter Absatz)*.